노인복지론 2판

SOCIAL WELFARE FOR OLDER PERSONS

| 최해경 저 |

학지사

2판 서문

　우리나라 전체 인구 중 노인인구가 차지하는 비중이 20%를 넘는 초고령 사회를 불과 5년 남긴 시점이다. 국제적 행복도 조사에서 사람들의 행복감이 40대 중반에 바닥을 친후 점진적으로 상승하는 유(U)자형 곡선으로 노년의 행복이 확인되었다고 하지만 우리나라 경우는 해당될 것 같지 않다. 우리 사회에서 직면하고 있는 노년기는 100세 시대 담론이 무섭게 느껴질 정도로 엄혹한 현실이다. 빈곤과 질병 관련 노년의 위기를 돕기 위한 정책 및 서비스로 기초연금과 노인 일자리 및 사회활동지원사업 확대를 통한 소득보충, 장기요양급여 대상 확대, 치매 국가책임제, 커뮤니티 케어, 노인 맞춤 돌봄 서비스 등을 통한 사회적 돌봄 확충을 지속적으로 추진하고 있지만 노인문제 해결과 욕구 충족에 효과적, 효율적으로 대응하는 수준으로 체감되지는 못하고 있다.

　2016년 초판이 발행된 후 약 4년이 지났다. 노인복지는 정책 및 서비스 영역의 법적·제도적, 전달체계 관련 변화 및 변경이 많다 보니 초판 내용의 적지 않은 부분이 개정이 필요해 2판 준비를 시작하게 되었다.

　2019 사회복지학 교과목 지침서에 의하면 교과목으로서 '노인복지론'은

고령사회의 특성과 노인복지 과제를 이해하고, 노인의 다양하고 복합적인
욕구를 파악하며, 노인의 복지를 위한 정책적 대응과 실천적 개입방법을 이
해하고 적용할 수 있도록 하는 데 목적이 있다. 지침서는 교과목 목표를 여
섯 가지로 정리하였다. 첫째, 고령사회의 특징과 이로 인해 발생하는 사회문
제와 노인복지 과제를 제시할 수 있다. 둘째, 신체적 · 심리적 · 사회적 노화
개념과 이론을 설명할 수 있다. 셋째, 노인복지의 목표, 원칙, 실천과정과 이
를 적용한 정책, 제도, 관련 법률을 연계시켜 설명할 수 있다. 넷째, 노인복
지정책 및 제도를 이해하고 설명할 수 있다. 다섯째, 노인복지 현장에 적용
되는 실천기술과 개입방법을 이해하고 설명할 수 있다. 여섯째, 노인복지 환
경 변화에 따른 새로운 과제와 사회복지사 역할을 제시할 수 있다.

이 책은 한국사회복지교육협의회의 교과목 지침서에서 제시한 목적과 목
표에 초점을 둔 내용이어야 한다는 전제하에 초판의 차례를 구성하였고, 2판
에서도 기본 구조를 유지한 개정을 하였다. 개정판에서 바뀐 내용을 정리하
면 다음과 같다.

제1부 노인과 노화의 이해에서는 고령사회와 노인, 생물학적 노화와 주
요 이론, 심리적 노화와 주요 이론, 사회적 노화와 주요 이론으로 구성하였
는데 빠르게 변화하는 노인인구 관련 최근의 분석 자료를 추가하고, 다차원
적 노화의 양상에 대한 설명을 보완하고 노화이론을 검증한 국내외 연구들
을 추가하는 개정을 하였다. 제1장에서는 예상보다 더 빠른 속도인 우리나
라의 인구 고령화와 역연령 기준을 높여 노인 정의를 하자는 논의 등을 살
펴보고, 노인인구의 추이와 특성의 변화 관련하여 최근의 실태분석 결과를
반영한 수정을 하였다. 제2장에서는 생물학적 노화의 개념을 보완하였고,
제3장과 제4장에서는 심리적 노화, 사회적 노화의 양상에 대한 분석과 논의
를 보완하였고, 국내외 연구들에서 이루어진 이론 검증 결과를 추가한 개정
을 하였다.

제2부 노인복지 정책과 실천은 노인문제와 노인복지에 관한 개괄적 소개
및 논의, 소득보장, 일자리정책, 건강보장, 주거보장, 노인복지서비스, 노인

복지실천, 노인상담과 사례관리로 구성하였고, 초판 이후 변화 혹은 변경된 실태 및 제도, 새롭게 추가되거나 개편된 정책 및 서비스 등을 반영한 개정을 하였다. 제5장에서는 노인문제 중 빈곤, 질병, 돌봄 제공자로서 노인문제의 변화된 측면을 포함하였고, 초판 이후의「노인복지법」개정 내용과 전달체계 및 노인복지 예산에 나타난 변화 등을 보완·서술하였다. 제6장은 노인 소득과 소득보장 실태를 최근 자료로 보완하고 변경된 제도 내용을 반영한 수정을 하였으며 관련 연구 논의를 추가하였다. 제7장에서는 노인의 경제활동 실태에 대해 보완·설명을 하고 노인 일자리 및 사회활동지원사업의 최근 변화 내용을 포함하였다. 제8장에서는 국민건강보험제도 및 장기요양보험제도의 변경 내용과 치매 국가책임제로 인한 치매예방 및 치료 정책의 변화를 반영한 내용이 추가되었다. 제9장은 고령자용 영구임대주택인 공공실버주택의 보급 확대 등 노인 주거보장 관련 변화 내용을 포함하였다. 제10장에서는 노인복지서비스의 이용 실태를 최근 자료에 근거하여 보완하였고, 통합·개편되는 맞춤형 돌봄서비스 소개 등을 하였다. 제11장 노인복지실천과 제12장 노인상담과 사례관리는 초판의 내용을 거의 수정 없이 담았다.

제3부는 노인복지의 주요 이슈로 은퇴와 여가, 정신건강, 노인학대, 죽음 준비를 포함하는데 각 이슈의 실태를 최근 자료로 보완하는 개정을 하였다. 제13장에서는 노인의 여가활동 실태에 관해 보완 및 수정을 하였다. 제14장에서는 치매 및 우울증 관련 실태를 보완하는 수정을 하였고 노인의 정신건강을 수면장애를 추가하여 살펴보았다. 수면장애는 정의와 실태, 수면장애 유형, 진단 및 치료로 구분하여 논의하였다. 제15장에서는 초판 발간 이후 이루어진 노인학대의 신고의무자 확대, 신고의무 관련 강화된 벌칙에 대한 내용이 추가되었다. 제16장에서는 죽음 준비 관련 실태를 보완하는 수정이 이루어졌다.

개정 작업을 마무리하면서 홀가분한 마음이 아니라 좀 더 철저하고 성실하게 준비했어야 했다는 후회와 반성을 하고 있다. 부족한 부분과 보완이 필요한 내용에 대해서는 독자의 비판과 조언을 기대한다.

마지막으로, 개정의 기회를 준 학지사 관계자, 특히 편집과 교정 작업을 꼼꼼하게 진행해 준 편집부 이세희 선생님께 감사의 마음을 전한다.

2020년 1월

최해경

차례

■ 2판 서문 _ 3

[제1부]
노인과 노화의 이해

제1장 ㅣ 고령사회와 노인 ············ 15

1. 인구 고령화와 고령사회 현상 _ 16
2. 노화 및 노인의 정의 _ 22
3. 노인인구의 추이와 특성 _ 33

제2장 ㅣ 생물학적 노화와 주요 이론 ············ 41

1. 생물학적 노화의 개념 _ 42
2. 생물학적 노화의 양상 _ 43
3. 생물학적 노화의 주요 이론 _ 47

제3장 I 심리적 노화와 주요 이론 ············ 55

1. 심리적 노화의 개념 _ 56
2. 심리적 노화의 양상 _ 57
3. 심리적 노화의 주요 이론 _ 69

제4장 I 사회적 노화와 주요 이론 ············ 81

1. 사회적 노화의 개념 _ 82
2. 사회적 노화의 양상 _ 83
3. 사회적 노화의 주요 이론 _ 90

[제2부]
노인복지 정책과 실천

제5장 I 노인문제와 노인복지 ············ 111

1. 노인문제 _ 112
2. 노인복지에 대한 이해 _ 127

제6장 I 노년기의 소득보장 ············ 147

1. 노년기 소득과 소득보장 _ 148
2. 노인 소득보장제도 _ 150
3. 노인 소득보장의 향후 과제 _ 168

제7장 ㅣ **노년기의 일자리정책** ··········· 171

    1. 노년기의 일의 의미와 경제활동 _ 172

    2. 노인일자리정책 _ 175

    3. 노인일자리정책의 향후 과제 _ 184

제8장 ㅣ **노년기의 건강보장** ··········· 187

    1. 노인 질병과 장기요양 문제 _ 188

    2. 노인 건강보장제도 _ 192

    3. 노인 건강보장의 향후 과제 _ 214

제9장 ㅣ **노년기의 주거보장** ··········· 217

    1. 주거보장의 개념과 노년기 주거보장의 중요성 _ 218

    2. 노인 주거보장정책 _ 221

    3. 노인 주거보장의 향후 과제 _ 230

제10장 ㅣ **노인복지서비스** ··········· 233

    1. 노인복지서비스의 개념과 현황 _ 234

    2. 노인복지서비스의 유형 _ 235

    3. 노인복지서비스의 향후 과제 _ 247

제11장 ㅣ **노인복지실천** ··········· 251

    1. 노인복지실천의 개념 _ 252

    2. 노인복지실천의 목적과 원칙 _ 253

    3. 노인복지실천의 사정과 개입 _ 257

    4. 사회복지사의 역할 _ 261

제12장 | 노인상담과 사례관리 ············ 263

　1. 노인상담 _ 264

　2. 사례관리 _ 278

[제3부]
노인복지 영역의 주요 이슈

제13장 | 은퇴와 여가 ············ 295

　1. 노년기와 은퇴 _ 296

　2. 은퇴에 대한 적응 _ 298

　3. 여가의 개념과 노년기의 여가활동 실태 _ 300

　4. 노년기 여가활동의 핵심으로서 노인교육 _ 306

제14장 | 노인 정신건강: 치매, 우울증, 수면장애를 중심으로 ··· 309

　1. 치매 _ 310

　2. 우울증 _ 324

　3. 수면장애 _ 330

제15장 | 노인학대 ············ 337

　1. 노인학대의 개념과 유형 _ 338

　2. 노인학대의 현황과 위험 요인 _ 346

　3. 노인학대 문제에 대한 대응방안 _ 348

제16장 ┃ 죽음 준비 ·········· 355

1. 노년기와 죽음 _ 356
2. 노년기 발달과업으로서 죽음 준비 _ 359
3. 애도: 사별에 대한 반응 _ 362
4. 죽음 준비와 사회복지사의 역할 _ 365

■ 참고문헌 _ 369
■ 찾아보기 _ 395

제1부

노인과 노화의 이해

제1장 고령사회와 노인

제2장 생물학적 노화와 주요 이론

제3장 심리적 노화와 주요 이론

제4장 사회적 노화와 주요 이론

제1장

고령사회와 노인

고령사회와 노인 관련 사회적 관심이 높아진 것은 인구 고령화와 노인문제가 사회적, 국가적 차원의 대응을 요구하는 것과 밀접한 관련이 있기 때문이다. 사회적·국가적 차원에서 노인의 욕구와 문제를 다루기 위해서는 고령화 관련 사회현상과 함께 노화 및 노인에 대한 기본적 이해와 노인인구의 특성을 전반적으로 파악하는 것이 필요하다.

제1장에서는 고령사회와 노인에 대한 이해를 돕는 현상과 관련 개념을 광범위하게 소개한다. 먼저 우리나라의 인구 고령화와 고령사회 현상을 살펴보는데 인구 고령화로 인한 사회적 영향을 이해하는 데 초점을 두고자 한다. 다음으로 노화의 기본 개념과 정의, 노인을 정의하는 다양한 접근을 소개한다. 마지막으로, 노인인구의 추이와 특성, 그리고 노인인구의 변화 추이를 반영한 사회적 대응에 대해 논의한다.

1. 인구 고령화와 고령사회 현상

1) 인구 고령화

인구 고령화[1]는 전체 인구에서 노인이 차지하는 비중이 크게 증가하는 현상을 일컫는다. 피터 드러커(Peter Drucker)는 미래사회가 "고령인구의 급속한 증가와 젊은 인구의 급속한 감소로 인해 지금까지 어느 누구도 상상조차 할 수 없을 만큼 엄청나게 다른 사회가 될 것"(이재규 역, 2002)이라고 하였는데, 우리 사회는 드러커의 예언에 근접해 가고 있다.

노인인구의 절대수와 상대적 비율이 증가하는 인구 고령화는 전 세계적 현상이지만 우리나라의 경우 고령화 속도가 유독 가파르다. 우리나라는 2017년에 고령사회(aged society) 기준인 14%를 넘었다. 2000년 7.2%로 고령화사회(aging society)로 진입했으니까 고령화사회에서 고령사회로 진입한 기간이 17년인데, 이는 세계에서 가장 빠르게 진행된 고령화 속도다. 2025년에 20.3%로 초고령사회(super-aged society)로 진입하게 될 것으로 전망되는데(보건복지부, 2019a) 고령사회에서 초고령사회에 도달하는 기간도 세계 최단 기간이 될 것으로 예상된다. 이와 같이 인구 고령화가 가속화되는 것은 의료기술 및 경제발전으로 인한 삶의 질 향상과 함께 세계에서 가장 낮은 출산율

---

1) 인구 고령화 여부를 판단하는 기준은 UN이 정한 기준이 표준처럼 널리 쓰이고 있다. 65세 이상 노인인구가 전체 인구에서 차지하는 비중이 4% 미만인 국가는 유년인구국(young population), 4~7%인 국가를 성년인구국(mature population), 7% 이상인 국가를 노년인구국(aged population)으로 구분한다(UN, 1956). UN의 분류라고 여기는 많은 국내 문헌에서 제시하는 또 다른 기준은 노인인구 비율이 7% 이상인 사회를 고령화사회(aging society)로, 14%인 사회를 고령사회(aged society)로, 20% 이상에 달하는 사회는 초고령사회(super-aged society)로 분류 하는 것이다. 최성재와 장인협(2010)에 의하면 이 기준은 UN의 분류로 확인되지 않으며, 일본 과 우리나라 이외에 이 기준은 사용되지 않고 있고, 학술적으로 사용되지 않는 분류다. 그러나 현재 우리나라에서 인구 고령화의 3분류 체계를 보편적으로 사용하고 있기 때문에 이 장에서 는 이 기준도 인구 고령화 논의에 포함하였다.

이 주원인이다. 우리나라는 평균수명 측면에서도 80세 시대에 이미 진입하였고, 100세 시대를 전망하는 담론이 무성할 정도로 우리는 평균적으로 오래 살고 있다. 공중보건과 위생관리의 향상, CT, MRI, PET와 같은 진단검사, 치료방법, 의료설비, 의약품, 생명공학의 놀라운 발전이 장수사회를 만든 기여 요인이다.

개인적 차원에서 긍정적인 장수 태도를 발견하기는 어렵지 않다. 88세에 『나는 내 나이가 좋다』라는 수필집을 출판한 여성노인은 노년을 잘 보내는 지혜가 늙음을 부정하는 것이 아니라 다음과 같이 긍정하는 데서 나오는 것이라고 알려 주고 있다(이기옥, 2011).

> "가다가다 거울에 비치는 나를 보면 말려든 눈언저리와 입가에 깊이 팬 주름, 다리의 통증을 참는 미간의 주름 등에서, 육체적 고통이 얼마나 세차게 휩쓸고 지나가는지 쉽게 찾아볼 수 있다. 그러나 나는 나의 여생을 아름답게 갈무리하기 위해서 오늘도 씩씩하게 인내하며 긍정적인 마음을 놓치지 않으려 애를 쓴다."

TV 프로그램에서도 종종 행복한 장수 노인들을 소개하고 있다. 일례를 들어 보면, 2012년 1월 29일 방영된 KBS 스페셜 887회 〈잘 늙는 법-제1편 '아흔 살 청춘의 비밀'〉은 영국의 존 로우(남, 93세), 미국의 타오 포춘린치(여, 94세), 한국의 이상윤(남, 95세) 등 90대 노인의 삶을 보여 주었다. 아마추어 화가이고 피아노 치는 것을 즐기며 79세에 발레를 시작한 존 로우, 요가 강사인 타오 포춘린치, 산수화를 배우고 있고 91세에 검도를 시작한 이상윤과 같은 아흔 살 청춘의 비밀은 절제된 식습관, 운동과 도전이며, 이들에게서 현재의 삶에 대한 긍정이 공통적으로 발견되었다는 분석이다.

대부분의 사람이 인간의 보편적 소망이었던 장수를 누리게 되었지만 장수사회의 도래를 바라보는 시선이 긍정적인 것만은 결코 아니다. 극단적인 시각에서는 100세 시대를 재앙이라고 말하기도 한다. 노인의 나라가 사회적 차원에서 바라볼 때 엄청난 부담이 된다는 것이다. 노년기 삶의 질에 있어서도 우려의 시선이 지배적이다. 인구 고령화에 대한 부정적 시각은 전통적으로 노년을 가난, 질병, 무위, 고독 등을 경험하는 시기로 여기기 때문에 인구학적으로 이런 특성을 지닌 집단이 인구 비중을 크게 차지하는 것을 두려워하는 것에 근거한다. 인구 고령화를 재앙으로 접근하는 관점에서는 노인복지비 증가로 인한 정부 재정 악화, 후속 세대의 노인 부양 부담의 증가, 소비시장 위축, 생산성 저하 등을 인구 고령화의 부작용으로 지적한다.

두 가지 통속적 이미지가 노화에 대한 정치적 언급과 정책을 구체화하고 동기를 부여해 준다(강인 외 역, 2006). 첫 번째 이미지는 비관주의적 은유로 노화를 '죄스러운 쇠퇴'의 상태로 가정해 늙은 사람들을 젊은 층이 짊어지는 버거운 짐으로 묘사한다. 가족의 부양부담 감소를 강조하는 정책은 이러한 첫 번째 이미지에 근거한 논리를 전개한다. 두 번째 이미지는 낭만주의적 혹은 근대주의적 관점이다. 이 관점은 노화를 사회적 부담으로 보기보다는 개개인들이 져야 하는 책임으로 보며 개인의 영양, 선한 품성, 적극적 삶 등과 같은 이상적 요인들을 중시한다. 노년기의 건강에 대한 낭만주의적 관점은 좋은 건강과 긴 수명이 나이와 무관하게 누구에게나 가능하다는 점을 강조한다. 개인 차원에서 노후 준비를 잘하도록 지원하는 정책은 두 번째 이미지에 근거한 접근이다.

노인인구 비율이 14%가 넘는 고령사회에서 무엇보다 필요한 것은 인구 고령화와 고령사회라는 우리 사회의 현상에 대한 객관적인 분석과 이해, 그리고 이에 기반하는 합리적인 대응방법을 찾는 것이다.

2) 고령사회 현상

세계보건기구는 고령화를 "조용하게 거의 눈에 띄지 않게 진행되지만 점차 속도가 붙어 앞으로 25년이 지나면 그 윤곽이 분명해질 사회혁명"으로 정의하고 있다(박동석, 김대환, 이연선, 2003). 고령화가 산업구조, 재정과 금융, 주택시장, 문화, 직업환경 등 사회 전체에 지대한 영향을 미칠 것이라는 경고를 하는 것이다.

인구 고령화의 사회적 파장은 다음과 같이 예측된다(권중돈, 2016). 첫째, 노동력 부족과 노동생산성 저하와 같은 노동시장의 변화와 경제성장 둔화 현상이 나타날 수 있다. 둘째, 산업구조의 변화가 나타나는데 경제적 노후 준비가 적정하게 된 노인이 많아지면 건강약품과 식품산업, 의료서비스, 금융서비스, 레저 또는 노인주택산업 등 실버산업 분야가 급성장한다. 셋째, 부동산시장에 변화가 나타나는데 노인복지시설 같은 집단 주거시설(assisted living facility)의 확대가 지속적으로 이루어지고, 부동산을 담보로 노후생활비를 마련하는 역모기지 제도가 활성화될 것이다. 넷째, 금융시장의 변화가 일어날 수 있는데 노인부양비의 증가로 저축률이 감소되면 가용자금의 축소, 투자위축, 경제성장 둔화로 이어질 가능성이 있다. 다섯째, 국가의 재정위기와 정책의 우선순위 결정에서 갈등이 초래될 가능성이 높다. 노인인구 증가에 따른 사회보장비용의 급증으로 국가는 재정불균형에 직면할 가능성이 높아질 수 있다. 경제, 국방, 교육 등 다른 부문의 투자예산과 갈등이 야기되는 것이다. 여섯째, 지역 간 불균형 발전의 문제가 야기될 수 있다. 고령사회에 진입한 농촌에 다양한 지원책을 마련하여도 지자체의 재정자립도가 낮은 농촌 지역은 정책의 실효성이 낮다. 일곱째, 세대 간 갈등 심화가 예상된다. 노인인구와 유년인구의 역전으로 인한 정책적 가치갈등이 일어날 수 있기 때문이다.

인구 고령화의 사회적 파장에 관한 문제 인식은 크게 보면 두 가지 관점에서 접근하고 있다. 첫째, 경제적 관점의 논의로 특히 생산가능인구라는 부양자 규모에 비해 노인인구라는 피부양자 규모가 상대적으로 커지는 구조에서 노동 생산성 문제와 복지지출의 확대로 인해 다양한 경제 관련 문제가 야기될 것으로 전망하는 것이다. 피부양자인 노인인구에 비교해 부양자인 생산가능인구의 비중이 절대적·상대적으로 감소해 경제에 악영향을 미치는 것과 관련해 인구절벽이라는 용어를 사용하기도 하는데 청장년층 인구 비중이 감소하고 노인인구가 증가하는 인구구조 변화를 절벽이라고 할 만큼 두려운 현상이라는 것이다. 경제활동을 가장 활발하게 하는 연령대인 청장년층의 비중이 줄면 경제 전체적으로 소비뿐만 아니라 투자·생산 등 모든 부문에서 악영향을 받게 되고 성장 잠재력도 떨어진다. 많은 연구들이 저출산과 고령화로 인한 경제활동 인구의 감소가 경제성장과 사회발전에 심각한 문제를 초래한다고 주장하고 있다(Myles, 2002). 반면, 인구 고령화와 경제성장은 무관하며 그 위험성이 필요 이상으로 과장되었다고 주장하는 의견도 있다(Castles, 2004). 둘째, 사회적 갈등에 대한 논의로 고령화로 인한 세대 간 갈등과 문제가 확산될 것이라는 전망이다. 인구 고령화로 야기되는 세대 갈등 또는 노소 갈등은 우리나라에서 연금, 일자리 등에서 이미 시작되었다고 볼 수 있다.

노인인구의 증가는 사회적 차원에서 여러 가지 변화를 초래하며 이에 대한 적합한 사회적 대응책을 요구하게 된다. 이와 관련해 최성재와 장인협(2010)은 인구 고령화의 사회 차원의 영향을 노인의 욕구 변화와 사회적 부양 확대에 초점을 두어 다음과 같이 제시하고 있다.

① 노동자의 고령화와 노동인력 부족이 일어난다. 저출산으로 노동인구가 감소하여 고령의 근로자가 노동시장에 더 오래 머물러 있어야 하거나 노동력 부족 현상이 발생할 가능성이 높다.

② 공적연금 보험료 부담이 증가한다. 노인인구 수와 비율의 증가, 그리고 공적연금 수급기간의 연장 등으로 공적연금 보험료를 더 많이 납부해야 하는 사회적 부담이 크게 증가할 수 있다.

③ 절대적·상대적 빈곤노인에 대한 사회적 비용부담이 증가한다. 빈곤노인 수와 비율의 증가로 소득과 의료비에 대한 공공부조 비용이 증가할 것이다.

④ 국가 재정 적자가 증가한다. 노인 소득보장 및 의료보장 비용을 보충하기 위한 국가 재정 적자가 누적되어 증가할 가능성이 커진다.

⑤ 노인의 다양한 삶의 질 향상 욕구를 충족시키기 위한 사회적 비용이 증

가한다. 소득보장과 의료보장 외에 노인의 자기발전과 생활상 편의를
위한 다양한 사회서비스 제공 비용이 증가할 것이다.

⑥ 노인의 다양한 서비스 수요에 응하기 위한 시장경제 서비스가 발전한
다. 노인문제를 해결하기 위한 사회복지 서비스의 개선과 발전은 물론
노인의 다양한 문제와 욕구를 해결하기 위한 서비스가 영리시장에서
제공될 것이다.

⑦ 가정과 직장의 양립 체계가 가능한 노동시장 및 보육 서비스가 발전한
다. 출산력 제고를 위해 여성 노동력의 시장 참여 증진과 보육부담 경
감을 위한 대책이 요구될 것이다.

⑧ 저축률 감소와 경제성장의 둔화가 발생한다. 소비계층으로서 노인인구
의 증가로 저축률이 낮아지고 생산력이 하락할 가능성이 높다.

⑨ 사회체계의 근본적 변화가 필요하다. 전통적 생애과정과 노화에 대한
관점이 전체적으로 새롭게 변화됨에 따라 사회의 제반 체계가 변화되
어야 할 것이다. 고용, 산업, 사회복지체계의 변화와 무장애설계의 물
리적 환경 등으로 개편 가능성이 높다.

고령사회 현상을 초래하는 인구 고령화는 우리나라뿐 아니라 세계가 보편
적으로 직면하고 있는 글로벌 현상이다. 모든 선진국이 심각한 저출산 고령
화 문제에 직면해 있으며, 재정 적자에 시달리고 있는 데다 사회보장제도를
유지하기 위해 허덕이고 있고, 현저하게 저하된 경제적 활력으로 고민에 빠
져 있다(박연정 역, 2015).

2. 노화 및 노인의 정의

1) 노화의 개념

노화의 대표적 개념 정의를 살펴보면, 노화를 인간의 정상적 성장과 발달 과정의 일부로 간주한 비렌은 노화가 적어도 세 가지 측면에서의 변화과정을 포함한다고 주장하였다(Birren, 1959). 생물학적 노화는 신체기관과 체계의 구조와 기능이 시간의 경과에 따라 변화하는 것을 의미하고, 심리적 노화는 축적된 경험에 근거한 행동, 감각, 지각, 자아에 대한 인식 등이 시간의 변화에 따라 변하는 것을 뜻하며, 사회적 노화는 생활주기에 따라 규범, 기대, 사회적 지위 및 역할 등이 변화하는 것을 의미한다는 것이다.

비버는 노화를 "시간의 흐름에 따라 유기체의 세포, 조직, 기관조직, 또는 유기체 전체에 일어나는 점진적 변화"라고 정의하고, 노화란 서서히 자연적으로 오는 변화과정으로 신체적 과정에만 한정되지 않으며, 인간이 성숙하고 노화되는 과정은 마음이나 사회적 관계에도 일어나는 것으로 보았다(Beaver, 1983).

애칠리(Atchley, 1994) 또한 노화는 단일한 과정이 아니라 다양한 과정이며 양면성이 있다고 보았다(모선희, 김형수, 유성호, 윤경아, 정윤경, 2018 재인용). 노화과정에서 인간은 경험 및 지혜의 축적, 기술 및 활동 능력의 향상과 같은 긍정적 결과를 얻을 수 있는 반면 신체적 노쇠, 정신 능력 감퇴, 퇴직, 배우자 혹은 친구의 죽음 등 부정적 결과를 경험할 수도 있어 양면성이 존재한다는 것이다.

권중돈(2019)에 의하면 노화는 시간의 흐름에 따라 유기체의 생물학적·심리적·사회적 측면에서 나타나는 점진적이고 정상적인 발달과정상의 변화로서 주로 퇴행적 발달을 의미한다. 일반적으로 노화란 퇴행적 발달로 일컬어지면서 상승적 발달을 의미하는 성장이나 성숙과 대비되는 개념으로 간주되지만 학술적 논의에서 노화의 개념은 정상적 발달과정에서 점진적으로 발생하는 생물학적 · 심리적 · 사회적 변화로 정의된다.

생물학적 · 심리적 · 사회적 노화는 개인 내에서, 그리고 개인 간 차이가 있다. 생물학적 노화는 수많은 과정들의 결과로 개인 내에서 이 과정들은 대부분 같은 비율로 진행되지 않는다. 따라서 연령 증가에 따른 신체적 기능의 쇠퇴는 신체 영역별로 다르다. 생물학적 노화의 정도나 속도에는 개인차도 있는데 대부분의 신체적 기능은 노년기를 비롯한 모든 생활주기에서 개인차가 있다. 심리적 노화도 개인 내에서 차이가 있어서 어떤 차원들은 연령증가와 함께 감퇴하고 다른 차원들은 증가하거나 상대적으로 불변한다. 구체적으로 살펴보았을 때 기억력은 일반적으로 연령이 증가하면서 감퇴하나 어휘는 보통 증가하며 습관은 상대적으로 그대로 지속된다. 특정 연령대의 사람에게 무엇이 적절하거나 기대되는지를 제시하는 사회적 노화는 개인 내에서 사회적 영역별로 차이가 있다. 예를 들어, 대부분의 직장인은 정년 연령이 넘어도 업무를 적정하게 수행할 수 있지만 정년이 되면 은퇴하도록 결정되어 있는데 이와 같은 직업과 관련된 사회적 지위 및 역할의 변화에 비교해 사적 사회적 관계망은 상대적으로 지속성이 있다. 심리적 노화와 사회적 노화 또한 개인차가 있다.

노화를 잘 이해하기 위해서는 노화의 특성과 관련된 전제들을 알고 있어야 하는데 노화 관련 전제는 다음과 같다(Bee, 2000).

첫째, 일반적으로 노화는 발달상의 변화로 이해되지만 나이가 들어도 어릴 적 모습을 지니고 있듯이 노화의 과정에서 변화만 일어나는 것이 아니다. 변화와 함께 신체, 심리, 사회적 측면에서 변하지 않고 동일하게 남아 있는 특성인 안정성도 고려해야 한다.

둘째, 노화과정에서 상실 혹은 쇠퇴가 특징적으로 나타나지만 노년기에 건강을 상실하는 반면 경험과 지혜가 확장되는 것과 같이 새롭게 특성을 획득하기도 한다. 노화는 상실과 획득, 쇠퇴와 성장, 긍정적 요소와 부정적 요소라는 양 측면을 갖고 있으므로 이를 동시에 고려해야 한다.

셋째, 노화는 모든 사람에게 보편적으로 나타나는 일차적이고 본질적인 것이지만 개인차가 있다. 노화의 보편성과 독특성을 같이 고려해야 한다.

넷째, 노화를 유전적 프로그램에 의해 유발되는 외적 변화로 인식하는 경우가 있지만 외부의 환경적 요인 역시 노화를 일으키는 주요 요인이며 노화에 따라 내적 변화 또한 일어난다. 노화의 원인과 결과를 논의할 때 반드시 내적 요인과 외적 요인을 동시에 고려해야 한다.

다섯째, 생물학적 노화는 원상회복이 불가능하지만 직업적 역할의 상실과 같은 사회적 노화는 회복이 가능하다.

노년학은 노화의 개념을 생물학적 노화를 넘어서 이에 수반한 심리적 노화, 사회적 노화까지 확장시켰다. 노화는 성인기 삶에서 신체적 변화뿐 아니라 마음과 정신능력에 일어나는 심리적 변화, 사회 속에서 어떻게 간주되고 무엇을 기대할 수 있으며 사회로부터 기대되는 것이 무엇인가에 있어서의 변화를 포함하는 광범위한 개념으로 접근할 수 있다.

2) 노인의 정의

나이가 많은 사람, 늙은 사람을 지칭하는 단어인 노인을 정의하는 것은 연령 혹은 생물학적 노화 기준으로 단순하게 정의 내릴 수도 있으나 연령 혹은 신체적 쇠퇴를 의미하는 생물학적 노화만을 기준으로 노인을 정의하는 것은 한계가 있다. 노인을 정의할 때는 노화 개념이 생물학적 노화, 심리적 노화, 사회적 노화라고 하는 복합적인 특성을 내포하고 있고 특정 시대의 문화, 정치, 경제 등 다양한 요인들과 밀접하게 연관되어 있는 점을 감안해야 할 것이다.

노인의 정의는 노화 현상의 복합적 의미와 결합해 이루어지고 있다. 브린은 노인의 개념을 ① 생리적 및 생물학적 측면에서 쇠퇴기에 있는 사람, ② 심리적 측면에서 정신기능과 성격이 변화하고 있는 사람, ③ 사회적 측면에서 지위와 역할이 상실되어 가는 사람으로 정의하였다(Breen, 1960). 즉,

노화로 인해 생물, 심리, 사회적 기능이 감퇴한 사람을 노인으로 규정하고 있다.

최성재와 장인협(2010)도 노화의 복합적 측면을 감안해 노인을 "생리적 · 신체적 기능의 퇴화와 더불어 심리적인 변화가 일어나서 개인의 자기유지 기능과 사회적 역할 기능이 약화되고 있는 사람"으로 정의하였다. 이호선 (2010) 또한 노인을 "신체적 기능의 쇠퇴와 사회적 기능의 약화 및 상실에 따른 심리적 위축을 경험하고, 사회적 · 가정적 역할의 상실과 그 변화로 인해 심리적 · 사회적 · 경제적인 변화를 겪으며 그 변화에 적응하고 있는 자"로 정의하고 있다. 권중돈(2019)은 노인을 "노화의 과정 또는 그 결과로서 생물, 심리, 사회적 기능이 약화되어 자립적 생활능력과 환경에 대한 적응능력이 약화되고 있는 사람"이라고 규정하고 있다.

한편, 복지국가 등장도 노인의 정의에 영향을 미쳤다고 볼 수 있는데, 연령에 따라 구분되는 사회적 범주로 노인이 인식되기 시작한 것이 연령을 기준으로 한 소득보장을 국가가 제도화시킨 연금제도가 수립된 이후이기 때문이다. 사회보장제도가 확립되기 전에는 일정한 나이에 도달했다고 해서 은퇴하지 않았고, 할 수도 없었다. 연금이 제도화되기 전에는 은퇴란 일을 하지 않아도 생활하는 데 지장이 없는 부유한 사람들이 노년기에 누리는 일종의 사치였던 것이다. 이와 같이 개인의 노화과정이나 인구의 연령구조도 현대사회에서는 공공정책에 의해서 영향을 받는다. 연금법에서 공적연금 수급 연령 기준이 조정되면 노인인구 수라든지 혹은 노인 관련 국가예산의 지출이 영향을 받게 된다. 즉, 개인이 노년층에 속하는지 여부나 노년에 따르는 권리가 정부의 정책에 따라 조정될 수 있는 것이다.

노인에 대한 여러 정의를 종합해 보면 노인은 "노화과정 및 결과로 인해 신체적 · 심리적 · 사회적 기능이 약화되어 생활상의 자립능력과 환경에 대한 적응능력이 영향을 받고 이와 관련해 제도적, 정책적 관심을 받는 사람"으로 규정해 볼 수 있겠다.

노인을 지칭하는 다른 용어인 어르신은 노인복지실천 현장에서 주로 사용된다. 어르신은 아버지를 높여서 일컬을 때 쓰이던 말로 노인을 대신할 수 있는 고령인구에 대한 존중을 담은 적절한 대체 용어를 찾고자 하는 노력의 일환으로 실시된 노인 호칭 공모 결과 선정된 용어다. 그 밖에 제3기, 뉴실버세대, 신중년 등의 용어들이 학계나 대중매체 등에서 사용된다.

제3기는 라슬렛의 구분에서 비롯된 용어로 이에 근거해 서울대학교 고령사회연구소의 노인교육 프로그램은 '제3기 인생대학'으로 작명되기도 하였다.

대중매체에서는 준비된 은퇴세대에 대해 최근에 뉴실버세대라는 용어를 사용한다. 뉴실버세대는 새로운 가치관과 경제력을 갖고 있다는 점에서 실버세대와 다르다는 것이다. 뉴실버세대에게 은퇴는 인생의 끝이 아니라 새로운 인생의 시작으로 이들은 60세가 넘어도 활기 넘치고, 구매력도 상당하며, 새로운 것을 받아들이고, 삶을 적극적으로 즐기며, 스스로의 삶에 책임지겠다는 태도가 강하다는 점이 강조된다.

신중년도 최근에 많이 사용되는 용어다. 신중년의 연령범주는 유동적이다. 처음 이 단어가 사용될 무렵에는 유럽에서 가장 먼저 신중년 고용정책을

| 알아두기 |

라슬렛(Laslett)은 인생을 4단계로 나누어 의존, 사회화, 미성숙과 교육의 시기(제1기), 독립, 성숙, 책임, 소득창출과 저축의 시기(제2기), 자기 성취의 시기(제3기), 최종적 의존, 노쇠와 사망의 시기(제4기)로 나누고 있다. 노년기는 퇴직 후 신체적 · 정신적 건강 상태를 유지하면서 활동할 수 있는 제3기와 건강 약화와 노쇠현상으로 다시 의존 상태로 돌아가야 하는 제4기에 해당된다. 따라서 노년기는 자기성취의 시기와 의존이 연속되는 기간이고 자기성취와 의존은 노년기의 가장 핵심적 과제라고 할 수 있다.

출처: Laslett, P. (1991). *A fresh map of life: The emergence of the third age.* Cambridge, MA: Harvard University Press.

시작한 핀란드를 예로 들며 55~64세를 신중년의 대상으로 보았으나 최근에
는 신중년의 연령범주를 60~75세로 말하고 있다. 이는 핀란드의 신중년 연
령범주에 비교해 상한선이 10년이나 확대된 범위다.

신중년과 관련된 특집을 다룬 신문기사의 일부를 발췌하면 다음과 같다.

> "한국 사회에 거대한 신(新)중년 인구가 늘어나고 있다. 건강하고 정신·경제
> 적으로 독립적이며 자녀를 제외한 부부 중심의 시간을 만끽하면서 성적으로도 활
> 발한 노인을 의미한다. 늘어난 수명, 고령층의 체력·체질 개선, 가치관의 변화 등
> 이 겹친 결과다. 우리 사회 한편에선 노년층의 빈곤과 소외라는 그늘이 존재하지
> 만, 다른 한편에선 과거의 중년 못지않은 활동력을 지닌 '신중년층'이 대거 등장해
> 새로운 삶의 양식을 만들어 가고 있다. 신중년은 가치관 측면에서 과거 노년 세
> 대와 확연히 다르다. 자녀로부터 도움을 받을 생각도 없고, 재산을 물려줄 의무를
> 느끼지 못하는 독립형이 많다."
>
> 출처: 조선일보. 2015년 2월 3일자.

노인에 대한 조작적 정의는 역연령에 근거한 정의, 사회적 역할에 의
한 정의, 기능적 연령에 의한 정의, 주관적 연령에 의한 정의로 구분된다
(Quadagno, 2011). 여기에 발달단계 혹은 인생주기에 따른 노인의 정의를 추
가해 살펴보고자 한다.

(1) 역연령에 근거한 정의

노인을 정의하는 다양한 방법 중 가장 보편적인 것은 역연령(chronological
age)에 근거한 정의다. 역연령은 개인의 능력이나 의지에 관계없이 나이가
매년 한 살씩 늘어나는 것으로 누구에게나 똑같이 적용되며 법률, 행정적 절
차, 사회적 관습의 주요 기준이 된다. 그러나 엄밀히 얘기하면 역연령도 임
의적 지표다.

역연령에 의한 정의는 일정 연령 이상일 경우를 노인으로 규정하는데 65세

가 일반적이다. 많은 나라들이 65세 이상을 노인으로 정의하고 있으며 우리나라의 경우도 그렇다. 물론 우리나라 문화에서는 60세를 회갑이라 하여 이 시점부터 노인으로 보는 관습이 있지만 노인복지 관련 법들에서 65세라는 연령 기준이 있어 65세가 법적·정책적·행정적 기준으로 보편적으로 활용되고 있다. 「노인복지법」에서는 복지조치에 관한 개별 조항에 65세 기준이 있으며, 「기초연금법」도 65세가 기준이다. 역연령을 기준으로 하는 노인에 대한 정의는 퇴직제도, 연금급여, 노인복지서비스 제공의 연령과 관련하여 사회복지제도와 밀접한 관계가 있으므로 매우 중요하다. 일각에서는 기대수명이 증가하고 이전과 비교해 건강한 노인이 급증하면서 노인에 대한 법적 연령 기준을 높일 필요가 있다는 논의가 점차 활발해지고 있다. 2017년 노인실태조사에서 65세 이상 노인들이 생각하는 노인 기준 연령이 평균 71.4세로 나타난 점(정경희 외, 2017)도 이러한 논의와 일치된다.

역연령은 법과 정책 집행에서 가장 분명한 기준이 되기 때문에 자격자와 무자격자를 구분할 때 편리하게 사용된다. 하지만 일정한 나이를 기준해서 일괄적으로 노인으로 규정하는 것은 노화의 개인 간 차이를 간과하는 문제가 있다.

한편 65세를 기준으로 노인을 하나의 집단으로 분류한다는 것은 30~40년에 달하는 연령범주를 한 집단으로 간주한다는 점에서 문제가 있다. 이를 고려해 노년학에서는 노인을 연령범주에 따라 세분화하고 있다. 1990년대 이후 평균수명이 크게 연장되는 고령화사회를 의식해 65~69세를 연소노인, 70~74세를 중고령노인, 75~84세를 고령노인, 85세 이상을 초고령노인으로 구분하는 경향이 있는데, 최성재와 장인협(2010)은 우리나라의 경우 공공부문이나 민간부문의 정년 등을 고려할 때 당분간 60세를 기준으로 노인을 규정하는 것이 타당하므로 60~69세를 연소노인, 70~74세를 중고령노인, 75~84세를 고령노인, 85세 이상을 초고령노인으로 구분하는 것이 마땅하다고 하였다.

(2) 사회적 역할에 의한 정의

노인을 사회적 역할에 의해 정의하는 것은 수행하는 사회적 역할에 따라 규정하는 것이다. 사회적 역할에 의해 노인으로 간주하는 것은 손주를 둔 할머니·할아버지, 퇴직자 등에게 부여되는 사회적 기대 혹은 지침을 의미한다. 노년기에 갖는 사회적 지위와 관련된 역할을 수행하는 것이 그 개인이 실제 나이가 들었다는 의미는 아니다. 10대에 출산한 여성이 30대에 할머니가 되는 경우를 생각해 보라. 연령과 관계없이 조부모가 되는 것은 늙었다고 느끼게 만들 수 있다.

사회적 역할에 의한 정의 방법은 사회적 연령에 따라 지위가 결정되고 기대가 부여된다고 전제한다. 이에 따르면 개인은 사회적 연령규범에 따라 다양한 사회적 지위와 역할을 획득하고 상실하게 되는데 주요 지위와 역할을 상실한 사람을 노인으로 간주한다. 직장에서 퇴직한 은퇴자 혹은 결혼한 아들 가족과 함께 살면서 며느리에게 주부의 지위와 역할을 넘겨준 시어머니 등은 사회적 노인으로 볼 수 있다. 이러한 정의는 노인을 사회적 역할 면에서만 본 것이며, 사회적 지위와 역할이 분명치 않은 사람들이나 사회적 역할을 수행하지 않는 상태의 사람, 특히 여성에게는 적용하기 힘든 정의다(최성재, 장인협, 2010).

사회적 역할로 노인을 정의하는 것은 사회 혹은 문화 간 차이를 반영한다. 사회적으로 노인의 역할을 수행하는 것이나 노인의 역할을 수행하는 시점이 사회문화적 배경에 따라 다르기 때문이다.

(3) 기능적 연령에 의한 정의

기능적 연령은 관찰할 수 있는 개별적 속성에 근거한다. 외모, 신체기능, 생산성, 자아통제력, 정신기능이 이러한 기능적 속성에 포함된다. 기능적 연령에 의한 노인의 정의에서는 개인이 특정한 업무나 일을 수행할 수 없을 정도로 기능이 저하된 경우에 한해 노인으로 규정한다.

그러나 기능적 연령을 평가할 수 있는 기준과 영역이 매우 복잡해서 정책이나 행정의 편의성이 매우 낮기 때문에 이 정의는 보편적으로 활용되지 않는다. 그렇지만 역연령에 의한 기능의 개인차와 기능에 대한 판단이 오차가 크기 때문에 기능적 연령의 측정방법이 편의성을 확보할 수 있도록 잘 연구·개발되면 노인을 역연령이 아닌 기능적 연령으로 판단할 수 있으므로 더 공평성을 기할 수 있고 개인차를 인정하게 되어 사회적으로 보다 유용한 개념이 될 수 있을 것이다(최성재, 장인협, 2010).

(4) 주관적 연령에 의한 정의

개인의 자각에 의해 노인을 정의하는 것은 개인의 주관적인 판단에 의해 스스로 노인으로 규정하는 것을 말한다. 자각연령은 스스로 어떻게 느끼는지가 핵심이다. 변화하는 환경적 요구에 잘 적응하면 역연령으로는 노인일지라도 주관적 연령은 훨씬 젊은 것으로 느낄 수 있다. 역연령이 70세가 넘었을지라도 신체적으로 50대 시절과 다르지 않게 느끼고, 심리적으로 안정되어 있으며, 사회활동에 적극적이라면 그 사람의 자각연령은 50대인 것이며, 반대로 역연령이 50대 중반이라도 신체적으로 약해졌고, 심리사회적으로 위축되어 자신이 늙은 것으로 자각한다면 노인이라는 것이다.

우리나라 노인들의 연령기준에 대한 태도를 살펴보면 가장 응답이 높은 것은 70~74세로 59.4%였고, 75세 이상으로 응답한 비율도 26.9%에 달하고 있으며, 60대 이하로 응답한 경우는 13.8%이며, 80세 이상이라는 응답도 12.1%에 달하고 있다(정경희 외, 2017). 즉, 대부분 노인들이 역연령 기준인 65세보다 훨씬 높은 나이를 노인 기준으로 생각하고 있는 것이다.

주관적 연령 정체감에서 가장 중요한 요소는 활동수준과 건강이다. 자신이 늙었다고 규정하는 사람들은 종종 심장발작이나 고관절 골절과 같은 사건이 발생해 활동이 제한된 경험을 이야기한다. 건강 관련해서는 쉽게 피로하다거나 아침에 일어나면 몸이 뻣뻣하다고 느끼면서 자신이 늙고 있음을 자각할 수 있다. 주관적 연령 정체감은 또한 사회계층에 따라 영향을 받는다. 사회경제적 지위가 낮은 사람들은 더 젊은 나이에 노년이 시작되는 것으로 받아들인다.

　개인의 자각에 의한 노인의 정의는 노화의 다양한 측면을 고려한 종합적 판단을 내포하는 것으로 볼 수도 있지만 주관적이고 추상적이어서 노인에 관한 연구나 정책 수립 시 활용하기가 어렵다. 생물학적·심리적·사회적 측면을 어느 정도 내포하고 있더라도 자각연령은 주관적인 지각에 근거하므로 객관성이 결여되어 있기 때문이다.

(5) 발달단계에 따른 노인의 정의

　일반적으로 발달단계 구분은 신체적 및 심리사회적 속성을 결합해 유아기, 아동기, 청소년기, 초기 성인기, 성인기, 중년기, 후기 성인기, 노년기 등으로 인생주기를 나눈다. 급격한 고령화가 인생주기를 변화시키고 있어서 발달단계로서 노년기에 대한 접근도 변화과정에 있다. 환갑을 장수로 여기고 축하했던 시대, 70세는 드물다 해서 고희(古稀)로 일컫고 고희 잔치를 열었던 시대에서 평균수명 80세로 바뀌면서 과거에 노년기로 간주했던 연령대의 일부는 중년기로 편입되었고 신중년으로 일컬어지고 있다.

　흔히 노년기는 전기와 후기로 구분하여 특성을 비교한다. 노년기 전기는 60대 중반부터 70대 중반을 일컫는다. 이 시기는 대체로 신체건강이 양호하다 해도 만성질환이 보편적이고 활동의 제한이 중년기보다 더 많아진다. 주된 변화는 사회적인 것인데 은퇴가 이 시기에 전형적으로 일어난다. 그리고 많은 여성들이 이 시기에 배우자를 잃는다. 여러 가지 상실을 경험하면서도 노년기 전기에 대부분의 사람들은 적정한 신체적 활기를 유지하면서 가정과 직장에서의 책임으로부터 자유로운 여유 있는 시간을 보낸다.

　노년기 후기는 75세 이상을 일컫는다. 노년기 후기는 신체적으로 병약해지는 것이 특징이고 인지 기능이 저하되기 시작한다. 특히, 기질적 뇌질환이 흔히 발생한다. 노년기 후기의 노인은 죽음이 임박했음을 느끼고 활동도 크게 제한된다. 사회적 관계망은 친구와 친척들의 사망과 자신의 신체건강 쇠퇴로 크게 축소된다. 노년기 전기가 자녀 독립이나 은퇴와 같은 사회적 요소로 정의되는 반면 노년기 후기는 신체적, 인지적 쇠퇴 등 주로 심신의 쇠약이 특징적 요소다.

전통적으로 노년기의 특성은 신체적 약화, 심리적 위축, 직업적 역할과 사회적 역할의 상실 등을 포함한다. 셰익스피어는 희극 「마음대로 하세요(As you like it)」에서 인생을 7단계로 구분하여 풍자하고 있다. 인생 단계에서는 아기, 학생, 연인, 군인, 법관에 이어 노년을 서술하는데 6단계와 7단계인 노년기에 관한 서술은 극히 부정적이다(허순봉 역, 1995). 슬리퍼를 신은 여윈 늙은이로 변하는 6단계에서 사나이다웠던 우렁찬 목소리는 어린애 목소리로 되돌아가 삑삑거리는 피리소리를 내게 되고 마지막 시기인 7단계는 다시 어린애가 되는 것, 망각뿐인 상태로 기술되는데, 이는 빠지고, 눈은 보이지 않으며, 입맛도 떨어지고, 모든 것이 사라진다고 묘사하고 있다.

현대의 노년기는 셰익스피어 시대의 암울한 노년과는 분명히 다르지만 노년기의 중요한 요소로 의존성을 포함하는 것은 지속된다. 리슬렛은 인간의 삶을 의존에서 시작하여 성장과 성취의 시기를 거쳐 또다시 의존으로 돌아와 죽음을 맞는 네 시기로 나누고 있다(Laslett, 1991). 그에 따르면, 제1기는 의존, 사회화, 미성숙과 교육의 시기고, 제2기는 독립, 성장과 책임의 시기로 돈을 벌고 저축하는 시기다. 그는 또 제3기를 개인적인 성취의 시기로 정의하고, 제4기는 의존, 노쇠와 죽음의 시기라고 설명한다.

새들러도 인생주기를 네 단계로 나누었다(김경숙 역, 2015). 10대에서 20대 초반까지의 제1기는 배움을 통한 1차 성장의 시기다. 제2기는 제1기에서 이룩한 1차 성장을 바탕으로 직업을 갖고 경제활동을 하며 가정을 이루고 지역사회의 구성원으로서 조직생활을 한다. 20대와 30대가 이 연령기에 해당한다. 40대에서 70대 중반에 이르는 제3기는 고령화로 인해 생애 중 가장 긴 시기다. 제3기는 새로운 성장, 즉 2차 성장을 통해 자기실현을 추구할 수 있는 생활의 시기라고 보았다. 마지막으로 제4기는 성공적인 노화를 추구하는 70대 이후를 말한다. 새들러의 단계 구분에서 노년기는 제3기의 일부와 제4기가 해당된다.

라슬렛이나 새들러의 구분과 같은 인생주기 구분은 주관적 혹은 사회적인 기준에 의거한 것으로 분류된다.

3. 노인인구의 추이와 특성

노화와 관련된 제반 문제를 이해하고 개인적 적응과 사회적 대응책을 강구하기 위해서는 먼저 노인인구의 추이와 특성을 살펴보는 인구통계학적 분석이 필요하다.

1) 노인인구의 추이

(1) 평균수명의 연장

2018년 생명표에 의하면 평균수명은 남자 79.7세, 여자 85.7세, 전체 평균 82.7세이고, 여자의 평균수명은 남자보다 6년이 더 길다(통계청, 2019a). 1960년의 남자 51.1세, 여자 53.7세, 전체 평균 52.4세에 비교하면 수명이 얼마나 길어졌는지를 실감할 수 있다. 한편 2018년 기준 60세 고령자의 기대여명은 남자가 22.8년, 여자가 27.5년으로 여자가 4.7년 더 오래 사는 것으로 나타났고, 70세 고령자의 기대여명은 남자 14.8년, 여자 18.3년으로 여자가 3.5년 더 오래 살며, 80세 고령자의 기대여명은 남자 8.1년, 여자 10.3년으로 여자가 2.2년 더 오래 사는 것으로 나타났다(통계청, 2019a).

(2) 노인인구 수와 노인인구 비율 증가

평균수명의 증가는 노인인구의 절대수와 상대적 비율에서의 급격한 증가로 이어진다. 1970년에 99만 1천 명이던 65세 이상 노인인구는 2019년 현재 행정안전부 주민등록 인구통계에 의하면 796만 4천 명으로, 노인인구의 절대수가 약 8.04배 증가하였다.

노인인구의 절대수 증가는 전체 인구에서 차지하는 상대적 비율의 증가로 이어지게 된다. 우리나라에서 65세 이상의 인구가 차지하는 비중은 가파르게 증가하는 추세다. 1970년에 3.1%에 불과하던 노인인구 비율이 2000년 7.2%로 고령화사회로 진입하였고, 행정안전부 주민등록 인구통계에 의하면 2019년 현재 15.4%로 빠른 증가세를 보이고 있다. 2025년에는 노인인구 비율이 20.3%에 이르는 초고령사회로 진입할 것으로 예측된다(보건복지부, 2019a).

(3) 노령화지수

고령화 추이를 보여 주는 다른 지표는 유년인구 대비 노인인구 비율을 나타내는 노령화지수다. 노령화지수는 15세 미만 인구 대비 65세 이상 노인인구의 비율로 유년인구 대비 노인인구의 상대적 규모를 나타내는 지표다. 65세 이상 고령 인구수를 15세 미만 유년 인구수로 나눈 노령화지수가 15 미만이면 연소인구사회이고 30 이상이면 고령인구사회로 분류한다(전경수, 2008). 이 기준에 의하면 우리나라는 당연히 고령인구사회다. 우리나라의 2019년 노령화지수는 119.4로 유년인구(0~14세 인구) 100명당 65세 이상 고령자가 119.4명이었으며(통계청, 2019b), 2060년에는 노인인구가 유년인구의 4.6배에 이를 것으로 예측된다.

(4) 노년부양비

2019년 노년부양비는 20.4로 이는 생산가능인구(15~64세 인구) 4.9명이 노인 1명을 부양하는 것을 의미한다(통계청, 2019b). 1960년의 노년부양비가 불과 5.3이었던 것과 비교해 보면 노년부양비가 3.85배가 증가한 것이다. 생산가능인구로 추산되는 15~64세 가운데 15~24세, 55~64세는 사실상 경제활동에 참여하지 않는 인구가 많으며, 실질 생산인구는 25~54세이므로, 실제 노인부양 부담은 통계치보다 훨씬 높다. 현재의 저출산이 지속될 경우 베이비붐세대의 노인인구 진입 및 기대수명 증가로 인하여 2030년에는 생산

가능인구 2.6명이 노인 1명을, 2060년에는 생산가능인구 1.1명이 노인 1명을 부양해야 할 것으로 전망되고 2065년에는 노년부양비가 100.4로 노인인구가 생산가능인구를 넘어설 것으로 예상되고 있다.

2016년부터 유년부양비가 노년부양비보다 낮아졌는데 부양비의 역전현상은 정부에서 사회복지정책을 비롯한 다양한 정책의 우선순위를 결정함에 있어서 가치갈등이 유발될 가능성을 높이게 된다.

표 1-1 노년부양비 및 노령화지수

연도	노년부양비[1]	노령화지수[2]	고령자 1명당 생산연령인구[3]
2000	10.2	35.0	9.8
2005	12.9	48.6	7.8
2010	15.4	69.6	6.5
2016	18.1	100.1	5.5
2017	19.1	107.3	5.2
2018	19.8	113.9	5.0
2019[4]	20.4	119.4	4.9
2020	21.7	129.0	4.6
2030	38.2	259.6	2.6
2040	60.1	345.7	1.7
2050	77.6	447.2	1.3
2060	91.4	546.1	1.1
2065	100.4	576.6	1.0

출처: 통계청 인구주택총조사 각 연도(외국인 포함), 통계청(2019c). 장래인구특별추계.
주: 1) 노년부양비 = (65세 이상 인구 / 15~64세 인구) × 100
  2) 노령화지수 = (65세 이상 인구 / 0~14세 인구) × 100
  3) 고령자 1명당 생산연령인구 = 15~64세 인구 / 65세 이상 인구
  4) 2018년 이전은 인구주택총조사 자료, 2019년 이후는 장래인구특별추계 자료

2) 노인인구의 특성

노인인구 집단은 다른 연령집단과 비교해 그 특성이 상이할 뿐만 아니라 노인집단 내에서도 상당히 이질적인 속성으로 구성되어 있다. 노인인구의 특성을 정리해 보면 다음과 같다.

(1) 거주지역

노인인구의 특성을 보면 우선 지역별로 보았을 때 고령화 속도가 농촌 지역에서 훨씬 빠르다. 농촌은 이미 초고령사회다. 그러나 노인인구 전체의 3/4 이상이 도시에 거주할 정도로 절대수는 도시에 많다. 2019년 지역별 65세 이상 노인인구 비율은 전남이 22.3%로 가장 높고, 경북(19.8%), 전북(19.7%) 순으로 높았으며, 노인인구 비율이 낮은 지역은 세종(8.9%), 울산(11.1%), 경기도(12.0%) 순이다(통계청, 2019b).

농촌 지역의 경우 지자체의 재정자립도가 낮고 지역사회에 노인복지 전달체계가 잘 구축되어 있지 못한 실정이라 일반적으로 농촌 지역 노인문제가 더 심각한 것으로 간주한다.

(2) 초고령 인구의 급증

인구 고령화 현상에서 특히 관심을 가져야 하는 것은 85세 이상 초고령 인구가 급증하고 있는 추세다. 초고령 노인이 급증하는 것은 무엇보다도 평균수명이 급속하게 늘어나고 있기 때문이다. 2019년 현재 행정안전부 주민등록 인구통계에 의하면 65세 이상 노인 중 9.7%가 85세 이상이다. 초고령 인구는 독립적으로 활동할 수 있는 능력이 가장 취약한 집단이고 원조와 보호를 가장 많이 필요로 하는 대상이다. 초고령 노인 증가율이 연소노인이나 고령노인 증가율보다 훨씬 높아서 건강 및 장기요양보호서비스에 대한 요구가 급증할 것으로 전망된다.

(3) 성비

노인 성비(여자 100명당 남자의 수)는 75.3명이며, 이는 지속적으로 증가하여 2060년에는 91.3명이 될 것으로 전망된다(통계청, 2019b). 성비를 살펴보면 최근에 남성노인이 조금씩 성비가 높아지고 있으나 평균수명의 차이로 인해 아직까지 여성노인의 절대수와 상대적 비율이 훨씬 높으며, 특히 초고령 노인 가운데 여성 비율이 더욱 높다. 의료기술 발달 및 건강에 대한 관심이 높아지면서 남성 사망률이 낮아져 성별 평균수명 차이가 줄어들면서 과거보다 성비가 높아지고 있는 추세다.

(4) 결혼 상태

결혼 상태는 유배우율이 63.4%로 지속적으로 증가하고 있는데, 평균수명의 증대가 주요인이다(정경희 외, 2017). 남성의 유배우율은 85.3%, 여성은 47.2%로 평균수명과 초혼연령의 차이로 인해 독신 여성노인 비율이 훨씬 높다.

65세 이상 노인의 이혼과 재혼은 증가하는 추세다(통계청, 2019b). 2018년 전체 이혼 건수는 2.5% 증가하였는데, 65세 이상 남녀의 이혼 건수는 각각 16.7%, 21.0% 증가하였고 2018년 전체 남녀 재혼 건수는 전년보다 모두 감소한 반면, 65세 이상 재혼 건수는 남자는 2.8%, 여자는 12.1% 증가하였다.

(5) 교육수준

노인의 교육수준은 최근에 상당한 변화가 있다. 성인 대상 초·중·고 교육 및 검정고시 준비로 문맹 비율이 크게 줄고 공식교육 수준이 높아졌다. 문맹노인의 비중은 1994년의 36.7%, 2004년의 19.2%, 2014년 9.6%에서 2017년 6.6%로 급감하였다(정경희 외, 2017). 동시에 중·고등학교 학력을 가진 노인의 비중과 전문대학 이상 학력을 가진 노인의 비중이 증가하여 노인의 교육수준이 전반적으로 상향되었다. 차세대 노인들의 경우는 교육수준에 있어서 더 큰 변화가 예상된다. 이러한 변화는 노인의 욕구변화와 기대수준의 상향조정으로 이어질 수 있으며 고학력 노인 증가로 복지욕구 다양화와 기대 수준이 상승될 전망이다.

(6) 가구 형태

가구 형태를 보면 자녀별거 가구와 1인 독신가구가 증가하는 경향이 가속화될 전망이다. 우리나라 노인의 전통적인 주거 형태는 장남가족과 동거하는 3세대 직계가족 형태이나 최근의 추세는 전통의 잔재가 아직 남아 있긴 하지만 급격하게 주거 형태가 다양해지고 있다. 우선 자녀별거 경향이 강화되고 있는데 정경희 등(2017)에 따르면 노인 중 23.6%가 독거이며, 48.4%가 노인부부 가구이고, 자녀동거는 23.7%로 독거가구의 증가 및 자녀동거의 감소가 지속되고 있음을 확인할 수 있다. 자녀 측과 노부모 측 양측의 사정과 선호로 노인가구(노인독신 혹은 노인부부가족)와 2세대 노인핵가족(노인과 미혼자녀)이 다수를 차지하고 있다.

노인독거는 1994년 13.6%, 2004년 20.6%, 2014년 23%, 2017년 23.6%로 점차 증가하고 있으며 자녀 동거율은 1994년 54.7%, 2004년 38.6%, 2014년 28.4%, 2017년 23.7%로 점점 낮아지고 있다(정경희 외, 2017). 노인가구(독거 + 부부가구)인 이유는 약 1/3인 36%가 자녀의 결혼으로 인해서이며, 18.8%는 자녀의 타 지역 거주로, 18.8%는 개인(부부)생활을 향유하기 위해서, 11.0%는 기존의 거주지에 계속 거주하고 싶어서다. 노인가구의 생활상의 어려움으로는 아플 때 간호문제(19%)가 가장 높고, 경제적 불안감(17.3%), 심리적 불안감 또는 외로움(10.3%)이 꼽혔다.

2019년 고령자통계를 보면 가구주 연령이 65세 이상 노인인 경우가 전체 가구의 21.8%를 차지하며, 이는 계속 증가하여 2045년에는 47.9%가 될 것으로 전망된다(통계청, 2019b). 노인가구를 유형별로 보면, 독거 비중이 34.2%로 가장 많고, 그다음은 부부(33.2%), 부부 + 자녀(9.6%), 부(모) + 자녀(5.5%) 순이다.

노인가구와 2세대 노인핵가족의 증가는 노인의 경제적 부양문제, 다중 역할 및 역할상실 같은 역할문제, 수발문제 등을 유발시킬 수 있다. 특히, 독거노인은 다른 노인인구 집단에 비하여 소득, 건강, 주거, 여가 및 사회참여 등 생활 전반에 걸쳐 다양한 심각한 문제를 겪고 있으며 복지 욕구 또한 다양하고 높은 것으로 나타나고 있다.

기혼자녀와 동거 이유는 자녀에게 가사지원 등의 도움을 주기 위해 (27.3%), 노인의 경제적 능력 부족(19.5%), 노인의 수발을 위해(15.9%), 자녀의 경제적 능력 부족(14.8%), 기혼자녀와의 동거가 당연하다는 규범적 이유 (14.8%) 등 다양하였다(정경희 외, 2017). 이는 더 이상 규범적인 이유로 인한 동거보다는 노인이 의존적인 존재로 기혼자녀의 보호를 받아야 하는 경우와 자녀에게 도움을 주기 위해 동거하는 경우 등 실용적 이유로 인한 동거가 많음을 보여 주는 것이다.

3) 노인인구의 변화추이를 반영한 사회적 대응

노인인구의 변화추이를 종합해 보면 농촌 지역 거주노인, 85세 이상 초고령노인 등 사회적 보호 욕구가 큰 노인집단과 더불어 건강하고 교육수준이 높으며 경제적 여력이 있는 노인집단이 앞으로 증가할 것으로 예상된다. 이는 노인복지제도와 서비스가 사회적 보호를 필요로 하는 노인에 대한 기본 생활보장과 건강하고 자기성취에 관심이 있는 노인의 삶의 질을 향상시켜야 하는 이중 과제를 지니게 됨을 시사한다.

특히, 변화과정에 있는 노인인구의 특성에 대한 적극적 대응이 필요한데 정리해 보면 다음과 같다.

첫째, 노인 10명 중 1명이 85세 이상이므로 초고령 노인을 특화한 서비스 개발이 필요하다. 신체적 기능도 저하되고 경제활동 또한 하기 어려운 상태인 초고령 노인은 무위와 고독으로 삶의 질이 저하되고 사회에 통합되지 못할 가능성이 매우 높은 집단이다. 따라서 이들의 사회적 통합을 강화할 수 있는 방안과 저하된 기능을 보조할 수 있는 서비스가 제공되어야 할 것이다.

둘째, 노인가구의 증가 추세에 대한 적극적 대응이 필요하다. 더 이상 기혼자녀와의 동거가 노년기의 전형적 거주 형태가 아니며 동거의 이유도 다양화하고 있어, 정책적 패러다임의 변화가 요구된다. 독거나 배우자와만 생활하는 노인가구를 예외적인 현상으로 보고 정책방안을 마련하던 것에서 벗어나 노인가구를 일반적인 현상으로 보아야 한다. 이를 위해 일차적으로는 독거노인 정책뿐만 아니라 취약한 노인부부가구를 위한 정책적 관심이 필요하다.

셋째, 노인의 교육수준이 점진적으로 상향되고 있으므로 다양한 매체를 통해 정보 제공이나 홍보를 적극적으로 해야 하며 노인의 교육수준 향상으로 높아진 눈높이를 맞출 수 있도록 서비스의 질적 향상과 다양한 서비스 개발에 초점을 두어야 할 것이다.

제2장
생물학적 노화와 주요 이론

　　노화의 개념 정의에서 다차원적 노화가 강조되지만 일반적으로 노화라면 생물학적 노화로 여길 만큼 생물학적 노화는 노화를 이해하는 데 있어 가장 기본적인 토대라 할 수 있다. 노화에 대해서는 흰머리, 굽은 허리 등 눈으로 확인되는 신체구조의 외적 변화를 의미할 정도로 신체적 노화에 한정된 생각을 하는데 신체적 노화는 생물학적 노화 개념의 일부에 불과하다. 생물학적 노화는 신체적 노화 이외에 생리적 노화를 포함하는 개념이다. 노화 생물학은 다양한 학자들이 제시하는 이론들과 관련 지식이 광범위하게 축적되어 있는 영역이지만 다수의 학자들이 동의하는 거대 이론은 없다.

　　제2장에서는 먼저 생물학적 노화의 개념을 논의한 후 생물학적 노화의 양상을 신체의 구조적 측면과 신체 내부의 기능적 측면에서 논의한다. 생물학적 노화 관련 이론은 비유전적 세포이론, 유전적 노화이론, 면역학적 노화이론, 신경호르몬이론으로 분류하여 주요 이론들을 소개할 것이다.

1. 생물학적 노화의 개념

생물학적 노화는 생물학적 퇴화과정이 재생산과정을 능가해 유기체 내에 퇴행적 변화가 나타나는 현상으로 나이가 들어감에 따라 신체구조 및 신체 내부의 세포, 조직, 장기 등 유기체 전반에 걸쳐 일어나는 쇠퇴적 발달 현상을 의미한다(Atchley & Barusch, 2003).

노화라 하면 흰머리, 굽은 허리 등 눈으로 확인되는 신체구조의 외적 변화를 의미할 정도로 신체적 노화에 한정된 생각을 하지만 신체적 노화는 생물학적 노화 개념의 일부에 불과하다. 생물학적 노화는 신체적 노화 이외에 생리적 노화를 포함한다. 신체적 노화와 생리적 노화를 구체적으로 구분해 보면, 신체적 노화는 신체구조와 기능의 쇠퇴로 활력의 상실과 질병에 대한 저항력을 상실하는 노화를 의미하며, 생리적 노화는 유기체의 기관, 조직체, 세포, 생체 통제기제 등에서의 쇠퇴와 기능저하를 의미한다(권중돈, 2019).

생물학적 노화는 유전적 요인에 의해서만 결정되지 않는다. 인위적으로 변화시킬 수 있는 환경 요인이나 생활양식 요인도 영향을 미친다. 유전적 요인과 환경적 요인의 조합에 따라 생물학적 노화의 수준은 최적의 노화, 통상적 노화, 병리적 노화로 구분된다(Rowe & Kahn, 1998). 최적의 노화는 긍정적 유전적 요인에 긍정적 환경요인인 영양, 검진 시스템, 최소한의 오염 환경, 지지적 인간관계 등이 상호작용하는 최소한의 노화를 의미한다. 90대 노인이 마라톤을 완주하는 것은 생물학적 노화 차원에서 보면 특별한 일로 최적의 노화라 할 수 있을 것이다. 통상적 노화는 긍정적 혹은 중도적 유전적 요인에 부정적 환경 요인이 상호작용하여 질병이나 기능저하가 초래되지만 그 정도가 심각하지는 않은 상태를 말한다. 병리적 노화는 부정적 유전적 요인에 부정적 환경 요인이 상호작용한 결과 질병이나 기능저하가 심각한 노화를 의미한다.

생활양식 관련 영향이 크지 않다는 주장도 있는데, 생물인구통계학자인 스튜어트 J. 올샨스키는 운동과 식이요법을 통해 건강과 생활의 질이 개선될 수 있지만 그간의 여러 연구 결과 건전한 생활 방식을 유지하고 있는 집단의 기대수명이 그렇지 못한 집단에 비해 불과 900일(약 2.5년) 정도밖에 길지 않다는 사실을 보여 준다고 주장하였다(전영택 역, 2002). 의학과 과학에 기대어 얻는 추가 수명이 불과 2.5년이라는 것이다. 이러한 주장에 따르면 생물학적 노화는 외부적 요인, 즉 영양불량, 자외선, 방사선, 운동부족 등에 의해 촉진되기도 하지만 내적 요인, 즉 유전적 요인, 세포기능 저하, 면역기능 저하, 생체기능의 통제력 저하, 신경계 기능 저하 등에 의해 주로 유발되는 것으로 볼 수 있다.

　생물학적 노화의 원인을 규명한 이론에 의하면 항산화 능력, 대사 및 해독기능, DNA 손상, 호르몬 상태, 면역기능 등이 생물학적 노화를 결정한다. 이러한 이론들에 근거해 생물학적 노화를 완화시키기 위한 접근은 식이요법, 영양보조요법, 호르몬요법, 운동요법, 스트레스 관리 등이 있다. 예를 들면, 부족한 비타민·무기질·호르몬과 세포유독물질을 제거하는 항산화제 등을 보충하는 것이 생물학적 노화 예방에 도움이 된다는 것이다. 이와 같이 노화를 지연시키기 위한 식품이나 약품, 외모나 신체적 기능을 회복시키는 수술 및 시술이 발달하면서 노화의 속도 조절은 가능해졌지만 노화는 시간의 경과에 따른 정상적인 과정으로 근본적인 노화 예방을 할 수는 없다.

　생물학적 노화는 심리적·사회적 기능에도 영향을 미치는데 생물학적 노화를 수용하고 적응하는 경우 심리사회적 기능을 유지하고 발전시킬 수 있는 반면 지나치게 관심을 갖거나 집착하는 경우 오히려 심리사회적 기능이 손상될 수 있다.

2. 생물학적 노화의 양상

　장년기와 노년기를 구분 짓는 중요한 요소가 생물학적 노화인데 장년기의 노화과정이 점진적이고, 지엽적이며, 일상생활을 영위하는 데 별로 지장을 주지 않는 반면, 노년기에는 생물학적 노화가 빠르고, 전반적이며, 일상생활을 영위하는 데 지장을 준다. 이 책에서는 노년기에 초점을 둔 생물학적 노화의 양상을 살펴볼 것이다.

나이 듦은 신체 각 부분이 노쇠해지는 것에서 나타난다. 치아와 뼈가 약해지고 혈관, 관절, 심장판막 등이 경화되는 것이 신체 노쇠의 예다. 그러나 신체적 노화 그 자체는 병리적인 것으로 간주되지 않으며, 통상적 노화 또한 질병으로 간주되지 않는다(McInnis-Dittrich, 2009). 즉, 생물학적 노화 그 자체가 노인에게 질병이 발생하기 쉽게 만들 수는 있으나 노쇠하면서 발생하는 신체적 변화가 반드시 나쁜 건강의 전조가 되는 것이 아니다. 하지만 신체기관 및 면역체계의 쇠퇴가 노인을 병에 취약하게 만드는 것은 분명하다.

생물학적 노화의 구체적 현상을 신체의 구조적 측면과 신체 내부의 기능적 측면으로 구분해 간략하게 살펴보자.

1) 신체의 구조적 측면

신체구조의 변화를 보면 세포노화로 인해 신체기관이나 조직이 노화되고 신체조직의 틀을 구성하는 섬유물질이 활발하게 교체되지 못하면서 신체조직의 기능이 저하된다. 세포의 분열이 감소하는 과정에서 단백질 성분, 특히 콜라겐 감소로 인해 피부, 근육, 각종 장기 간 결체 조직의 구성이 약해지는 것이다.

노년기의 신체적 쇠퇴는 체중과 키가 감소하고, 치아가 상실되며, 머리카락 색이 변화하고, 피부는 반점, 건성화, 주름이 발생하는 식으로 변화하며, 뼈의 약화로 인해 골절위험이 있고, 연골조직의 약화로 인한 관절문제가 생기며, 뇌의 크기가 감소한다. 성인의 체중 변화는 20대에서 40대 사이에 첫 번째 증가가 나타나고, 50대와 60대 사이에는 체중이 유지되며, 70대에는 체중이 감소하는 패턴인 뒤집어진 U자 형태를 보인다(Rossi, 2004). 노년기의 체중 감소는 뼈의 밀도와 근육 조직이 감소하기 때문이다(Florido, Tchkonia, & Kirkland, 2011).

구조적 측면의 변화를 좀 더 살펴보면 우선 신체의 주요 구성 성분인 지방, 조직, 뼈, 수분은 노화에 따라 지방은 크게 늘어나고, 조직은 줄어들며, 뼈는 구성 비율에서 거의 변화가 없고, 수분은 상당히 줄어든다(최성재, 장인협, 2010). 나이가 들면서 뼈가 가벼워지고 골 조직이 엉성해지는 골 상실이 발생하는데 노인은 골다공증에 걸리기 쉽고 골절상의 위험이 매우 높은 편이다. 뼈는 나이가 들수록 관절에서도 변한다. 관절염 환자의 대부분은 65세 이상 노인이다. 관절염은 뼈의 끝을 덮고 있는 연골이 닳아 없어진 상태를 말한다. 노화에 따라 팔, 다리 및 골격에 붙어 있는 수의근은 근육의 양이 줄고 수축력이 약해져 뼈에 부담을 주고 운동능력이 감퇴된다. 게다가 노인은 질병이나 부상으로 인해 근육을 일정 기간 동안 사용을 하지 못하는 경우가 많은데 이 경우 근육량이 젊은 사람들처럼 빨리 회복되지 않는다.

노화에 따라 장기는 심장만 중량이 증가하고 다른 장기들은 중량이 감소한다. 심장의 무게가 증가하는 것은 지방 증가와 말초혈관의 동맥경화에 의해 심장이 비대해지기 때문이다. 노년기 뇌의 구조적 변화는 뇌의 전체 용적이 줄게 되어 뇌실이 확장되고 뇌고랑이 뚜렷해진다(유경호, 2014). 이 현상은 신경세포 소실에 의한 것이다.

2) 신체 내부의 기능적 측면

나이 듦에 따라 신체 내부의 기능도 변화한다. 심혈관 기능을 비롯해 신체 기능이 전반적으로 약화된다. 노인 질환은 신체 기능의 저하와 감퇴, 그리고 면역력이 떨어지면서 발생하기 쉽다.

우선 각종 심장질환 위험성이 높아지는데, 주로 동맥에서 관찰되는 혈관계 변화로 인한 순환기계 질환이 발생하기 쉽다. 연령 증가에 따라 혈관이 낡아지는데 혈관 벽이 두꺼워지고 딱딱하게 굳어져 혈액순환을 방해하는 동맥경화 현상이 생기게 되고 동맥경화증이 심해지면 조직의 영양공급이 불량해지고 세포의 기능이 저하되어 노인의 장기 기능이 저하되는 원인이 된다(최성재, 장인협, 2010). 동맥경화증은 염증에 의해 발생하는데 본래 염증은 면역체계를 보호하기 위해 생겨나지만 만성적 염증은 혈관 벽에 플라크 형성을 초래하고, 혈관을 파열시키거나 혈관을 막는 혈전을 만들 수 있으며, 심장 발작과 뇌졸중을 일으키기도 한다(Smith et al., 2009).

노인은 폐조직과 기관지계 변화로 호흡기 질환 유병률도 높아진다. 호흡기 체계의 변화가 통상적 노화과정으로 인한 것인지 혹은 오염 및 독소 물질로 인한 것인지 구별하기는 어려우나 노화에 따라 일반적으로 폐를 작동시키는 근육의 탄력성과 강도가 약해진다(McInnis-Dittrich, 2009). 신체의 노화에 따라 폐의 기능적 저장용량이 줄어들게 되면서 호흡이 느리고 얕아지게 된다(Aldwin & Gilmer, 2004).

소화기관의 노화 증상을 중년기 초기부터 경험하기 시작했다는 노인들도 일부 있지만 그 외의 노인들은 미각이나 후각 기능이 떨어지면서 식욕이 감소되는 그 이상의 변화가 없을 정도로 차이가 거의 없다(McInnis-Dittrich, 2009). 그러나 치아 결손, 소화효소 분비량 감소, 위 근육의 약화 등으로 인해 노년기에 소화 기능이 영향을 받을 수는 있다. 노인들은 소화 기능의 감퇴에 따라 많은 경우 변비가 생긴다(최성재, 장인협, 2010).

신장의 여과 기능과 철분 및 미네랄 균형 유지 기능은 노화에 따라 50%까지 감소한다(McInnis-Dittrich, 2009). 신장의 포도당 흡수 기능이 저하되면 노인은 심각하게 탈수증상을 보일 수 있다. 연령 증가에 따라 밤에 소변을 보는 야뇨가 증가하는데, 노인은 밤에 2~3회 소변을 보는 것이 일반적이다(최성재, 장인협, 2010). 노화에 따라 소변을 통제하지 못하는 요실금도 증가하게 된다.

노화과정에서 발생하는 두 가지 중요한 호르몬 변화는 췌장에 의해 조절되는 인슐린과 여성노인의 에스트로겐 감소와 남성노인의 테스토스테론 감소다(McInnis-Dittrich, 2009). 인슐린 변화로 기초대사율은 감소하는 반면 탄

수화물 대사율이 증가한 결과 노인의 당뇨병 이환율은 증가한다. 노화와 관련된 다른 통상적 생물학적 변화와 결합된 에스트로겐 감소는 여성의 비뇨생식기의 기능 감퇴를 초래한다(Tabloski, 2006). 남성의 테스토스테론 감소는 근육량, 뼈의 밀도, 성적 욕구, 인지 기능의 감퇴와 함께 체지방 및 우울 증상의 증가와 관련이 있다(Almeida et al., 2004).

3. 생물학적 노화의 주요 이론

생물학적 노화 현상에 대해서는 유전학, 의학 영역에서 신체적 노화의 원인을 규명하려는 수많은 연구가 이루어졌다. 생물학적 노화의 원인에 대해 고전적인 견해는 노화를 신체가 무작위로 마모되는 것으로 설명하였고, 이후의 많은 연구들은 노화가 질서 정연한 유전적 프로그램에 의해 진행되는 것으로 설명하였다. 그러나 노화에는 마모나 유전적 요인과 같은 단순한 원인론으로 충분히 설명되지 않는 복합적 요인이 작용한다. 노화과정에 관여하는 단일하고 일반적인 세포 메커니즘은 존재하지 않으며 노화는 활성산소로 인한 손상, 무작위로 발생하는 DNA 변형, 무수한 미세포 차원의 문제가 축적되면서 일어나기 때문이다. 최근에는 노화방지에 대한 관심이 높아지면서 영양, 운동, 호르몬의 균형, 환경적 위험에 대한 보호 등이 제안되고 있다.

이 장에서는 생물학적 노화 관련 이론을 비유전적 세포이론, 유전적 노화이론, 면역학적 노화이론, 신경호르몬이론으로 분류하여 주요 이론들을 소개하고자 한다.

1) 비유전적 세포이론

(1) 사용마모이론

사용마모이론은 인간의 몸도 기계처럼 시간이 지나면서 마모된다고 가정한다(Wilson, 1974). 퇴행성 관절염, 오십견 등을 설명할 때 이 이론을 사용할 수 있다. 마모 또는 기계적, 화학적 손상에 의해 평활근, 심근, 근섬유, 신경세포, 뇌세포는 한 번 파괴되면 재생이 불가능하기 때문에 사용마모이론은 일견 타당해 보인다. 그러나 유기체는 기계와 다르게 손상을 복구하는 내적 기제를 가지고 있다. 또 유기체는 적정운동을 통해 근력, 근질량, 심장 기능을 증가시키듯이 사용하면 마모되는 것이 아니라 오히려 개선되는 측면도 있다. 이러한 이유로 현재 사용마모이론은 설명력이 제한되는 것으로 평가된다.

(2) 노폐물 축적이론

노폐물 축적이론은 세포 속에 해로운 물질과 제거될 수 없는 폐기물이 생성, 축적되어 세포의 정상적 기능을 방해하여 노화가 진행된다고 가정한다(Arking, 2006). 노폐물에 포함된 다양한 독성물질이 일정 수준 이상 쌓이게 되면 정상세포의 기능을 방해하게 되어 세포를 죽이게 되는 노화가 일어난다는 것이다. 우리 몸에는 세포들이 처리할 수 있는 용량을 넘어서는 노폐물이 점점 더 많이 만들어진다. 대사 노폐물인 리포푸신의 예를 들어 보자. 리포푸신은 DNA와 RNA의 합성을 방해하고, 단백질의 합성을 저해하여 인체의 에너지 수준을 저하시키고 동시에 근육의 합성을 방해한다. 그리고 세포의 재생능력에 부정적인 영향을 미치고 필수적인 화학 반응에 관여하는 세포 효소를 파괴한다.

(3) 교차연결이론

교차연결이론은 화학적 반응에 의하여 정상적으로 분리되어 있어야 하는 분자구조 사이에 강한 연결 띠가 형성되어 노화가 진행된다고 설명한다. 이 이론은 뼈가 약해지고 피부 노화가 심각해지는 현상을 설명해 준다. 예를 들어, 나이가 들면 세포내·외 구조에서 노화된 콜라겐의 교차연결이 증가한다. 교차연결이론은 결체조직인 피부, 뼈, 근육, 혈관, 심장을 구성하는 탄력소와 콜라겐의 특성과 작용을 통해 잘 설명된다. 교차연결을 주도하는 성분은 탄력소의 구성 성분인 아미노산으로 노후된 탄력소는 낡아서 해지고 부스러져 조각이 난다.

교차연결의 원인은 매우 다양하고 식품과 환경 속에 무수히 존재한다. 알데히드, 산화지방, 구리와 마그네슘 등이 교차연결을 유발시키는 물질이다.

교차연결은 인체에 발생하는 많은 생화학적 변화 중 하나이긴 하나 노화의 가장 중요한 원인으로 간주되지는 않는다(Quadagno, 2011).

(4) 유해산소이론

유해산소인 활성산소는 우리가 호흡하는 산소와는 다른 불안정한 상태에 있는 산소를 말하며 세포는 신진대사 과정에서 흡연, 감염, 지나친 운동 등의 외부 자극에 대한 반응으로 활성산소를 생산한다. 이러한 산화기는 정상적인 대사 작용에서 생산되고 방사선이나 오염물질 등에 노출되었을 때도 생성된다. 산화기를 형성하는 가장 중요한 근원은 산소대사로 인체는 생활 속에서 대사를 위해 끊임없이 산소를 필요로 하고 이 산화산물이 끊임없이 조직에 축적되면 역설적으로 인체를 파괴한다. 즉, 산화기라는 고도로 불안정한 세포구성 물질의 증가로 세포가 비정상적으로 성장하면서 노화가 진행된다(Bengtson, Putney, & Johnson, 2005).

이와 같은 유해산소이론에 근거해 식이요법이나 환경 조절 혹은 특정 약물 사용으로 노화를 지연시킬 방법을 모색한다. 노화 지연과 관련해서 소식, 스트레스 예방, 금연 등을 권고하는 것도 유해산소이론에 근거한다. 소식은 노화연구의 매우 중요한 주제로 이 가설을 증명하기 위해 쥐를 대상으로 한 실험 결과는 소식한 쥐의 평균수명이 그렇지 않은 쥐보다 상당한 정도로 더 길어졌다. 원숭이를 대상으로 한 실험도 마찬가지였다. 그러나 이러한 식이 제한을 실제 인체에 적용해 본 실험은 중단되었는데 생존 문제뿐만 아니라 질병에 대한 취약성이 우려되었기 때문이다.

유해산소이론의 주장처럼 활성산소가 무조건 나쁜 것이 아니라는 주장도 있다. 이러한 입장은 활성산소는 노화의 원인이 되는 만큼이나 사람의 몸을 보호하는 역할을 하기 때문에 이 이론이 노화를 궁극적으로 설명한다고 볼 수 없다는 것이다. 활성산소는 병균에 대한 면역체계의 첨병으로 외부에서 체내로 들어오는 병균을 끊임없이 공격해 물리치는 역할을 한다. 즉, 병원체나 이물질을 제거하기 위한 생체방어 과정에서 활성산소가 많이 발생하는데 이들은 강한 살균작용으로 병원체로부터 인체를 보호하는 역할을 하기도 한다. 이 과정에서 활성산소의 공격은 건강한 세포에도 피해를 입힌다.

따라서 활성산소 가설은 어떤 원인으로 세포의 소멸이 촉진되는 경우 면역체계가 약할 때 더욱 치명적으로 작용하는 것을 설명하는 데 적절한 것으로 볼 수 있다.

2) 유전적 노화이론

(1) 유전적 결정이론

유전적 결정이론은 유전자 조절이론, 예정계획이론, 프로그램이론으로 불리기도 하는데 생물체의 DNA 내에 노화와 관련된 유전적 입력이 되어 있다는 이론이다. 유기체가 나이가 들면 특수한 양상으로 변화하는데 이러한 변화는 예측이 가능하다는 점에서 노화과정이 이미 프로그램화되어 있다고 본다. 녹내장, 알츠하이머 치매, 후발성 당뇨와 같은 연령관련 질환의 발병은 유전적 요소로 결정될 수 있다(McInnis-Dittrich, 2009).

유전적 결정이론에 따르면 수정에서부터 생체시계가 작동하기 시작한다. 각 유기체마다 얼마나 오래 살 것인가를 결정하는 유전부호를 지니고 있으며 일정한 분열횟수를 프로그램해 놓는다는 것이다. 그리고 이 분열횟수만 큰 분열이 끝나면 기능이 쇠퇴하고 죽음에 이르게 되며, 프로그램된 에너지와 물질의 양을 얼마나 효율적으로 사용하느냐에 따라 노화 및 수명이 결정된다고 가정한다.

유전적 요소가 기대수명이나 질병에 대한 취약성에 영향을 미치지만 특정한 질병에 걸릴 것인지 혹은 얼마나 오래 살 것인지를 정하는 것은 아니므로 유전적 결정이론의 설명력 또한 제한적이다. 노화의 유전적 프로그래밍 이론은 노화 관련 생물학적 변화를 단일하게 설명하는 이론이라고 보편적으로는 인정되지 않고 있다(McInnis-Dittrich, 2009).

(2) 유전자 오류이론

유전자 손상이론으로 불리기도 하는 유전자 오류이론은 DNA와 RNA 간 정보 전달 과정에서 오류가 발생해 RNA가 잘못된 단백질을 합성하고, 그 단백질이 축적되어 세포, 조직, 기관에 손상을 입혀 노화가 발생한다는 이론이다. 즉, 단백질 합성의 오류가 축적되어 시간이 지나면서 세포기능이 손상된다는 것이다. DNA와 함께 세포핵 속에 위치하는 RNA는 DNA로부터 전달된 정보를 받아 세포나 기관의 생성과 생명유지에 필요한 단백질 합성을 인도하는 핵산이다. RNA 합성 기능이 약해지면 결함세포가 생산되고, RNA의 오류는 DNA의 오류로 이어지게 된다. DNA의 유전 정보에 맞지 않는 단백질이 생산되면서 이 단백질이 축적되어 노화가 진행되는 것이다(Shock, 1977). DNA의 오류가 수정되지 않으면 영구적 변이가 초래된다. 노년기는 유전자 오류 효과가 더 두드러져 세포의 생물학적 기능과 기관의 효율성이 떨어지게 된다.

(3) 유전자 변이이론

유전자 변이이론은 오류 재해이론으로 불리기도 하는데 돌연변이 체세포가 축적되면서 노화가 발생한다는 이론이다. 세포 내 축적된 노폐물에 의해 유전자가 손상을 입게 되면 DNA 복구 시스템이 손상된 유전자를 정상 유전자로 복구시키는데 이 시스템의 작동이 비정상일 때 돌연변이 세포가 생성되며, 돌연변이를 일으킨 세포는 노화 변화를 유발시키고 궁극에는 죽음을 초래케 한다는 것이다.

그러나 유전자 변이이론은 노화와 관련해 통상적 변화의 기본적 과정을 설명하지 못하는 한계가 있다. 유전자 변이이론은 유전자 변형과 노화 과정 간의 명확한 인과관계 차원의 연계를 제시하지 못한 것으로 평가된다(Campisi & Vijg, 2009).

(4) 텔로머라제이론

텔로머라제이론은 텔로미어의 길이가 짧아지면서 세포 손상을 일으킴으로써 노화가 진행되는 것으로 여긴다. 염색체 끝에 연결된 일련의 핵산으로 구성된 텔로미어는 염색체를 보호하며 길이가 길어야 좋다. 텔로미어는 세포분열과 함께 점점 짧아지는데 그 길이가 아주 짧아지면 세포는 복제를 멈춘다(McInnis-Dittrich, 2009).

인간은 텔로머라제라는 효소의 유전자를 가지고 있는데 이 유전자가 활성화되어 텔로머라제가 만들어지면 손상된 텔로미어가 복구된다. 엘리자베스 H. 블랙번, 캐럴 W. 그라이더, 잭 W. 쇼스택은 텔로머라제 효소를 발견한 공로로 2009년 노벨생리의학상을 받았는데 이 효소는 텔로미어의 길이가 짧아지는 속도를 조절해 세포의 노화 속도와 조직의 활력을 조절할 수 있는 것으로 밝혀졌다. 텔로미어의 길이가 짧아지는 속도가 환경에 의해 좌우된다는 사실이 밝혀지면서 외국에는 텔로미어를 관리하는 서비스 회사가 생기고 있다고 한다. 그러나 텔로미어 가설에도 모순되는 사실이 있는데 쥐의 수명은 사람의 30분의 1에 불과한데도 텔로미어 길이는 사람보다 약 50배 이상 더 길다.

3) 면역학적 노화이론

(1) 면역반응이론

노화의 면역학적 이론은 노화가 인체의 면역체계 기능이 나이가 들면서 결함이 생기는 것이라고 전제한다(McInnis-Dittrich, 2009). 면역반응이론은 백혈구가 인체 내의 유해한 물질을 식별하는 능력을 상실해 제거해야 할 유해물질을 제거하지 못해서 체내에 유해물질이 축적되면서 노화가 촉진된다는 이론이다(Arking, 2006). 즉, 항체의 유해물질에 대한 식별능력이 저하되면서 유해물질을 파괴하지 못해 노화가 진행된다는 것이다.

면역체계의 기능 저하가 질병에 걸리게 했더라도 이러한 면역체계의 기능 저하가 정상적 노화를 야기하는 증거는 아니라는 점(Hayflick, 1994)에서 면역반응이론은 노화의 통상적 변화를 설명하는 데 제한이 있다.

(2) 자동면역반응이론

자동면역반응이론은 면역체계가 항체를 만드는 과정에서 정상세포를 파괴하는 세포를 자동적으로 생산하는 자동면역항체의 증가에 따라 정상세포의 파괴가 증가되면서 노화를 발생시킨다는 이론이다(Atchley & Barusch, 2003). 즉, 노화를 자기면역체계의 기능 변화로 간주한다. 관절염과 당뇨병은 인체의 자동면역반응의 예다(Effros, 2001). 면역체계의 기본 기능은 감시인데 면역체계가 퇴화되면 자신의 정상세포를 유해물질로 인식하여 면역계에 의해 공격을 받으며 항체세포의 감시기능이 손상된다. 이 이론에 따르면 면역계의 퇴화를 조절하면 노화를 지연시킬 수 있다.

4) 신경호르몬이론

신경호르몬이론은 신경내분비 조절 이론으로 불리기도 한다. 노화에 기여하는 유전적 생체시계는 신경계와 호르몬계의 조절 메커니즘에 의존한다.

뇌중추의 신경원은 생체시계를 조절하는 박동기로 작용하며, 이 박동기 역할을 하는 신경원의 활동이 균형을 잃거나 둔화되면 신경 기능과 근육 기능 및 내분비 기능에 영향을 미쳐 노화현상이 나타난다(Shock, 1977). 신경호르몬이론은 성장호르몬, 성호르몬 등 호르몬 부족이 노화를 초래한다고 가정하는데, 이 이론에 근거해서 노화방지를 위한 호르몬요법은 좋은 호르몬을 늘려 주고 나쁜 호르몬을 없애는 접근을 한다.

심리적 노화와 주요 이론

심리적 노화의 영역은 ① 감각 기능, 지각과정, 정신운동 수행능력, 정서 및 정신기능 등 심리적 기능, ② 자아의 발달과 성격 변화와 같은 발달적 특성, ③ 정신건강과 장애로 나눌 수 있다(Atchley & Barusch, 2003). 이 영역 가운데 노화와 노인에 관한 기본적 이해를 위해서는 정상 노화과정의 심리적 특성을 설명하는 지식과 이론을 잘 아는 것이 필요하다.

제3장에서는 먼저 심리적 노화의 기본 개념을 논의한 후 심리적 노화의 양상을 노화에 따른 감각 기능의 변화, 지각 기능의 변화, 인지 기능의 변화, 정서 및 성격의 변화에 초점을 두고 살펴본다. 심리적 노화의 영역 중 정신건강은 제14장에서 다룰 것이다. 심리적 노화 관련 이론으로는 발달과업이론, 인지 기능 변화이론, 행동유전이론, 정체감이론, 노년초월이론, 사회정서적 선택이론, 보상이 수반된 선택적 적정화이론을 소개한다.

1. 심리적 노화의 개념

인간은 지각하고, 사고하며, 반응하고, 유목적적 행동을 하는 존재로 노화가 이러한 심리적 측면에 어떤 변화를 초래하는지 살펴보는 것은 매우 중요하다. 심리적 노화는 감각 기능, 인지 기능, 정서 및 정신 기능, 성격 등의 심리 내적 측면과 심리 외적 측면과의 상호작용에 있어서 퇴행, 유지 및 성숙을 동시에 내포하는 심리적 조절과정을 말한다(권중돈, 2019). 심리적 노화가 일어나는 시점이나 정도는 생물학적 노화와 마찬가지로 개인차가 있다.

심리적 노화도 생물학적 노화나 사회적 노화 등 노화의 다른 차원과 밀접한 관련성을 보인다. 감각, 지각, 인지와 같이 생물학적 노화와 관련된 심리적 기능은 연령이 증가함에 따라 쇠퇴하는 경향이 나타난다. 그러나 경험과 밀접하게 관련된 심리적 기능은 그대로 유지되거나 향상되는 경향이 있다. 한편 실험연구에서는 감각, 지각 및 정신 기능이 쇠퇴하는 것으로 밝혀진 것과 다르게 실생활에서는 연령이 증가해도 현상 유지되는 노인이 많은 것으로 나타나고 있다(Atchley & Barusch, 2003).

심리적 노화와 사회적 노화는 밀접한 상관관계가 있으나 인과관계를 명확하게 규명하기가 쉽지는 않다. 예를 들면, 우울과 사회적 고립이 상관관계가 높은 것은 분명하나 우울증상이 심해지면서 사회적 고립 현상이 발생하는 것인지 혹은 사회적 고립으로 인해 우울증상이 심화되는 것인지 명확하지 않다는 것이다.

한편 심리적 노화는 사회문화적 영향을 직접적으로 받는다. 사람은 자신의 나이 듦에 대해 반응을 하게 되는데 이러한 개인적 반응은 자신이 속한 사회와 문화가 노화와 노년에 대해 갖고 있는 가정을 개인이 내면화한 것과 관련이 있다.

2. 심리적 노화의 양상

1) 감각 기능의 변화

생명체에는 주변 환경과 신체 내부의 변화를 감지하는 감각기가 있다. 사람의 감각수용기에는 몸 밖에서 오는 자극을 받는 외수용기와 내부로부터의 자극을 받는 내수용기가 있다. 외수용기는 5감으로 일컬어지는 시각, 청각, 미각, 후각, 촉각 등이 있고, 내수용기에는 팔과 다리 등에 있는 골격근, 관절, 내이 등에서 오는 자극으로 몸의 운동과 공간 속에서의 몸가짐을 알려주는 역할을 하는 고유수용기와 소화기관, 호흡기관, 방광 등의 근육 벽에서 오는 자극으로 통증, 공복감, 목마름, 질식감, 충만감 등을 감지하는 장기수용기가 있다(함기선, 신문균, 최흥식, 1997).

노년기에는 신체 내외부의 변화와 상태에 대한 정보를 수집해 뇌에 전달하는 감각기관의 기능이 저하된다. 이 책에서는 5감에 해당하는 감각 기능 중심으로 간략하게 살펴볼 것이나 노화에 따른 감각기관의 쇠퇴는 개인차가 매우 크기 때문에 감각 기능의 저하를 일률적으로 판단하지 않아야 할 것이다.

(1) 시각 기능

시력은 중년기부터 약화되기 시작하는데 수정체의 조절 능력이 떨어지면서 노안이 된다. 연령이 증가하면서 동공의 지름이 감소하고 그 결과 눈에 들어오는 빛의 양이 크게 감소한다. 60세 정도 고령자의 망막은 20대 때보다 1/3 정도의 빛만을 받아들이게 된다(Porter, 2009). 이러한 사실은 노인이 밝은 조명을 필요로 하는 것이나 밤 운전에 어려움을 느끼는 이유를 말해 준다. 또한 노화에 따라 수정체의 섬유질이 증가되면 시각이 흐려지는 백내장이 발생한다. 연령이 높아짐에 따라 수정체의 색채가 노란색으로 변하는 황화 현상도 생긴다. 이로 인해 어두운 색의 구분이 어렵게 된다. 눈에 노폐물이 축적되면서 눈이 침침해지고 광선에 민감하게 반응하는 눈부심 현상도 발생한다. 노인의 시각 변화는 종종 낙상과 같은 위험을 초래하거나 운전, 집안일 등에서 어려움을 겪게 만든다.

(2) 청각 기능

청각 기능의 쇠퇴는 일정 정도는 노화에 따라 기관이 쇠퇴하는 결과로 볼 수 있으나 소음 노출 등의 환경적 요인도 영향을 미친다. 노인성 난청이 생기면 고음을 듣는 데 어려움이 있으며 목소리를 구별하는 능력이 떨어진다. 노인성 난청은 노화에 따른 뇌신경세포의 기능 저하와 함께 내이손상이 원인이다(Hayflick, 1994). 노인성 난청과 같은 청각의 변화는 의사소통에 크게 영향을 미치며 좌절, 우울, 불안 등 심리적 어려움을 야기할 수 있다. 주변 사람들과 소통이 어려워지는 과정에서 이러한 문제가 파생하는 것이다.

(3) 미각 기능

노인의 미각은 단맛, 신맛, 짠맛, 쓴맛이 모두 둔화하는 것으로 알려져 있다(Aldwin & Gilmer, 2004). 노인들은 강하게 양념이 된 음식을 선호하는 경향이 있으며 달거나 짠 음식을 좋아한다. 노년기에는 미뢰 수가 크게 감소하는데, 특히 단맛과 짠맛을 감지하는 미뢰가 좀 더 빨리 줄어들기 때문에 커피를 더 달게, 음식을 더 짜게 만들게 된다. 노인이 미각의 장애를 갖게 되는 다른 이유로는 타액의 양이 감소해 음식 속에 있는 분자의 방출이 줄어들기 때문에 미뢰가 맛을 느끼기 어렵게 된다. 미각의 변화는 노인의 음식 관련 즐거움을 감소시켜 음식 섭취에 대한 동기를 저하시키므로 균형 있는 영양 섭취를 방해할 수 있다.

(4) 후각 기능

후각은 65세 이후 감퇴하기 시작하고, 80세 이후는 대부분 후각 기능이 떨어진다. 콧속에 있는 후각 수용기의 숫자는 나이가 들면서 점차 감소한다 (Rosenfeld, 2005). 노화로 인한 후각의 약화는 식욕 부진을 초래할 수 있다. 후각의 민감성이 떨어진 노인은 위험의 경고가 될 수 있는 타거나 상한 냄새를 감지하지 못해 일상생활에서 어려움을 경험할 수 있다(McInnis-Dittrich, 2009).

(5) 촉각 기능

노년기 촉각 기능의 변화는 피부의 노화와 관련이 있다. 나이가 들면 피부의 탄력성을 유지하는 콜라겐 섬유의 약화로 인해 피부의 탄력성이 감퇴한다. 피부 탄력성이 감퇴하면 외부의 온도 자극에 적절히 반응하고 자율적으로 조절할 수 있는 능력이 떨어지게 된다. 노인은 급격히 변화하는 외부 온도에 민감하고 낮은 온도를 견디는 힘이 약하다.

촉각이 둔해지면 외부의 위험한 자극을 적정하게 판단하거나 분별하지 못하는데 예를 들면, 과열된 전기장판을 감지하지 못해 화상을 입는다. 촉각 기능의 변화로 노인은 통증 관련 경험이 젊은 사람들과 다르며 진단이 잘 이루어지지 않는다(Tabloski, 2006). 통증에 둔감해지면 다쳤는데도 바로 감지하지 못할 수 있다.

2) 지각 기능의 변화

감각기관이 수집한 정보를 의식수준에서 처리하고 평가하는 지각 기능은 노년기에 쇠퇴한다. 노화로 인해 뇌의 신경원과 신경조직이 퇴화되기 때문에 감각기관을 통해 유입된 정보의 해석과 추리, 정보에 대한 반응속도와 같은 지각 기능이 떨어진다.

지각 기능의 변화로 반응속도가 저하되면 안전사고의 위험이 증가하게 된다. 노인 운전자 문제가 전형적인 예가 될 수 있다. 체력과 집중력, 주의력이 청년이나 중년층 못지않은 노인들도 있지만 일반적으로 노년기에는 운전 사고의 위험이 증가하는 경향이 있다. 그렇다고 무조건 노인 운전을 규제하는 것은 현실적으로 가능하지도 않고 인권 침해 논란이 벌어질 수 있다. 생계를 위해 운전을 해야 하는 고령 운전자가 급증하고 있으며, 지각 기능이 저하되어도 운전을 중단할 수 없는 개인적 사정도 다양하게 있을 수 있다. 그렇기 때문에 고령자가 안전운전을 할 수 있는 환경을 만드는 것이 중요하다. 노인들이 쉽게 식별할 수 있게 도로 표지판을 대형화하고, 신호등 밝기를 조정하며, 고령자 전용 주차장을 설치하는 것 등이 노년기 지각 기능의 변화를 보완해 주는 환경적 접근이다.

| 알아두기 | 노인의 안전 운전을 지원하는 환경적 접근의 예

전남 경찰청이 '실버마크' 스티커를 통한 노인 운전자 교통사고 예방에 나섰다. 전남 지역은 65세 이상 노인인구가 전체의 20% 이상을 차지하는 초고령화 사회인 데다가 65세 이상 운전자 교통사고 비율이 전체의 17.6%(2014년 기준)에 달한다. 전남 경찰청은 65세 이상 노인 운전자들에게 차량 부착용 실버마크 스티커를 배부하고 있는데 '어르신 운전 중'이라고 적힌 스티커다. 경찰은 이 스티커를 부착한 차량의 노인 운전자에 대해서는 경미한 교통법규 위반 행위 때 범칙금 부과 등 처벌보다는 계도를 하기로 했다. 노인 운전자가 젊은 층에 비해 상대적으로 돌발 상황에 대한 반응속도가 느리다는 판단에서다. 다른 차량 운전자가 이 스티커를 부착한 차량을 발견하면 노인 운전자라는 점을 인식, 양보ㆍ보호 운전을 통해 노인 교통사고가 점차 줄어들 것으로 경찰은 기대하고 있다.

출처: 중앙일보. 2015년 8월 16일자.

지각 능력의 저하는 인지 기능에 영향을 미치게 된다. 흔히 지각이 인지에 선행하는 것으로 여기지만 지각과 인지의 경계는 모호하고, 지각이 인지에 영향을 미치는 상행성 과정만이 아니라 인지가 지각에 영향을 미치는 하행성 인지 과정도 있으므로 지각과 인지 과정은 상호작용을 한다고 말할 수 있다(강연욱, 2014a).

3) 인지 기능의 변화

감각기관의 퇴화, 노화에 따른 뇌의 신경세포 감소 및 기능 저하로 인한 지각기능의 변화 등이 인지 기능에 영향을 미친다. 인지 능력은 감각하고 기억하고 정보를 처리하고 생각하고 추론하는 능력을 일컫는다. 인간은 인지 능력으로 언어를 이해하고, 계산을 하며, 사물이나 상황을 분별하고, 생각과 행동을 통제하며, 계획을 수립할 수 있다. 특히, 노년기의 인지 기능 변화는 노화로 인한 뇌 구조와 기능의 변화와 밀접한 관련이 있다. 그러나 노화에 따른 인지 기능의 변화가 모든 인지 기능에 나타나지는 않으며 모든 노인에 게서 이러한 변화가 똑같이 관찰되지도 않는다(강연욱, 2014a). 노년기의 인지 기능 변화를 영역별로 살펴보면 다음과 같다.

(1) 지능

웩슬러(Wechsler, 1958)에 의하면 지능은 "유목적적으로 행동하고 합리적으로 사고하며 환경을 효율적으로 처리해 나가는 종합적이고 총체적인 능력"으로 정의된다(양옥남, 김혜경, 김미숙, 정순둘, 2009 재인용).

지능은 유동성 지능과 결정성 지능이라는 두 범주로 구분된다. 유동성 지능은 정신의 유동성을 상징하며 추리 능력, 기억 용량, 도형 지각 능력 등을 포함하는 비교적 선천적 영역이며 결정성 지능은 경험, 교육, 훈련에 의한 언어 이해력, 개념 형성, 논리적 추리력 등이 포함되며 문화적 가치, 경험의 폭, 의사소통과 이해력, 판단력 등에 의해 좌우되는 능력이다(양옥남 외, 2009).

많은 학자들이 노화에 따른 인지 기능의 변화를 전반적인 지능의 쇠퇴로 평가하지 않고 유동성 지능과 결정성 지능으로 구분해 살펴본다. 비언어적, 유동성 지능은 언어적, 결정성 지능보다 훨씬 일찍 쇠퇴한다(Salthouse, 2004). 유동성 관련한 연구과제에서 수행은 20대 중반에 가장 높았고, 30대 중반에 뚜렷한 감소를 보인 데 비해 결정성 지능은 40대까지 정점을 보이지 않았고 70대까지 안정적으로 유지되었다(Bjorklund, 2014). 결정성 지능이 노년기까지 유지된다고 하지만 교육이나 경험을 통해 새로운 정보를 받아들이지 못하는 노년기의 어느 시점에서는 결정성 지능 또한 쇠퇴하게 된다.

(2) 기억

기억은 정보를 유지하거나 저장하는 능력이며 필요할 때 이를 인출하는 능력으로 노화의 영향을 가장 많이 받는 인지 기능이다. 기억은 정보처리 관점에서는 상이한 기억 저장고들로 구분되는데 감각 저장고는 감각에 의해 정보가 선택되고 지각 체계에 의해 처리되는 첫 번째 단계이고, 단기 저장고는 정보가 수 초간 유지된 후 사라지거나 장기 저장고에 저장되기 위해 부호화되는 두 번째 단계이며, 세 번째 단계인 장기 저장고는 오랫동안 정보가 유지되는 것을 말한다. 즉, 기억 구조는 감각기억 → 단기기억 → 장기기억으로 이루어진다.

장기기억 유형에는 의식적으로 평가될 수 있는 사실과 사건에 대한 기억을 의미하는 서술 기억과 의식적 인식이 되지 않는 절차에 대한 기억을 의미하는 비서술 기억이 있다. 서술 기억은 일어났던 일이나 사건, 또는 학습된 것을 기억하는 것이다. 서술 기억은 장기 보존이 잘 안 되는 부위에 보관된다. 비서술 기억은 절차 기억으로 어려서 스케이트를 배운 사람이 어른이 되어 스케이트를 다시 타려고 했을 때 오래지 않아 능숙하게 타는 것이 이 때문이다. 처음에는 스케이트 타는 법을 배운 서술 기억에서 비롯되었지만 습관화되면서 기억이 뇌와 근육에 보관된 것이다. 절차 기억은 오래가는데 뇌의 기저핵과 운동을 담당하는 소뇌가 절차 기억과 관련된다.

노화에 따라 감각기억의 과정에 과도한 정보나 방해되는 정보가 부여되면 부호화에 문제가 발생해 정보 처리가 어려워지면서 체계적으로 정보가 저장되지 못하면서 인출 시에 문제가 발생하고 이는 기억력의 약화로 연결된다 (양옥남 외, 2009). 노화로 인한 기억력 쇠퇴는 장기기억보다 단기기억 혹은 최근 기억 관련 문제가 더 빈번하며 비서술 기억보다 서술 기억의 쇠퇴가 뚜렷하다.

(3) 학습능력

일반적으로 연습이나 경험을 통하여 정보나 기술을 획득하는 학습은 노년 기에 기능이 저하된다. 학습능력은 연령 요인 이외에 교육수준, 직업 등 다른 요인들이 의미 있는 영향을 미치기 때문에 연령 증가가 학습능력에 미치는 영향을 명확하게 논의하기는 어렵다. 최성재와 장인협(2010)에 의하면 노인의 학습능력은 충분한 시간이 주어질수록, 학습과제가 의미 있고 분명할수록, 학습내용이 구체적이고 잘 조직되어 있을수록, 학습결과에 대한 피드백이 있을수록 향상될 수 있다.

(4) 사고 및 문제해결능력

사고는 학습과 지각에 의해 받아들인 정보를 구별하고 분류하여 개념화하는 과정을 말한다(최성재, 장인협, 2010). 일반적으로 노인의 연령이 높을수록 개념화 능력이 떨어지기 때문에 사고력이 저하된다.

문제해결능력은 다양한 유형과 수준의 사고가 협응하여 상호작용하는 복합적 인지능력을 말한다. 즉, 사고과정을 통해 형성된 개념들로부터 논리적으로 추리하여 결정을 내리는 것을 의미하는데 노화에 따른 추론의 변화를 연역적 추론능력과 귀납적 추론능력으로 살펴본 선행연구들에 의하면 노년기는 추론능력이 유의미하게 감퇴하는 것으로 보고된다(김종일, 최혜지, 2006). 한편 노인의 문제해결 관련 흥미 있는 연구결과가 있는데 실행 기능의 인지적 쇠퇴에도 불구하고 노인은 문제해결 맥락에서 자신의 능력을 정서에 맞춰 조절해 잘 수행한다는 것이다(Blanchard-Fields, 2007).

사고능력과 문제해결능력 등은 연령뿐 아니라 교육수준, 인생경험, 직업, 동년배집단 효과 등 여러 가지 요인들이 복합적으로 영향을 미치기 때문에 나이 들면서 쇠퇴한다고 단언하기는 어렵다.

노년기에 주로 발병하는 사고능력과 기억력에 심각한 장애를 보이는 치매는 뇌 질량의 감소, 뇌혈관장애, 알코올 등으로 인해 인지 기능과 고등정신 기능이 감퇴되는 기질성 정신장애로 기억장애, 추상적 사고장애, 판단장애,

대뇌피질장애, 성격 변화가 수반되어 직업, 일상적 사회활동, 대인관계에 지장을 받는 복합적 증후군이다(권중돈, 2012).

4) 정서 및 성격의 변화

노년기의 정서를 규명한 연구결과를 보면 노년기에 긍정적 정서는 안정적으로 유지되고 부정적 정서는 체계적으로 감소하는 것으로 나타난다(Charles, Martha, & Carstensen, 2003; Labouvie-Vief & Medler, 2002). 노인들이 나이가 들면서 슬프고 우울하게 지내는 것이 아니라 긍정적 정서를 자주 경험하고 안정적으로 정서를 유지한다는 것이다. 부정적 정서에 비교해 긍정적 정서를 더 많이 경험한다는 것은 노년기에 정서 최적화가 이루어지고 있다는 것을 보여 주는 것으로 이는 우리나라에서도 횡단연구(유경, 2007; 유경, 민경환, 2005)뿐 아니라 종단적 연구(유경, 강연욱, 이주일, 박군석, 2009)에서도 확인되었다. 유경(2014)에 따르면 노년기에 부정적 정서에 비해 긍정적 정서를 더 많이 경험하는 이유는 노인의 정서 대처능력에 기인한다. 노인들은 부정적 정서 경험을 하게 되는 경우 실질적 문제해결이 가능한 상황에서는 문제 중심적 대처와 같은 적극적 문제해결 방식을 사용하지만 변화시키기 어려운 상황에서는 생각을 바꾸거나 목표를 낮추는 간접적인 방식으로 대처를 하기 때문에 결과적으로 문제가 생겼을 때 큰 심리적 동요나 갈등 없이 문제를 해결하게 된다는 것이다.

노년기의 성격 변화 여부와 관련해서는 성격의 안정성을 강조하는 입장과 변화를 주장하는 입장이 있다. 블레저는 기본적 성격이 형성되면 성향과 기질이 평생 거의 동일하게 유지되는 경향이 있는 것으로 간주하면서 성격이 노년기에 나타나는 정서적 혹은 신체적 문제의 발생과 진행에 큰 영향을 미친다고 보았다(Blazer, 1998). 즉, 의심이 많고 의기소침한 사람은 기억력이 쇠퇴하면서 의심을 더 많이 하고 위축되며, 신경증적 노인은 신체적 문제를 심각하게 받아들이므로 신체장애에 적응하는 데 어려움을 더 겪게 되면서 일상생활동작 능력을 비롯한 기능이 더 저하된다. 성격의 안정성이 유지되는 요인은 두 가지로 설명된다(Atchley & Barusch, 2003). 첫째, 성격의 내면적 고정화로 사람은 외부의 자극이나 어떤 현상에 대해 지금까지 해 왔던 방식대로 반응을 보일 것을 자기 자신에게 기대하고 이에 따라 반복된 비슷한 반응양식을 내면적으로 고정화시키게 된다. 둘째, 지금까지의 습관적인 방식으로 사회적 현상을 다룰 수 있도록 자신의 사회적 환경을 만든다.

　성격의 변화를 강조하는 시각에서 보면 사람은 일생의 과정을 통해 새로운 사회적 역할을 취득하고 새로운 경험을 하면서 습관적인 반응 양태를 변화시킨다(최성재, 장인협, 2010). 큰 틀에서는 성격의 안정성이 유지되나 하위 측면에서 성격의 특성이 변화한다는 입장도 있다(Cavanaugh & Blanchard-Fields, 2006). 노년기의 성격, 특히 방어기제의 변화와 관련해서 투사, 공격성 등 미성숙한 방어기제 사용 빈도는 감소하고 승화와 같은 성숙한 방어기제 사용이 증가한다는 연구결과들이 있다(Costa & McCrae, 1989; Jones & Meredith, 2000).

　연구결과에서도 노년기의 성격이 연속성과 안정성을 유지한다는 주장(Kogan, 1990)과 변화한다는 주장(Ruth, 1996)이 공존한다. 변화한다는 주장과 관련해 윤진(1996)은 노년기에 나타나는 특징적 성격 변화를 다음과 같이 요약하고 있다.

① 내향성 및 수동성이 증가한다. 노화에 따라 사회적 활동이 점차 감소하고 사물에 대한 판단방향과 활동방향을 외부보다 내부로 돌리는 행동양식을 취한다. 능동적 문제해결보다 수동적으로 타인에 대한 의존성이 증가한다.

② 조심성이 증가한다. 노화에 따라 조심성이 증가하는 이유에 대해서는 몇 가지 가설이 있다. 첫째, 정확성을 더욱 중시하기 때문에 조심성이 증가한다는 동기 가설, 둘째, 시각·청각 등 감각능력의 감퇴를 비롯한 신체적-심리적 메커니즘의 기능이 쇠퇴한 결과 조심스러워진다는

결과 가설, 셋째, 노인의 경우 결정에 대한 자신감이 감퇴하기 때문에 확실성이 높아야만 어떤 결정과 반응을 하게 된다는 확신수준 가설이 있다.

③ 완고함을 일컫는 경직성이 증가한다. 어떤 태도, 의견, 문제해결 등에서 그 행동이나 문제해결 방법이 옳지 않은 데도 불구하고 그것을 고집하고 계속하려는 행동경향인 경직성이 노화에 따라 증가한다. 경직성의 증가는 노인의 학습능력과 문제해결능력을 저해하는 요인이 될 수 있다. 경직성은 노화 외에 문화적, 경험적 요인에 의해서도 영향을 받는다.

④ 우울성향이 증가한다. 노년기 전반에 걸쳐 증가하는 우울증은 노화에 따른 스트레스가 원인이다. 즉, 신체적 질병, 배우자의 죽음, 경제사정의 악화, 사회와 가족으로부터의 고립, 일상생활에 대한 통제 불능, 과거에 대한 회한 등으로 전반적으로 우울 증상이 증가한다. 노인우울증은 불면증, 체중감소, 감정적 무감각, 강박관념, 증오심 등의 증상을 나타낸다.

⑤ 생에 대한 회상의 경향성을 보인다. 노인은 과거를 회상하며 남은 시간에 지금까지 해결하지 못한 것을 찾아서 새로운 해결을 시도하고 새로운 인생의 의미를 발견하려 한다.

⑥ 친근한 사물에 대한 애착이 증가한다. 노인이 되면 오랫동안 사용해 온 물건과 대상에 대한 애착이 강하다. 집, 가재도구, 사진, 골동품, 일용품 등 친숙한 것에 마음을 붙인다. 이러한 애착은 노인으로 하여금 마음의 안정을 찾게 하며 세상과 세월이 변화하지만 자기 자신과 주변은 변화하지 않는 것으로 보려는 노인의 방향성 유지를 위한 노력이다.

⑦ 성역할 지각이 변화한다. 노년기에 남성은 친밀감과 보살핌 동기가 강해지고 여성은 공격성, 자기중심성, 권위적 동기가 강해진다.

⑧ 의존성이 증가한다. 노인은 신체적·경제적 능력의 쇠퇴와 더불어 의존성이 증가하는 경향이 있다. 노년기의 의존적 경향은 병리적 현상이

아니라 정상적인 노화현상으로 이 의존성은 네 가지로 분류된다. 첫째, 임금노동자로서의 역할상실로 인한 경제적 의존성, 둘째, 신체적 기능의 약화로 인한 신체적 의존성, 셋째, 중추신경조직의 퇴화로 인한 정신적 의존성, 넷째, 생활에 있어서 의미 있는 중요한 사람을 상실함으로써 생기는 사회적 의존이다.

⑨ 시간전망이 변화한다. 40세 이후부터 시간전망의 변화가 나타나는데 남아 있는 시간을 계산하고 시간이 얼마 남지 않았다는 사실을 회피하기 위해서 과거에 대한 회상에 집중하거나 또는 과도하게 미래지향적이 된다.

⑩ 유산을 남기려는 경향이 있다. 일반적으로 노인은 사후에 이 세상에 존재했었다는 흔적을 남기려는 욕망이 강한데 이는 유물을 남기려는 갈망으로 표현된다. 노인은 자손, 유품, 골동품, 독특한 기술, 토지와 귀중품 등을 후손에게 물려주기를 원한다.

개인의 성격 특성이 노년기에 변화된다는 주장은 주어진 사회적 역할에 따라 성격 역시 결정되기 때문에 노인은 새로운 상황을 맞게 되면서 성격도 변하게 된다는 것이다(이호선, 2010). 노년기가 되어 신체적 기력이 감소하고 이에 따라 건강 저하에 적응하면서, 은퇴를 통한 사회적 관계의 변화에 적응하면서, 경제적 구조의 변화에 따른 적응과정에서, 배우자 사별과 같은 또래들의 사망과 그에 따른 변화에 적응하면서 노인의 성격이 변화하게 된다는 것이다.

노년기의 성격적 특성을 토대로 유형 구분이 시도되었는데 성숙형, 은둔형, 무장형, 분노형, 자학형으로 구분되었다(Reichard, Livson, & Peterson, 1962). 성숙형은 자신의 삶을 긍정적으로 평가하고 일상생활에 적극적으로 참여하며 현실에 충실한 노인을 일컫는다. 성숙형은 은퇴 후의 변화를 수용하고 과거에 집착하지 않으며 여생이나 죽음에 대해 과도한 불안이 없다. 은둔형은 은퇴 후 노년기를 수동적으로 조용히 사는 유형이다. 은둔형은 힘든 일이나 복잡한 대인관계에서 벗어나 조용히 수동적으로 보내는 것에 만족한다. 무장형은 노화에 대한 불안을 방어하기 위해 사회활동을 계속하는 노인을 의미한다. 이 유형은 노화에 따른 불안을 막기 위해 사회적 활동과 기능을 계속 유지하고자 한다. 분노형은 노년의 비통함과 실패의 원인을 시대와 사회의 탓으로 돌리는 유형이다. 이 유형은 젊은 시절 인생목표를 달성하지 못한 것에 비통해하고 실패의 원인을 외부에 투사하여 남을 질책하고 자신의 늙음에 타협하지 않으려 한다. 자학형은 자기비난이 심하고 심리적 박탈감을 자학적으로 표현하는 노인을 의미한다. 이 유형은 지난 인생에 대한 후회가 많고 불행이나 실패의 원인이 자신에게 있다고 여기며 자신이 무가치하고 열등하다고 생각하여 의기소침해하거나 우울증이 있다.

성숙형, 은둔형, 무장형은 노년기에 상대적으로 잘 적응하는 성격 유형으로, 분노형과 자학형은 적응이 어려운 성격 유형으로 분류된다(Reichard, Livson, & Peterson, 1962).

한편 뉴가튼과 그 동료들은 노년기의 사회적 역할수행에 근거해 노년기의 성격 유형을 통합적 성격, 방어적 성격, 수동-의존적 성격, 비통합적 성격으로 구분하였다(Neugarten et al., 1994).

통합적 성격은 삶의 충동성을 잘 조절하고, 유연하며, 새로운 자극에 개방적이고, 성숙하며, 생활만족도가 높다. 통합적 성격은 재구성형, 초점형, 유리형으로 세분화된다. 재구성형은 생활만족도가 높으면서 활동수준이 높다. 은퇴 후 공동체 활동이나 종교활동 혹은 다른 조직에 헌신하는 사람으로 자신의 활동 유형을 재조직한다. 재구성형은 활력 있게 지역사회 활동에 참여한다. 초점형은 생활만족도는 높지만 활동수준은 중간 정도이며, 심사숙고해 선택한 몇 가지 활동에 에너지를 집중하는 특징이 있다. 유리형은 생활만족도는 높지만 활동수준은 낮다. 조용히 자기 자신에 몰두하고 스스로 사회적 관계를 축소시킨다.

방어적 성격은 불안에 저항하는 방어력과 충동적 삶을 조절할 수 있는 능력을 지닌다. 방어적 성격은 계속형과 위축형으로 세분화된다. 계속형은 노년기를 위협으로 간주하고 가능한 한 중년기 상태를 유지하기 위해 일에 매달리는 유형으로 생활만족도가 비교적 높다. 나이를 먹는 것을 두려워하면서 바쁜 생활을 지속하고, 성취지향적이며, 은퇴하지 않으려 한다. 위축형은 노화에 대해 감각적으로 반응하고, 활동수준이 낮으며, 생활만족도가 낮다. 위축형은 능력 상실과 노화의 위험에 사로잡혀 있고 에너지를 축소시켜 쇠퇴를 회피하고자 한다.

수동-의존적 성격은 수동성과 의존성이 핵심 특징이다. 구원요청형과 무감각형으로 세분화된다. 구원요청형은 가족에게 심리적으로 의존하며, 활동수준과 생활만족도는 중간 수준이다. 구원요청형은 자신의 정서적 욕구를 충족시켜 주는 의존할 수 있는 몇 사람만 있으면 비교적 잘 지낸다. 무감각형은 수동적이고, 활동수준이 낮으며, 생활만족도가 낮다. 이 유형은 무감각하고 무기력하여 수동적 행동을 주로 한다. 오랫동안 인생을 수동적으로 살아온 사람으로 아무 일도 하지 않고 하루하루를 보낸다.

비통합적 성격은 와해형이라고 할 수 있는데 심리적 기능에 심각한 문제가 있으며, 사고력이 퇴화되고, 정서통제가 불가능한 특성을 갖는다. 활동수준과 생활만족도가 모두 낮다. 이 유형은 판단능력이 없기 때문에 정서적 반응에 일관성이 없고, 불안이 심하며, 격렬한 감정이나 우울 성향을 보인다.

통합적 성격과 방어적 성격 중 계속형은 노년기에 잘 적응하는 성격 유형으로 볼 수 있는 반면 방어적 성격 중 위축형과 수동-의존형 성격, 비통합적 성격은 적응이 어려운 특성을 지녔다고 볼 수 있다.

3. 심리적 노화의 주요 이론

심리적 노화 관련 이론은 인간발달이론에서 비롯된 발달과업이론, 인지기능 변화이론, 행동유전이론, 정체감이론, 노년초월이론, 사회정서적 선택 이론, 보상이 수반된 선택적 적정화이론 등으로 다양한 관점에서 노년기의 심리적 특성과 적응을 설명하고 있다.

심리적 노화이론들은 노인복지 영역에서 활용도가 높은데, 특히 나이가 들면서 어떻게 심리적 적응을 하는지에 대한 이해를 돕는 발달과업이론이나 높은 수행능력을 유지하는 영역을 선택하는 책략, 새로운 기술을 통해 현재 능력을 최대화하는 책략인 적정화, 상실을 보상하는 책략을 개념화한 보상이 수반된 선택적 적정화이론은 노인복지실천에서 유용하게 적용되어 왔다.

1) 발달과업이론

(1) 해비거스트의 발달과업[1]이론

해비거스트는 후기 성인기에는 활발한 사회적 참여로부터의 분리 혹은 새로운 생활 속의 역할에 대한 재정립 등이 주요한 문제가 된다면서 개인이 노년기에 직면하게 되는 발달과업에 대해 논의하였다(Havighurst, 1972). 이 시기에는 개인의 활동을 위축시키는 생물학적·사회적 상실에 대한 적응과 보상이 주요 과제가 된다고 하면서 신체적 능력과 건강의 쇠퇴에 대한 적응, 퇴직과 경제적 소득 감소에 대한 적응, 배우자와의 사별에 대한 적응, 동년배 집단과의 유대강화, 사회적 역할을 융통성 있게 수행하고 적응하는 일, 생활에 적합한 물리적 생활환경 조성을 발달과업으로 제시하였다.

해비거스트의 발달과업이론은 교육 프로그램을 개발할 때 지침으로서 유용한 반면 이 발달과업이 일반적인 노년기를 대상으로 규정한 것이기 때문에 결혼하지 않은 노인, 자녀가 없는 노인, 문화적 배경이 다른 소수노인 집단에는 그대로 적용하기에 제한점이 있다.

---

1) 성인의 발달과정을 설명하기 위해서는 에릭슨이 쓴 단계라는 용어보다 해비거스트의 발달과업이 과학적 용어로서 더 정확하다는 평가가 있다. 이는 성인의 발달이 아동의 지능발달처럼 순차적으로 일어나지 않기 때문이다. 성인의 발달과정은 연속적으로 일어나지 않는 경우가 더 많다.

(2) 펙의 발달과업이론

펙은 에릭슨의 7, 8단계를 통합해 중년기 이후의 발달과업을 제시하였는데 노년기의 심리적 성장은 이 발달과업과 관련된 세 가지 차원의 심리적 적응으로 이루어지는 것으로 설명하였다(Peck, 1968).

첫째는 자아분화(ego-differentiation) 대 직업역할 몰두(work role preoccupation)의 차원으로 주 쟁점은 직업으로부터의 은퇴의 영향에 관한 것이다. 성인기 자아의 정체감과 가치는 직업역할에 크게 근거한다. 자아가 잘 분화되어 있으면 자아의 지지 기반이 직업역할 외에 여러 가지 역할에 분산되어 있지만 자아의 분화가 안 되어 있으면 자아의 지지 기반은 거의 전적으로 직업역할에만 집중된다. 부모 자아, 서예가 자아, 동호인 모임 회원으로서의 자아 등 여러 가지 역할에 분산되어 있는 노인의 심리적 적응과 은퇴했는데도 교사라는 직업적 자아에 여전히 집착하고 있는 노인의 심리적 적응은 다를 것이다. 은퇴기인 노년기에는 직업에서 떠나 새로운 활동에서 만족을 얻을 수 있도록 개인의 가치가 재평가되고 재정의되어야 한다. 따라서 자신의 가치 있는 속성을 찾아내 은퇴 이후 새로운 활동을 추구하는 것에서 만족을 얻는 것이 성공적인 노화에 필수적이다.

둘째는 신체초월(body transcendence) 대 신체몰두(body preoccupation) 차원으로 노년기가 되면 대부분 신체적 약화를 경험하게 되는데 생의 안락을 신체적 건강과 동일시해 온 노인은 건강의 쇠퇴를 큰 위협으로 여긴다. 반면 쇠퇴하는 건강에도 불구하고 생을 즐겁게 영위하는 노인들은 신체적 관심을 초월하였다고 할 수 있다. 신체적 쇠퇴기인 노년기에 신체에 대한 관심에 사로잡히면 생활이 침체되기 쉽다.

셋째는 자아초월(ego transcendence) 대 자아몰두(ego preoccupation)의 차원으로 현실적 자아와 관련된다. 현실적 자아를 초월하는 것은 자아의 부정이 아니라 자신이 죽고 난 후에도 계속해서 생존할 사람들을 위해 자신의 삶을 의미 있는 것으로 만들고자 하는 적극적인 노력인 것이다. 이는 노년기의 주 과업인 죽음을 이해하고 받아들이는 것과 후속 세대에 대한 관심을 의미한다. 자아를 초월해 인간의 문화를 영속시키고자 적극적으로 활동하는 사람은 심리적으로 노화에 잘 적응하는 사람으로 간주된다.

(3) 클라크와 앤더슨의 적응발달과업이론

클라크와 앤더슨은 노년기에 직면하게 되는 적응과업을 다섯 가지로 제시하였다(Clark & Anderson, 1967). 첫째, 노화현상과 이로 인한 행동 및 활동에 제약이 오는 것을 자각하는 과업, 둘째, 신체적·사회적 생활 반경을 재정의하는 과업, 셋째, 노화로 인한 제약 때문에 이전처럼 만족시킬 수 없는 욕구를 다른 방법으로 만족시키는 과업, 넷째, 자아의 평가 기준을 새롭게 설정하는 과업, 다섯째, 노년기의 생활에 맞도록 생활의 목표와 가치를 재정립하는 과업이다.

(4) 에릭슨의 심리사회적 발달이론

에릭슨의 심리사회적 발달이론에서 성인의 발달은 쇠퇴가 아니라 성숙이다(Erikson, 1963). 성인의 발달과정을 살펴본 에릭슨은 나이가 들수록 점점 더 사회적 지평이 확장된다고 믿었는데 50세 이후의 삶은 아래쪽으로 향하는 내리막길이 아니라 바깥으로 뻗어 나가는 길이라고 비유하였다.

심리사회적 발달이론에서는 노년기를 자아통합 대 절망의 위기를 극복해야 하는 단계로 보았다(Erikson, Erikson, & Kivnick, 1986). 에릭슨이 이 이론을 제안했던 시대는 평균수명이 지금보다 훨씬 짧았기 때문에 노년기를 죽음을 목전에 둔 시기로 간주했으나 노년기에도 신체건강하고 원기왕성하게 활동하는 많은 현세대 노인들에게 노년기는 죽음이 임박한 단계가 아닌 은퇴 후 새로운 삶을 영위하는 시기로 볼 수 있다. 이러한 변화를 감안하면서 에릭슨 이론의 노년기 발달과업을 논의해야 할 것이다.

자아통합은 자신의 삶을 의미 있는 것으로 보고, 긍정적 면과 부정적 면을 가진 자신을 수용하며, 이 수용으로 위협받지 않는 것을 의미한다. 즉, 자신의 삶을 수용하는 과정은 자신이 적합하지 못했었다는 느낌으로 크게 부담스러워하지 않으면서 자신의 실패, 위기, 실망 등을 자아상에 통합시킬 수 있어야 한다(Newman & Newman, 2006). 노인은 지나온 일생을 회상하는 데 많은 시간을 보낸다. 회상은 흔히 노인이 자아통합을 위해 선택하는 도구다. 자아통합은 그 상황 속에서 할 수 있는 최선을 다했다는 느낌을 갖고 인생의 마지막에 다가서도록 기반을 제공한다. 자아통합을 성취한 노인은 자신이 젊은 세대들과 이어져 있다고 여기며 자신의 경험과 지혜를 젊은 세대들과 나눈다(McInnis-Dittrich, 2009).

　　노년기에는 결혼, 자녀양육, 직업 등 인생의 주요 과업들에서 성공과 실패의 증거가 축적되어 있다. 이 평가과정에서 성취한 것과 목표 간에 차이가 나는 것을 수용할 수 있어야 한다. 즉, 노년기의 자아통합이란 지난 일생에 대해 나름대로 만족하고 최선을 다한 의미 있는 삶이라고 느끼고 이루지 못한 일에 집착하기보다 이룬 일에 대해 감사하는 자세를 가질 때 발생하는 것이다. 반면, 인생이 무의미하게 지나갔으며 성취할 기회를 놓쳤고 다시 시작하기에 때가 늦었다는 한탄은 절망을 낳는다. 절망 상태는 죽음을 수용하지 못하게 만든다. 절망은 비참한 삶을 종식시키기 위한 방법으로 죽음을 추구하게 하거나 죽음으로 과거의 잘못을 보상하게 하거나 소망을 더 이상 불가능하게 만든다는 생각 때문에 죽음을 몹시 두려워하게 만든다(Newman & Newman, 2006).

　　자아통합 대 절망의 심리사회적 위기를 극복한 결과가 지혜다. 지혜는 한 시대를 살면서 얻은 지식으로 인생에 대한 초연하면서도 적극적인 관심을 갖는 것을 의미한다. 지혜는 산전수전, 좌절, 실패, 치욕, 패배, 분노, 배신, 영광 등 온갖 풍상을 겪어 본 사람의 오랜 경륜과 경험, 생활철학이 담겨 있다(이시형, 2007). 로버트 노직은 지혜의 개념을 보편적인 의미로 정의했는데 "잘 살고 잘 대처하기 위해 꼭 알아야 할 필요가 있는 것"이라고 했다(김한영 역, 2014). 지혜는 중요하지만 불확실한 인생문제에 대해 훌륭한 판단을 내리는 능력으로 정의될 수 있다. 한편 지혜와 성숙한 방어기제 사이에는 공통점이 많다. 성인발달연구에 근거해 보면 방어기제는 나이가 들수록 점점 더 성숙되었는데 그렇다면 지혜도 나이가 들수록 늘어난다고 볼 수 있을 것이다.

2) 인지 기능 변화 관련 이론

(1) 자원감소이론

살트하우스(Salthouse, 1991)는 노화와 함께 인지수행능력이 저하되는 것은 집중력, 기억용량, 정보처리과정의 속도 등의 정보처리자원의 감소와 관련 있다고 설명한다(김욱, 김정현, 박현식, 조성희, 2012 재인용). 인지적 과업을 수행하는 데 필요한 자원이 많을수록 인지적 수행능력이 증가하는데 노년기에는 정보를 처리할 수 있는 자원이 축소됨으로써 인지적 수행능력이 줄어들게 된다는 것이다.

(2) 전두엽 노화이론

전두엽 노화이론은 전두엽의 기능 저하가 인지적 노화를 일으키는 주요 원인이라고 주장한다(Alvarez & Emory, 2006). 이 이론으로 노화에 따라 전두엽 기능에 의존하는 인지능력인 집행 기능이 현저하게 쇠퇴하는 것을 설명할 수 있다. 그러나 노인은 집행 기능뿐 아니라 다른 인지 기능도 저하되고 전두엽 외의 다른 뇌 영역의 활성화 정도도 저하되고 있어 전두엽 노화이론만으로 노인의 인지 기능 변화를 충분히 설명하지는 못한다.

3) 행동유전이론

행동유전이론은 유전적 요인이 노화에 미치는 영향에 초점을 둔다. 시간의 흐름에 따라 유전적 요인과 환경적 요인의 영향력이 달라지게 되고 그로 인해 행동상의 차이가 유발된다는 것이다(Harris, Pedersen, McClearn, Plomin, & Nesselroade, 1992). 인지적 노화에 대한 행동유전적 연구는 인지적 능력의 연령에 따른 변화에 유전적 요인과 환경적 요인의 기여를 규명하였다. 행동

유전이론의 주장처럼 유전적 요인은 환경적 요인보다 행동에 지속적인 영향을 미치지만 환경적 요인도 행동 차이를 유발하는 중요한 요인이라는 것이 간과되어서는 안 된다.

4) 정체감이론

(1) 정체감 위기이론

밀러의 정체감 위기이론은 직업적 역할이 개인의 정체감에서 차지하는 의미에 기반하여 노년기에는 은퇴로 인한 직업적 역할 및 이와 관련된 부가적 역할의 상실이 자아정체감의 토대를 흔드는 위기로 작용한다고 가정한다(Miller, 1965). 정체감 위기이론에서는 직업적 역할이 개인의 정체감을 지지하고 유지하는 기반이며 사회적 역할, 생계유지자의 역할 등 부수적인 역할을 부여한다고 전제한다. 그러므로 퇴직자는 직업적 역할과 부수적 역할을 상실하여 역할이 없는 사람이라는 낙인이 가해지게 되고 이로 인해 자아지지 기반이 와해되고 정체감 위기에 직면하게 된다고 주장한다. 따라서 노년기에 정체감을 유지하기 위해서는 다른 활동을 통하여 대체적 만족감을 추구하거나 사회적 인정을 받을 수 있는 여가활동 개발 및 참여를 하여야 한다는 것이다.

정체감 위기이론은 자아정체감의 주 원천을 직업적 역할로 보는 가정을 하고 있는데 이 가정의 타당성 문제가 있긴 하지만 직업적 역할 수행에 전적으로 중점을 두거나 직업에 만족했던 사람의 퇴직 관련 현상을 설명하는 데는 유용하다. 그러나 자발적 퇴직 혹은 직업에 만족하지 못했던 사람의 퇴직 관련 현상을 설명하기에는 한계가 있다.

(2) 정체감 유지이론

정체감 유지이론은 정체감은 여러 가지 원천에서 파생된다고 전제하고 직업적 역할만이 정체감 유지를 위한 활동이 아니므로 퇴직 후에도 여러 가지

역할을 통하여 정체감을 유지할 수 있다고 가정한다(Atchley, 1971). 퇴직 후에 참여하는 여가활동을 통해서 자아지지 기반을 만들 수 있고 직업적 역할을 수행하지 않더라도 다른 역할을 통해 자아지지 기반을 만들 수 있으므로 정체감이 손상되지 않은 채 계속 유지될 수 있다는 것이다.

정체감 유지이론은 직업적 역할 수행 외에 여러 가지 역할을 수행하고 있는 경우의 퇴직 관련 현상이나 자발적 퇴직자의 자아정체감을 설명하는 데 유용하다. 반면, 정체감 위기이론과 반대로 비자발적 퇴직에 관련된 현상이나 직업적 역할에 중점을 두었던 퇴직자의 자아정체감을 설명하는 데는 한계가 있다.

5) 노년초월이론

노년초월이론은 노년기의 긍정적 특성으로 내적 자아에 초점을 둔다(Hooyman & Kiyak, 2011). 이 이론은 노년기로의 진입과 함께 물질적이고 현실적인 관점에서 초월적이고 인류애적 관점으로 변화하게 되며 자연스럽게 삶의 만족도가 증진된다고 가정한다. 이 이론을 단순하게 요약하면 나이가 들면 욕심에서 벗어난다는 것이다.

톤스탐은 노년기의 심리적 변화를 노년초월의 과정으로 보고 노화와 관련된 존재론적 변화를 설명하고 있다(Tornstam, 1989). 첫째, 노년기가 되면 시간, 장소, 대상에 대한 관점이 변하고 과거 및 미래 세대와의 친밀성이 증가하며 삶에 대한 지각이 변화하고 죽음에 대한 공포가 사라지며 인류 전체에 관한 관심이 증가된다. 둘째, 숨겨져 있던 자아의 특질을 발견하고 자아 중심성이 줄어들며 이타적 본성을 회복하고 자아통합 상태에 이르게 된다. 셋째, 물질적인 것에 대한 관심이 줄어들고 자아와 역할 사이의 차이를 이해하며 자신의 삶을 반추하는 시간이 증가하게 된다.

노년기의 심리적 변화를 Tornstam(1997)은 노년초월의 과정으로 제시하였는데 노년기의 초월을 성과 지향의 가치에서 벗어나 영성을 중요하게 느끼면서 존재론적 변화가 생기는 것으로 설명하였다. 이 변화는 시간, 공간, 사물에 대한 인식과 삶과 죽음을 새롭게 정의하며, 물질적인 것에 대한 관심과 자기 중심성이 줄어들며, 자신의 삶을 성찰하는 시간이 증가하는 변화를 의미한다. 노년초월이론은 노년기로 진입하면서 물질적이고 현실적인 관점에서 초월적 관점으로 변화하게 되면 자연스럽게 삶의 만족도가 높아지는 것으로 가정한다.

이 이론은 노년기의 영성, 종교와 관련된 연구에서 이론적 배경으로 선택될 수 있다.

6) 사회정서적 선택이론

사회정서적 선택이론은 노년기에 사회적 관계망을 축소시키는 것을 노인 스스로 선택하는 능동적 적응기제, 즉 심리적 적응 전략으로 설명한다(Carstensen, 1991). 노화에 따라 노인은 신체적 · 심리적 · 사회적 에너지가 감소하는 것을 깨닫고 남은 삶이 길지 않다는 것을 자각하게 되며 제한된 에너지와 시간 속에서 사회적 관계 가운데 자신의 욕구를 가장 잘 충족시킬 수 있는 사회적 관계를 선택하고 집중하는 전략을 취한다는 것이다. 카스텐슨은 삶의 시야가 축소되어 미래가 불확실하며 한계가 있다는 것을 알게 될 때 삶의 초점이 지금, 여기로 변화하게 된다는 것을 확인하였다. 즉, 노인은 시간을 한정된 것으로 보기 때문에 의미 있는 삶을 이끌어 가고, 정서적으로 친밀한 사회적 관계를 맺으며, 사회적으로 서로 연결되어 있다고 느끼고 싶은 소망으로 정서적으로 의미 있는 삶의 측면에 집중한다.

전 생애 동안의 사회적 관계망의 변화를 살펴보았을 때, 전 생애에 걸쳐 가족관계 같은 가장 친밀한 사람들과의 관계는 그대로 유지된 반면 주변 지인들과의 관계는 노년기에 상당한 축소를 보이는 것으로 나타나서(Baltes & Carstensen, 1999), 노년기의 사회적 관계가 선택과 집중이라는 전략을 토대로 한다는 사회정서적 선택이론의 가정이 검증되었다.

7) 보상이 수반된 선택적 적정화이론

발테스와 발테스(Baltes & Baltes, 1990)는 연령 증가로 인한 쇠퇴와 변화가 우세하게 나타나는 노년기에 성공적 노화를 이루는 과정을 설명하기 위해 보상이 수반된 선택적 적정화(Selective Optimization with Compensation: SOC) 이론을 제시하였다. 심리학적 측면에서 노화에 대한 성공적 적응을 위한 선택, 적정화, 보상이라는 세 가지 전략적 개념[2]을 설명하면서 이 전략들을 효과적으로 활용하면 노년기의 상실에 대해 신체적 · 심리적 · 사회적 욕구를 충족시키고 적응할 수 있다는 것이다. 선택은 노화에 따라 적응잠재력이 감소되는 것에 적응하기 위해 목표, 발달과업, 생활영역을 선택적으로 제한하는 것을 의미하는데 선택적 제한이 기존의 목표, 발달과업, 생활영역의 축소만을 의미하는 것은 아니며 새로운 영역에 대한 추가도 가능하다. 즉, 선택적 집중을 위해 목표, 발달과업, 생활영역을 능동적으로 조정한다는 것이다. 적정화는 선택한 영역의 목표 달성을 극대화하기 위해 잔존하는 능력과 자원을 재정비하는 것으로 목표를 달성하기 위한 수단을 효율적으로 조절하고 통제하는 것을 일컫는다. 보상은 선택한 목표를 달성하기 위해 필요한 잠재력이나 자원의 감소 혹은 상실에 대해 보완기제를 가동시키는 것을 의미한

---

2) 선택은 연령증가에 따른 쇠퇴나 감소하는 부분이 증가하므로 높은 수행을 유지할 수 있는 몇몇 특정 영역을 선택하고 그 외 다른 영역은 무시하는 책략이다. 즉, 환경적 요구와 개인적 동기, 기술, 생물학적 잠재능력 등이 일치하는 동시에 중요한 영역에 노력과 에너지 등 개인자원을 집중시키는 것이 개인과 사회에 대한 적응기제다. 적정화는 일반적인 잠재능력을 활성화시키고 자신의 효율성을 유지하기 위해, 선택한 영역의 수행을 최대화시키는 행동이다. 가소성을 검증하기 위한 개입 프로그램 연구들에서, 노인은 적정화 과정을 계속해서 실행할 수 있으며, 그 결과 효율적으로 기능할 수 있었다(Baltes & Lindenberger, 1988; Dixon & Baltes, 1986). 보상은 문제해결 상황에 대한 효율성이 떨어질 때, 특정한 학습행동이나 다른 방법으로 발달적 쇠퇴 혹은 상실을 보상하기 위해 사용하는 책략을 의미한다. 보상 책략의 방법으로 신체적 기능 상실 및 저하에 대해 외부적/기술적 도움을 받을 수 있다. 심리학적 보상기제로 기억력 쇠퇴는 장소법(method of loci)과 같은 기억책략, 기억할 내용에 대해 반복하거나 연상법을 사용함으로써 이전의 수행수준을 유지하게 된다. 지식에 기반을 둔 실용적 책략을 이용하는 방법도 있다. 이것은 한 문화(권) 내에서 개인이 평생 동안 발달시켜 온 특정 지식을 의미한다. 여기에는 지혜, 전문지식 등이 포함된다(Baltes et al., 1993).

다. 노년기의 특성이 성인 초기나 중년기에 비교해 보유능력을 한계치까지 활용하는 것이며 쇠퇴에 대처하기 위해 노인은 보상이 수반된 선택적 적정화라는 과정을 사용한다는 것이다.

피아니스트 루빈스타인이 노년의 신체적·심리적·사회적 기능 저하와 관련해 피아니스트로서의 적응력 유지에 선택, 적정화, 보상의 개념을 적용한 것을 살펴보자. 루빈스타인은 연습하는 곡의 범위를 제한하였고(선택), 선택한 곡을 이전보다 더 집중적으로 연습하였으며(적정화), 천천히 연주하는 부분을 더 천천히 연주하여 그렇지 않은 부분과의 대비효과를 극대화하였다(보상)고 한다.

제텔과 루크(Zettel & Rook, 2004)는 배우자 사별로 인한 사회적 관계망의 변화를 보상이 수반된 선택적 적정화이론을 적용하여 대체의 개념으로 설명하였다. 즉, 배우자 사별 후에는 배우자를 대체할 수 있는 사회적 관계망을 구축함으로써 배우자로부터 받았던 사회적 지지를 보상받는다는 것이다. 이때 보상의 개념은 상실로 인한 기능적 손상을 다른 자원에 의지함으로써 최소화하고자 하는 일종의 적응기제다(Lang & Carstensen, 1994).

보상이 수반된 선택적 적정화 원리는 연령증가에 따른 가소성과 가소성의 한계가 통합되는 방법을 제시한다. 이 원리는 전 생애에 걸쳐 나타나는 보편적인 적용과정이지만 연령증가로 인한 신체적·정신적·사회적 잠재능력의 상실이 발달적 획득보다 많은 노년기에 특히 중요하며 활용을 많이 한다. 선택, 적정화 그리고 보상 책략은 개인마다 공통적으로 갖고 있지만, 각 요소들은 개인이 경험하는 개인적·사회적 환경에 따라 다양하게 현실화될 수 있다.

보상을 수반한 선택적 적정화 원리에 의하면 연령증가로 인해 신체적·인지적·사회적 영역 등에서 잠재능력이 쇠퇴하거나 감소하더라도 선택, 적정화, 보상 책략을 사용하여 효율적인 삶을 유지할 수 있다.

사회적 노화와 주요 이론

나이 듦은 사회적 관계에 있어서도 상당한 영향을 미치게 되는데 이러한 사회적 차원에서의 변화가 사회적 노화다. 평균수명의 급격한 증가로 노년기가 길어지면서 수명의 증가는 사회적 노화에 크게 영향을 미치고 있다. 예를 들어, 과거의 노인보다 현재 노인은 자녀들이 독립한 후 부부끼리만 생활하게 되는 시기가 훨씬 길어졌으며 그 결과 노년기 부부관계는 노후 삶의 질을 결정하는 데 그 중요성이 더욱 커지게 되었다.

제4장에서는 사회적 노화의 개념을 논의한 후 사회적 노화의 양상을 사회적 관계망과 상호작용, 연령규범과 사회화, 지위와 역할의 변화 측면에서 살펴보고자 한다. 사회적 노화 관련 이론은 미시적 이론, 미시와 거시 연계 이론, 거시적 이론으로 구분할 수 있는데 미시적 이론으로 활동이론, 지속성이론, 역할이론, 사회적 와해이론, 교환이론을 소개하고, 미시와 거시 연계 이론으로는 분리이론, 현대화이론, 하위문화이론, 연령계층화이론, 생애과정이론을, 거시적 이론으로 정치경제이론과 세계체제이론을 소개한다.

1. 사회적 노화의 개념

인간은 소속된 사회와의 상호작용을 통해서 발달하고 다른 사람들과 지속적인 상호작용을 하면서 살아가는 사회적 존재다. 즉, 가족, 친구, 이웃, 지역사회, 국가 안에 속하고 상호작용을 하면서 지위를 획득하고 그 지위에 따른 역할을 수행하는 사회적 관계를 유지하는 것이다. 나이 듦에 따라 사회적 역할과 관계는 변화한다(Hooyman & Kiyak, 2011). 생물학적·심리적·사회적 변화와 사회적 참여 기회가 노인이 다른 사람과 어떻게 상호작용하는지에 영향을 미치게 된다.

한편 사회적 노화는 생물학적 노화와 심리적 노화 같은 노화의 다른 차원에도 의미 있는 영향을 미칠 수 있다. 은퇴로 인해 사회적 관계망이 축소되는 것은 만성질환에 걸릴 위험과 같은 신체적 요소에 영향을 미칠 수 있으며, 사회적 관계 관련 요소들은 노인 우울증이나 자살 위험과 같은 심리적 차원과도 관련된다. 역으로 생물학적 노화가 사회적 노화에 영향을 미칠 수도 있다. 신체적 건강은 신체적 독립을 유지하고 일상생활을 영위하며 개인의 목표를 달성하는 데 있어 필수적인 요소다. 노인의 신체건강은 사회적 지표로 작용하기도 하는데 신체적 상태는 노인들이 외출하고, 사회활동에 참여하며, 다른 사람들과 상호작용하는 자발성을 좌우하는 요소다(McInnis-Dittrich, 2009). 노인들이 활기찬 노후를 원하는 경우 그렇게 하고 싶은 기분이나 욕구보다 신체적 안녕이 그 가능 여부를 결정하는 요소가 된다. 신체건강은 심리사회적 측면에서 자아상을 긍정적으로 유지하고 대인관계에서 소외되거나 고립되지 않고 적정하게 어울릴 수 있는 기반이 된다. 건강은 가정과 사회에서 기대하는 사회적 역할수행의 필요조건이기도 하다.

현대사회에서 노인은 사회적으로 규정되는데 이는 사회가 노화에 관한 인간의 행동과 가치관에 영향을 미치는 것을 일컫는다. 노화의 사회적 측면을 이해하기 위해서는 노년기로의 전환과 함께 이루어지는 개인 수준에서의 사

회적 상황 변화뿐만 아니라 노년기의 삶, 욕구, 문제와 같은 사회가 노화과
정이나 노인에게 미치는 영향, 그리고 고령화가 사회에 미치는 파장 등과 같
은 노인인구로 인하여 야기되는 사회적 변화라는 세 가지 측면이 모두 고려
되어야 한다. 그러나 사회노년학에서는 주로 노년기로의 전환과 함께 이루
어지는 개인 수준에서의 사회적 상황의 변화, 즉 사회적 관계망과 상호작용,
연령규범과 사회화, 지위와 역할의 변화 등으로 사회적 노화의 영역을 한정
하고 있다. 이 책에서도 사회적 노화는 개인 수준에 초점을 두어 논의될 것
이다.

2. 사회적 노화의 양상

1) 사회적 관계망과 상호작용

노년기에는 퇴직, 배우자 혹은 친구나 친지의 사망 등으로 인해 사회적 관
계망이 줄어드는 것이 일반적이다. 직업적 역할을 수행하지 않는 은퇴 후에
는 직장 동료 같은 2차 집단과의 관계가 위축되고 가족이나 친구 등 1차 집
단과의 관계가 중심이 된다. 의존성이 높아지는 노년기 후기에는 사회적 관
계망의 위축 현상이 더 뚜렷하다. 노인은 가족, 친척, 친구로 구성되는 1차
집단과의 상호작용을 통해 노년기에 경험하는 사회적 지위와 역할 축소로
인한 상실감, 소외감 등을 줄이며 생활사건에서 오는 스트레스를 완화시킨
다. 많은 연구들이 우리나라 노인들은 사적인 지원체계에 전적으로 의존하
고 있다고 보고한다. 일반적으로 도움이 필요한 노인들은 먼저 가족에게 도
움을 요청하고 가족에게서 받을 수 있는 지원이 없거나 부족할 때 친척, 친
구, 이웃에게 원조를 요청하게 된다.

2017년 노인실태조사 분석결과에서 나타난 노년기의 사회적 관계망과 상
호작용을 살펴보면 다음과 같다(정경희 외, 2017). 65세 이상 노인은 배우자

가 있는 비율이 63.4%, 배우자가 없는 비율이 36.6%이며, 유배우율은 성별 차이가 커서 남성노인의 유배우율은 85.3%에 달하는데 여성노인의 유배우율은 47.2%에 불과하다. 유배우 노인의 경우 53.1%가 월 1회 이상의 동반 외출을 하고 있는 것으로 나타났고 배우자와 외출하지 않는다는 응답이 7.5%, 연 1~2회 정도라는 응답이 11.0%, 분기 1~2회가 28.2%로 나타났다. 배우자와의 관계에 대한 만족도는 '매우 만족한다' 6.1%, '만족하는 편이다' 65.6%, '그저 그렇다' 21.7%, '만족하지 않는다' 5.8%, '전혀 만족하지 않는다' 0.8%로 71.7%가 만족하는 것으로 밝혀졌다. 배우자는 정서적 도움(수혜율 85.0%, 제공률 86.2%)과 도구적 도움(수혜율 76.7%, 제공률 75.1%), 수발 도움 (수혜율 62.1%, 제공률 63.5%)을 교환하고 있어 가장 중요한 사회적 지지망 기능을 하고 있다.

평균수명이 길어지고 자녀와 분리되어 사는 노인부부 세대가 급증하면서 노부부끼리만 보내는 시간과 기간이 크게 늘어나면서 노년기 부부관계는 과거보다 훨씬 중요해졌다. 은퇴 이후에는 사회적 관계망의 축소와 동년배들의 사망으로 인한 친구관계의 상실을 경험하면서 노부부는 서로에 대한 의존도가 더욱 높아진다. 노년기 배우자는 인생의 동반자일 뿐만 아니라 신체적·정신적 장애가 발생하였을 때 최우선의 가족 부양자로서 역할을 수행하게 된다(권오균, 허준수, 2010). 부부관계는 성별 차이가 있는 것으로 나타나는데 남성노인에게 배우자의 중요성은 훨씬 더 강하게 나타난다(김욱 외, 2012). 노인생활실태에서는 정서적·도구적 지지의 교환 등에서 대부분의 노인이 배우자와 긍정적 관계를 맺고 있는 것으로 나타나고 있으나 노년기 부부의 갈등 혹은 불안정성 문제는 황혼이혼이 급격하게 증가하는 현상을 고려해 보면 작지 않은 것으로 추정된다. 노년기는 부부간에 역할의 경계를 넘어서 유연하게 변화가 필요한 새로운 역할을 배우고 적응하는 것이 매우 중요하다(Hooyman & Kiyak, 2011).

우리나라는 전통적으로 자녀를 양육하고 교육시킬 뿐 아니라 자녀의 결혼과 독립을 경제적으로 지원하기 위해 부모가 희생하는 것을 당연시할 정도로 자녀에 대한 애착이 강한 사회로 자녀는 노년기의 사회적 관계의 중심이다. 2017년 노인실태조사 분석결과에서는 23.7%의 노인이 자녀와 동거하고 있다. 이전 조사들보다 자녀와 동거하는 비율이 낮아진 것이 상호작용의 질적 저하를 의미하지는 않는다. 67.6%의 노인이 동거 자녀로부터 정서적 지원을 받았으며, 63.7%는 정서적 지원을 동거 자녀에게 주었다고 응답하였다. 청소·식사준비·세탁 등의 도구적 지원의 교환에서 수혜율은 62.8%, 제공률은 70.4%이며, 수발의 경우 수혜율은 50.6%, 제공률은 21.0%로 수발수혜율이 제공률보다 월등히 높았다(정경희 외, 2017). 경제적 도움의 경우 정기적 현금지원은 수혜율이 56.8%, 제공률이 12.8%이며, 비정기적 현금지원은 수혜율이 73.2%, 제공률이 27.8%, 현물지원은 수혜율이 78.7%, 제공률이 47.3%로 경제적 도움도 수혜율이 제공률보다 훨씬 높다.

같은 조사에서 비동거 자녀의 경우도 일정 수준 이상의 접촉과 지원을 주고받으면서 교환하고 있었다. 38.0%는 주 1회 이상의 왕래를 하고 있으며, 일주일에 1회 이상의 연락을 주고받는 비율은 81.0%다. 비동거 자녀와는 정서적 지원의 수혜율이 70.2%, 제공률이 59.1%이고, 청소·식사준비·세탁 등의 도구적 지원은 수혜율 34.5%, 제공률 7.1%였으며, 수발의 경우는 수혜율 31.1%, 제공률 3.2%이다. 경제적 도움의 경우 정기적 현금지원은 수혜율이 59.4%, 제공률이 4.0%이며, 비정기적 현금지원의 경우는 수혜율이 86.4%, 제공률이 25.1%, 현물지원은 수혜율이 89.3%, 제공률이 49.5%이다.

지난 1년간 자녀와 갈등을 경험한 적이 있다는 응답은 7.8%이다. 자녀와의 갈등의 주 이유로는 자녀의 장래 문제가 가장 높아 33.7%이며, 자녀의 경제적 도움 요구 20.9%, 노인의 생활비 보조 14.0%, 수발문제 13.6% 순이었다.

노인의 자녀와의 관계 및 상호작용을 보면 동거 비율은 과거에 비교해 크게 감소했지만 접촉빈도 및 정서적·도구적·경제적 지원과 수발에서 나타난 것처럼 긴밀한 유대를 유지하고 있는 것으로 나타났고, 노인이 자녀에게 일방적으로 의존하는 것이 아니라 상호 간에 도움을 주고받고 있다.

손자녀와의 접촉 빈도를 살펴보면, 일주일에 1회 이상 왕래하는 비율이

14.3%로 자녀에 비교해 훨씬 낮으며, 주 1회 이상 연락을 주고받는 비율도 15.8%에 그쳤다(정경희 외, 2017). 노인들의 손자녀와의 관계는 자녀를 통해 유지되는 간접적 관계로서의 특성이 강화되고 있다(Hooyman & Kiyak, 2011).

2017년 노인실태조사 분석결과에서 형제 · 자매를 포함한 친인척이 월 1회 이상의 방문을 하는 노인은 16.7%에 불과하고, 43.2%는 연 1, 2회의 왕래만을 하고 있으며, 21.3%는 전혀 왕래가 없는 것으로 나타났다. 대면적 접촉이 아닌 연락의 경우 47.4%가 한 달에 1회 이상 연락을 주고받고 있는 것으로 나타났다. 이와 같이 우리나라 노인의 생활실태에서 형제자매를 포함한 친인척과의 유대관계는 긴밀한 것으로 나타나지는 않았으나, 형제자매 관계는 노년기의 사회적 관계에서 중요한 의미를 갖는다(Hooyman & Kiyak, 2011). 같은 부모에게서 태어나 함께 자라면서 가족 및 사회 경험을 공유하고 있는 형제자매는 노년기에 서로 이해하고 심리적 지지 기반이 될 수 있는 중요한 가족관계가 될 수 있기 때문이다. 특히, 배우자를 상실한 위기 상황이나 자녀의 도움이 여의치 않은 경우 형제자매는 사회적 관계망의 핵심 구성원이 될 수 있을 것이다.

노인실태조사에서 친구 · 이웃 · 지인은 노인의 삶에 있어 중요한 사회적 관계망의 일원으로 나타났는데 노인의 78.2%가 친구 · 이웃 · 지인과 주 1회 이상의 왕래를 하고 있었으며, 4.2%만 친구 · 이웃 · 지인과의 왕래가 전혀 없는 것으로 나타났다. 연락 빈도의 경우는 노인의 64.2%가 주 1회 이상 연락을 하고 있다. 친구관계는 노년기 적응에 매우 중요하며 자아의 중요한 지지 기반이 되고 있다. 노년기의 친구관계는 비슷한 생활주기를 경험하였기 때문에 노년기의 여러 가지 생활상의 변화 속에 의지할 수 있는 관계망이다. 노인의 경우 친구와 이웃이 중복되는 경우가 흔하다. 특히, 자녀와 지리적으로 멀리 떨어져 거주하는 노인 단독가구의 경우 친구와 이웃은 도구적 · 정서적 지지를 제공하는 가족 못지않은 중요한 관계가 될 수 있다.

노년기의 사회적 관계망에 대한 이론적 모형으로는 과업특성 모형과 위계적 보상모형이 있다. 과업특성 모형은 사회적 지지 집단별로 과업의 특성에 따라 가장 효율적으로 역할이 수행될 수 있다고 본다(Litwak, 1985). 건강이 나빠져 장기간 돌봄을 필요로 하는 도움은 가족으로부터, 정서적 지지는 친구로부터, 당면한 간단한 일을 해결하거나 가사 도구를 빌리는 것은 이웃으로부터 도움을 받는다는 것이다. 위계적 보상모형은 노인에 대한 사회적 지지가 관계의 일차성, 친밀감, 책임감에 따라 우선순위가 정해진다고 가정하면서 가족 중에서 배우자, 자녀, 기타 친척 순이며 가족 및 친척이 없는 경우 친구, 이웃, 공식적 지지체계의 순서로 선택된다는 것이다(Cantor, 1979).

2) 연령규범과 사회화

연령규범은 동시대인들이 특정 연령대에 적합한 행동을 하도록 각 개인에게 요구하는 사회적 기대 혹은 가치를 의미한다(Thorson, 2000). 분리이론에서는 사람이 나이가 들면 물러나야 사회제도가 지속적으로 유지되고 개인적 만족도 보장된다고 본다. 분리이론에 근거한 노년기 연령규범은 노년에는 이전에 수행했던 활동이나 역할에서 물러나는 것을 바람직하게 여긴다. 이와 대조적으로 사람들이 활동을 통해 역할 지지를 받고, 역할을 통해 자아정체감을 유지한다고 전제하는 활동이론의 노년기 연령규범은 중년기와 마찬가지로 노년에도 적극적으로 사회활동을 하는 것을 바람직하다고 본다. 사람들은 사춘기에 반항적인 태도를 보이는 것을 자연스럽게 여기며, 청년기에는 연애를 할 것으로 기대하며, 장년기에 대해서는 직업적 성취나 경제적 안정을 기대한다. 마찬가지로 노인의 삶도 그 시대의 문화가 요구하는 연령규범의 영향을 받게 된다. 최근에는 약자로 표상되는 노년이 아닌 생산적ㆍ활동적 노년을 강조하는 움직임이 두드러진다. 자녀와의 독립적인 관계를 지지하는 목소리도 커지고 있는데 이는 많은 노인들이 독립성을 추구할 수 있을 만큼 소득수준이 향상된 것을 반영하기도 하지만 자녀의 도움을 실질적으로 기대하기 힘든 현실에 적응하기 위한 인식 변화일 수도 있다.

노인실태조사에서 노인 재혼, 경제활동, 학습, 외모 가꿈에 대해 살펴본 결과에 의하면 노인의 재혼에 대해서는 26.2%만 긍정적이었고, 학습활동 참여 74.6%, 경제활동 참여 68.8%, 외모 가꿈에 대해서는 65.3%가 긍정적으로 응답하였다(정경희 외, 2017). 우리 사회는 노년기의 사회적 역할과 연령적합 행동에 대한 사회적 합의가 충분히 이루어지지 못한 것으로 평가된다. 노년기에 대해서는 긍정적·부정적 시각이 혼재되어 있는데 그 예로 규범적으로는 경로사상이 강하나 실제에 있어서는 연령차별주의가 팽배해 있는 우리 사회의 일면을 들 수 있다.

노년기를 대비한 사회화는 노년의 개인에게 요구되는 지식, 기술, 가치, 역할을 획득하는 것을 통해 이루어질 수 있다. 노인과 관련된 명확한 연령규범이 없는 사회에서는 노년기에 적합한 지식, 기술, 가치, 행동 등을 사전에 학습하고 싶어도 할 수가 없으며 그 결과 예비적 사회화 과정을 거치지 못한 채 노년기에 진입하게 됨으로써 노후생활에 많은 혼란과 어려움을 겪게 된다. 30년을 노인으로 지낼 줄 모르고 허송했다는 90대 중반 노인의 후회는 많은 것을 시사해 준다.

3) 지위와 역할의 변화

전통적으로 노년기는 중요하고 가치 있는 사회적 지위와 역할을 상실하는 시기로 간주되었다. 노년기에 상실하는 것이 많지만 노인들도 새로운 역할을 얻기도 하고 동일한 역할을 수행하더라도 그 수행방법이 변화되며, 역할 자체의 중요성이 변화되는 등 다양한 역할전환을 경험하게 된다. 예를 들어, 전일제 직장에서 퇴직한 후 시간제 일을 하거나 자원봉사 활동을 시작할 수 있다. 또 아픈 배우자를 돌보거나 어린 손자를 돌보는 일에 시간을 보낼 수 있다. 혹은 선택한 역할은 아니지만 배우자를 사별해 혼자 남게 되거나 거동이 불편해져 수발 대상이 될 수도 있다. 노년기는 가족과 친구의 죽음으로 몇 가지 역할을 잃을 수도 있지만 남겨진 역할의 풍족함과 만족감은 증가하는 것으로 나타난다(Neugarten, 1996).

퇴직이 제도화되어 있는 산업사회에서 현실적으로 중요한 사회적 역할인 직업적 역할을 상실한 노인은 일반적으로 직업 관련 지위로 인한 위신은 낮다. 직업적 역할상실은 부수적으로 다른 사회적 역할들과 가정 내 역할상실로 이어지게 된다. 퇴직하면서 직업상 지위와 관련해 갖고 있던 다른 사회적 지위들을 상실하고 가정에서는 경제적 공급자로서의 지위를 상실하는 것이다. 경로효친이라는 전통적인 가치관이 규범으로 존중되고 있는 우리나라에서는 직업적 역할상실로 인한 위신 저하가 서구사회보다 덜하리라고 가정되지만 이러한 가치관은 사회적 합의에 기인한다기보다는 당위적이고 관념적인 차원에서 논의되는 가정이라 노인의 실제 지위나 위신과는 거리가 있을 수 있다. 사실상 우리나라 노인의 지위와 위신은 기대보다 높지 않을 가능성이 크다. 노인의 지위가 약화된 주원인이 경제적 힘의 약화라고 보는 시각에서 볼 때, 우리나라 노인의 지위는 매우 취약하다. 우리나라 현세대 노인 중에는 자신의 노후 준비에 소홀한 채 자녀양육 및 교육, 자녀결혼에 거의 모든 경제력을 동원해 경제적 자원이 고갈된 노인이 다수라는 점도 이러한 추측을 가능하게 한다.

지위와 역할을 불가분의 보충적 관계로 보아 지위는 어떤 특정한 상호작용 유형에 있어서의 위치이고 역할은 그 동적인 면이라고 하는 고전적 주장과 달리 로소는 지위와 역할 두 개념을 분리해 독립적인 개념으로 간주하고 이에 따른 역할 유형을 분류하였다(Rosow, 1985). 이 분류에 의하면 제도적 역할은 중년기까지 서서히 증가해서 중년기 후반에 절정에 이르고 노년기에 접어들면서 급격하게 하강하기 시작한다. 역할은 없으나 지위는 있는 애매한 역할은 아동기에 높았다가 청년기를 거쳐 중년기 전반기까지는 낮아졌다가 중년기 후반부터 점차 다시 높아지기 시작해 노년기에 더욱 높아진다. 역할은 있는데 지위는 없는 비공식적 역할은 중년기 이전까지 점차 증가하다가 중년기까지는 거의 변화가 없다가 노년기 후기에 약간 줄어든다. 마지막으로, 역할부재는 역할도 지위도 없는 상태를 일컫는다. 요약하면 노년기에는 제도적 지위와 역할은 축소되나 지위는 있지만 역할은 없거나 적은 애매한 지위와 역할이 증가한다.

로소는 노년기 역할로의 전환이 특별한 통과의식이 없고 사회적 상실과 역할의 불연속성 때문에 용이하지 않다고 주장하면서 이러한 여건들이 노년기의 예비적 사회화를 어렵게 만든다고 하였다(Rosow, 1974).

3. 사회적 노화의 주요 이론

사회적 노화 관련 이론은 주로 노인의 사회적 적응, 노인 개인과 사회의 구조 간 관계, 노인집단과 사회의 관계 등에 관심을 보이는데 미시적 이론, 미시와 거시 연계 이론, 거시적 이론으로 구분된다. 미시적 이론은 노년과 노화에 대한 개인의 적응과정이나 개인과 사회 간 상호작용 속의 부정적 노화과정을 설명하는 이론을 일컫는다. 활동이론, 지속성이론, 역할이론, 사회적 와해이론, 교환이론 등이 미시적 이론에 포함된다. 미시와 거시 연계 이론은 개인 및 사회적 수준에서 발생하는 노화의 사회적 과정과 역동을 설명하는 이론을 말한다. 분리이론, 현대화이론, 하위문화이론, 연령계층화이론, 생애과정이론 등이 미시와 거시 연계 이론으로 분류될 수 있다. 거시적 이론은 사회적 구조가 개인의 노화과정에 어떻게 영향을 미치는지 설명하는 이론을 의미한다. 정치경제이론과 세계체제이론이 거시적 이론에 포함된다.

1) 미시적 이론

(1) 활동이론

활동이론에 의하면 노인은 생물학적 측면과 건강상의 불가피한 변화를 제외하고는 장년기와 동일한 심리적·사회적 욕구를 가진 사람들이다(Havighurst et al., 1968). 따라서 퇴직한 노인은 일에 대한 대체활동을 발견하

고, 가까운 사람을 사별한 노인은 죽은 사람을 대체할 새로운 친구나 사랑하
는 사람을 찾도록 기대된다.

　활동이론은 지속적인 활동이 노인의 사기 유지에 중요하다고 가정한다
(Havighurst, 1968). 성공적인 노년기를 위해서는 새로운 역할을 찾아 이를 활
발히 수행해야 한다는 것이다. 사회적으로 인정받는 역할을 수행함으로써
노인은 다른 사람으로부터 개인적 가치와 노년의 성실성을 확인받는다. 중
년기에 수행하던 역할을 상실한 데서 비롯되는 노인의 정체감 위기는 보상
적 활동으로 그 해결이 가능하다. 여기서 활동은 개인의 자아개념을 재확인
하는 데 필요한 역할지지를 제공하는 것이다. 활동이 친밀하고 빈번할수록
역할지지는 더 구체적으로 확실해진다. 역할지지는 긍정적인 자아상을 유지
하는 데 필요하고 긍정적인 자아상은 생활만족도를 높게 유지하는 것과 연
관된다(Lemon, Bengtson, & Peterson, 1972). 즉, 활동참여가 역할지지를 제공
하고, 역할지지는 긍정적 자아상을 유지하는 데 기여하며, 긍정적 자아상은
생활만족도를 높인다는 인과적인 심리 메커니즘이 도출된다.

　활동이론은 노인 대상 프로그램과 노인의 사회참여에 대한 관심을 강조
하는 연구에 적합한 이론으로 미국에서 시니어센터, 노인자원봉사 활성화가
붐을 이룬 시점에서 이론 적용이 활발하였다. 노인자원봉사활동에 관한 많
은 연구들이 활동이론의 기본 전제를 확인하였는데 자원봉사활동은 수혜자
뿐 아니라 자원봉사자 자신들에게 유익하다는 것이다. 자원봉사활동과 유급
의 일을 병행한 노인은 더 좋은 정신건강 상태로 나타났다(Hao, 2008).

　활동이론은 노인문제 해결을 위한 복지 프로그램 및 서비스 개발을 위한
준거틀로 주로 적용된다. 그러나 노인들의 생활에서 모든 활동이 전부 의미
있는 것은 아니고 특정 활동들이 의미가 있다는 점을 고려해야 한다. 예를
들어, 노령으로 인한 능력 저하에 따라 주어지는 단순 소일거리는 의미 있
는 사회적 역할을 대체하기에 부적당하다. 우리나라에서의 연구결과(임미숙,
1985; 홍순혜, 1984)는 비공식적인 1차집단과의 활동이 생활만족도를 높이는
것으로 나타났다. 사회문화적 환경이 사회활동 참여에 영향을 준다는 가정

하에 재미교포 노인집단과 한국 노인집단을 비교한 결과 활동적인 재미교포 노인들은 한국 노인들보다 더 생활만족도가 높은 것으로 나타났다(홍숙자, 1992).

(2) 지속성이론

지속성이론은 생애과정 관점을 적용해 활동이론을 보다 정교하게 발전시킨 이론이다. 지속성이론에서는 개인은 나이가 들면서 상실한 역할을 유사한 역할로 대체하는 한편 자신에게 전형적인 환경 적응방식을 유지함으로써 일관된 행동 유형을 지속하려 한다고 가정한다. 인간은 성인기 이후 자아상, 성격, 생활습관 등이 거의 동일하게 유지되며 노년기에도 이전과 같은 방식으로 생활한다는 것이다. 따라서 노년기에 자신의 고유한 성격, 생활습관과 행동 유형을 유지하는 것이 자아존중감과 생활만족도를 증진시킬 것으로 기대된다.

지속성이론에 의하면 사람들은 변화적응 전략으로 내적 지속성과 외적 지속성을 이용해 이를 통해 안정성을 유지하려 한다(Atchley, 1989). 내적 지속성은 기억에 기초하고 있는 개인 관념구조의 일관성을 의미하는 것으로 인성과 자아개념을 포함한다. 내적 지속성을 유지하려는 것은 자신과 세상에 대한 안정적인 관점을 가지려는 기본적 욕구에서 발생한다. 외적 지속성은 친숙한 환경에 살면서 친숙한 사람들과 상호작용하는 것을 의미한다. 외적 지속성을 유지하려는 것은 다른 사람과의 관계에서 우리의 행동이 일관되고 예측 가능하도록 요구받는 것에서 비롯된다. 이러한 내적·외적 지속성이 심리적 지속성과 사회적 행위의 지속성을 이끌어 내고 노년기에도 이전에 형성된 성격이나 자아개념을 유지하고 유사한 방식의 삶을 살아가게 한다.

지속성이론의 타당성은 정상적 노화를 경험하는 사람들의 변화적응 과정에 국한되며 병리적 노화과정을 겪는 노인의 사회적 관계와 행위에 대해서는 설명력이 부족하다(김욱 외, 2012). 장애나 빈곤으로 인해 기본 욕구를 충족시킬 수 없는 병리적 노화과정의 노인에게는 외적 지속성을 유지하려는

전략은 실용적이지 못한 것으로 지적된다(Atchley, 1989). 한편 베커는 정상
적 노화와 병리적 노화의 구별을 비판하였는데 만성질환은 노년기에 보편적
이며 만성질환이 있는 것이 사회에 참여하거나 개인적으로, 사회적으로 의
미 있는 경험을 할 능력이 없는 것이 아니라고 주장하였다(Becker, 1993).

　지속성이론은 일면 타당해 보이지만 사람에 따라서는 노년기에 기존의 생
활양식을 버리고 새로운 태도와 행동으로 만족스러운 노후를 살아가기도 하
는데 이를 설명하지 못한다. 또한 지속성이론은 개인과 성격에 초점을 둠으
로써 노화과정에 영향을 미치는 외재적인 사회적 요인을 간과하는 한계가
있다.

(3) 역할이론

　역할 변화가 심한 노년기를 살펴볼 때 역할이론은 매우 유용하게 적용된
다. 역할이론은 노화과정을 사회환경적 요소들에 의해 영향을 받는 것으로
간주하기보다 노인 개인의 행동과 생각에 초점을 두면서 노년기의 역할상
실로 인한 사회적 노화현상을 설명하는 이론이다. 개인이 노화에 어떻게 적
응하는가를 설명하기 위한 초기의 노력들은 역할이론의 응용에서 찾을 수
있다. 역할이론에 의하면 사람들은 역할을 수행하면서 자신을 사회적 존재
로 파악하게 되고 자아개념을 갖게 된다. 사회적 역할은 연령이나 생애 단
계와 연결되어 있는데 연령규범이 그 매개체가 된다. 연령은 사람들에 대해
기대하는 역할뿐 아니라 그 역할을 수행할 것으로 기대하는 방식을 바꾼다
(Hooyman & Kiyak, 2011).

　노인은 자신의 배우자 역할 또는 그 역할의 상실에 관해 특별한 관심을 가
진다. 게다가 노년기에는 자녀나 친척에 의존하게 될 가능성이 크다. 직업적
역할상실과 관련해서도 어떤 노인들은 퇴직자 역할을 수용하기를 몹시 어려
워하는 반면 다른 노인들은 퇴직을 기쁘게 받아들인다. 또 은퇴 후 어떤 노
인들은 취미나 자원봉사 활동에 즐겨 참여하나 다른 노인들은 퇴직 후 바로
사회적으로 위축되어 버린다. 역할이론에서는 노년기를 새로운 역할을 취득

하기보다 이전에 수행했던 역할을 상실하는 생애 단계로 보는데 이러한 역할상실은 노인의 사회적 정체성과 자아존중감에 위협이 될 수 있다(Rosow, 1985). 또한 노년기는 역할 단절이나 기존 역할이 애매해지는 불확실성의 특징이 있다. 자녀가 장성한 노년기의 부모 역할을 생각해 보면 아동기나 청소년기, 청년기까지의 수행해 왔던 부모 역할과는 상당히 다른 면이 있는데 노년에 잘 적응한다는 것은 이러한 노년기 역할변화에 잘 적응하는 것을 의미한다.

(4) 사회적 와해이론

사회적 와해이론의 주요 개념인 사회적 와해 증후군은 심리적으로 허약한 노인이 사회환경으로부터 부정적 메시지를 받으면 자아개념에 부정적 영향을 주면서 부정적 피드백의 악순환을 가져온다는 것이다(Kuypers & Bengtson, 1973).

사회적 와해이론은 낙인이론과 관련되는데 노인에 대한 부정적인 사회적 편견이 생기는 과정을 설명해 준다. 낙인이론은 사회 환경 속에서 다른 사람들과의 상호작용을 통해 자아개념이 형성된다고 가정한다. 즉, 인간은 다른 사람의 반응이나 자신에 대해 다른 사람들이 정의하는 내용에 근거하여 자신을 규정한다는 것이다. 노인이 사회의 일탈자가 되는 것은 그 개인의 결함 때문이라기보다 사회에서 일탈자 혹은 결함 있는 사람으로 명명하고 낙인찍기 때문이라고 본다. 노인에 대해 주변 사람들과 일반사회의 평가가 시대에 뒤떨어진 구닥다리 세대라는 고정관념으로 낙인을 가할 때 노인은 능력이나 기능, 기술 등에서 더 쇠퇴하게 되고 결국 스스로 무능하다는 평가를 하기 쉽다. 사회적 와해 증후군은 일종의 악순환인데 노동시장에서 퇴직으로 역할을 상실하면서 의존적 존재로 취급되는 노인은 자신감을 상실하게 되고 그 결과 더 의존적으로 된다는 것이다.

그러므로 노인에게 자신이 능력이 있고 힘이 있다는 확신을 갖게 하고 노인에게 능력을 발휘하고 향상시킬 기회를 부여한다면 노인의 능력을 재확인하는 재건이 가능하므로 사회적 와해를 대치할 수 있게 된다(Kuypers & Bengtson, 1973). 이는 사회적 재구축 증후군(social reconstruction syndrome) 으로 일컬어지는데 노인의 장점을 격려해 주는 사회환경적 지원을 제공하여 노인으로 하여금 자신감을 갖게 할 수 있다는 것이다.

(5) 교환이론

교환이론은 노인이 왜 사회적 상호작용에서 위축되는지를 설명하는 시도로 출발하였다. 노인은 특히 정보, 기술, 육체적 노동을 할 수 있는 능력 면에서 자주 뒤떨어진 정보, 쓸모없는 기술, 부족한 육체적 힘을 가졌다고 가정된다. 노인차별주의가 교환자원에 관한 이러한 가정에 영향을 미친다. 초기 교환이론에서는 노인의 경제적 자원감소, 건강저하, 낙후된 기술 등이 사회적 관계에서 노인들의 교환능력을 축소시키고 노인을 열등한 지위로 하락시키는 것으로 보았다. 교환자원이 적은 노인들과 지속적인 관계를 갖는다는 것은 젊은이들에게 손해가 되기 때문에 초기 교환이론에서는 충분한 자원을 갖고 있는 노인만이 다른 연령층과 지속적인 사회관계를 맺게 된다고 주장하였다. 반면 후기 교환이론은 노인이 공헌에 따른 적절한 보상을 받고 있는가를 주로 논의하였다.

기회공급의 구조가 자원 활용에 영향을 미치며 노인의 교환능력에 영향을 미친다는 주장은 노인복지 측면에서 시사하는 함의가 상당히 크다. 교환이론에 의하면 노인은 퇴직 후에 다른 연령층과의 관계를 줄임으로써 교환관계에서 균형을 찾을 수밖에 없을 것으로 보인다(Lynott & Lynott, 1996). 그러나 노인들이 물질적·경제적 자원은 적다 할지라도 이들에게는 사회적 승인, 지혜, 자원봉사를 위한 시간과 같은 비물질적 자원이 있을 수 있다(김정석, 2007). 따라서 노인들의 자원에 가치를 부여하고 극대화하는 동시에 이를 활용하도록 유도하는 사회정책과 프로그램은 고려해 볼 가치가 있다(Hooyman & Kiyak, 2011).

교환이론은 사회보장제도를 통한 세대 간 부양의 변화, 가족 돌봄의 관계에서 세대 간 전환에 관한 논의에 적절하다(Silverstein, Conroy, Wang, Giarusso, & Bengtson, 2002). 성인 자녀와 노부모 관계에 관한 특별한 사회적 규범이 존재하지 않고 의무감이 없는 자발적인 인간관계로 보는 미국에서는 교환이론이 성인 자녀와 노부모 관계를 설명하는 데 설명력 있는 이론으로 간주된다. 우리나라에서도 맞벌이가족의 성인 딸/며느리-노모관계에 교환이론을 적용한 결과(조병은, 신화용, 1992) 보상이 클수록, 비용이 적을수록 성인 딸/며느리가 지각한 노모와의 관계의 질이 높은 것으로 나타났고 효의식은 노모와의 관계의 질에 미치는 영향력이 크지 않아 교환이론의 가설이 실증적으로 입증되었다. 그밖에도 부모-자녀관계에서 발생하는 다양한 상호지원을 살펴보는데 호혜성, 공평성, 보상과 비용과 같은 교환이론의 개념들이 활용되어 왔다(염지혜, 전미애, 2016; 원도연, 한창근, 2016; 정진경, 김고은, 2012; 최희진, 한경혜, 2017).

한편, 교환이론은 인간이 사회적 관계 형성에서 개인의 이득을 주요 동기로 한다는 기본 전제를 취한 데서 서구문화의 규범을 인간의 보편적 속성으로 본다는 비판을 받고 있다(Passuth & Bengtson, 1988). 교환이론이 호혜적 관계를 전제로 하지만 사실 사회적 상호 교환은 불균형적인 관계가 흔하며, 노화과정과 생애주기에 따른 역할과 의존성의 변화를 고려하면 노년기의 교환관계를 평가하는 작업이 복잡해지는 문제점이 있다(Bengtson et al., 1997).

2) 미시와 거시 연계 이론

(1) 분리이론

분리이론의 기본 전제는 나이가 들면 물러남으로써 사회제도가 지속적으로 유지되고 노인의 개인적 만족도 보장된다는 것이다(Cumming & Henry, 1961). 더 이상 사회적으로 유용하지도 않고 갑자기 사망할지도 모르는 노인을 중요한 위치에서 이동시킴으로써 사회의 평형이 유지되고, 노인 개인은 능력이 저하되고 삶이 얼마 남지 않은 시점에서 사회적 책임에서 벗어나는 개인적 만족을 얻게 된다는 것이다.

　분리의 결정은 개인에 의해 먼저 취해질 수도 있고 사회에 의해 먼저 시작될 수도 있다(Cumming & Henry, 1961). 개인적 분리는 개인의 자아가 변하여 타인과의 관계를 유지하고자 하는 동기가 약화되어 먼저 사회로부터 분리를 결정하는 것이다. 개인적 분리는 건강이 약화되고 죽음이 가까워 오면서 노인 스스로 자신의 에너지를 보존하고 내적인 면에 주의를 기울이기 위해 사회로부터 분리되기를 원할 때 일어난다(최성재, 장인협, 2010). 반면, 개인이 갖고 있는 기술이 현대적 여건에 적응하기에 뒤떨어지므로 사회가 노인으로부터 분리를 결정하는 것은 사회적 분리다. 일정 연령에 도달하면 사회로부터 분리시키는 퇴직제도는 일종의 사회적 분리다. 따라서 분리이론적 관점에서는 개인이 노년기에 은퇴하는 것은 당연하며 기능적이라고 본다.

　분리이론은 노인이 사회적 활동으로부터 분리되는 것은 사회에 의해 강요된 과정이라기보다 자연스러운 발달적 현상이라고 본다. 노화로 인해 발생하는 많은 질환들이 치료와 회복이 불가능하고 궁극적으로 죽음이 개인을 사회로부터 분리시키게 되므로 개인과 사회는 모두 이에 대비해야 한다는 것이다.

　분리이론에서는 노년기에 심리적으로 만족을 느끼는 노인은 주위 사람들로부터 멀어진 심리적 거리, 변형된 유형의 관계, 감소된 사회적 상호작용이 특징인 새로운 균형에 도달한 사람으로 간주한다. 노년기의 발달상 특징인 환경에 대한 관심의 감소와 사회에서 요구하는 사회적 활동으로부터의 분리가 균형을 이루는 것이 바람직한 상태라는 것이다. 따라서 분리이론은 개인적·사회적 분리가 인간과 사회의 본성에 부합되며 불가피하고 보편적이라고 본다.

　이 이론은 사회적 분리에 대비하기 위해서 세 가지 특징을 고려해야 한다고 가정한다(Cumming & Henry, 1961). 첫째, 사람은 누구나 유한한 생명만을 허용받고 있으므로 사회적 분리는 불가피한 사실임을 인정해야 한다. 둘째, 사회적 분리는 그 과정이 점진적으로 진행되어야 한다. 셋째, 사회적 분리는

개인과 사회가 서로 만족하는 시기에 일어나야 한다. 분리이론에서는 노인
의 적응문제가 분리에 대한 개인의 준비와 사회의 요청이 불일치하는 데 기
인한다고 보았다.

　분리이론은 이론적 타당성과 경험적 증거가 부족하다는 비판을 받아 왔다
(Hooyman & Kiyak, 2011). 특히, 활동이론에 근거한 비판과 반증이 많이 제
시되었다(Lynott & Lynott, 1996). 분리이론에 관한 가장 큰 논란은 분리가 보
편적이고, 불가피하며, 본질적이란 전제를 둘러싼 반론이다. 사회적 분리
가 반드시 노년기의 특징이라고 말할 수 없으며(Reichard, Livson, & Peterson,
1962), 활동 수준이 높은 노인은 삶의 만족도가 높은 것으로 확인되었다
(Maddox, 1965). 반론을 반영한 분리이론에 대한 수정으로 스트라이브와 슈
나이더(Streib & Schneider, 1971)는 차별적인 분리가 전반적 분리보다 더 가
능하다고 주장하였다. 즉, 사람들은 어떤 활동으로부터는 철회하나 다른 활
동에는 더 적극적으로 참여하거나 혹은 현상유지를 한다는 것이다.

　분리이론의 영향력은 정책 영역에서는 여전히 남아 있다(Estes, 2001). 사
회보장과 의료보장뿐 아니라 은퇴정책도 분리이론을 근거로 한 정책이다(김
기태 외, 2009).

(2) 현대화이론

　현대화이론은 노인의 사회적 지위와 역할이 변화하는 것을 사회구조적으
로 설명한다. 노인의 지위와 역할은 사회의 현대화에 반비례하는데 사회가
현대화될수록 노인의 사회적 지위는 낮아지고 역할상실과 모호성이 초래된
다는 것이다.

　카우길(Cowgill, 1974)은 현대화를 한 사회 전체가 생물적 동력, 제한된 기
술, 미분화된 제도, 가부장적이고 전통적인 전망과 가치관에 바탕을 둔 전원
적인 생활양식에서 무생물적 동력, 고도로 발달된 과학적 기술, 분화된 개인
의 역할에 상응하는 고도로 분화된 제도, 효율성과 발전을 중시하고 거시적
인 전망에 토대를 둔 도시적인 생활양식으로 변천하는 것이라고 정의하였

다. 현대화이론의 핵심은 농경사회 경제체계에서 도시 및 산업사회로 진화하는 과정에서 노인이 사회 내에서 점하는 지위와 노인에게 부여되는 존경에 변화가 일어났다는 것이다.

현대화와 관련된 여러 요인들이 사회참여자로서 노인의 가치를 감소시키는 데 영향을 미친 것으로 추정된다. 우선 인구통계학적 추세가 노인의 가치를 떨어뜨렸다. 노인인구가 크게 늘어난 반면 증진된 기술사용으로 인해 근로자에 대한 수요는 감소되면서 노인은 일자리 경쟁에서 뒤처지게 된 것이다. 게다가 새로 생기는 직종은 노인의 장점이라 할 수 있는 경험과 연마된 기술을 필요로 하지 않았는데 현대사회에서는 자동화로 반숙련노동을 주로 필요로 한다. 퇴직제도는 노인이 더 이상 직업적 능력이 없다는 가정에 근거하고 있고, 은퇴로 인해 노인의 소득이 낮아지므로 노인의 가치는 감소된다. 또한 급변하는 사회변동과 학교교육이 노인이 존경을 받을 수 있었던 기반인 노인의 지식을 쓸모없게 만들었다. 또 도시화되면서 노인들은 농촌에 남게 되었는데 이는 노인을 퇴보하는 존재로 간주되게 만들었다. 이와 같은 요인들로 인해 노인은 현대화 과정에서 힘과 위신을 상실하게 된다는 것이다.

현대화이론을 토대로 이루어진 실증적 연구에 의하면 노인이 힘을 상실하는 것은 정보조정의 상실, 생산수단과 일상생활에 필수적인 자원의 상실에서 비롯된다(Hendricks, 1992). 현대화이론의 타당성은 농경사회에서 산업사회로 이동하고 있는 사회의 노인의 지위와 역할을 설명하는 데 그 유용성이 증명되었다. 특히, 사회적 노화이론으로서 현대화이론의 공헌은 사회구조의 역할과 자원의 통제수단이 노인의 삶에 큰 영향을 미친다는 것을 간파한 점이다.

현대화이론이 갖는 제한점으로는 사회구조의 보편적 영향력을 지나치게 강조함으로써 문화, 인종, 계층, 성의 차이가 노화에 미치는 영향을 도외시하였고(Williamson, Evans, & Powell, 1982), 가족제도의 유지, 경로의 가치관 유지, 사회복지제도의 발달과 같은 노인의 지위 하락을 막는 다른 요인들이 현대사회에 존재하는데 이 요인들을 고려하지 않은 이론이라는 지적이 있다

(김정석, 2007).

현대화이론을 우리나라에 적용한 실증적 연구들은 이 이론이 우리 사회의 노인문제를 설명하는 데 상당히 타당한 것으로 주장하였다(김경신, 1994; 김동일, 2000; 송다영, 2004; 이위환, 권용신, 2005). 반면, 현대화이론의 적용이 한계가 있다는 연구결과도 있다. 양영자(2009)는 현대화 과정에서 나타난 노인부양의 변화를 부정 일변도로 평가하는 현대화이론에 근거한 노인부양 논의가 양가성을 포착하지 못한 왜곡된 해석이라고 주장하였다. 이 연구는 농촌노인이 경험한 가족부양은 현대화 과정을 거치면서 이중적으로 구조전환된 것으로 분석하였다. 한편으로는 세대 간 상호 부양 차원의 가족부양이 세대 내 자기부양 차원의 가족부양으로 변환되는 내적 구조전환이, 다른 한편으로는 가족부양을 보완하거나 대체하는 사회화가 나타나는 외적 구조전환이 이루어졌다는 것이다. 이중적 구조전환에 대한 인식은 가족기능이 붕괴된 것으로 인식할 때는 위기로 받아들이나 가족기능이 보완 및 대체된 것으로 인식할 때는 기회로 받아들이는 양가성이 있기 때문에 전통사회에서 이루어진 가족에 의한 노인부양을 이상화하는 현대화이론에 근거한 노인부양 논의는 가족신화에 근거한 왜곡된 평가로 볼 수 있다는 것이다.

(3) 하위문화이론

하위문화이론은 사람들이 집단소속감을 통해 자신의 자아개념과 사회적 정체성을 발전시키고 유지한다고 전제한다. 즉, 개인의 행위가 사회의 포괄적인 기준이나 규범에 의해 평가되는 것이 아니라 개인이 속한 집단의 기대에 근거해서 평가된다고 본다. 로즈(Rose, 1965)는 하위문화가 한 범주에 속하는 성원들이 다른 사람들보다 동일 범주에 속하는 성원들과 더 친밀한 관계를 유지할 때 생기는 것이라고 주장하며 노인의 하위문화가 다양한 인구학적, 사회적 배제의 결과로 발달한다고 보았다. 노년기에 속해 있다는 공통점과 사회로부터의 소외, 노인에 대한 사회의 부정적인 반응으로 노인들끼리만의 상호작용에 용이한 조건이 형성되며 노인끼리만의 상호작용이 특유한 노인 하위문화를 발전시키게 된다는 것이다.

노인들이 하위문화를 형성하는 이유로는 몇 가지를 생각해 볼 수 있다(김기태 외, 2009). 첫째, 다른 연령집단이 배제된 채 노인들끼리만 상호작용하는 기회가 많다. 건강하고 사교활동이 가능한 노인들, 은퇴한 노인들이 많이 거주하는 노인촌 노인들, 젊은 사람들의 이농으로 남게 된 농촌노인들이 그들 나름의 하위문화를 만들게 된다. 둘째, 연령차별적 정책으로 노인들만의 상호작용이 증가하게 된다. 노동시장에서 노인을 차별하는 퇴직정책과 노인들을 대상으로 하는 사회복지 서비스 등이 노인인구집단의 속성을 만드는 데 작용하게 된다. 셋째, 노인공통의 신념과 관심이 있다. 노인은 노인집단에 맞는 규범과 가치관을 창출해 내고 있다.

노인들의 하위문화 관련해서는 질적 연구가 활발하다. 장세길(2006)은 전주시의 아파트 경로당에 대한 민족지적 연구를 통해 경로당 노인의 일상과 사회적 관계와 문화적 규칙, 사회적 관계의 분화와 갈등의 양상을 분석한 결과 경로당 노인들은 경로당에서의 일상적 활동에 적극적이고 긍정적 태도를 가지고 있으며, 사회적 관계가 친면성과 평등주의적 정념을 특징으로 한다고 보고하였다. 또 경로당 노인들은 과거에 의해 형성된 차별화된 계층의식, 젠더, 세대에 따라 분화하고 상호작용하며 갈등하는데, 특히 젠더와 세대는 사회적 관계망을 형성하는 주요 변수이면서 갈등의 원인으로 작용하고 있는 것으로 나타났다. 김소진(2009)은 종묘공원 노인들의 일상생활을 중심으로 종묘공원 내에서 형성되는 노년문화가 참여자에게 지니는 의미를 분석하였다. 이 연구에서 종묘공원은 일상적으로 억압당하고 은폐하도록 강요당하는 노년의 욕망, 즉 권력욕, 능력 과시, 성욕, 소속의 욕구를 표출할 수 있는 공간으로 분석되었다. 정진웅(2011)은 종묘공원에서 이루어지는 남성노인들의 몸짓문화에 대한 분석을 통해 이 공원은 노인들에게 사회적 낙인을 감당해야 하는 장소라고 주장하였다. 노년의 자아정체성 유지는 일종의 과업이지만 종묘공원의 남성노인들은 자신들의 정체성을 위협하고 억압하는 담론 권력에 틈새를 낼 수 있을 만한 저항담론을 언어의 차원에서는 구축하고 있지 못하나 음주가무를 중심으로 한 남성노인들의 문화는 지속적인 자아감을 확인할 수 있게 해 주는 매개이며, 노년의 정체성을 위협하는 연령주의에 대한 방어막의 의미를 지니는 것으로 분석되었다.

하위문화이론은 노인을 다른 연령층에서 고립된 존재로 묘사함으로써 대부분의 노인들이 다른 세대와 중요한 관계를 맺고 역할을 하고 있다는 점을 간과하고 있다. 하위문화이론이 노인의 다양성을 과소평가하며 계층, 성, 인종과 같은 다른 요소들이 미치는 영향력을 과소평가하고 있다는 비판도 있다.

(4) 연령계층화이론

연령계층화이론은 영향력 있는 사회노년학 이론 중 하나다(Riley, 1971). 연령계층화이론의 관점에서 보면 사회는 기본적으로 연령대에 의해서 구분되는 연령층으로 구성되고 서열화되어 있다. 이 이론의 기본 전제는 연령범주가 사회적 역할과 자원을 공급하는 데 활용된다는 것이다. 사회적 노화는 연령계층화에 의해 노인집단이 겪는 사회적 소외 현상으로 설명될 수 있다. 현대 사회는 청소년 및 청년은 학교에서 교육과 훈련을 받고, 성인은 경제활동을 하며, 노인은 은퇴하여 여가활동을 즐기도록 제도화되어 있다. 이렇게 연령계층화된 사회의 노인들은 교육이나 노동시장 참여가 어렵게 되고 사회문화적 고립을 겪게 된다는 것이다.

연령계층화이론은 세대차이나 동년배집단 간 차이도 설명한다(모선희 외, 2018). 같은 시기에 출생한 집단은 그 사회에서 각 연령층에 기대하는 역할을 수행하며 사회적 패턴에 따라 같이 이동하게 된다. 따라서 같은 시기에 출생한 사람들은 독특한 역사적 환경 변천, 사회구조적 요소와 기회, 각 연령집단의 동일한 생리적 변화의 결과로 독특한 노화의 패턴을 경험하게 된다. 현재 노년기에 진입한 노인은 과거나 미래의 노인집단이 겪었거나 겪게 될 노년기와 다른 노년기를 보내고 있는 것이다.

사회변동은 사회가 승인하는 연령에 대한 전형적 모형과 행동규범을 배출하면서 사람들의 경험에 영향을 미치는데 그 모형과 규범에 따라 노화양상이 변화하게 된다. 노인은 다른 연령층과의 관계에서 자신의 지위와 역할을 모색하여 그 속에서 지위, 역할, 기회 등을 선택한다. 또 개인의 인생주기는 단순히 그 사람의 인생이 아니라 역사적 시기의 영향을 받는다. 따라서 개인의 인생주기를 알기 위해서는 개인이 살아온 역사적 시기와 그 기간 동안 일어난 사건과 정치적 · 경제적 · 사회문화적 변화를 함께 고려해야 한다. 동년배집단은 역사적으로 거의 비슷한 경험을 하므로 가치관, 인생관, 사회적 태도 등에 있어서 공통점과 유사성을 갖게 된다. 연령계층화이론은 사회구조적(연령계층), 인구학적(코호트), 역사적(노년 경험의 역사적 시기) 요인이 개인들의 연령을 어떻게 구조화하고 이러한 연령구조가 시간에 따라 어떻게 변화할 수 있는지를 보여 준다(김정석, 2007).

연령계층화이론의 연속선상에서 연령과 사회 패러다임에서는 구조적 지체와 연령통합적 사회라는 개념이 강조된다(Riley & Riley, 1994). 구조적 지체는 사회변화가 인구나 개인생활의 변화를 미처 따라가지 못할 때 발생하는 현상이다. 예를 들어, 평균수명 연장에도 불구하고 은퇴노인들을 받아들이거나 활용하기에 사회구조가 적합하지 않다는 것이다. 연령통합적 사회는 구조적 지체를 정책개발을 통해 보완할 수 있는 사회다. 연령분할사회는 청년-교육, 중년-일, 노년-여가로 구분하지만 연령통합사회에서는 각 역할에 대한 연령장애가 제거되어 모든 연령층의 사람들에게 교육, 노동, 여가 등의 기회가 개방된다.

연령계층화이론의 공헌은 노화를 설명하는 데 역사적, 사회적 요소를 반영한 점이다. 연령계층화이론은 개인의 생활과 사회구조의 상호작용에 주목하고 신체적 · 심리적 · 사회적 요소들의 상호의존성을 인정해 연령을 거시적 관점에서 볼 수 있도록 하였다. 노화 자체를 본질적인 발달과정으로 보던 견해에서 각 연령집단의 차이를 인정하는 것으로 변화시킨 것이다. 이 이론은 사회의 연령구조 내에서 다양한 연령대 간의 관계 및 차이를 인간발달적 측면의 변화와 역사적 측면에서의 차이로 파악하는 데 매우 적합한 이론이다.

연령계층화이론의 한계도 적지 않다(Bengtson, Burgess, & Parrott, 1997). 우선 연령계층화이론은 권력의 문제를 제대로 다루지 않음으로써 소수의 엘리트에 의해 사회구조가 통제될 수 있다는 점을 간과하였다. 사회적 변화가 힘을 가진 사람들의 이익에 부합되지 않을 때 구조적 지체현상은 지속될 수 있다. 또한 연령이 재산, 소득, 기회를 직접적으로 분배하지는 않는데 연령층 강조로 사회경제적 계층 혹은 성별이 사회적 역할과 자원공급에 미치는 영향을 배제하는 것은 사회구조적 모순으로 야기되는 자원공급 패턴과 집단 간 기회부여의 차이를 무시하는 오류를 낳게 된다. 한편 연령계층화이론은 개인이 지니는 의미와 의도를 무시하는 이론이란 비판도 있고, 연령코호트 내 차이를 충분히 인식하지 못했다는 비판도 있다.

연령계층화이론을 우리나라에 적용한 한 연구는 20대, 40대, 60대의 세 집단으로 나누어 학력, 성별, 지역을 기준으로 세대차이를 심층면접으로 파악하였는데, 응답자들은 세대차이가 역사적, 문화적 경험의 차이와 사회변동으로부터 빚어졌다고 인식하고 있어서 세대 차이가 동년배집단 효과로 설명되었다(박재홍, 1992).

(5) 생애과정이론

생애과정이론은 생애발달이 인생의 한 단계에 국한되지 않고 평생에 걸쳐 일어나는 매우 역동적인 과정이라 전제하고 역할의 다양성과 일생을 통한 역할변화를 고려한다(김정석, 2007). 생애과정 관점은 개인의 발달과정과 경험이 역사적·사회적·문화적 맥락과 환경에 의해 영향을 받을 수 있음을 주목한다(Hooyman & Kiyak, 2011). 생애과정 관점에 입각한 사회노년학 연구들은 주로 네 가지 측면에 대한 설명을 시도했다(Bengtson, Burgess, & Parrott, 1997). 첫째, 노화의 역동적·맥락적·과정적 특성, 둘째 연령과 관련된 변천과 생애궤도, 셋째 노화가 사회적 맥락, 문화적 의미, 사회구조적 위치와 연결되고 형성되는 방식, 넷째 시간, 시기, 코호트가 사회집단과 개인의 노화과정을 형성하는 방식 등이다.

생애과정 관점을 적용해 아동기 사회경제적 여건과 생애 후반기 우울과의 관계를 분석한 연구들에 의하면 사회경제적 지위에 따른 우울의 차이는 아동기부터 시작되며, 아동기의 사회경제적 위기는 연령의 증가에 따라 우울 위험을 더 증가시키는 것으로 밝혀졌다(전혜정, 김명용, 2013; Danese et al., 2009; Gilman, Kawachi, Fitzmaurice, & Buka, 2002). 또한 생애과정 관점에 근거한 연구들은 장수노인이 많아지면서 가족 돌봄이 더 많이 요구되기 때문에 중년 자녀의 노부모 돌봄이 생애과정의 표준화된 혹은 예측 가능한 일부가 되었다고 밝히고 있다(Hooyman & Kiyak, 2011).

생애과정이론에 대한 비판으로는 우선 생애과정 관점을 이론으로 볼 수 있는가에 대한 이견이 분분하다(George, 2007). 또한 생애과정 관점이 보편적으로 적용할 수 있는 설명력 있는 이론이 되기에는 한계가 있다고 비판하면서 가장 심각한 문제가 생애과정 관점이 개념적으로 파악하고 있는 수많은 맥락적 변수들을 단일 분석에 통합할 수 있는가를 지적하고 있다(Bengtson, Burgess, & Parrott, 1997).

3) 거시적 이론

(1) 정치경제이론

정치경제학적 관점은 개인의 노화가 사회의 경제적·정치적 맥락 속에서 발생한다는 점에 주목하여 거시적인 수준에서 노년기 적응방식과 자원분배를 결정하는 구조적 특성을 탐색한다(Hooyman & Kiyak, 2011). 이 이론은 고령화로 인한 문제는 단독으로 발생하는 것이 아니라 사회의 가치, 공공정책, 정치적 우선순위와 물질적 여건들이 개인의 경제적 자원과 심리적 자원에 영향을 미침으로써 형성된다고 주장한다(양옥남 외, 2009).

20세기 후반에 와서 노년기는 곧 정년퇴직 이후를 뜻하는 것으로 사회적 의미를 부여받게 되었다. 자본제적 민주주의 체제하의 현대 복지국가는 노년을 위한 복지국가라 할 수 있다. 복지예산의 큰 몫을 차지하는 것이 노인에 대한 지출이다. 자본주의 국가에서 경제적 활동을 퇴직하는 개인은 연금, 건강보장, 주택정책 등에 의해 삶의 물질적 토대가 형성된다. 노년의 삶의 질을 규정하는 역할을 국가가 맡는 것이다. 우리나라의 경우만 보더라도 연금제도의 수급자격, 급여수준, 급여종류에 관한 정부정책이 경제적 차원의 노후준비를 좌우하고 있다. 건강보험에서 노인혜택으로 완전틀니 보험 적용이나 기초연금을 둘러싼 논쟁 등을 생각해 보면 정책으로 인해 노인의 삶이 직간접적 영향을 크게 받는다는 것이 실감될 것이다.

에스테스는 정치경제학적 접근으로 노인인구를 차별하는 정책에 관한 비판적 분석을 하였는데 의료서비스의 상업화 현상에서 정치경제적 자원이 어떻게 노년기에 영향을 미치는지 보여 준다(Estes, 2001). 의료서비스 제공기관의 질 향상과 소비자의 선택권 보장이라는 명분으로 고비용을 지불해야 받을 수 있는 본인부담 의료서비스를 증가시키는 식의 제도 변화는 경제력 있는 노인의 질 높은 의료서비스에 대한 접근성은 높이지만 빈곤노인의 질 높은 의료서비스에 대한 소외 현상을 초래하게 된다는 것이다.

정치경제학적 관점은 여성노인 연구에도 적용되었는데 노동시장의 성차별과 그 밖의 다른 요인들이 여성들에게 경제적 피해를 심화시키기 때문에 노년기에 빈곤의 여성화가 초래되는 것으로 규명되었다(Minkler & Stone, 1985). 우리나라에서 정치경제적으로 접근한 노인연구로는 여성노인이 의존적 위치에서 많은 문제점을 안고 있는데도 불구하고 정책적으로 간과되어 온 것을 이론적으로 고찰한 연구가 있다(조병은, 1990).

사회의 정치경제적 제도 속에서 노인은 기회가 축소되거나 기회를 상실한 존재로 전락하기 쉽다. 정치경제학적 관점은 노인 문제를 야기시키고 있는 정치경제적 조건을 고려하므로 노인을 대상으로 하는 프로그램이나 정책이 진정으로 누구의 권익을 위한 것인지 문제제기를 할 수 있도록 도와준다.

한편 정치경제학적 관점은 산업사회에서 노인이 빈곤하고 권리를 박탈당하고 있다는 것을 너무 과장하고 있다는 비판을 받고 있다(Stearns, 1982). 또한 정치경제학적 접근방법이 개인적 차원을 도외시한다는 비판도 있는데

(Passuth & Bengtson, 1988), 사회구조에 초점을 두기 때문에 노인의 일상생활에서 나오는 의미와 해석을 간과한다는 것이다. 그 밖에도 정치경제학적 관점은 모든 노인을 자신의 삶에 대한 결정권을 갖지 못한 채 억압적인 구조적 장치에 의해 강제되는 무기력한 존재로 묘사한다는 비판도 있다. 워커는 정치경제학적 관점이 지나치게 부정적이고 노인인구를 수동적으로 간주한다고 지적하였다(Walker, 2006).

(2) 세계체제이론

세계체제이론은 선진국과 개발도상국 사이에 존재하는 정치적 불평등이 제3세계 노인들의 삶의 질에 미치는 영향을 설명한다(모선희 외, 2018). 전 세계적인 고령화는 세계화를 촉진하는데, 예를 들어 청년은 많지만 재원이 부족한 나라에서 재원은 풍부하지만 청년인구가 부족한 고령국가의 욕구를 충족시키기 위해 사람들이 이동하게 된다. 선진국과 개발도상국 사이에 존재하는 불평등에 의해 제3세계 노인의 지위와 삶의 질적 수준이 저하될 수 있는데 중심 국가인 선진국의 주변국가, 즉 개발도상국가에 대한 경제적 지배나 착취가 개발도상국 노인의 문제를 야기할 수 있다. 예를 들면, 간병 인력으로 동남아 여성들이 이주한 결과 이주여성의 나라에서 노인돌봄 관련 문제가 발생하게 된다는 것이다.

세계체제이론은 선진국과 후진국의 노인생활상의 수준 차이를 국가 간 경제적인 지배와 착취라는 관점으로 조망하였다는 점에서 사회노년학 연구에 새로운 차원을 추가하였으나 이 이론은 세계경제체제상의 중심국가와 주변국가의 종속적인 발전관계를 강조한 나머지 제3세계 국가의 노인복지정책의 결정과 시행의 독자적인 자율성을 과소평가한다는 비판이 제기된다(모선희 외, 2018).

제2부

노인복지 정책과 실천

제5장 노인문제와 노인복지

제6장 노년기의 소득보장

제7장 노년기의 일자리정책

제8장 노년기의 건강보장

제9장 노년기의 주거보장

제10장 노인복지서비스

제11장 노인복지실천

제12장 노인상담과 사례관리

제5장
노인문제와 노인복지

　노인문제는 국가나 사회가 적극적으로 관여해야 하며 그렇게 하고 있는 주요 사회문제다. 우리나라 고령화의 가장 큰 문제점은 고령화 속도 때문에 욕구 대응을 하기 위한 충분한 대비기간이 절대적으로 부족한 점이다. 무엇보다도 다른 고령화 선험국들과 다르게 우리나라는 단기간에 고도의 경제성장을 이루었기 때문에 소득보장제도가 미흡하였고 그 결과 노인들의 빈곤문제가 심각하다. 경제적 어려움 외에도 노인인구는 신체적 · 심리적 · 사회적 의존성과 관련된 다양한 영역에서 위험에 노출되어 있다. 이와 같이 노인은 삶의 다양한 위험 영역에서 노인 개인 혹은 가족의 힘만으로 문제를 해결하기가 어렵기 때문에 노인복지라는 국가적 · 사회적 차원의 도움이 필요하다.

　제5장에서는 국가적 · 사회적 차원에서 관심을 기울여야 하는 노인문제로 전통적으로 노인들이 겪고 있는 어려움인 빈곤, 질병, 역할상실 및 소외와 함께 돌봄 제공자로서 노인의 문제를 살펴본다. 그리고 노인문제를 해결하기 위한 노인복지에 관한 기본적 이해를 돕기 위해 노인복지의 개념을 정의하고, 목적과 원칙을 논의하며, 노인복지와 관련된 법과 전달체계 및 예산, 노인복지제도적 틀의 변화를 살펴본다.

1. 노인문제

1) 노인문제의 정의

일반적으로 노인문제는 노인이 겪는 사회적 성격을 지닌 문제를 일컫는다. 사회적 성격을 지닌 문제라는 것은 다수의 노인들에게 발생하는 문제를 의미한다. 노인 인구가 전체 인구에서 차지하는 비율이 상대적으로 얼마나 높은가에 따라 노인문제를 바라보는 관점이 달라질 수 있다. 노인인구 비율이 상대적으로 낮은 경우 노인이 지닌 문제는 노인 개인이나 그 가족이 해결해야 하는 개인적 차원의 문제로 취급되기 쉽다. 반면, 노인인구 비율이 상대적으로 높은 경우는 노인 개인이나 가족이 아닌, 국가나 사회가 노인인구의 기본 욕구 및 문제를 어떻게 충족시키고 해결할 것인지 고심해야 하는 사회문제가 된다. 노인인구의 절대적 수의 증가는 문제를 가진 노인의 수를 증가시키고 이로 인해 노인문제가 사회문제로 인식되는 가장 큰 조건이 된다(최성재, 장인협, 2010). 급격한 인구 고령화를 겪고 있는 우리나라의 노인문제는 노인 개인 혹은 가족 차원에서가 아닌 국가 혹은 사회가 적극적으로 관여해야 하는 문제로 급부상되고 있다.

서구 선진국들이 약 100년에 걸쳐 인구 고령화가 진행된 것과 달리 우리나라 경우 가파른 고령화 속도와 더불어 노인문제를 다룰 수 있는 사회적 기반이 탄탄하지 못한 데서 문제가 심화되고 있다. 이에 대해 김찬우(2015)는 우리나라는 1인당 GNP와 복지 지출 간의 적응기간이 짧고 보건 및 복지서비스 인프라 구축기간이 상대적으로 충분하지 못한 문제점이 있다고 지적하고 있다.

2014년 고령자통계에 의하면 노인들이 겪고 있는 어려움은 건강문제(65.2%)와 경제적인 어려움(53.0%)이 가장 큰 것으로 나타났고 외로움·소외감(14.1%), 소일거리 없음(13.3%)도 상대적으로 높은 비중을 차지하는 문제다(통계청, 2014a). 〈표 5-1〉에서 볼 수 있듯 여성노인은 남성노인에 비해 건강문제, 경제적 어려움, 외로움·소외감 문제가 더 높은 비율을 보이고 있고, 연령이 높아질수록 건강문제, 외로움·소외감 등의 비율이 높아지고 있다. 그 밖에도 최근에는 노·노부양을 비롯해 가족에게 돌봄을 제공하는 노인이 많아지고 있어 돌봄 제공자로서 노인문제가 부상되고 있다.

표 5-1 65세 이상 노인이 경험하는 어려움(복수 응답)   (단위: %)

	경제적 어려움	일자리 문제	소일 거리 없음	건강 문제	외로움 소외감	가족 갈등	사회 내 경로 의식 약화	일상생활 도움 서비스 부족	노인복지 시설 부족	기타	어려움 없음[1]
2009	60.5	7.3	15.1	70.7	19.2	1.0	6.9	4.9	12.6	1.2	–
2011	56.6	7.9	15.0	66.7	14.9	1.2	8.8	5.2	11.2	1.1	–
2013	53.0	6.5	13.3	65.2	14.1	1.3	7.2	4.1	10.1	0.3	8.5
남자	50.6	9.5	15.9	60.2	10.5	1.6	8.9	2.9	11.2	0.1	10.7
여자	54.7	4.4	11.5	68.7	16.7	1.1	6.0	4.9	9.3	0.5	7.0
65~69세	52.8	9.7	15.7	58.8	10.7	1.4	9.2	2.9	10.1	0.3	11.2
70~79세	53.5	5.9	12.9	66.9	13.3	1.0	6.6	4.2	10.2	0.3	8.0
80세 이상	52.1	2.5	10.1	71.9	23.6	2.0	5.2	5.8	9.7	0.3	5.2

통계청(2014a). 2014 고령자통계에서 통계청 사회조사 각 연도를 재구성한 표임.

주: 1) 2013년 신규 항목.

2) 빈곤[1]

노년기에는 퇴직으로 인해 소득이 크게 감소하는데 연금제도나 공적부조

---

1) 빈곤의 사전적 의미는 생존을 위해 필요한 최소한의 기본적 욕구가 충족되지 않은 상태 또는 사회의 다른 사람들보다 적게 가지는 것 등으로 설명된다(김태성, 손병돈, 2009). 일반적으로 절대적 빈곤은 최저 생활수준 유지에 필요한 최저생계비에 못 미치는 소득수준을 기준으로 설정한다. 상대적 빈곤은 사회의 소득 혹은 소비수준과 비교해 상대적으로 낮은 계층을 일컫는데 가장 많이 사용되는 기준은 OECD가 사용하는 중위소득의 50% 미만으로 설정하는 것이다.

제도로 노년기 소득감소를 제도적으로 적절하게 보완하지 못하면 경제적 어려움을 경험할 가능성이 높다. 노인집단에게 빈곤은 단일한 노인문제가 아니다. 건강문제나 역할 부재, 고립 등과 같은 다른 노인문제들 또한 빈곤과 밀접한 관련이 있기 때문에 노인 빈곤은 복합적인 문제로 간주해야 한다.

우리나라 노인의 빈곤율이 높은 이유는 무엇보다도 공적연금제도의 역사가 짧아서 연금수급권이 없는 노인이 많기 때문이다. 2019년 고령자통계에 의하면 국민연금, 사학연금, 군인연금 등 공적연금을 받는 55~79세 고령자는 전체 고령인구의 45.9%로 보고된다(통계청, 2019a). 우리나라의 노인빈곤 문제는 서구 선진국들이 국가 주도의 노후 소득보장체계의 발달과정에서 노인의 빈곤 수준이 완화되고 있는 현상과 대조된다(여유진, 김미곤, 권문일, 최준영, 2012).

일반적으로 노인 빈곤의 원인은 노동시장에서의 은퇴로 인한 근로소득의 감소 내지 중단, 노후의 소득감소에 대비할 수 없는 생애 내에 누적되어 온 자산소득이나 사적연금의 부족, 건강이 허락된다고 해도 일할 수 있는 기회의 부족, 가족이나 친척 등으로부터의 지원 부족, 공적연금제도의 미성숙 등이 복합적으로 작용한 결과라 할 수 있다(장미혜 외, 2013). 또한 우리나라 노인들의 경제적 사정이 열악한 주요 요인 중에는 노후준비를 어렵게 만드는 자녀에 대한 과다한 지원도 포함된다.

우리나라 노인이 가난하다는 것은 각종 통계에서 공통적으로 보고된다. 우선 국민기초생활보장 수급 가구 가운데 노인 가구의 비율이 높은데 약 30% 정도다. 한국보건사회연구원의 2014년 빈곤통계연보와 통계청의 가계동향조사를 분석한 결과를 보면, 2013년 노인 빈곤율은 48%다(임완섭, 2015). 이는 전체 빈곤율 13.7%에 비해 3.5배나 높은 것이다. 이 보고서가 공개한 빈곤율은 가처분 가구 소득[2]을 기준으로 한 상대적 빈곤율이다. 다른 자료에서도 노인 빈곤율은 유사하다. 김태완 등(2008)에서도 노인 빈곤율은

---

2) 가처분 가구 소득은 연금과 정부지원금 등 공적 이전소득과 조세, 사회보장 분담금 등의 지출을 고려한 소득이다.

47%였다. 이는 가처분소득 중위 50%를 기준으로 조사한 것이므로 각종 지원을 받은 상태의 사람들을 대상으로 산출된 수치다. 가족한테서 생활비나 용돈을 받고 정부의 지원을 받은 후에도 노인의 절반 정도가 가난하게 살고 있는 것이다. 정책적 빈곤선인 최저생계비를 기준으로 노인 빈곤율을 계산하면 시장소득 기준으로는 45.5%, 가처분 소득 기준으로는 35.6%에 이른다 (김태완 외, 2008). 게다가 이 자료는 통계자료상 한계로 농어촌노인들이 제외되어 있으므로 실제 노인 빈곤율은 더 높을 것으로 추정된다.

한편 윤석명 등(2017)의 '다양한 노인빈곤지표 산정에 관한 연구'에 의하면 소득 외에 주거와 자산 등 요소를 추가해 노인 빈곤을 따져봤을 때 OECD 기준으로 100명당 46명꼴인 우리나라 빈곤층 노인 중에서 21명만 소득 외에 주거나 자산 차원에서도 빈곤을 겪는 것으로 나타난다. 연구결과 빈곤층 노인 중 25명은 소득 차원에서만 결핍이고 주거와 자산 차원에서는 결핍을 겪고 있지 않았고 그 가운데 66.3%는 보유 자산이 전체 인구의 중간을 상회하는 자산규모 이상에 해당하는 것으로 나타났다. 즉, 우리나라 노인들은 소득은 적지만 주택이나 토지, 건물 등의 비금융 자산을 많이 보유하고 있어 소득만으로 노인 빈곤율을 논의하는 접근이 한계가 있다.

노인을 위한 노후 소득보장제도가 미흡한데도 노인 빈곤문제가 그동안 심각한 사회적 이슈로 등장하지 않은 것은 가족에 의한 사적이전소득이 소득보장제도의 역할을 대신해 왔기 때문이라고 할 수 있다. 가족 간 소득이전이란 자녀가 부모에게 용돈이나 생활비를 주는 것과 같이 가족구성원 간에 소득 형태의 도움을 주고받는 비공식 복지를 일컫는 말이다. 노인들이 받는 사적이전소득은 주로 자녀들에 의해 제공된다. 하지만 빈곤노인 중에는 가족관계가 단절된 사례도 적지 않아 자녀가 있어도 부양을 기대하기 어려운 경우가 많다. 일반적으로 부모에 대한 부양은 자녀의 경제력 범위 내에서 이루어지기 때문에 자녀가 빈곤한 노인은 사적소득이전을 받지 못하거나 받는다 해도 절대량이 적을 수밖에 없다.

노인 빈곤을 성별로 살펴보면 여성노인의 빈곤문제가 남성노인에 비교해 상대적으로 심각하다. 여성노인은 남성노인에 비하여 빈곤율이 10% 더 높고, 소득수준이 더 낮고, 공공부조 이전소득이나 사적이전소득의 의존도가 더 높다(석재은, 임정기, 2007). 여성노인의 빈곤율은 46%로 남성노인의 40%보다 높다(보건복지부, 2013). 국민기초생활보장 노인수급자의 성별을 보더라도 2018년 여성노인 수급자는 35만 9천 명으로 남성노인 수급자 18만 4천 명보다 약 2배 많은 실정으로(통계청, 2019b), 여성노인의 빈곤이 더 심각하다는 것을 보여 준다. 여성의 평균수명이 남성보다 훨씬 길기 때문에 노후에 직면하는 어려움도 더 큰데, 특히 빈곤층 여성노인은 빈곤층, 여성, 노인이라는 점에서 삼중으로 배제되어 있다(안진, 2005).

여성노인은 남성노인에 비해 긴 평균수명, 낮은 교육수준 등으로 인해 노후의 소득활동 중단과 건강악화가 결합하면서 더 심각한 빈곤 상태에 놓인다(백학영, 2006; 최희경, 2005). 여성노인의 빈곤은 노년기 이전의 노동 경험 부족, 낮은 임금, 열악한 취업여건, 연금제도에서의 성차별, 가정 내에서의 자원 통제권과 처분권의 취약 등 전 생애에 걸쳐 누적되어 온 사회적 차별의 결과다(강유진, 한경혜, 2006; 이효선, 2006; 장혜경, 2013; Choudhury, 1997; Holden & Kuo, 1996). 빈곤 여성노인의 생애사 분석결과를 보면 생애 전체에 걸친 성차별과 불평등, 사별이나 이혼, 건강악화와 같은 특정한 생애 사건에 의해 빈곤이 심화되었고, 이러한 위험에 대한 사회적 안전망의 부재로 여성노인의 빈곤의 확산되는 것으로 나타났다(최희경, 2005). 서구사회에서는 경제가 성장하면 노인 빈곤이 개선되거나 감소하는 것이 일반적인 데 반해 우리나라는 경제성장에도 불구하고 여성노인 빈곤은 갈수록 심화되어 가고 있다(석재은, 2012; 장혜경, 2013). 또한 여성노인은 빈곤에 처하게 될 위험 자체도 매우 높지만, 빈곤에 진입할 경우 경험하는 빈곤의 강도가 상당히 심각한 수준이다(장미혜 외, 2013).

노인 빈곤은 가구형태별로 살펴보면 노인만으로 이루어진 가구가 노인이 다른 가족과 함께 살고 있는 가구보다 빈곤율이 훨씬 높다. 2012년 우리나라 전체 가구의 상대적 빈곤율은 14.6%이고, 노인을 포함하고 있는 가구는 상대적 빈곤율이 34.3%, 노인만으로 이루어진 가구는 66%(윤석명, 2013)로 자녀와 동거하는 경우보다 독거노인가구 혹은 노인부부가구 등 노인만으로 이루어진 가구의 빈곤문제가 심각한 것으로 나타난다. 독거노인가구의 빈곤율은 노인부부가구에 비해 훨씬 높으며, 독거노인가구의 80% 정도와 노인부부가구의 50% 정도가 경상소득 하위 20%에 몰려 있을 정도로 빈곤 위험에 노출되어 있다(여유진 외, 2012).

노년기의 경제적 안정과 보장은 의식주의 기본적 욕구를 충족시킬 뿐 아니라 건강을 유지하고, 노인의 지위와 자존심을 유지시키며, 여가활동을 즐길 수 있는 등 편안한 노년기를 보내는 데 결정적으로 중요한 요소다. 그런데 우리나라 현세대 노인들은 자녀의 교육과 결혼에 경제적으로 지원을 많이 해 자신의 경제적 노후준비는 미흡한 세대로 은퇴 후 소득은 줄어들고 자녀로부터 경제적 지원은 받지 못하고 국가에 의한 지원 제도는 아직 자리 잡지 못한 상태라 노인 빈곤문제가 사회적으로 큰 문제가 되고 있다(장미혜, 이미정, 윤덕경, 문미경, 이인선, 2012). 특히, 여성노인과 노인만으로 이루어진 가구 노인이 노인 빈곤의 고위험군이라 할 수 있다.

3) 질병

사자성어 무병장수는 건강하게 오래 사는 것을 의미하지만 일반적으로 질병은 65세 이후 급격히 증가하기 때문에 고령사회의 노인문제 중 하나가 유병장수 노인의 급증 현상이다. 평균수명은 크게 늘어났지만 오래 사는 것과 건강하게 사는 것은 별개다. 의학이 발달하지 못한 시대에는 병이 발생해서 사망까지의 기간이 짧았던 데 비해 현대 노인들의 만성질환은 장기적인 점이 특징이다. 노화에 따라 일반적으로 급성질환은 줄어들고 만성질환이 증가하면서 인구 고령화는 다수의 고령 환자를 양산하게 된다. 노년의 질병은 빈곤과 밀접한 관련이 있는데 경제적으로 취약한 빈곤노인은 물론 중산층 노인의 경우에도 만성질환이 경제적 자원을 고갈시키기 쉽다.

2017년 전국노인실태조사에 따르면 65세 이상 노인의 만성질환율은 89.5%이고, 2개 이상의 만성질환을 가진 복합이환자가 73.0%이며, 평균 2.7개의 만성질환을 앓고 있다(정경희 외, 2017). 만성질환 중 고혈압의 유병률이 59%로 가장 높고, 골관절염 및 류머티즘 관절염이 33.1%, 고지혈증 29.5%, 요통 및 좌골신경통은 24.1%, 당뇨병 23.2%, 골다공증 13% 등의 순서로 유병률이 높다. 의사처방약을 현재 3개월 이상 복용하고 있는 비율은 전체 노인의 83.5%이며, 지난 1개월 동안 병원, 의원, 보건(지·진료)소, 한의원, 치과 등 의료기관을 이용한 경험이 있는 경우는 전체 노인의 77.4%이고, 평균 방문횟수는 2.4회이며, 지난 1년간 아프거나 다쳐서 병원에 입원한 경험이 있는 노인은 16.8%다. 노인의 주관적 건강 상태[3]는 자신의 건강 상태를 긍정적으로 평가하고 있는 노인이 37.0%이고, 부정적으로 건강 상태가 나쁘다고 평가하는 노인이 39.7%였다.

MMSE-DS를 사용해 파악한 노인들의 인지 기능은 14.5%가 인지 저하자로 나타났고, 연령이 높을수록 인지 기능 저하자가 높은 비율을 보이고 있어 85세 이상 연령군의 경우 27.4%가 인지 기능 저하로 확인되었다(정경희 외, 2017). 또한 같은 실태조사에서 전체 노인의 21.1%가 우울 증상을 지니고 있는 것으로 나타났다.

2015년 기준으로 우리나라의 치매 유병률은 9.79%, 치매환자 수는 64만 8천 223명으로 추정되는데 치매노인 수는 인구 고령화에 따라 계속 늘어날 전망으로 2030년에는 2015년 현재 치매노인 수의 2배, 2040년에는 3배에 이르게 될 것으로 예상된다(보건복지부, 서울대학교병원, 2013).

단순히 질병을 앓는 것을 넘어서 일상생활기능에 제약을 받는 것은 보다 심각한 건강문제를 나타낸다. 7개의 신체적 일상생활활동(ADL) 항목과 10개

---

3) 건강은 질병의 유무로 판단하는 것뿐 아니라 개인의 주관적 판단에 의한 건강평가로 기능의 정도를 판단할 수 있다. 질병 유무의 판단은 주로 의사의 진단에 의해 이루어지나 이것만으로 노인의 신체적·정신적·사회적 기능의 정도를 정확히 알기는 어렵기 때문이다. 기능의 정도를 주관적인 판단에 의해 측정하는 것이 삶의 질을 살펴보는 데 상당한 의미를 갖기 때문에 노인의 건강을 평가할 때 두 가지 평가방법을 동시에 활용하는 것이 유용하다.

의 수단적 일상생활활동(IADL)에 기초하여 파악한 기능 상태를 살펴보면 노인의 74.7%는 기능제한이 없었고 25.3%가 일상생활기능이 제한되어 있었는데 16.6%는 수단적 일상생활활동만 제한을 경험하고 있으며, 8.7%는 신체적 일상생활활동의 제한까지도 경험하는 것으로 나타났다(정경희 외, 2017). 기능 상태는 연령이 높을수록 제한율이 높아 85세 이상 연령군에서는 신체적 일상생활활동 제한이 있는 비율이 32.0%에 달하고 있다. 신체적 기능 저하자 중 71.4%가 수발을 받고 있으며, 이 중 89.4%가 가족으로부터 수발을 받고 있었고, 수발을 받고 있는 노인 중 장기요양보험서비스 급여를 이용하는 경우가 19%였다.

질병을 앓으면서 보내는 노년기가 길어진 만큼 노인 의료비는 막대하다. 2018년 건강보험의 전체 진료비 77조 9,141억 원 중 65세 이상 노인의 진료비는 전체의 39.9%인 31조 1,173억 원에 달하였다(통계청, 2019b). 이러한 추세에 근거해 베이비붐 세대가 노년기로 진입하는 시점부터 노인의료비가 장기적으로는 국가재정의 재앙이 될 수 있을 거라는 예측이 나오고 있다.

일상생활기능이 제한된 노인이나 치매노인 돌봄은 당사자인 노인들뿐 아니라 노인을 돌보는 가족의 문제가 된다. 자녀와 별거하는 노인인구의 급증, 여성의 사회진출 증가, 소가족화 등의 사회변동은 가족의 구조와 기능을 변화시켜 가족 돌봄은 점점 더 어려워지고 있다. 이는 효의 약화로 간주하기 쉬우나 현대사회의 변화, 즉 소자녀 출산으로 인한 소가족화, 부부 중심의 가정생활, 여성의 취업률 및 사회참여 증가 등으로 가족의 노인부양 기능 자체가 약화되었기 때문이다.

4) 역할상실 및 소외

전 생애과정에서 역할의 변화가 일어나지만 노년기에는 여러 가지 역할을 상실하는 변화가 일반적이다. 노인이 적응해야 하는 가장 중요한 역할변화는 퇴직, 배우자 상실, 장애나 질병으로 인한 의존, 거주지 변화 등이다

(Blazer, 1998).

　　나이가 들면 퇴직으로 인해 직업적 역할을 상실하고 그에 수반된 사회적 지위를 잃게 된다. 퇴직으로 인해 퇴직자라는 새로운 지위를 얻는 것은 분명하나 퇴직자 관련 역할 규범이 명확하게 없기 때문에 퇴직자의 역할이 있는가에 대해서는 의견이 분분하다(Atchley & Barusch, 2003). 우리나라에서 퇴직자의 역할은 시간은 많은데 할 일 없이 지내는 '역할 없는 역할'이라고 해도 과언이 아니다(최성재, 장인협, 2010). 퇴직에 따른 중요한 역할 변화는 새로운 역할을 찾는 것이라고 할 수 있는데 기본적으로 퇴직자는 연금 등의 수입을 적절하게 관리해야 하고, 자유롭게 쓸 수 있는 시간을 관리해야 하며, 의미 있는 활동을 모색해야 한다.

　　배우자 상실은 특히 여성노인의 경우에 해당되기 쉬운데 노년기의 배우자 상실은 또 다른 역할 변화를 가져온다. 배우자 상실은 가장 친밀하고 지지적인 관계를 잃는 것이고 부부가 같이 맺어 왔던 사회적 관계에서도 변화가 생기게 된다.

　　다른 사람에게 의존하게 되는 것은 가장 두려운 역할변화 중 하나다. 노화에 따른 신체적·정신적 건강의 쇠퇴, 자유로운 환경통제의 곤란 등은 노인으로 하여금 타인의 도움을 필요로 하게 만든다. 신체적이건 재정적이건 의존성은 성인으로서 수용하기 어려운 문제다. 의존성은 다른 역할들에 일으키는 변화 때문에 수용하기 어려운 측면이 있다. 예를 들어, 자녀에게 경제적으로 의존하다 보면 이것이 부모-자녀관계의 갈등을 야기해 부모로서의 역할 수행에 부정적인 영향을 크게 미칠 수 있다.

　　주거지로 인한 역할변화도 노년기에는 종종 발생하게 된다. 자녀 집으로 합치게 되거나 노인복지주택에 입주하거나 노인시설로 입소하게 되는 주거지 변화는 노인이 독립적 생활공간에서 맺어 왔던 사회적 관계를 변화시키는 계기가 될 수 있다.

　　노인의 소외는 가정과 사회에서 다양한 모습으로 나타난다. 노인은 따로 사는 자녀 및 손자녀나 주변의 친지들과 교류가 적어지면서 가족관계에서 소외되고 심리적으로 고립되기 쉽다(김두섭, 2001). 특히, 독거노인의 급증으로 이들은 가족 간 관계가 단절되거나 약화될 위험이 높아지고 가난이나 질병을 혼자 감내하는 과정을 통해 소외감이 더욱 가중될 수 있다.

　남성노인들에 비해서 수명이 긴 대부분의 여성노인은 배우자와 사별한 뒤 혼자서 노년기 후기를 보내야 한다. 배우자와의 사별, 노화로 인한 건강의 악화, 경제적 독립성의 결여, 자녀에 대한 깊은 정서적 의존성 등으로 인해서 많은 여성노인이 경제적으로 어렵고 몸은 아프면서 사회적 관계로부터 고립된 외로운 노후를 보내고 있는 것이 현실이다(김혜경, 2012; 중앙노인보호전문기관, 보건복지가족부, 2011). 효를 강조하는 전통적인 유교문화의 영향으로 자녀에게 평생 헌신해 온 만큼 자녀에 대한 기대가 있지만 부모와 함께 살면서 부양해야 한다는 자녀세대의 의무감은 점차 사라지고 있는 세태 속에서 많은 여성노인들은 혼자 살면서 외로움을 감수해야 된다. 특히, 가족 내에서의 역할과 가족관계가 삶에서 큰 부분을 차지하는 여성노인들에게 있어서 자녀의 관심 및 방문이 행복에 영향을 미치는 중요한 요소이며 자녀에 대한 감정적인 의존도가 크기 때문에 자녀들에 대한 기대감이 충족되지 못할 때는 상실감과 가족 갈등을 경험하게 된다. 장미혜 등(2012)에 의하면, 1년 동안 누구와 개인 문제를 상담한 적이 있느냐는 질문에 대해 남성노인은 62.4%가 배우자라고 응답한 반면 여성노인은 25%만이 배우자와 상담하고 있다고 응답하고 있다. 남성노인에 비해서 더 오래 살기 때문에 배우자가 없는 상태에서 여성노인들은 노년의 마지막을 보내야 한다. 같은 연구에서 남성노인의 30.3%와 여성노인의 41.9%가 '세상에 홀로인 것 같아 외롭다.'라고 호소하고 있다. 이러한 외로움은 나이가 들수록 강하게 느껴 80세 이상 노인의 절반 가까운 47.3%가 '세상에 홀로인 것 같아 외롭다.'라고 느끼고 있는 것으로 나타났다.

　가족관계의 단절로 인한 고독사는 노인 소외의 극단적 사례라 할 수 있을 것이다. 고독사는 2015년 7,861명, 2025년 12,814명, 2035년 19,551명에 달할 전망이고, 고독사를 넘어 모든 인간관계가 끊긴 상태에서 혼자 죽어 거두어 줄 사람조차 없는 무연사도 2012년에 810명이었다(김희연, 이외희, 이수진, 최석현, 2013). 고독사나 무연사는 가족 등과의 관계 약화 및 연락 단절, 주변의 관심부족, 사회복지서비스 차단 등으로 초래된다. 보건복지부의 추정에 따르면, 독거노인 중 사회적 관계가 단절된 위기가구 9만 5천 명을 포함하여 고독사 위험군에 해당하는 노인이 30만 명에 이르고 있는 것으로 보고된다(중앙일보, 2013년 1월 18일자).

사회에서의 소외는 노인차별로 살펴볼 수 있다. 노인차별은 노인에 대한 부정적 이미지와 태도를 의미하며(원석조, 2010), 노인에 대한 사회적 차별, 사회적 불평등 및 억압을 일컫는다(김욱, 2002). 노인차별의 원인은 심리적 요인, 사회적 요인, 문화적 · 이념적 요인을 포함한다(권중돈, 2019). 심리적 요인은 완고성, 경직성, 우울성향, 과거에의 회상 증가 등 심리적 노화로 인한 노인의 심리적 장애가 부각되고 노인의 장점이 무시되면서 노인에 대한 고정관념과 편견이 강화되는 것을 말한다. 사회적 요인은 급속한 산업화와 경제성장 과정에서 교육기회의 제한으로 인해 지식과 기술이 낙후되고 생산성이 낮은 노인들이 노동시장에서 소외되고 부의 분배에서도 주변 지위로 밀려나는 것을 의미한다. 문화적 · 이념적 요인은 청년 중심 문화가 확산되고 개인의 자율성을 중시하며 사회경제적 경쟁을 중시하게 되면서 노인의 보수적 가치관과 문화가 현대사회에 맞지 않아 노인차별이 심화되는 것을 일컫는다.

개인적 차원에서 노인차별은 노인의 자아와 정체성에 부정적 영향을 미치고 심리적 안녕감을 약화시킨다(원석조, 2010). 여기에다 사회적 차별 또는 제도적 차별은 노인의 인권과 생존권을 위협하며 세대 간 화합과 사회통합을 저해한다(김기태 외, 2009).

5) 돌봄 제공자로서 노인문제

노인은 돌봄의 대상이기도 하지만 최근에 와서는 돌봄의 주체로 부상되고 있다. 인구 고령화와 장애인구의 증가와 같은 인구학적 변화와 핵가족화, 여성의 사회진출 증가 등으로 가족 내 돌봄 자원이 약화되면서 치매나 뇌졸중 등 만성질환을 앓고 있는 가족 혹은 신체적·정신적 장애를 가진 가족의 돌봄을 감당하는 노인인구가 우리 사회에서 빠르게 증가하고 있다(장혜경, 홍승아, 이상원, 김영란, 강은화, 김고은, 2006; 정경희 외, 2012). 돌봄과 보호의 의존적 대상으로서 노인이 아니라 가정과 지역사회에서 돌봄을 제공하고 견인하는 중요한 대안체계이자 자원으로 기능하는 노인이 증가하고 있는 것이다(김은혜, 석민현, 윤정혜, 2010; 이정화, 한경혜, 2008; 최인희, 김영란, 염지혜, 2012; Ghosh, 2010).

　가족 돌봄을 제공하는 노인의 상당수는 배우자를 돌보는 노인으로 노·노 부양에 해당된다. 노인이 노인을 돌보는 것이다. 장혜경 등(2006)에 따르면 가족 내에서 노인 돌봄의 주 제공자는 배우자, 며느리, 딸의 순서로 이미 노인의 배우자 돌봄은 보편적이다. 일본의 경우도 주 돌봄 제공자가 2010년 후생노동성의 국민생활기초조사에 따르면 친족 관계별로 살펴보았을 때 아내 36.8%, 남편 14.3%, 딸 15.6%, 며느리 17.2%(류순미, 송경원 역, 2015)로 배우자가 과반수를 넘는다. 노인의 배우자 돌봄은 일반적으로 여성의 역할로 알려져 있지만 최근에 와서는 남성 노인의 참여 역시 높아지고 있는 추세다. 노인 돌봄 제공자의 성별은 전 세계적으로 여성이 70%, 남성이 30% 정도로 여성의 돌봄 관여도가 편중되어 있지만, 70세 이후에는 남성 돌봄자의 수와 관여가 급격히 상승한다(Dahlberg, Demack, & Bambra, 2007). 우리나라의 경우도 나이가 들수록 여성의 유병률이 남성보다 현저히 높아지는 것으로 나타나, 가족 돌봄 제공자로서의 남성노인 역시 점차 증가할 것으로 예상된다. 돌봄 책임이 배우자에게 우선적으로 할당되기 때문에 남성노인의 배우자 돌봄도 예외적 현상이 아닌 노년기 삶의 한 부분인 것이다(최희경, 2011).

　신체적·정신적 장애가 있는 성인장애인을 돌보는 노인부모도 상당수에 달한다. 2017년도 장애인실태조사(김성희 외, 2017)에 의하면 부모가 주보호자인 비율이 자폐성장애 98.5%, 지적장애 72.8%, 정신장애 49.7% 등으로 나타나는데 의학의 발달로 장애자녀의 평균수명이 크게 증가해 성인장애 자녀에 대한 일차적 돌봄 책임을 노인인 부모가 맡고 있다.

한편 급속한 고령화 여파로 60대 혹은 70대 자녀가 80대 혹은 90대 부모를 모시고 사는 노·노부양 가구도 늘어나고 있다. 노·노부양은 노부부 간에 배우자를 돌보는 것뿐 아니라 노인이 된 자녀가 부모를 돌보는 것을 포함한다. 건강보험공단 자료에 따르면, 60대 이상 가구주 명의로 노부모가 가구원으로 기재된 가구는 2013년 현재 14만 2천 65가구다(조선일보, 2014년 1월 29일자). 초고령 인구가 급증하고 있어 노·노부양 가구는 앞으로 더 크게 늘어날 것이다. 노·노부양 가구가 늘면서 60·70대 노인이 노부모를 학대하거나, 빈곤 때문에 노인자살로 이어지는 일도 늘고 있다. 제대로 노후를 준비하지 못한 채 은퇴한 60, 70대 자녀 노인들이 팔순, 구순 부모를 모시고 사는 것은 경제적으로나 신체적으로 쉽지 않다 보니 이와 같은 극단적 사례가 나타나는 것이다.

돌봄의 범위는 일상생활의 단순한 보호활동에서부터 도구적·정서적·경제적 영역은 물론 사회생활, 생존과 삶의 유지·향상에 필요한 다양한 활동들이 합쳐진 복합적이고 총체적인 활동 등을 포함한다(공선희, 2008). 이와 같은 돌봄의 범위를 감안할 때 노인의 가족 돌봄은 신체적·경제적·심리사회적으로 높은 부담감을 초래할 수 있다.

배우자 돌봄 제공자가 높은 돌봄 부담감을 보고하는 것은 이들이 노인으로 자신의 노화와 관련된 변화를 겪고 있기 때문으로 볼 수 있다(Motenko, 1989). 가족 돌봄 제공자가 노인일 경우 돌봄으로 인한 위험은 가중될 수 있으며(Ghosh, 2010; 백주희, Zarit, 2009), 가족 돌봄으로 인해 노인 개인의 안녕은 물론 돌봄 대상자와 가족 전체의 안녕에도 부정적인 영향을 미치는 돌봄의 불균형이 초래될 수 있다.

6) 노인문제 관련 주요 과제

　노인빈곤, 유병장수에 따른 건강문제, 역할상실 및 소외, 돌봄 제공으로 인한 어려움은 각각의 문제가 아니라 서로 복합적으로 연결되는 문제다. 예를 들어, 질병으로 인한 건강 약화로 경제적 어려움이 커지고, 돌봄 제공으로 인해 고립이나 소외 문제가 발생할 수 있으며, 빈곤으로 인해 질병 치료를 적절하게 못해 건강이 더 나빠지고 부양 및 돌봄 관련해서 발생하는 가족 간 갈등으로 소외감이 심해지는 등 이중 삼중의 문제를 겪게 되는 것이다.

　사회문제로서 노인문제는 개인 및 가족 차원에서 해결이 힘들기 때문에 지역사회나 국가 차원에서 그 해결방안을 모색해야 하는 것이다. 노인빈곤, 건강문제, 돌봄 제공자로서의 노인문제는 소득보장제도, 건강보험 및 장기 요양보험제도의 개선으로, 역할상실 문제는 노인 일자리 확대와 여가시설 확충 및 프로그램 개발과 확대로, 소외문제는 지역사회의 관심으로 개선될 수 있으므로 지역사회 및 국가 차원의 개입계획 수립과 지원이 절대적으로 필요하다.

　한국노인의 사중고에 대한 대응책으로 김희연 등(2013)은 노인 생애주기와 사회적 재정 여건을 고려하여 탄력 퇴직제 도입 등 노인 커리어 유지기간을 상향 조정하고 그에 맞게 노인정책을 조정하는 것이 필요하다고 주장하면서 다음과 같은 제언을 하고 있다. 제언 가운데 기초노령연금 두 배 인상은 기초연금으로 전환되면서 실행되고 있다.

- 연금재정의 안정성을 담보하고 부족한 노동인력 확보 등의 차원에서 최소한 60~65세까지는 노동시장에 잔류하는 것이 필요하다. 유럽이나 중국의 경우 근로자들의 정년연장에 대한 욕구가 커지고, 고령화 및 재정위기로 연금개혁이 시급한 과제로 떠오르면서 은퇴를 늦추거나 은퇴 시기를 선택하는 '탄력 퇴직제'가 새로운 트렌드인데, 근로자의 선택권을 보장하고 기업 부담을 최소화하는 정년 연장 방안으로 '탄력 퇴직제'

를 도입한다.

- 정년연장 및 탄력퇴직제도 도입으로 노동시장 잔류기간이 늘어난 만큼 법정 노인 연령 기준을 현재 65세에서 순차적으로 늘려 70세로 상향 조정하는 방안을 고민해야 하며 현재 65세로 맞춰져 있는 노인복지의 많은 내용을 새롭게 정해지는 노인 연령에 맞춰 변경해야 한다.

- 100세 시대 '제2커리어'로의 이행을 통한 노인의 사회참여를 확대하여 질병, 빈곤, 고독, 무위의 문제를 해결한다. 제1커리어 기간 동안 제2커리어를 준비할 수 있도록 하여 노인의 사중고로 인한 고비용구조를 저비용구조로 전환한다.

- 고령인력 활용을 위한 포괄적 인적 자원 개발 시스템을 확립한다. 평균 정년 연령인 55세부터 100세까지 인생 후반부 45년을 위한 '재교육'을 위한 '평생교육 바우처'를 제공한다.

- 노후 소득보장정책의 과감한 개혁으로 노인 빈곤을 완화해야 한다. 전체 노인에게 기초노령연금을 2배로 올려 노인 빈곤율을 10% 낮추고 노인의 기본 생활을 보장한다. 2배 인상에 따른 추가 재원은 국민연금기금의 일부를 활용하는 것에 대한 전향적인 고려가 필요하다.

- 사회변화에 부합하지 못하는 제도는 과감하게 재구조화하거나 폐지 등을 고려한다. 부양의무자 기준은 가족이 복지의 중요한 공급자로서 기능한다는 것을 전제한 것으로 가족관계가 약화된 현실에 맞춰 기준을 완화하거나 폐지를 고려한다.

- 중기적으로는 노인문제를 총괄하는 조직을 신설하는 등 구조적 변화를 통한 미래사회에 대비한다. 노인문제에 효과적으로 대응하고 노인복지서비스를 통합적으로 관리할 수 있는 독립된 전담기구로서 가칭 '노인복지청'을 신설하여 10년 내에 도래할 노인인구 천만시대를 대비한다.

2. 노인복지에 대한 이해

1) 노인복지의 개념과 목적

노인은 소득, 일, 건강, 주거, 여가 등 다양한 삶의 영역에서 혼자 혹은 가족의 힘만으로 욕구를 충족하고 문제를 해결하기가 어려울 수 있다. 이와 관련해 노인복지의 개념은 "노인문제와 긴밀한 조응 관계를 보이며 형성된 사회복지의 한 분야로 현대사회의 노인문제를 예방하고 해결하여 노인들의 삶의 질을 유지하고 개선하기 위한 사회의 제도적 · 집합적 노력"으로 정의할수 있다(김종일, 최혜지, 2006).

노인복지의 주체는 서비스 공급자 측면에서 볼 때 민간부문과 공공부문으로 구분할 수 있는데 민간부문은 조직적이고 전문적인 활동을 공급하는 민간비영리 · 영리부문을 일컬으며, 공공부문은 중앙정부와 지방정부를 의미한다.

노인복지의 목적은 적정 수준 이상의 생활유지, 성장 욕구충족과 생활문제의 예방과 해결, 노후생활 적응과 통합의 성취로 볼 수 있다. 이는 「노인복지법」의 기본 이념에 명시된 안정된 생활유지, 자아실현을 위한 욕구충족, 사회통합의 유지에 해당된다. 적정수준 이상의 경제생활보장은 오랫동안 최저생계비를 기준으로 한 절대적 빈곤선이 기준이었으나 최근에는 상대적 빈곤선으로 가처분소득 중위 50%로 그 기준을 논의하고 있다. 자아실현의 욕구충족을 위해서는 기본적 욕구충족과 심리사회적 욕구 충족을 전제로 성장욕구 충족을 지원하고 다양한 생활영역에서 야기되는 노인과 노인 가족 문제를 예방 · 해결하는 것을 목표로 한다. 사회통합의 유지를 위해서는 노인의 사회적 소외를 완화하고 사회 구성원으로서의 지위와 역할을 부여하여 노인들이 사회활동에 적극적으로 참여하고 역량을 발휘하여 국가와 지역사회 발전에 기여할 수 있는 기회를 제공해야 한다.

이 책에서는 노인복지의 목적을 반영하여 노인복지의 개념을 "모든 노인이 상대적 빈곤선에 기초한 적정 수준 이상의 경제생활을 유지하고, 성장 욕구충족과 생활상의 문제를 예방·해결하며, 노후생활에 대한 적응과 사회통합을 이루는 데 필요한 급여와 서비스를 제공하는 공공과 민간부문의 조직적이고 전문적인 제반 활동"으로 정의하고자 한다.

2) 노인복지의 원칙

(1) 제1차 세계고령화총회 원칙

노인문제 해결방안을 강구하기 위해 UN은 1982년 7월 26일~8월 6일에 오스트리아 비엔나에서 제1차 세계고령화총회를 개최하였고, UN 총회에서 노화에 관한 국제행동 계획을 인준하였는데 이 계획에서 보건과 영양, 노인소비자의 보호, 주거와 환경, 가족, 사회복지, 소득안정과 고용, 교육 등 7개 하위 분야의 정책방향을 권고하였다. 핵심 내용을 보면 고령화 관련 정책 형성과 집행은 각국의 주권적 권리와 책임이며 각국의 특수한 수요와 목적을 토대로 실시되어야 하고 노인의 활동, 안전과 복지 증진이 선진국과 개발도상국 모두가 새로운 국제경제 질서의 구조 안에서 통합되고 조화된 발전을 위한 노력의 초점이 되어야 한다는 것이다.

제1차 세계고령화총회에서 채택된 국제행동 계획의 14가지 원칙은 다음과 같다(고수현, 2009 재인용).

- 발전의 목표는 발전과정과 발전에 따르는 이익의 형평성 있는 분배에 있어서 전체 국민이 참여하여 국민의 복지가 증진되어야 한다. 발전과정은 인간의 존엄성을 높이고 사회자원, 권리와 의무를 나눌 때 연령계층 간 형평성을 확보하여야 한다.
- 노인의 여러 가지 문제는 평화, 안전, 무기경쟁의 중지, 군사목적의 자원을 경제사회적 발전을 위해 재분배하는 가운데 해법을 찾을 수 있다.
- 발전적이고 인도주의적 차원에서의 노인문제는 독재와 억압, 식민주의,

인종주의, 종족 말살, 그 밖의 외국의 지배가 없고 인권이 존중받는 곳에서 해결책을 발견할 수 있다.

- 모든 연령계층의 사람들은 조화로운 발전을 추구함에 있어서 전통적 요소와 혁신적 요소 사이의 균형을 유지하여야 한다.
- 노인의 정신적 · 문화적 · 사회적 · 경제적 기여는 사회에 귀중한 것이며 분명하게 인식되고 증진되어야 한다. 노인에 대한 지출은 지속적 투자로 간주되어야 한다.
- 다양한 구조와 형태를 갖고 있는 가족은 세대를 이어 가는 사회의 기본 단위이며, 각 나라의 전통과 관습에 따라 유지되고, 강화되며, 보호되어야 한다.
- 정부는 민간단체, 개별 자원봉사자, 노인협회 등의 자발적 활동을 유지하고 장려하여야 한다.
- 연령에 따른 차별과 인종차별을 없애고, 세대 간 연대감과 상호 지원이 장려되는 세대 간 통합이 이루어진 사회를 만드는 것이 사회적 · 경제적 발전의 중요한 목표다.
- 노화는 전 생애에 걸친 과정이며 노후 준비는 사회정책의 통합적 분야가 되어야 하며, 육체적 · 심리적 · 문화적 · 종교적 · 정신적 · 경제적 요소들과 건강 및 기타 요소를 포괄하여야 한다.
- 활동계획은 물질적 측면뿐만 아니라 정신적 측면에서도 성공적 노화를 달성하기 위하여 세계적 사회 · 경제 · 문화 그리고 정신적 추세가 보다 광범위하게 고려되어야 한다.
- 노화는 경험과 지혜의 상징인 동시에 인간에게 자신의 신념과 개인적 성취에 더 접근할 수 있게 해 준다.
- 노인은 정책 형성과 실행과정에서 적극적 참여자이어야 한다.
- 정부와 민간단체의 모든 관계자는 노인 중 가장 취약한 계층, 특히 여성과 농촌 출신이 많은 빈곤노인에게 책임감을 가져야 한다.
- 노화에 대한 여러 측면에서의 지속적 연구가 요구된다.

(2) 노인에 대한 UN 원칙

1991년 12월 16일 UN 총회는 노인을 위한 유엔 원칙으로 독립, 참여, 돌봄, 자아실현, 존엄 등에 관한 18개 항을 제시하였다. 이 원칙에 의하면 각 국가는 노인복지사업을 추진함에 있어서 독립, 참여, 돌봄, 자아실현, 존엄에 대한 원칙을 반영해야 한다. 원칙의 서술방식은 "해야 한다"는 선언적 방식으로 표현되고 있지만, 그 내용은 정부가 수행해야 하는 의무, 즉 노인 권리의 보장을 위한 국가의 의무를 담고 있다. 독립, 참여, 돌봄, 자아실현, 존엄이라는 주제하에 18개 항으로 이루어진 원칙들을 살펴보면 다음과 같다 (United Nations, 1991).

① 독립(Independence)의 원칙

첫째, 노인은 소득, 가족과 지역사회의 지원 및 자조를 통하여 적절한 음식, 주거, 의복 및 건강보호를 받을 수 있어야 한다.

둘째, 일할 수 있는 기회와 소득을 얻을 수 있는 기회를 가져야 한다.

셋째, 직장에서 언제, 어떻게 그만둘 것인지에 대한 결정에 참여할 수 있어야 한다.

넷째, 적절한 교육과 훈련 프로그램에 참여할 기회가 있어야 한다.

다섯째, 개인의 선호와 변화하는 능력에 맞추어 안전하고 적응할 수 있는 주거환경에서 살 수 있어야 한다.

여섯째, 가능한 오랫동안 자신의 집에서 생활할 수 있어야 한다.

독립의 원칙은 노인이 독립적으로 살아갈 수 있는 데 필요한 소득, 근로, 주거에 대한 권리가 접근이 보장되어야 함을 제시하고 있다. 독립 관련 원칙은 특히 노인의 노동권을 보장하는 중요한 내용을 담고 있는데, "일할 수 있는 기회와 소득을 얻을 수 있는 기회를 가져야 한다.", "직장에서 언제, 어떻게 그만둘 것인지에 대한 결정에 참여할 수 있어야 한다."는 노인에게 일자리를 제공하고, 정년을 보장하거나 연장하는 것이 국가의 주요 의무임을 밝히고 있다.

② 참여(Participation)의 원칙

첫째, 노인은 사회에 통합되어야 하며 노인들이 자신의 복지에 직접적인 영향을 미치는 정책 형성과 집행에 적극적으로 참여하고, 그들의 지식과 기술을 젊은 세대와 함께 공유하여야 한다.

둘째, 노인은 지역사회 봉사를 위한 기회를 찾고 개발하여야 하며, 흥미와 능력에 맞는 자원봉사자로서 봉사할 수 있어야 한다.

셋째, 노인들을 위한 사회운동과 단체를 형성할 수 있어야 한다.

참여 관련 원칙은 노인들이 능력이 없는 수동적 서비스 수혜자가 아니라 사회 공헌자, 적극적인 서비스 소비자로 변화된 점을 인식하고, 노인정책 영역에서 노인 이익집단의 참여를 촉진시키는 것이 정부의 주요 의무임을 시사한다.

③ 돌봄(Care)의 원칙

첫째, 노인은 각 사회의 문화적 가치체계에 따라 가족과 지역사회의 보살핌과 보호를 받아야 한다.

둘째, 신체적 · 정신적 · 정서적 안녕의 최적 수준을 유지하거나 회복하도록 도와주어야 하고 질병을 예방할 수 있는 건강보호를 받을 수 있어야 한다.

셋째, 노인들의 자율성과 돌봄을 확보할 수 있는 사회적, 법적 서비스를 받을 수 있어야 한다.

넷째, 인간적이고 안전한 시설에 입소해서 적절한 보호, 재활, 사회적 · 정신적 지지를 제공받아야 한다.

다섯째, 노인들이 보호시설이나 치료시설에 거주할 때 그들의 존엄, 신념, 욕구와 사생활을 존중받으며, 자신의 건강보호와 삶의 질에 대한 사항을 스스로 결정할 수 있는 인권과 자유를 향유할 수 있어야 한다.

돌봄 관련 원칙은 노인이 다른 사람의 돌봄을 받는 상황에서도 마지막까지 노인 개인의 자율권을 손상받지 않고 안전하게 보호해 주는 것이 국가의 의무임을 강조한다.

④ **자아실현(Self-fulfillment)의 원칙**

첫째, 노인은 자신의 잠재능력을 충분히 발휘할 수 있는 기회를 가져야 한다.

둘째, 지역사회에서 제공하는 교육, 문화, 종교, 여가 프로그램을 이용할 수 있어야 한다.

자아실현 관련 원칙은 노인을 대상으로 하는 교육, 여가, 문화 프로그램을 제공해 주어야 하는 국가의 의무를 강조한다.

⑤ **존엄(Dignity)의 원칙**

첫째, 노인은 존엄과 안전 속에서 생활할 수 있어야 하며 착취와 신체적, 정신적 학대로부터 자유로워야 한다.

둘째, 나이 · 성별 · 인종이나 민족적인 배경, 장애, 경제적 수준 등에 따라 차별받지 않고 항상 공정한 대우를 받아야 한다.

존엄 관련 원칙은 노인학대를 근절하고 예방해야 하는 국가의 책임을 강조하며 차별과 착취로부터 노인을 보호하기 위해 적절한 법적 장치들을 마련해 두어야 함을 시사한다.

(3) 제2차 세계고령화총회 원칙

UN은 1982년 제1차 세계고령화총회 이후 20년 만인 2002년 4월 8~12일에 스페인 마드리드에서 제2차 세계고령화총회를 개최하였는데 그동안의 변화를 반영하여 세계화, 세대 간 연대, 노인학대, 여성노인, 농촌 노인, 응급상황하의 노인, 노인에 대한 이미지 개선 등의 내용을 포함하였다.

제2차 세계고령화총회에서는 21세기의 고령화는 선진국 문제를 넘어서서 개발도상국을 포함한 전 세계의 문제라고 인식하였고, 각 국가들의 노인의 삶의 질 유지와 개선을 위한 다양한 정책적 방안이 논의되었다.

제2차 세계고령화총회의 고령화 국제활동 계획에서는 노인과 발전, 노년기의 건강과 안녕 증진, 능력을 부여하고 지원하는 환경조성을 채택하고 이와 관련해서 18개 분야의 과제를 제시하고 분야별 행동지침을 권고하였다. 그 내용은 다음과 같다(United Nations, 2002).

① 노인과 발전을 위한 행동계획에서는 8개 분야의 과제와 개별 목표가 있다.
- 사회와 발전에서 노인의 적극적 참여 분야에서는 노인의 사회적·문화적·경제적·정치적 공헌의 인정과 모든 수준의 의사결정과정에서 노인참여라는 목표 두 가지를 제시하고 있다.
- 고령 노동력 활용 분야에서는 일하고자 하는 모든 노인에게 고용기회를 제공하는 목표를 제시하고 있다.
- 농촌개발, 이주, 도시화 분야에서는 농어촌 지역의 생활조건 및 인프라 개선 목표, 농어촌 지역에서의 노인의 주변화 현상 제거 목표, 노인 이주자의 새 지역사회에의 통합 목표라는 세 가지를 제시하고 있다.
- 지식, 교육 및 훈련에의 접근 분야에서는 평생교육, 훈련 및 재훈련, 직업안내 및 알선에서의 기회균등 목표와 연령에 따른 경험 증가의 이점을 고려한 모든 연령층의 잠재력과 경험의 충분한 활용 목표라는 두 가지를 제시하고 있다.
- 세대 간 유대 분야에서는 세대 간의 형평성과 상호성을 통한 유대 강화 목표를 제시하고 있다.
- 빈곤 타파 분야에서는 노인 빈곤의 감소 목표를 제시하고 있다.
- 소득보장, 사회적 보호 그리고 사회보장 및 빈곤예방 분야에서는 모든 근로자에게 노령연금, 장애연금, 건강보호급여 등을 포함한 기본적 사회보장이 가능하도록 하는 프로그램 향상에 관한 목표와 사회경제적으로 불우한 노인을 특별히 고려하면서 모든 노인에게 최소한의 소득보장 제공이라는 두 가지 목표를 제시하고 있다.

- 응급상황 분야에서는 자연재해 및 인위적 재해 시 노인에 대한 음식, 주거, 의료보호 및 기타 서비스 제공의 기회균등 목표와 비상 상태 이후의 지역사회 및 사회조직 재건에 있어 노인의 참여와 기회 향상 목표라는 두 가지 목표를 제시하고 있다.

② 노년기의 건강과 안녕 증진을 위한 행동계획은 6개 분야의 과제와 개별 목표가 있다.

- 평생을 통한 건강 증진과 안녕 분야에서는 축적된 질병의 위험 요소와 이로 인한 노년기 의존성 감소 목표와 노인의 불량한 건강 상태 예방을 위한 정책개발 목표, 그리고 모든 노인의 음식과 적절한 영양에 대한 접근에 관한 목표라는 세 가지 목표를 제시하고 있다.
- 건강보호에 대한 보편적이고 균등한 접근 분야에서는 노인에 대한 보편적이고 균등한 건강보호 접근을 위한 사회적·경제적 불평등 제거 목표, 노인의 욕구에 대응한 일차적 건강보호 개발 및 강화 목표, 노인의 욕구에 대응하는 지속적 건강보호체계 개발 목표, 일차적 보호 및 장기요양보호서비스 개발과 강화에 있어서의 노인참여 목표 등 네 가지 목표를 제시하고 있다.
- 노인과 후천성 면역 결핍증(AIDS) 분야에서는 HIV/AIDS의 노인건강에 대한 영향 평가 목표, HIV/AIDS에 감염된 노인과 노인보호자에 대한 적절한 정보, 돌봄 훈련, 의료보호 및 사회적 지지 제공 목표, HIV/AIDS 감염 아동의 보호자로서 노인의 역할 개발과 공헌에 대한 인정 목표 등 세 가지 목표를 제시하고 있다.
- 노인 돌봄 제공자 및 보건건강 관련 전문가 교육과 훈련 분야에서는 노인 돌봄에 필요한 전문직과 신체적 건강과 보건에 관련된 전문가를 교육시키고 훈련하는 목표를 제시하고 있다.
- 노인의 정신건강 욕구 분야에서는 종합적 정신건강서비스 개발 목표를 제시하고 있다.

- 노인과 장애 분야에서는 여생 동안 최대한의 기능 유지와 장애노인의 충분한 사회참여를 증진시키는 목표를 제시하고 있다.

③ 능력을 부여하고 지원하는 환경조성을 위한 행동계획은 4개 분야의 과제와 개별 목표가 있다.
- 주거와 주거환경 분야에서는 개인이 선호하는 주거지 선택으로 살던 곳에서 노화(aging in place) 추진 목표와 노인의 욕구, 특히 장애노인의 욕구를 고려한 노인의 독립적 생활증진을 위한 주거와 환경설계의 개선 목표, 그리고 노인을 위한 접근 및 지불 가능한 교통수단 개선 목표라는 세 가지 목표가 제시되어 있다.
- 돌봄과 돌봄 제공자에 대한 지지 분야에서는 노인을 대상으로 하는 다양한 출처의 돌봄과 서비스의 연속선 및 돌봄 제공자에 대한 지지 제공 목표와 노인, 특히 여성노인의 돌봄 제공 역할의 지지 목표라는 두 가지 목표가 제시되어 있다.
- 방임, 학대 및 폭력 분야에서는 모든 형태의 노인 방임, 학대 및 폭력 제거 목표와 노인학대 문제해결을 위한 지지 서비스 개발 목표라는 두 가지 목표가 제시되어 있다.
- 노인 이미지 분야에서는 노인의 권위, 지혜, 생산성 및 기타 중요한 공헌에 대한 일반인의 인식 증진 목표가 제시되어 있다.

3) 노인복지 관련 법, 전달체계, 예산

(1) 노인복지 관련 법

노인복지와 관련된 법은 「노인복지법」을 비롯해 각종 「연금법」, 「기초연금법」, 「국민기초생활 보장법」, 「긴급복지지원법」, 「근로자퇴직급여 보장법」, 「고용상 연령차별금지 및 고령자고용촉진에 관한 법률」, 「국민건강보험법」, 「노인장기요양보험법」, 「의료급여법」, 「치매관리법」, 「주택법」, 「주택공급에 관한 규칙」, 「한국주택금융공사법」, 「장애인·고령자 등 주거약자 지원에 관한 법률」, 「장애인·노인·임산부 등의 편의증진 보장에 관한 법률」, 「효행 장려 및 지원에 관한 법률」, 「평생교육법」, 「저출산·고령사회기본법」, 「고령친화산업진흥법」 등이 있다.

「노인복지법」이 노인복지의 기본법이라 할 수 있는데 1981년 6월 5일 제정되어 그동안 정치, 경제, 사회 환경의 변화와 노인의 욕구와 문제의 변화를 일정 부분 반영한 개정이 이루어져 왔다.

「노인복지법」제정 및 개정의 주요 내용은 〈표 5-2〉와 같이 정리될 수 있다.

표 5-2 「노인복지법」제정 및 개정의 주요 내용

구분	주요 내용
신규 제정 (1981. 6. 5.)	의약기술의 발달과 문화생활의 향상으로 평균수명이 연장되어 노인 인구의 절대수가 크게 증가하고 산업화, 도시화, 핵가족화의 진전에 따라 노인문제가 점차 큰 사회문제로 대두되고 있음에 대처하여 우리 사회의 전통적 가족제도에 연유하고 있는 경로효친의 미풍양속을 유지·발전시키면서 노인을 위한 건강보호와 시설의 제공 등 노인복지 시책을 효과적으로 추진함으로써 노인의 안락한 생활을 북돋우어 주며 나아가 사회복지의 증진에 기여하고자 함.
전문 개정 (1989. 12. 30.)	노인문제가 심각한 사회문제로 대두됨에 따라 노인복지의 증진을 도모하는 데 필요한 제도를 보완·개선하려는 것임. ① 노인복지대책에 관한 국무총리의 자문에 응하기 위하여 노인복지대책위원회를 설치함. ② 국가 또는 지방자치단체가 65세 이상의 노인에 대하여 노령수당을 지급할 수 있도록 함. ③ 노인복지시설의 범위에 새로이 실비양로시설, 유료노인요양시설 및 노인복지주택을 추가함.
일부 개정 (1993. 12. 27.)	경제행정규제완화시책의 일환으로 민간기업체나 개인도 유료노인복지시설을 설치·운영할 수 있도록 함. 현행 규정상 미비점을 개선하여 노인복지사업의 효율성을 높임. ① 사회복지법인이 아닌 민간기업체나 개인도 시·도지사의 허가를 받아 유료노인복지시설을 설치·운영할 수 있도록 함. ② 재가노인복지사업의 종류를 가정봉사원 파견사업, 주간보호사업, 단기보호 사업으로 명시하고, 사업실시의 법적 근거를 마련함. ③ 행정처분의 상대방 또는 대리인에게 의견진술의 기회를 주기 위하여 청문절차를 규정함.

전문 개정 (1997. 8. 22.)	인구의 고령화 추세에 따라 증가하고 있는 치매 등 만성퇴행성 노인질환에 보다 효과적으로 대처하고, 노인생활의 안정을 위하여 전 국민연금이 실시되어도 연금적용 대상에서 제외되는 65세 이상 노인 중 경제적으로 생활이 어려운 노인에 대한 국가의 적극적인 소득지원과 노인취업 활성화를 도모하며, 노인복지시설 이용 및 운영체계 개편 등을 통하여 노인보건복지 증진을 도모하려는 것임. ① 노인에 대한 사회적 관심과 공경의식을 높이기 위하여 매년 10월 2일을 노인의 날, 매년 10월을 경로의 달로 함. ② 노년생활의 안정도모와 노인공경의 차원에서 65세 이상의 일정한 자에게 경로연금을 지급하도록 함. ③ 노인의 사회참여 및 취업의 활성화를 위하여 노인지역봉사기관, 노인취업알선기관의 지원 근거를 규정함. ④ 치매노인에 대한 연구, 사업 및 노인재활요양사업을 국가 또는 지방자치단체가 실시하도록 함. ⑤ 치매·중풍 등 중증질환 노인과 만성퇴행성 노인환자를 효율적으로 관리하기 위하여 노인전문요양시설·유료노인전문요양시설 및 노인전문병원을 설치할 수 있도록 함. ⑥ 부양의무가 없는 제삼자가 노인을 보호할 경우 그 부양의무자에게 보호비용의 전부 또는 일부를 청구할 수 있도록 함. ⑦ 경로연금과 노인보호복지시설에서 노인을 위하여 사용하는 건물·토지 등에 대하여 「조세감면규제법」 등 관계법령이 정하는 바에 의하여 조세 기타 공과금을 감면할 수 있도록 함. ⑧ 재가노인복지시설은 「건축법」 제14조 및 동법 시행령 제14조의 규정에 불구하고 단독주택 또는 공동주택에도 설치할 수 있도록 함.
일부 개정 (1999. 2. 8.)	「행정규제기본법」에 의한 규제정비계획에 따라 노인복지시설에 대한 규제완화를 통하여 시설운영의 자율성을 높임. 경로연금제도의 운영상 나타난 일부 미비점을 개선·보완함.
일부 개정 (2004. 1. 29.)	노인학대를 방지하고 학대받는 노인을 보호할 수 있도록 긴급전화 및 노인보호전문기관을 설치하도록 하고, 노인학대에 대한 신고의무와 조치사항을 규정하는 등 노인학대의 예방과 학대받는 노인의 보호를 위한 제도적 장치를 강화함.
일부 개정 (2005. 3. 31.)	노인의료복지시설의 설치·폐지 등의 신고 등에 관한 관련된 시·도지사의 사무를 사회복지시설에 대한 현황파악이 용이하고 관련 업무를 신속히 처리할 수 있는 시·군·구청장에게 이양하여 동 업무를 효율적으로 수행하고 민원인의 편의를 도모함.
일부 개정 (2005. 7. 13.)	평균수명의 증가에 따라 노인인구는 급격하게 증가하고 있으나 정년단축 및 조기퇴직 등으로 근로능력 있는 노인들의 근로기회는 오히려 감소하고 있어 노인부양을 위한 공적·사적 부담이 증가하고 있으므로, 이를 해결하기 위하여 국가 또는 지방자치단체가 노인들의 능력과

	적성에 맞는 일자리의 개발·보급과 교육훈련 등을 전담할 기관을 설치·운영하거나 그 운영을 법인·단체 등에 위탁할 수 있도록 함.
일부 개정 (2007. 1. 3.)	9월 21일을 치매극복의 날로 정하여 치매에 대한 사회적 인식을 제고하고, 치매상담센터를 시·군·구의 관할 보건소에 설치하여 노인들이 쉽게 방문하여 상담하고 조기 검진할 수 있도록 함. 노인학대 문제의 심각성에 대한 국민의 인식을 높이기 위해 노인학대의 정의규정에 정서적 폭력을 추가함.
일부 개정 (2007. 8. 3.)	노인장기요양보험에 대비하여 노인복지시설의 무료·실비 및 유료 구분을 없애고, 요양보호사 자격제를 도입함. 홀로 사는 노인에게 지원을 할 수 있도록 함. 실종노인의 보호를 위하여 실종노인을 보호할 경우 신고하도록 함. 60세 미만의 자에게 노인복지주택을 분양·임대하는 것 등을 금지하고 이를 위반한 경우 벌칙을 부과하도록 하는 등 현행 제도의 운영상 나타난 일부 미비점을 개선·보완함.
일부 개정 (2010. 1. 25.)	요양보호사 교육기관에서 교육과정을 이수하기만 하면 자격증을 부여함으로써 나타난 요양보호사 과다배출 및 질적 저하가 장기요양보험제도의 공공성을 해치고 요양보호사를 양성하는 교육기관이 난립하는 문제점이 있으므로, 요양보호사 자격시험제도를 도입하고, 자격시험 도입에 따른 결격 사유와 자격취소 사유에 관한 규정을 아울러 마련하며, 요양보호사 교육기관 운영제도를 현행 '신고제'에서 시·도지사가 지정하는 '지정제'로 변경하여 전문성을 갖추도록 함.
일부 개정 (2011. 3. 30.)	노인전용주거시설인 노인복지주택이 건축부지 취득에 관한 조세를 감면받고 일반 공동주택에 비하여 완화된 시설 설치기준을 적용받는 등 각종 보조와 혜택이 주어지는 것을 이용하여 민간건설업체가 경쟁적으로 노인복지주택을 건설하고 입소자격자가 아닌 자에게 분양하여 일반 공동주택과 같이 거래되면서 당초 노인복지주택의 제도적 취지가 훼손되는 것을 방지하기 위하여 노인복지주택의 분양·양도·임대의 대상을 입소자격 기준인 60세 이상의 자로 명확히 하고 이를 위반하는 경우에 대한 처벌규정을 마련하는 등 노인복지주택과 관련한 제도를 보완함. 그러나 개정법률의 시행일인 2008년 8월 4일 전에 「건축법」에 따라 허가받거나 「주택법」에 따라 사업계획이 승인된 노인복지주택을 분양받거나 양수한 사람들은 개정 법률 시행에 따라 재산권 행사의 제한을 받게 되었으므로 이러한 소유자 등을 구제하기 위하여 특례 규정을 마련함.

일부 개정 (2011. 4. 7.)	고령사회에서 일할 의사를 지닌 노인에게 알맞은 일자리를 창출하여 제공하는 일은 개인적 차원이나 사회적 차원에서 매우 중요한 과제이므로, 노인일자리사업은 노인에게 노후의 보충적 소득보장을 통해 경제적 도움을 제공할 뿐만 아니라 활동적 노화 및 생산적 노후생활을 영위하게 함으로써 노인의 삶의 질 향상에 기여할 수 있을 것임. 이에 따라 노인일자리사업을 수행하는 노인일자리전담기관을 노인인력개발기관, 노인일자리지원기관 및 노인취업알선기관으로 구별하고 해당 기관의 업무를 규정함.
일부 개정 (2011. 6. 7.)	민간복지서비스 전달체계의 효율화를 위한 기능조정의 일환으로 노인전문병원을 「의료법」상의 요양병원으로 일원화함. 노인복지시설로서의 기능과 역할이 미약한 노인휴양소를 폐지함. 급속한 고령화로 치매노인 등이 증가함에 따라 집을 찾지 못하는 실종노인에 대한 빠른 발견과 안전한 복귀 등을 위한 근거 규정을 보강함. 노인학대 신고 의무자 범위를 확대하고, 신고의무자의 신분 보호를 강화하기 위하여 신고인의 신분 보호 및 신원노출 금지의무를 위반하는 자에게 형벌을 부과하며, 노인학대 신고를 받고 현장에 출동한 자의 현장조사를 거부하거나 업무를 방해하는 사람에게 과태료를 부과하는 등 노인학대 사례에 대한 관련 법규를 강화하는 한편 현행 제도의 운영상 나타난 일부 미비점을 보완·개선함.
일부 개정 (2012. 2. 1.)	노인들이 편안한 노후생활을 영위할 수 있도록 국가 또는 지방자치단체로 하여금 경로당에 대한 양곡구입비 및 냉난방 비용을 보조할 수 있도록 하고, 전기판매사업자 등으로 하여금 전기요금 등 공과금을 감면할 수 있도록 함으로써 경로당의 활성화를 도모하고 노인의 복지를 증진함.
일부 개정 (2012. 10. 22.)	현재 의료인, 노인복지시설의 장 및 그 종사자, 노인복지상담원 및 사회복지전담공무원 등으로 하여금 직무 수행 중 노인학대를 알게 된 경우 신고하도록 의무화하고 있으나 신고실적이 저조하므로 노인학대 신고의무자 교육과정에 노인학대 예방 및 신고의무와 관련된 내용이 포함되도록 하고, 신고의무를 위반하는 경우 이를 처벌할 수 있는 근거 규정을 마련함으로써 학대받는 노인들을 실질적으로 보호할 수 있도록 함.
일부 개정 (2013. 6. 4.)	노인에게 일자리를 제공하는 노인일자리지원기관은 사회복지사업을 수행하고 있으므로 노인복지시설의 한 종류로 규정하여 사회복지시설로 인정받을 수 있는 법적 근거를 마련함. 치매질환자를 「실종아동등의 보호 및 지원에 관한 법률」에서 규율함에 따라 법률 간 상충문제를 해소하기 위하여 「노인복지법」에서 치매로 인한 실종 부분을 삭제함.

일부 개정 (2013. 8. 13.)	노인주거복지시설, 노인의료복지시설, 노인여가복지시설 및 재가노인 복지시설에 대한 업무정지 기간 상한을 1개월로 명시함으로써 법률의 명확성과 예측 가능성을 확보함.
일부 개정 (2015. 1. 28.)	노인복지주택의 입소자격이 있는 노인이 부양책임을 지고 있는 미성 년 자녀·손자녀도 노인복지주택에 함께 입소하여 생활할 수 있도록 노인복지주택 입소자의 범위를 확대함. 노인복지주택 중 분양형을 폐 지하여 노인복지주택을 임대형으로만 설치·운영하도록 하되 기존에 설치된 노인복지주택에 대해서는 분양형을 그대로 유지하도록 경과조 치를 두어 기존 입소자의 신뢰이익을 보호함. 노인학대 현장 출동 시 노인보호전문기관과 수사기관 상호 간에 동행협조를 요청할 수 있는 근거규정을 신설하고 현장출동자에게 현장 출입 및 관계인에 대한 조 사·질문권을 부여하여 노인학대신고에 대한 효과적인 대응이 이루어 지도록 함. 노인 대상 건강진단 및 보건교육에 성별 다빈도질환이 반 영되도록 함. 지역봉사지도원의 업무로 노인 대상의 교통안전 및 교통 사고예방 교육을 할 수 있도록 하여 노인의 특성에 맞는 충실한 교육 이 실시될 수 있도록 함.
일부 개정 (2015. 12. 29.)	노인학대 인식제고를 위해 6월 15일을 노인학대예방의 날로 지정하 고, 지상파방송 및 전광판방송을 통해 노인학대 관련 홍보영상을 제 작·배포·송출할 수 있게 함. 공정하고 전문적인 노인학대 사례 판정 을 위해 중앙노인보호전문기관에 중앙사례판정위원회를, 지역노인보 호전문기관에 지역사례판정위원회 및 자체사례회의를 운영할 수 있는 근거규정을 마련함. 노인학대신고의무자의 범위에 의료기관의 장, 방 문요양서비스나 안전확인 등의 서비스 종사자, 다문화가족지원센터의 장과 그 종사자, 성폭력피해상담소 및 성폭력피해자보호시설의 장과 그 종사자, 응급구조사 및 의료기사를 추가함. 노인학대 관련 범죄전 력자에 대해 형 또는 치료감호의 집행 종료 또는 집행 면제 후 10년까 지의 기간 동안 노인 관련 기관을 운영하거나 노인 관련 기관에 취업 할 수 없도록 함. 노인학대행위로 처벌 등을 받은 시설과 노인복지시 설의 장 및 종사자의 명단을 공표할 수 있게 함. 노인주거복지시설· 노인의료복지시설·노인여가복지시설 또는 재가노인복지시설을 폐 업·휴업하는 경우 시설장은 시설 이용자가 다른 시설을 이용할 수 있 도록 조치계획을 수립하고 이행하는 등 이용자 권익보호조치를 하도 록 의무화하고, 시장·군수·구청장은 이러한 권익보호조치의 이행 여부를 확인하도록 함. 노인보호전문기관의 직원에 대해 폭행·협박 또는 위계·위력으로써 그 업무를 방해한 자에 대한 제재를 강화하고, 상습적으로 또는 노인복지시설 종사자가 노인학대죄를 범한 경우 가 중처벌 규정을 두는 등 노인학대 관련 위반자에 대한 처벌을 강화함.

일부 개정 (2016. 12. 2.)	노인학대 행위 유형 중에서 정서적 학대 행위가 가장 높은 비중을 차지하고 있음에도 현행법상 노인에 대한 금지 행위 규정에는 정서적 학대 행위가 포함되어 있지 아니하여 이 금지 행위 규정에 정서적 학대 행위를 추가하고, 노인에 대한 금지 행위의 객체가 되는 노인연령 기준이 없어 이에 대한 처벌이 불명확해지는 문제가 있으므로 노인의 연령기준을 65세 이상으로 명시하며, 또한 현재 일정 범위 직군 종사자에 대한 노인학대신고의무 조항에도 노인학대의 객체가 되는 노인연령 기준이 없으므로 노인연령 기준을 명시함. 한편, 현행법상 벌칙 조항의 벌금액을 국회사무처 예규 및 국민권익위원회 권고안에서 제시하는 징역형 대비 적정 벌금액의 일반 기준인 '징역형 1년당 벌금형 1천만 원'의 비율에 따라 벌금형의 금액을 조정함.
일부 개정 (2017. 3. 14.)	현행법에 따르면, 노인학대 행위를 한 사람에게 노인보호전문기관의 장이 상담·교육 및 심리적 치료 등을 지원받을 것을 권고하도록 하여 재발을 방지하고, 학대 행위자와 피해노인의 정상적 관계 회복을 도모하고 있으나, 그 이행과 실효성이 담보되지 않는 한계가 있음. 또한, 학대피해노인에 대한 보호강화를 위하여 학대피해노인을 임시적으로 보호하고, 신체적·정신적 상담을 제공하기 위한 학대피해노인 전용 쉼터를 운영하고 있으나 보건복지부의 지침인 사업 안내로 이를 운영하고 있어, 사업의 안정적 운영이 어려운 상황임. 이에, 노인학대 행위자에게 노인학대 관련 심리치료 등의 권고가 있는 경우 이를 성실히 이행하도록 하고, 학대피해노인 전용쉼터의 설치 및 업무 위탁에 필요한 비용 지원의 근거를 마련하여 노인학대를 예방하고 학대피해노인을 보호하고자 함.
일부 개정 (2017. 10. 24.)	노인학대를 예방하고 노인 인권을 제고할 수 있도록 대통령령으로 정하는 노인복지시설의 설치·운영자 및 종사자, 이용자에 대하여 인권교육을 실시하도록 하고, 국가 또는 지방자치단체의 독거노인 지원 사업과 노인성 질환에 대한 의료지원 사업에 대하여 비용을 지원할 수 있도록 근거를 명시하며, 노인복지주택 입소자격자가 부양하는 가족의 주거 안정을 도모하기 위하여 입소자격자 사망 등의 경우 보건복지부령으로 정하는 기간 내에서 퇴소하도록 하는 등 현행 제도의 운영상 나타난 일부 미비점을 개선·보완함.
일부 개정 (2018. 3. 13.)	노인의 일자리 보급을 확대하기 위하여 국가, 지방자치단체, 그 밖의 공공단체 중 대통령령으로 정하는 기관은 소관 공공시설에 청소, 주차 관리 및 매표 등의 사업을 위탁하는 경우에는 65세 이상 노인을 100분의 20 이상 채용한 사업체를 우대할 수 있도록 하고, 관련 민원의 투명하고 신속한 처리와 일선 행정기관의 적극행정을 유도하기 위하여, 노

	인주거복지시설 · 노인의료복지시설 · 노인여가복지시설 · 재가노인복지시설 설치의 신고 · 변경신고 및 폐지 · 휴지 신고가 수리가 필요한 신고임을 명시하며, 노인학대 행위를 발견할 개연성이 높은 국민건강보험공단의 요양직 직원 등을 노인학대 신고의무자로 추가하는 등 현행 제도의 운영상 나타난 일부 미비점을 개선 · 보완함.
일부 개정 (2018. 12. 11.)	현행법은 노인학대 관련 범죄자에 대하여 일률적으로 10년간 노인 관련 기관 취업 등을 제한하고 있는데, 헌법재판소는 이와 유사한 취업제한 규정을 가진 「아동 · 청소년의 성보호에 관한 법률」, 「장애인복지법」, 「아동복지법」의 해당 규정에 대해 지나친 기본권 제한에 해당한다는 취지의 위헌결정을 내렸음. 이에 법원이 노인학대 관련 범죄로 형 등을 선고할 때 그 판결과 동시에 최대 10년 범위의 취업제한명령을 선고하도록 하여 헌법재판소 위헌결정의 취지를 반영함으로써 현행법의 위헌성을 사전에 해소하고자 함. 한편, 이 법에 따른 업무의 일부를 수탁하여 처리하는 법인 또는 단체의 임직원은 뇌물죄 적용 시 공무원으로 보도록 하고, 경로당에 일반양곡도 지원 가능하게 하며, 피성년후견인임을 이유로 자격이 취소된 요양보호사의 경우 해당 결격사유가 해소된 때 요양보호사가 될 수 있도록 하고, 국가와 지방자치단체로 하여금 노인의 안전사고 예방시책을 수립 · 시행하도록 함으로써 노인의 복지증진에 기여하고자 함.
일부 개정 (2019. 1. 15.)	현행법은 노인에 의한 재화의 생산 · 판매 등을 직접 담당하는 기관인 노인일자리지원기관을 두고 있는데 노인일자리지원기관들의 영세성으로 인해 안정적인 판로 확보가 어려운 실정이기 때문에 국가, 지방자치단체 및 그 밖의 공공단체로 하여금 노인일자리지원기관에서 생산한 물품의 우선구매에 필요한 조치를 마련하도록 함으로써 안정적인 노인 일자리 창출에 도움을 주고자 함.
일부 개정 (2019. 4. 30.)	요양보호사교육기관을 설치 · 운영하는 자가 교육 이수 관련 서류를 거짓으로 작성한 경우, 노인주거복지시설 등과 노인여가복지시설 등을 설치 · 운영하는 자 또는 그 종사자가 입소자나 이용자를 학대한 경우에 대한 행정처분의 근거를 법률에 명확히 규정함.

출처: 법제처 국가법령정보센터(www.law.go.kr).

노인복지정책과 서비스, 그리고 노인복지실천은 관련된 법률에 근거해 이루어진다. 즉, 노인복지 관련 정책, 서비스, 실천은 「노인복지법」을 비롯한 관련 법률에 근거해 실행된다.

노인의 소득보장 관련 정책은 「국민연금법」, 「공무원연금법」, 「사립학교 교직원 연금법」, 「군인연금법」, 「기초연금법」, 「국민기초생활 보장법」, 「긴급 복지지원법」, 「근로자퇴직급여 보장법」에 근거해 수립되어 실행된다.

노인 고용 및 일자리 관련 정책과 서비스는 「노인복지법」, 「고용상 연령차 별금지 및 고령자고용촉진에 관한 법률」에 근거해 실행되고 있다.

노인의 건강보장정책 및 서비스는 「국민건강보험법」, 「노인장기요양보험 법」, 「의료급여법」, 「치매관리법」에 근거한다.

노인의 주거보장정책 및 서비스는 「노인복지법」, 「주택법」, 「주택공급에 관한 규칙」, 「한국주택금융공사법」, 「장애인·고령자 등 주거약자 지원에 관 한 법률」에 근거해 실행된다.

노인복지서비스와 노인복지실천은 「노인복지법」, 「장애인·노인·임산 부 등의 편의증진 보장에 관한 법률」, 「효행 장려 및 지원에 관한 법률」, 「평 생교육법」 등에 근거해 실행되고 있다.

그밖에 인구 고령화에 따른 변화에 대응하는 공공정책의 기본 방향 수립 및 추진은 「저출산·고령사회기본법」에 기반하여 이루어지고 있고, 노인 관 련 산업 정책은 고령친화산업을 지원·육성하고 발전기반을 조성하기 위해 제정된 「고령친화산업 진흥법」에 근거해 수립되어 시행되고 있다.

(2) 노인복지의 공적 전달체계

보건복지부에서 노인복지 업무는 인구정책실의 노인정책관 아래 노인정 책과, 노인지원과, 요양보험제도과, 요양보험운영과, 치매정책과 등의 노인 복지 관련 부서가 담당한다. 광역지방자치단체의 경우 노인복지 행정조직은 광역시도에 따라 명칭의 차이가 있는데, 서울특별시의 예를 들면 복지정책 실하에 어르신복지과가 노인복지 업무를 총괄한다. 어르신복지과는 어르신 정책팀, 어르신돌봄팀, 요양보호팀, 장사문화팀으로 이루어진다. 기초지방 자치단체의 노인복지 행정조직도 시·군·구에 따라 명칭의 차이가 있는데, 서울의 성북구 예를 들면 복지문화국 아래 어르신복지과에서 총괄하고 있으

며 어르신지원팀, 어르신시설팀, 재가복지팀으로 업무분장이 되어 있다. 읍
면사무소 및 주민센터는 복지허브화 시행으로 복지행정팀, 맞춤형 복지팀과
같은 명칭을 사용하는 팀조직이 노인복지를 포함한 복지 관련 업무를 담당
하고 있다.

　노인복지의 공적 전달체계에서 가장 큰 문제는 노인복지행정의 독자적 전
달체계를 갖추지 못하고 행정안전부의 지방행정 전달체계를 활용하고 있
어 일관성 있게 노인복지행정이 이루어지지 못하고 있는 점이다. 또한 중앙
부처의 노인복지 관련 업무가 보건복지부, 고용노동부, 국토교통부, 교육부,
문화체육관광부 등 여러 부처에 분산되어 있어 협력이 제한되는 것도 문제
다. 이러한 문제점 해결과 관련해 노인청 신설이 자주 거론되고 있다.

(3) 노인복지 예산[4]

　노인복지 예산은 2019년의 경우 13조 9천 776억 원으로 보건복지부 소
관 사회복지 총지출(예산과 기금포함) 60조 9천 51억 원의 22.9%를 차지한다
(보건복지부, 2019c). 노인복지 예산은 2018년 11조 71억 원 대비 27% 증가되
었다.

　노인복지 예산의 대부분은 기초연금, 장기요양보험제도 운영, 노인일자
리사업, 치매관리체계 구축 예산에 쓰이고 있다. 기초연금은 2018년 9조
1천 229억 원에서 2019년 11조 4천 952억 원으로 2조 3천 723억 원이 증가
해 증가율이 전년대비 26%다. 기초연금의 지급 대상은 517만 명에서 539만
명으로 늘어났으며 평균 국고 보조율은 77%다. 노인장기요양보험 운영예산
은 2018년 8천 58억 원에서 2019년 1조 351억 원으로 2,293억 원이 증가해
전년대비 증가율은 28.5%다. 노인일자리사업 예산은 2018년 6천 349억 원
에서 2019년 8천 220억 원으로 1,871억 원이 증가해 29.5%의 증가율을 나타
냈다. 노인일자리는 2018년 51만 개에서 2019년 64만 개로 늘어났다. 치매

---

4) 보건복지부의 노인복지 예산 자료에 근거하고 있어 노인복지 영역에서 높은 비중을 차지하는
　연금, 건강보험의 의료비 관련, 국민기초생활보장의 노인 소득보장 등은 포함되지 않았다.

관리체계 구축예산은 2018년 1,457억 원에서 2019년 2,363억 원으로 906억 원이 증가해 전년대비 62.2%가 늘었다. 치매안심센터 운영 예산이 2018년 1,035억 원에서 2019년 2,087억 원으로 1,052억 원이 증가되었기 때문이다.

4) 노인복지 제도적 틀의 변화

우리나라 노인복지제도의 초기 틀은 경로효친 이념 아래 선가정보호 원칙을 기반으로 하는 취약층 노인에 대한 공공부조제도로 한정되어 있었다. 노인들에게 가장 중요한 지원체계는 가족이며 효의 가치를 토대로 한다는 초창기 노인복지의 제도적 접근은 현실과의 괴리로 인해 변화할 수밖에 없게 되었다.

점진적으로 노인복지제도에 양적, 질적 전환이라 할 수 있는 변화가 발생하였고 기초연금과 같은 소득보충제도 도입, 사회보험의 확장, 의료 및 요양산업에서 건강 및 치료서비스의 계층화를 심화시킬 수 있는 영리부문의 비중 증가가 일어났다. 이 과정에서 우리나라의 노인복지는 취약층을 대상으로 하는 공공부조, 가족부양, 노년노동, 사회보험, 확장되는 영리 목적의 민간시장이 공존하게 되었다.

우리나라는 세계적으로 유례없이 노인인구 비율이 급격히 증가하고 있으며, 특히 712만 5천 명으로 전 인구의 약 15%에 달하는 베이비붐 세대(1955~1963년생)의 노년기 진입을 앞둔 시점이라 노인복지의 패러다임이 재검토될 필요가 있다. 서서히 고령사회로 진입하면서 이에 따른 노인복지 인프라를 구축할 수 있었던 선진국과 달리 우리는 급격한 고령화와 빈약한 인프라로 이미 여러 가지 부작용을 경험하고 있다. 압축적 고령화로 요약되는 우리나라 상황을 고려할 때 생산연령인구의 감소, 노인복지 비용 지출 및 사회적 부양부담의 급증에 대한 장기적인 정책 마련과 추진이 무엇보다도 시급하다.

한편 일각에서는 노인복지의 확대에 대한 우려의 시선을 보내며 노인을 국가의 복지지출 중 가장 높은 비율을 점하고 있는 사회적 부담 인구로 규정

하는 경향도 있다. 투표권자 중에서 노인이 차지하는 비중이 크게 증가하면
서 등장하는 정책을 일컫는 실버 데모크라시와 같은 신조어도 있다. 오근재
(2014)는 노인복지정책이 노인 개인뿐 아니라 가정과 공동체의 회복에 초점
이 맞추어질 필요가 있다고 제안한다. 그런 점에서 노인 대상의 급식이든 교
통요금이든 거동에 불편이 없는 노인이나 경제력이 있는 노인에게도 제공하
고 있는 무료 제도 대신 상징적 요금을 부과해서라도 무료가 아닌 우대제도
로 개선될 필요성을 역설하고 있다.

　　노인인구의 수적 증가는 유권자로서의 노인 파워로 나타날 수 있으며, 다
른 연령집단에 비해 선거의 참여율이 매우 높기 때문에 정치인들도 노인집
단의 요구에 대해서는 높은 관심을 보인다. 선거 때마다 노인유권자의 표심
을 움직이려는 선거공약들이 실현 가능성에 상관없이 쏟아지는데 지속 가능
한 노인복지 발전에 도움이 될 수 있는 공약이어야 노인복지제도의 지평을
확대할 수 있을 것이다.

제6장

노년기의 소득보장

　노인은 다양한 복지욕구를 충족해야 하지만 그 가운데 노년기에 가장 중요한 복지욕구는 소득보장이다. 인간다운 생활을 영위할 수 있게 하는 소득의 보장은 의식주라는 기본 욕구, 질병의 예방과 치료 관련 건강보호의 욕구, 여가와 관련된 문화적 욕구의 충족에도 직간접적인 영향을 미친다. 소득보장제도는 사회보험, 공적부조 등과 같은 국가의 직접적 이전소득 프로그램과 기업연금과 개인연금 등을 통하여 최저한도 이상의 소득을 보장하고자 하는 사회적 노력을 의미한다.

　제6장에서는 먼저 노년기 소득과 소득보장을 논의한 후 노인소득보장제도의 유형을 공적연금, 공적부조식 기초연금, 저소득층 노인 대상 국민기초생활보장제도와 긴급복지지원제도, 주택연금, 퇴직금 및 퇴직연금, 개인연금 등을 통해 살펴보고자 한다. 마지막으로, 노인소득보장의 향후 과제에 대해 논의한다.

1. 노년기 소득과 소득보장

2017년 노인실태조사(정경희 외, 2017)에 따르면 65세 이상 노인 개인의 연간 총소득은 1,176.5만 원이고 이 가운데 근로소득과 사업소득, 재산소득, 사적 연금소득, 기타 소득 등 본인 소득이 총소득의 41%를 차지해 가장 비중이 크고, 공적 이전소득은 총소득의 36.9%, 사적이전소득의 비중은 총소득의 22%를 차지하고 있다. 우리나라 노인 소득원의 구성비 추이에서 사적이전소득의 비중은 빠르게 감소하고 있으며, 근로소득의 증가폭이 가장 크고, 사업소득, 재산소득, 공적이전소득이 점차 증가하고 있다(박경숙, 2019).

2017년 노인실태조사에서 가구 형태별 소득수준을 살펴보면 노인독거가구의 경우 연 1,172.3만 원으로 가장 낮으며, 그다음으로 노인부부가구의 경우 연 2,342.7만 원, 자녀동거가구는 연 4,396.9만 원으로 가장 높게 나타났다(정경희 외, 2017). 독거노인의 빈곤문제가 심각한데 소득 구성을 보면, 노인독거가구의 경우에는 사적이전소득 402.5만 원(34.3%)과 공적이전소득 467.2만 원(39.9%)으로 나타난다. 노인부부가구의 경우는 사적이전소득이 432.9만 원(18.5%)이고, 공적이전소득이 852.6만 원(36.4%)이다. 자녀동거가구의 경우 근로소득이 2,673.6만 원(60.8%)으로 가장 높으며, 사업소득이 528.3만 원(12.0%)으로 다른 가구 형태보다 높게 나타났다. 이는 자녀의 근로 및 사업소득이 반영된 것으로 추정된다.

〈표 6-1〉은 55~79세 고령자의 연금 수령 현황을 보여 준다. 2019년 기준 공적연금, 기초연금, 개인연금 등 연금을 받는 55~79세 고령자는 45.9%다(통계청, 2019b). 공적연금에 의한 소득보장은 국민연금의 노령연금이 본격적으로 지급이 시작된 2008년 이후 점차적으로 개선되고 있다. 노후소득보장제도가 정립되기 전에 청장년기를 기본적인 생활유지에 초점을 두고 생활하였고 자녀세대를 위한 투자로 노후 준비가 안 된 현세대 노인과 달리 차세대 노인들은 공적 노후 소득보장제도 정립의 혜택으로 노년기의 경제능력이

표 6-1　연금[1] 수령 현황(55~79세)　　　　　　　　　(단위: 천 명, %, 만 원)

연도	연금 수령자	구성비[2]	금액대별 구성비							월평균 수령액
			소계	10만 원 미만	10~25만 원 미만	25~50만 원 미만	50~100만 원 미만	100~150 만 원 미만	150만 원 이상	
2011년	4,641	46.9	100.0	44.7	25.3	13.8	6.6	2.8	6.8	36
2012년	4,696	45.4	100.0	43.1	23.6	15.9	7.4	2.7	7.2	38
2013년	5,046	46.5	100.0	36.1	27.3	18.2	8.3	3.1	7.0	39
2014년	5,117	45.2	100.0	21.1	39.2	19.7	9.1	3.3	7.7	42
2015년	5,251	44.5	100.0	1.5	50.4	24.9	11.1	3.7	8.4	50
2016년	5,379	43.2	100.0	0.9	49.2	24.9	12.3	4.0	8.7	51
2017년	5,763	44.6	100.0	0.7	46.6	26.2	13.7	4.0	8.8	53
2018년	6,129	45.6	100.0	0.6	42.9	27.6	15.0	4.3	9.7	57
2019년	6,358	45.9	100.0	0.4	27.0	39.9	18.5	4.5	9.6	61
남자	3,283	49.8	100.0	0.2	16.3	35.2	26.7	7.0	14.6	79
여자	3,075	42.4	100.0	0.5	38.4	45.0	9.7	1.9	4.4	41

출처: 통계청, 「경제활동인구조사 고령층 부가조사」 각 연도 5월.

주: 1) 공적연금(국민연금, 사학연금, 군인연금 등), 기초연금, 개인연금 등 노후생활의 안정을 위해 정부 또는 개인에 의해 조성되어 수령한 금액

　　2) 55~79세 인구 중 연금수령자 구성비

크게 향상될 것으로 예상된다.

　우리나라는 공무원이나 군인, 학교 교직원을 제외하면 연금으로 노년의 소득보장이 사실상 될 수 없는 실정이다. 2014년 말 현재 2천 113만 명이 가입하고 있는 국민연금에서 노령연금으로 받을 수 있을 것으로 예상되는 금액은 부부 합산 월평균 58만 원 정도로 추산되는 반면 월 최소생활비는 부부 합산 월평균 133만 원, 적정 생활비는 월평균 181만 원 정도다(국민연금연구원, 2014). 노령연금 예상 수령액은 최소생활비의 절반, 적정 생활비의 3분의 1에도 미치지 못하는 것이다. 모자라는 연금은 퇴직연금으로 보완할 수 있어야 하는데 퇴직연금은 도입 역사가 짧은 데다 도입 시에 그동안 쌓아 둔 퇴직금을 중간정산 받아 자녀교육비나 결혼자금, 주택 구입자금 등의 다른

용도로 써 버린 사람들이 다수다.

노년기의 소득보장제도는 공적연금 외에 기업연금, 개인저축 등을 포함하는 다층보장모델로 발전하고 있다. 다층보장모델은 공적연금이라는 단층 보장만으로는 노후보장이 불안하다고 여기는 사람들의 노년기 소득보장에 대한 높은 기대를 충족시킬 수 있다. 다층보장모델은 공적연금은 기본적 소득보장만 책임지고 그 이상은 다양한 다층적 부문을 활용해 보장이 이루어지도록 유도한다. 다층보장모델에 대한 긍적적 시각은 인구 고령화 시대에 공적연금에만 의존할 수 없는 현실을 타개할 수 있는 대안으로 높게 평가하는 반면 부정적 시각에서는 사적연금을 활성화하자는 시장주의자의 의도가 배경에 있다고 주장한다.

일반적으로 다층보장모델은 공적연금, 기업연금, 개인저축의 3층으로 이루어지는데, 이는 노후 소득보장의 주체가 각각 국가(공적연금), 기업(기업연금), 개인(개인저축)으로 분산되어 있는 점을 시사한다(김종일, 최혜지, 2006). 우리나라는 아직 외형상의 다층보장체제에 머무는 한계를 보이고 있고, 실제 다층보장체제로서의 기능과 역할은 작동하지 못하고 있다(Kim & Lee, 2010). 우리나라는 국민연금제도가 노년기 공적소득보장의 가장 큰 축을 차지하고 있고 국민연금에서 원천적으로 제외된 노인을 대상으로 자산조사에 근거한 기초연금을 제공하여 보충적 소득보장 기능을 수행하고 있다.

2. 노인 소득보장제도

우리나라 노인 소득보장제도에 대해 사회보험으로 운영되는 국민연금을 비롯한 공적연금, 공적부조식 연금제도인 기초연금, 저소득층 노인이 대상이 되는 공적부조인 국민기초생활보장제도와 긴급복지지원제도, 주택연금 등을 중심으로 소개하고 기업연금에 해당되는 퇴직금 및 퇴직연금, 개인저축에 해당되는 개인연금에 대해서 간략하게 살펴본다.

1) 공적연금

사회보험으로 운영되는 공적연금은 법에서 정한 자격조건에 해당되는 국민을 대상으로 강제적으로 실시되는 제도다. 법에서 정한 일정 기간 보험료를 납부한 공적연금 가입자는 퇴직 이후 연금 수급 연령이 되었을 때 노령연금을 지급받게 된다. 노령 외에 장애, 사망에 대해서도 연금급여가 제공된다.

공적연금에는 국민연금과 공무원연금, 사립학교교직원연금, 군인연금 등의 직역연금이 있다.

(1) 국민연금

국민연금은 특수직종에 종사하지 않는 일반국민인 근로자, 농어민과 자영업자 등이 적용 대상이다. 가입자는 사업장 가입자, 지역가입자, 임의가입자 및 임의 계속 가입자로 구분된다. 가입자 유형에 따라 본인 기여금에 차이가 있는데 사업장 가입자는 본인이 기준소득월액의 4.5%를 납부하고 고용주가 4.5%를 부담금으로 납부한다. 사업장 가입자 외의 가입자는 본인이 기여금과 부담금에 해당되는 기준소득월액의 9.0%를 납부해야 한다. 2019년 7월 기준으로 기준소득월액의 최저금액은 31만 원이고 최고금액은 486만 원이다.

가입기간 10년 이상이고 수급연령에 달한 때 65세까지 소득이 없을 경우 노령연금이 지급된다. 10년 미만일 경우 연금수급 시점에 반환일시금이 지급된다. 수급연령이 되었지만 65세 이전까지는 소득이 있을 경우 소득활동에 따른 노령연금액을 받는다. 처음 연금을 받을 당시 소득이 있는 업무에 종사하여 소득활동에에 따른 노령연금액을 받았다 하더라도 65세 이전에 소득이 있는 업무에 종사하지 않게 되면 노령연금 전액이 지급된다. 분할연금은 이혼한 사람이 전 배우자의 노령연금액 중 혼인기간에 해당하는 연금액을 나누어 지급받는 연금이다. 이 경우 혼인기간 중 국민연금보험료 납부기간이 5년 이상이어야 한다. 분할연금은 ① 이혼, ② 배우자이었던 자의 노령연금수급권 취득, ③ 본인의 60세 도달이라는 세 가지 요건이 갖추어졌을 때, 본인의 신청에 의해 지급된다.

국민연금의 노령연금액은 '기본연금액 × 연금종별 지급률 및 제한율 + 부양가족연금액'으로 산정된다. 노령연금은 20년 가입 기준으로 기본연금액의 100%가 지급되며, 10년 이상 20년 미만인 경우 가입기간에 따라 차등 지급된다. 부양가족연금액은 연금수급권을 취득한 시점에서 피부양되고 있는 배우자, 18세 미만 또는 장해 2급 이상의 자녀, 60세 이상 또는 장해 2급 이상의 부모가 있는 경우 지급된다.

표 6-2 국민연금 노령연금의 종류

구분	수급요건	급여수준
노령연금	가입기간 10년 이상, 60세 도달(2013년부터 2033년까지 5년마다 1년씩 수급연령이 높아짐/65세 미만이면서 소득이 없는 경우에 한함)	연금액 = 기본연금액 × 지급률 + 부양가족연금액 지급률: 50%(가입기간 10년의 경우, 이후 1년당 5% 증가)
소득활동에 따른 노령연금	노령연금수급권자로 65세 이전에 소득이 있는 업무에 종사(월평균 소득금액이 전체 가입자의 평균 소득월액의 평균액보다 많은 경우)	노령연금액(부양가족연금액 제외) × 50% 연령 1세 증가에 기본연금액의 10% 증액(61세 50%, 62세 60%, 63세 70%, 64세 80%, 65세 90%, 66세 이후 100%)/부양가족연금액은 지급되지 않음/2015년 7월 29일 이후 수급권 취득자부터 소득구간별 감액 적용(사업·근로소득이 국민연금 전체 가입자의 평균 월 소득보다 많으면, 초과 소득을 100만 원 단위의 5개 구간으로 나눠 구간이 높아질수록 감액률이 높아짐)
조기노령연금	가입기간 10년 이상, 연령 55세 이상인 사람이 소득이 있는 업무에 종사하지 않고, 수급연령에 도달하기 전에 청구한 경우	가입기간 10년, 55세인 경우 기본연금액의 50% × 70% + 부양가족연금액/가입기간 1년 증가 시마다 기본연금액의 5%를 증액/수급개시 연령 1세 증가마다 기본연금액의 6% 증액
분할연금	가입기간 중 혼인기간이 5년 이상인 노령연금 수급권자의 전 배우자로 60세 이상	전 배우자의 노령연금액(부양가족연금액 제외) 중 혼인기간에 해당하는 연금액의 1/2

출처: 국민연금공단(http://www.nps.or.kr).

노령연금의 수급연령은 만 60세였으나 2013년부터 2033년까지 5년마다 1년씩 높아지게 되어 있다. 출생연도에 따른 수급개시 연령은 1953~56년생 61세, 1957~60년생 62세, 1961~64년생 63세, 1965~68년생 64세, 1969년 생 이후 65세다.

국민연금은 기금고갈에 대한 우려로 소득대체율 조정을 통해 급여수준 이 하향 조정되었는데 처음 도입 시 40년 가입기간을 기준으로 한 소득대체 율을 70%로 정했던 것을 1998년에 60%로 낮추도록 변경하였고 2007년도에 2008년부터 2027년까지 50~40.5%(매년 0.5%씩 감소), 2028년 이후 40%까 지 낮추도록 다시 변경하였다. 그런데 가입기간 40년을 채우는 사람은 드물 기 때문에 소득대체율은 40년 기준으로 제시된 것보다 훨씬 낮은 수준일 것 으로 예상된다.

국민연금의 총가입자는 2017년 말 현재 2천 182만 4천 명에 이르고 있고, 노령연금 수급자는 370만 6천 5백 명이며, 노령연금의 평균급여액은 약 38만 6천 원이고, 특례를 제외한 평균급여액은 약 36만 8천 원이다(국민연금연구 원, 2018). 노령연금 수급자의 성별을 보면 남성 67.3%, 여성 32.7%로 여성노 인의 소득보장 문제가 보다 시급하다(국민연금연구원, 2018). 노령연금 종류별 평균급여액을 보면 20년 이상 가입자의 노령연금 평균급여액은 약 89만 2천 원이고, 10년 이상~20년 미만 가입자 노령연금은 39만 3천 8백 원, 재직자 노령연금은 73만 9천 원, 조기 노령연금은 51만 5천 3백 원, 분할연금 18만 6천 5백 원이다(국민연금연구원, 2018).

한편 사회보험 방식의 구조적 한계로 인해 비교적 안정적인 일자리를 가 져 기여금을 낼 수 있던 사람만 연금을 받으므로 국민연금에서 배제된 사각 지대는 계속 존재할 것으로 예상된다.

(2) 직역연금

공무원연금, 사립학교교직원연금, 군인연금 등의 직역연금은 보험료 및 급여율에서 일반 국민을 대상으로 하는 국민연금제도와 차이가 있다.

① 공무원연금

공무원연금의 적용을 받는 사람은 「국가공무원법」, 「지방공무원법」, 「교육공무원법」에 의한 공무원 및 대통령이 정하는 국가 또는 지방자치단체의 기타 직원이며, 군인과 선거에 의해 취임하는 공무원은 제외된다.

공무원연금의 비용부담은 기여제 방식으로 공무원과 국가 또는 지방자치단체가 공동으로 부담한다. 2019년 현재 공무원은 매월 기준소득월액의 8.75%를 기여금으로 납부하고 국가 또는 지방자치단체가 8.75%를 부담금으로 납부한다. 2015년 7월 개정된 공무원연금제도에 의하면 공무원이 재직 시 내는 보험료(기여금)는 향후 5년에 걸쳐 늘리고, 퇴직 후 받는 연금액은 20년에 걸쳐 단계적으로 줄이는 것으로 변경되었다. 기여금은 2016년부터 2020년까지 단계적으로 9%로 올리게 되어 있다.

공무원연금의 재정방식은 본래 적립방식으로 설계되었다. 즉, 급여지출 비용의 예상액과 기여금 · 부담금 및 그 예정운용수익금의 합계액이 장래에 재정적 균형을 유지하기 위하여 제도 초기부터 공무원연금기금을 조성해 왔다. 제도 도입 시에는 보수월액의 2.3%의 기여율이 1969년 3.5%, 1970년 5.5%, 1996년 6.5%, 1999년 7.5%, 2001년 8.5%, 2012년에는 변경된 기준소득월액의 7%(종전 보수월액 기준 10.8%에 해당)로 점차 상향 조정됨으로써 수정된 적립 방식에 가까운 제도로 운영하고 있다. 공무원연금제도는 수입 · 지출의 불균형 구조가 심화되어, 2001년부터는 사실상 급여부족분 전액을 사용자인 국가 또는 지방자치단체가 보전하는 부과 방식 형태로 전환되었다.

개정된 공무원연금제도에 따르면 1995년 12월 31일 이전 임용자는 종전 규정이 적용되고 1996년 이후 임용자는 연금수령 연령이 단계적으로 65세로 늦춰지게 되었다. 퇴직 연도 2016~2021년은 60세, 2022~2023년은 61세, 2024~2026년은 62세, 2027~2029년은 63세, 2030~2032년은 64세, 2033년 이후에는 65세에 연금을 받게 된다. 개정 전 33년 가입 기준으로 공무원연금의 소득대체율은 62.7%인데 개정안에 의하면 공무원연금의 소득대체율이 56.1%가 된다.

퇴직연금 수급을 위한 재직기간은 20년 이상에서 2016년 1월 1일부터 10년 이상으로 변경되었다. 퇴직연금일시금, 퇴직연금공제일시금 또한 수급 재직기간이 2016년 1월 1일부터 10년 이상으로 변경되었으며, 퇴직일시금은 10년 미만으로 변경되었다.

공무원연금은 근로 또는 사업소득이 있는 경우 연금을 제외한 월평균소득이 연금 일부 지급정지 기준금액인 전년도 「공무원연금법」상의 평균연금월액을 초과한 경우 그 초과금액의 크기에 따라 연금의 1/2 범위 내에서 연금의 일부를 감액하여 지급하게 되어 있다.

퇴직급여 산식은 〈표 6-3〉과 같다.

공무원연금공단의 자료분석 결과 2014년 12월 말 기준으로 공무원연금을 받고 있는 사람은 39만 명이고, 2014년에 월 연금 300~400만 원의 연금을 받는 퇴직공무원은 7만 6천 376명, 400만 원 이상 받는 퇴직공무원은 2천 403명, 200~300만 원의 연금을 받는 퇴직공무원은 13만 8천 523명, 100만 원 미만은 2만 2천 956명이다(한국납세자연맹, 2015a). 2014년 퇴직공무원의 월평균 연금액은 235만 원(한국납세자연맹, 2015b)으로 이 연금액은 퇴직연금공제일시금, 소득이 있어 연금이 일시 정지된 사람, 파면 등으로 감액 지급되는 사람이 포함된 평균액이므로 퇴직연금을 선택한 사람들만의 평균액은 이보다 더 많을 것으로 추정된다.

표 6-3 공무원연금 퇴직급여 산식

구분	종전법 적용기간	개정법 적용기간
퇴직 일시금	• 5년 미만 보수월액 × 재직연수 × 120/100	2016년 1월 1일부터 5년 미만 퇴직자의 퇴직일시금 산식이 5년 이상(기준소득월액 × 재직연수 × 975/1,000)과 동일하게 적용됨
	• 5년 이상 {(보수월액 × 총재직연수 × 150/100) + (보수월액 × 총재직연수 × 5년 초과 재직연수/100)} × (종전 재직연수/총재직연수)	{(기준소득월액 × 총재직연수 × 975/1000) + (기준소득월액 × 총재직연수 × 5년 초과 재직연수 × 65/10,000)} × (개정 이후 재직연수/총재직연수)

퇴직연금 일시금		{(보수월액 × 총재직연수 × 150/100) + (보수월액×총재직연수 × 5년 초과 재직연수/100)} × (종전 재직연수/총재직연수)	{(기준소득월액 × 총재직연수 × 975/1,000) + (기준소득월액 × 총재직연수×5년 초과 재직연수 × 65/10,000)} × (개정 이후 재직연수/총재직연수)
퇴직 연금 공제 일시금	공제 일시금	{(보수월액 × 총공제재직연수 × 150/100) + (보수월액 × 총공제재직연수 × 총공제재직연수/100)} × (종전기간/총재직연수)	{(기준소득월액 × 총공제재직연수 × 975/1,000) + (기준소득월액 × 총공제재직연수 × 총공제재직연수 × 65/10,000)} × (이후기간/총재직연수)
	연금	{평균보수월액 × (50 + 20년 초과 재직연수 × 2)/100)} × (종전기간/총재직연수)	(평균기준소득월액 × 19/1,000) × 재직기간별 적용비율 × 총재직연수 × (이후기간/총재직연수)
퇴직연금		(평균보수월액 × 50/100) + (평균보수월액 × 개정 전 20년 초과 재직연수 × 2/100) • 종전기간 20년 미만자: 평균보수월액 × 재직연수 × 2.5%	(평균기준소득월액 × 19/1,000) × 재직기간별 적용비율 × 개정 후 재직기간 ※ 연금액상한: 평균기준소득월액 × 1.8배
조기퇴직 연금		퇴직연금의 75~95% ※ 미도래자의 경우 도래 시점까지 공무원보수인상률 적용 지급	퇴직연금의 75~95% ※ 미도래자의 경우 도래 시점까지 공무원 보수인상률 적용 지급

※ 재직기간별 적용비율: 연금선택 시 재직기간별로 평균기준소득월액에 적용하는 비율(시행령 부칙 제10조) 적용
※ 공제일시금선택 시 퇴직연금에 적용되는 재직기간별 비율은 종전 및 이후 재직기간 비례산정
출처: 공무원연금공단(https://www.geps.or.kr).

② 사립학교교직원연금

사립학교교직원연금 제도의 적용 대상자는 「사립학교법」 제3조에서 규정하는 각급 학교에 근무하는 교직원과 기타 교육부장관이 지정하는 사립학교 교직원이다. 부담률과 급여의 수급요건과 종류, 급여수준은 「공무원연금법」이 준용되므로 공무원연금과 동일하다. 사립학교교직원 연금도 공무원연금과 마찬가지로 근로 또는 사업소득이 있는 경우 연금을 제외한 월평균소득

이 연금 일부 지급정지 기준금액을 초과한 경우 그 초과금액의 크기에 따라 연금의 1/2 범위 내에서 연금의 일부를 감액하여 지급하게 되어 있다.

연금비용은 교직원의 개인 부담금, 학교법인 부담금, 국가 부담금, 운영수익금으로 충당한다. 사립학교교직원연금공단(2014)의 '연금수급자 수 및 연금수급자 추계' 자료에 따르면, 사립학교교직원연금을 수령하고 있는 총 4만 7천 333명 중 46%인 2만 1천 279명이 300만 원 이상 연금을 받고 있었다. 사립학교교원의 경우 가장 많이 밀집된 연금 금액대는 300~350만 원대로 3만 3천 519명 중 1만 1천 859명(35.4%)이 밀집해 있는 것으로 나타났다. 사립학교 직원의 경우는 200~250만 원대 사이에 가장 밀집되어 있다. 사립학교 교원과 직원 전체 중 200만 원 이상의 연금수령자는 82%로 나타났다.

③ 군인연금

군인연금제도의 목적은 군인 본인과 그 가족의 생활안정과 복리 향상에 기여하기 위한 제도로 원칙적으로 기여금을 납부하는 부사관, 준사관, 장교에 적용된다. 정상 전역인 경우 20년 이상 복무자(19년 6개월 이상 20년 미만으로 복무한 사람도 포함)는 퇴역연금, 퇴역연금공제일시금, 퇴역연금일시금 가운데 선택할 수 있고, 19년 6개월 미만 복무자는 퇴직일시금을 받는다. 퇴직수당은 모든 지급요건에 해당된다. 군인연금도 공무원연금, 사립학교교직원연금과 마찬가지로 근로 또는 사업소득이 있는 경우 연금을 제외한 월평균소득이 연금 일부 지급정지 기준금액을 초과한 경우 그 초과금액의 크기에 따라 연금의 1/2 범위 내에서 연금의 일부를 감액하여 지급하게 되어 있다.

군인연금의 비용은 군인의 기여금, 국가의 부담금 및 그 이자로 충당한다. 군인연금은 1973년 이미 재원이 모두 바닥났을 정도로 재정상황이 심각한 상태다. 군인연금의 기여율과 지급률은 각각 공무원연금 개혁 전과 같은 7%와 1.9%다. 국방부(2018a)의 국방통계연보에 따르면 지난 2017년 기준으로 군인연금으로 지출된 3조 1천 11억 원 중 군인 가입자가 내는 보험료, 즉 기여금은 5천 878억 원에 불과하고 국가보전금이 1조 4천 657억 원으로 전체 지출의 절반에 가깝다. 보험료의 국가 부담금(1조 389억 원)까지 합치면 전체 지출의 80%를 넘는 액수(2조 5천 46억 원)가 국가 부담이다.

2015년 이루어진 공무원연금 개혁으로 공무원은 60~65세부터 연금을 수령하게 되나 군인의 경우 퇴직 후 다음 달부터 연금이 지급된다. 직업군인의 퇴직이 40대 중반~50대 초반에 대부분 몰려 있다는 점을 감안하면 공무원연금 가입자보다 최대 20년 가까이 연금을 더 받는 것이다.

2017년 12월 말 기준 퇴역ㆍ유족ㆍ상이연금 등 군인연금 수급자는 9만 1천 71명이고, 이 가운데 군인연금액이 320만 원을 초과하는 수급자는 1만 7천 597명(19.3%)에 달하고, 260~319만 원 이하는 1만 9천 192명(21.1%)이다(국방부, 2018b).

2) 기초연금

기초연금의 전신은 2008년부터 시행되었던 「기초노령연금법」에 근거한 기초노령연금으로 2014년 7월부터 기초연금제도로 변경되었다. 기초노령연금은 동거자녀 부양의무를 폐지해 진일보된 공적부조식으로 운영되는 연금제도다. 기초노령연금제도는 국민연금개혁에 따른 소득대체율 하락을 중장기적으로 보전하며 국민연금 가입 기회를 가지기 어려웠던 현 노인세대 중 일정 소득 이하의 계층을 대상으로 하는 (준)보편적 성격의 수당제도다(김연명, 2011, 2013; 이용하, 김원섭, 2013). 가구 단위가 아닌 노인 개인(부부)의 소득수준을 기준으로 대상자를 선정하고 재원을 조세로 조달하기 때문에 기초노령연금은 (준)보편적인 사회수당에 가까운 제도로 볼 수 있다.

기초연금의 수급대상은 65세 이상 전체 노인 중 소득과 재산이 적은 70%의 노인이 해당되는데 소득인정액이 선정기준액 이하인 노인이 받을 수 있다. 2019년도 기초연금 선정기준액은 노인 단독 137만 원, 노인부부 219만 2천 원이다. 2020년 선정기준액은 노인 단독 148만 원, 노인부부가구는 236만

8천 원이다. 소득인정액은 소득평가액과 재산의 소득환산액을 합산한 금액을 말한다. 현행 제도는 가구 경제력을 고려하지 않고 고령자 경제력만을 선정기준으로 사용함으로써 부유한 자녀와 세대를 같이하는 고령자를 배제할 수 없고, 수급자 수를 빈곤기준이 아니라 '고령자 중 70%'로 설정하여 고령자 전반의 경제력이 변화해도 수급비율이 조정되지 않는 구조다(노재철, 고준기, 2013a). 한편 기초연금을 둘러싼 논란에서 여론이 가장 부정적이었던 것은 자녀에게 자신의 재산을 미리 물려줘 재산이 없는 부유층 노인의 수급문제였다. 정부는 이 문제를 정책적으로 반영하여 소득인정액 기준을 개선하였으나 정책효과 측면에서는 실효성이 없는 것으로 분석되었다. 김성욱과 한신실(2014)은 모의분석을 통해 수급자격 변동을 살펴본 결과, 수급권 조정이 발생되는 가구는 극소수에 불과하다며 부유층 기초연금 수급과 관련한 부정적 여론에 대응하기 위해 정책적으로 2014년 7월부터 6억 원 이상 자녀 명의 주택 거주노인에 대해 소득인정액 산정 시 무료임차추정소득을 부과하고 증여재산 산정기간을 연장하는 등의 방안을 실시하고 있는 것이 실효성이 없다고 밝혔다.

공무원연금, 사립학교교직원연금, 군인연금, 별정우체국연금 수급권자 및 그 배우자는 원칙적으로 기초연금 수급 대상에서 제외되며, 정기적으로 받는 연금이 아닌 유족일시금이나 보상금만 지급받은 경우는 예외다.

1988년부터 국민연금제도가 시행되었지만, 제도가 시행된 지 오래되지 않아 국민연금에 가입하지 못한 노인들이 많고, 가입을 했더라도 그 기간이 짧아 충분한 연금을 받지 못하는 노인들이 많기 때문에 기초연금은 현세대 노인의 노년기 소득보장에 크게 기여하고 있는 것으로 평가된다.

| 알아두기 |

기초연금의 소득인정액 산정방식

소득인정액은 다음과 같은 방법으로 산정된다.
소득인정액 = 소득평가액 + 재산의 소득환산액

소득평가액 계산

월 소득평가액 = ⓐ {0.7 × (근로소득 − 94만 원)} + ⓑ 기타소득

ⓐ 근로소득에서 기본공제액인 94만 원을 공제한 금액에서 30%를 추가로 공제한다.

 * 일용근로소득, 공공일자리소득, 자활근로소득은 근로소득에서 제외된다.

ⓑ 기타 소득: 사업소득, 재산소득, 공적이전소득, 무료임차소득

소득평가액 계산 사례

단독가구/월 200만 원 근로소득/국민연금 30만 원 수급하는 경우
소득평가액 = 0.7 × (200만 원 − 94만 원) + 30만 원 = 104.2만 원

부부가구/본인 200만 원, 배우자 150만 원의 근로소득이 있는 경우
소득평가액 = 본인소득분[0.7 × (200만 원 − 94만 원)] + 배우자소득분
　　　　　　　　[0.7× (150만 원 − 94만 원)] = 113.4만 원

재산의 소득환산액은 다음과 같이 산정된다.

재산의 소득환산액

= [{(일반재산 − 기본재산액) + (금융재산 − 2,000만 원) − 부채} × 0.0
(재산의 소득환산율, 연 4%) ÷ 12개월] + 고급 자동차 및 회원권의 가액}

지역별 기본재산액

지역별 기본재산액 구분 공제액

대도시(특별시 · 광역시의 '구', 도 · 농복합군 포함) 예) 서울특별시 관악구, 부산광역시 해운대구, 대구광역시 달성군 1억 3,500만 원

중소도시(도의 '시', 세종특별자치시) 예) 경기도 성남시, 경상북도 안동시, 충청남도 천안시 8,500만 원

농어촌(도의 '군') 예) 전라남도 고흥군, 강원도 영월군, 충청북도 음성군 7,250만 원

고급자동차(3,000cc 이상 또는 4천만 원 이상) 및 회원권은 일반재산에서 제외한 후 그 가액을 그대로 적용한다.

* 기타(증여)재산에 대한 안내
– 기타(증여)재산이란 타인에게 증여한 재산 또는 증여한 것으로 인정되는 재산을 말한다.

2011년 7월 1일 이후 재산을 증여했거나 처분한 경우, 해당 재산의 가액(지방세법의 시가표준액)에서 일부를 차감한 금액의 기타(증여)재산으로 산정되어 소득인정액 계산 시 포함한다.

* 부채상환금, 본인 또는 배우자의 의료비, 교육비, 장례비, 혼례비, 위자료 및 양육비 지급금 등은 기타(증여)재산 산정 시 차감한다.

출처: http://basicpension.mohw.go.kr/Nfront_info/basic_pension_2_2.jsp

기초연금의 연금액 산정방식

1. 아래에 해당하는 노인의 기초연금액은 기준연금액으로 산정된다.
2019년 4월 ~ 2020년 3월: 일반수급자 월 최대 253,750원, 저소득수급자 월 최대 300,000원

일반수급자: 소득하위 70%이며, 저소득수급자에 해당하지 않는 기초연금 수급자

저소득수급자: 소득하위 20%에 해당하는 기초연금 수급자
　　　　　　 2020년 1월부터 소득하위 40%로 확대

대상자

- 국민연금을 받지 않는 노인(무연금자)
- 국민연금 월 급여액이 (일반수급자)380,625원 (저소득수급자)450,000원 이하인 노인
- 국민연금의 유족연금이나 장애연금을 받고 있는 노인
- 장애인연금을 받고 있는 노인, 국민기초생활보장 수급권자 등

다만, 소득수준이 상대적으로 높아 소득역전방지 감액이 적용되거나 부부 모두 기초연금을 받는 경우 감액될 수 있다.

2. 위의 경우에 해당하지 않는 노인의 기초연금액은 「소득재분배급여(A급여) 에 따른 산식」 또는 「국민연금 급여액」 등을 고려하여 산정된다.

'A급여액'에 따른 기초연금액 = (기준연금액 − 2/3 × A급여) + 부가연금액
※ A급여는 국민연금 소득재분배급여금액이며, 2019년 4월 기준으로 기준연금액은 253,700원(일반수급자)/300,000원(저소득수급자)이고, 부가연금액은 126,875원(일반수급자)/150,000원(저소득수급자)이다.
※ 괄호의 계산 결과가 음(−)의 값일 경우는 '0'으로 처리

소득재분배 급여

구분	2019년 4월~2020년 3월		비고
	일반수급자	저소득수급자	
기준연금액의 10%	25,375원		최저연금액
기준연금액의 50%	126,875원	150,000원	부가연금액
기준연금액의 100%	253,750원	300,000원	기준연금액
기준연금액의 150%	380,625원	450,000원	
기준연금액의 200%	507,500원	600,000원	
기준연금액의 250%	634,375원	750,000원	

'국민연금 급여액 등'에 따른 기초연금액 = 기준연금액의 250% - 국민연금 급여액 등

※ 국민연금 급여액 = 「국민연금법」 및 「국민연금과 직역연금의 연계에 관한 법률」에 따라 매월 지급 받을 수 있는 급여액

위의 산식으로 계산한 금액이 기준연금액을 초과하더라도 최고액인 기준연금액으로 기초연금이 산정된다.

공무원연금, 사립학교교직원연금, 군인연금, 별정우체국연금, 수급권자로서 기존에 기초노령연금을 받던 노인이 기초연금을 받게 되는 직역연금특례자인 경우 부가연금액(기준연금액의 50%)으로 기초연금액이 산정된다.

소득수준이 상대적으로 높아 소득역전방지 감액이 적용되거나 부부 모두 기초연금을 받는 경우 감액된다.

출처: http://basicpension.mohw.go.kr/Nfront_info/basic_pension_3.jsp

3) 공적부조

(1) 국민기초생활보장제도

절대적 빈곤수준에 해당되는 국민기초생활보장 수급자 중 65세 이상 노인 비율은 2018년 전체 수급자의 32.8% 정도로 공적부조에서 노인집단은 큰 비중을 차지한다(보건복지부, 2019c). 이와 같이 노인집단이 공적부조에서 큰 비중을 차지하고 있어도 국민기초생활보장은 65세 이상 전체 노인의 7.1% 만 수급자에 해당(보건복지부, 2019c)되기 때문에 보편적 소득원이 될 수는 없다.

2015년 7월부터 맞춤형 급여제도가 도입되었는데, 생계급여는 2019년 기준으로 소득인정액이 중위소득의 30%에 해당되는 사람에게 지급되며 부양의무자 기준도 충족시켜야 한다.

중위소득의 30% 이하에 해당되는 가구 규모에 따른 2019년 기준액은 다음과 같다.

> 1인 가구: 512,102원
> 2인 가구: 871,958원
> 3인 가구: 1,128,010원
> 4인 가구: 1,384,061원
> 5인 가구: 1,640,112원
> 6인 가구: 1,896,163원

생계급여액은 생계급여 선정기준(급여기준)에서 가구의 소득인정액을 차감한 금액이다. 소득인정액은 개별 가구의 소득과 재산의 소득환산액을 합산한 금액을 일컫는다. 그 산식은 다음과 같다.

> 소득인정액 = 소득평가액 + 재산의 소득환산액
> * 소득평가액 = 실제소득 – 가구특성별 지출비용 – 근로소득공제
> * 재산의 소득환산액 = {(일반 · 금융재산의 종류별가액 – 기본재산액 – 부채) + 승용차가액} × 재산의 종류별 소득환산율

국민기초생활보장의 부양의무자 기준에 부합하려면 부양의무자가 없거나 있어도 부양능력이 없거나 부양을 받을 수 없는 경우에 해당되어야 한다. 현재 부양의무자 기준은 1촌의 직계혈족 및 그 배우자를 포함한다. 부양의무자가 있어도 부양을 받을 수 없는 경우는 부양의무자가 「병역법」에 의해 징집 · 소집되거나 해외 이주, 교도소 · 구치소 · 보호감호시설 등에 수용 또는 행방불명에 해당되는 경우와 가족관계 단절 등을 이유로 부양을 거부하거나 기피하는 경우 인정이 가능하다. 정부는 부양의무자 규정을 전면 폐지하는 정책 방향을 예고하고 있는데 실행되면 그동안 사각지대에 있던 빈곤노인의

생활보장이 크게 진전될 것으로 예상된다.

(2) 긴급복지지원제도

긴급복지지원제도는 위기상황에 처한 대상자를 조기에 발굴할 수 있는 체계를 통해 필요한 지원을 신속하게 실시하고 공공부조제도나 사회복지서비스와 연계하는 도움을 준다. 노인만을 대상으로 한 제도는 아니나 노인이 포함된 가족이 적용 대상이 될 수 있으므로 노인도 도움을 받을 수 있다. 긴급복지지원제도를 통해 국가나 지방자치단체의 구호, 보호 또는 지원, 민간기관 및 단체와 연계한 지원을 받을 수 있다.

수급자격은 주소득자의 사망 · 가출 · 행방불명 · 구금시설 수용 등으로 소득을 상실하고 다른 소득이 없을 때, 중한 부상과 질병을 당한 때, 가구 구성원으로부터 방임, 유기, 학대 등을 당한 경우, 가정폭력이나 성폭력을 당한 때, 화재 등으로 주택 또는 건물에서 생활이 곤란한 때, 기타 긴급한 사유가 발생한 경우 지원을 요청할 수 있다.

4) 주택연금

우리나라 노인인구는 자산에서 비금융자산인 주택이 차지하는 비중이 높은 편이므로 노후빈곤을 해결하기 위한 방안 중 하나로 주택연금에 대한 관심이 높아지고 있다. 2007년 7월부터 시행된 주택연금제도는 고령자가 소유한 주택을 담보로 금융기관으로부터 노후생활 자금을 매달 연금처럼 지급받는 것으로 주택을 갖고 있으나 노후소득이 부족한 고령자는 주택연금을 통해 생활안정과 주거안정을 모두 보장받을 수 있다.

가입 자격기준은 연령 기준과 주택보유수 기준 두 가지를 충족시켜야 한다. 부부 중 한 사람이 만 60세가 넘으면 주택연금 가입자격이 있다. 또한 부부기준으로 1주택 혹은 보유주택 합산 가격이 9억 원 이하인 다주택을 소유하고 있어야 한다. 주택연금 대상 주택은 시가 9억 원 이하이어야 해당된다.

한편 고령인구 증가 대응 방안의 일환으로 주택연금 가입연령을 만 60세 이상에서 55세로 낮추고, 주택연금 가입 주택가격 기준도 시가 9억 원에서 공시가격 9억 원으로 완화하는 주택연금 확대 방안이 검토되고 있다. 가입연령이 낮아지면 은퇴 후 연금을 받기까지 소득공백 기간이 어느 정도 메워지는 효과가 있을 것으로 기대된다.

주택연금 지급방식은 종신지급방식, 종신혼합방식, 확정기간혼합방식, 대출상환방식 등이 있다. 종신지급방식의 보증기간은 주택 소유자와 배우자의 사망까지 매달 지급하는 방식이다. 종신혼합방식과 확정기간혼합방식은 일정 한도 내에서 개별 인출을 허용하고 나머지는 매달 일정 금액을 보증기간인 주택 소유자와 배우자의 사망까지 혹은 확정기간 동안 지급하는 방식이다. 대출상환방식은 주택담보대출 상환을 위하여 연금지급한도의 70%까지 일시인출이 가능하고, 지급 유형은 종신정액형만 해당된다. 주택연금은 정액형, 전후후박형 등의 지급 유형을 선택할 수 있도록 설계되어 있다.

5) 퇴직급여제도

현재 우리나라의 퇴직연금제도는 퇴직금제도와 퇴직연금제도를 선택할 수 있는 퇴직급여제도로 운영된다. 직장 근로자는 퇴직금제도와 퇴직연금제도 중 하나 이상을 선택하게 되어 있다. 퇴직급여제도의 재원은 사용자가 전체를 부담하게 되어 있다. 퇴직금의 경우 별도의 사외 적립을 요구하지 않지만 퇴직연금으로 운영하는 경우 사외 적입을 해야 한다. 원칙적으로 퇴직급여제도는 모든 근로자에게 적용된다. 그러나 비정규직의 적용범위가 낮고 1년 미만의 단기계약 근로자의 경우 퇴직급여가 제공되지 않으므로 실제 적용범위가 보편적이지는 않다.

퇴직금제도는 2005년 「근로자퇴직급여 보장법」의 도입 전에는 「근로기준법」 제10조와 제34조에 근거해 5인 이상 사업장에 종사하는 근로자가 퇴직하였을 때 근속연수 1년에 평균임금 30일분 이상에 해당하는 액수를 사용자가 일시금으로 지급하는 제도로, 이는 「근로자퇴직급여 보장법」에도 포함되었다.

　퇴직연금제도는 2005년 제정된 「근로자퇴직급여 보장법」으로 인해 시작된 제도로 현세대 노인에게는 해당되지 않으나 앞으로 노년기에 진입할 차세대 노인의 소득보장제도로 소개하고자 한다. 아직까지 우리나라의 퇴직연금제도는 사회복지제도로 자리를 잡은 것으로 평가되지는 않는다. 퇴직연금제도를 택하는 경우 10년 이상을 가입하고 퇴직급여를 퇴직 후 5년 이상 연금형식으로 받을 수 있어 노후 소득보장의 성격이 강화된 제도라 할 수 있다. 그러나 현실은 대부분의 가입자들이 일시금을 선택하고 있는 실정이다. 55세 퇴직자의 일시금 수급비율을 살펴보면 수급자수 기준 96.8%로 집계되고 금액으로 환산하면 일시금 수령 비율이 99.1%에 달하고 있다(최경진, 2015). 이와 같이 현재 대다수의 수급자들이 퇴직급여를 일시금으로 인출하고 있어 실질적인 노후소득보장 역할을 하지 못하는 것이다. 퇴직연금제도는 확정급여형, 확정기여형, 개인퇴직계좌 형태로 운용되고 있다. 2017년 12월 현재 전체 가입자는 5백 8십 3만 명이고, 퇴직연금 사업장 수는 총 34만 30개소로 전 사업장 대비 퇴직연금 도입률은 26.9%에 불과하다(국민연금연구원, 2018). 류건식과 이상우(2015)에 따르면 경제활동 인구 10명 중 2명, 임금 근로자 10명 중 3명만이 퇴직연금에 가입한 것으로 나타났다.

　2018년 12월 기준 퇴직연금 적립금 규모는 190조 원을 상회하는 등 양적 성장은 하고 있지만 퇴직연금 가입의 적용범위와 재무건전성, 사업장 간 차별성 등 질적 평가 측면에서는 미흡한 수준으로 평가된다. 이와 관련해 김태은(2013)은 사적연금의 경우 노년기의 소득보장에 보편적 역할을 기대하기에는 현실적 한계가 있다고 보았다. 가입의 적용범위 측면을 보면 자영업자는 2017년부터 퇴직연금에 가입할 수 있고, 전업주부는 퇴직연금에 가입하지 못하며, 임금 근로자 중에서도 임시 근로자, 일용근로자는 퇴직연금 가입 대상에서 제외되어 있다. 한편 우리나라는 기업이 도산할 때 퇴직급여를 3년만 보장하고 있어 연금 수급자가 제대로 보호받지 못하는 문제도 있다.

6) 개인연금

개인연금제도는 공적연금, 퇴직연금 외에 노후 소득보장을 충실하게 하기 위한 보충적 제도다. 최소 가입기간은 5년이고 만 55세 이후 연금 지급을 신청할 수 있다. 우리나라 개인연금은 세제감면 혜택이 낮고 최소 가입기간이 짧아 노후 소득보장 기능을 기대하기 어려운 실정이다.

선진 외국의 경우 개인연금이 주요 노후 수입원이 되고 있으나 우리나라의 경우 개인연금 수입은 미미한 실정이다(최성재, 장인협, 2010). 따라서 공적 소득보장을 보완하는 의미에서 개인연금제도를 확충해 발전시킬 필요가 있는데 세제 혜택의 확대와 더불어 최소 가입기간을 20년 이상으로 하는 것이 주로 제안된다.

3. 노인 소득보장의 향후 과제

현행 노인 소득보장제도를 개선할 향후 과제를 정리해 보면 다음과 같다. 첫째, 현세대 노인에 대한 소득보장 보완책을 보다 적극적으로 강구할 필요가 있다. 65세 이상 노인의 거의 과반수에 이르는 다수가 중위소득 50% 미만의 상대적 빈곤층에 속해 있다. 기초노령연금이 기초연금으로 전환되면서 다소 보완이 이루어졌다지만 광범위한 노인 빈곤 문제는 여전히 우리 사회의 해결과제다. 국민기초생활보장제도만 하더라도 강한 부양의무자 기준으로 최저생계비 이하의 소득뿐이지만 지원을 받지 못하는 빈곤 노인이 다수 발생하고 있어서 부양의무자 규정을 폐지하는 제도 개선이 시급히 이루어질 필요가 있다. 독거노인의 사적이전소득이 감소하고 있고 동시에 공적이전소득이 독거노인에게 노후소득원으로서의 영향력이 증가하고 있다는 연구결과(송현주, 2014)도 부양의무자 기준의 변화 필요성을 뒷받침해 준다. 소득보장제도에서 현실과 동떨어진 가족부양 의무 관련 조항은 폐지하여 변화된 현실을 적절하게 반영하도록 해야 할 것이다.

둘째, 노인부양의식의 약화로 야기되는 사적이전소득의 한계를 극복하기 위해 장기적으로 노인 가구를 위한 공적이전소득 체계의 강화가 필요하다. 국민연금은 가장 많은 사람이 가입되어 있으며 현재 중장년층이 노년기에 진입할 때는 대부분 연금을 받게 될 것이다. 문제는 선진국과 비교해 보험료율이 낮으며 그 결과 연금 수령액이 최저생계비에 크게 미달된다는 것이다. 연기금의 고갈을 막고 최저생계비를 충당하기 위해서는 국민연금의 보험료율과 기준소득월액 상한선을 높여야 한다. 현재의 보험료율과 연금 지급구조를 바꾸지 않는다면 장기적으로 연금제도를 유지하기 어렵다. 이 문제를 해결하기 위해서는 연금보험료 납부액을 늘리거나 부과식 성격으로의 전환 등 방향전환으로 국민연금 문제를 미래세대에 떠넘기지 말고, 현세대에서 점차적으로 해결해 나갈 수 있는 방안을 모색해야 한다(노재철, 고준기, 2013a). 더불어 노후소득보장에서 노인의 빈곤완화에 중심적인 역할을 하고 있는 공적연금제도인 국민연금의 사각지대를 해소하기 위한 제도 개선이 필요하다. 미래의 노인세대를 위한 소득보장 정책은 연금 사각지대에 놓인 근로빈곤층, 실직자, 여성에 대한 국민연금 수급권을 확대해 1인 1국민연금체계를 확립하는 것이 시급하다. 국민연금의 사각지대를 해소하고 국민연금의 보편성을 실질적으로 달성하여 많은 생산연령의 가구가 공적 사회보험 이전체계 속에서 노인가구로 전환될 수 있어야 한다(진재문, 김수영, 문경주, 2014).

셋째, 선진국처럼 다층연금체계가 보편적 노후 소득보장이 될 수 있도록 확대되어야 할 것이다. 퇴직 후 연금을 받기 전 소득이 없는 기간인 은퇴 후 소득 크레바스에 대응하기 위해 퇴직연금과 개인연금을 활성화할 필요가 있다. 퇴직연금제도는 퇴직급여를 연금으로 일원화하고 연금지급기간도 퇴직 후 평균여명을 감안해 적어도 10년 이상을 지급하도록 해야 할 것이다(최성재 편, 2012). 개인연금제도, 퇴직연금제도가 시행되어 명목상의 다층노후소득보장체계의 기틀은 마련되었지만 아직도 민간연금 기능은 제대로 활성화되지 못하고 있는 실정이다(김근식, 2010). 개인연금의 기본적 속성은 개인의 자발적 가입과 소득에 의한 보험료 납부다. 현 개인연금의 경우 소득공제 혜택 이외에는 저소득층의 가입을 촉진하기 위한 유인이 매우 낮은 상황이다(류건식, 이상우, 2015). 국가는 국민들로 하여금 노후를 대비하도록 장기저축 가입 등을 유도하는 것이 바람직하며, 저소득 취약계층도 적극 참여할 수 있는 제도를 도입할 필요가 있다. 그 밖에도 자가 외 자산이 없는 노인의 경우 부족한 노후소득을 주택연금 가입 등을 통해 보충하는 역모기지 제도의 활성화도 생각해 볼 수 있다.

제7장

노년기의 일자리정책

노년기 소득보장제도의 미비, 자녀 지원으로 인한 노후준비 소홀, 가족부양 기능의 약화로 우리나라의 많은 노인들이 경제적 어려움 때문에 일을 계속할 수밖에 없는 사정에 놓여 있다. 일함으로써 경제적으로 수입을 얻을 수 있을 뿐 아니라 존재 가치, 능력 확신, 정체감, 정서적 만족 등 심리적 욕구 충족과 사회적 관계망 유지와 사회적 역할과 지위 등 사회적 차원의 욕구 성취가 가능하기 때문에 노인들이 생산적인 일에 참여하는 것은 심리사회적으로도 중요한 의미가 있다.

제7장에서는 먼저 노년기의 일의 의미와 경제활동 현황을 파악한다. 다음으로 노인 일자리 관련 정책을 「고용상 연령차별금지 및 고령자고용촉진에 관한 법률」에 근거한 고용촉진사업, 고령자일자리 지원정책과 「노인복지법」에 근거한 노인일자리사업을 중심으로 논의한다. 마지막으로, 노인일자리정책의 향후 과제를 검토하고자 한다.

1. 노년기의 일의 의미와 경제활동

개인이 일을 하는 일차적 이유는 경제적 목적을 성취하는 것이지만 심리사회적 목적을 위해서도 일을 한다. 즉, 경제적으로 소득을 얻기 위한 목적 외에 일을 통해 존재 가치, 능력 확신, 정체감, 정서적 만족 등 심리적 차원과 사회적 관계망 유지와 사회적 역할과 지위 등 사회적 차원의 욕구가 성취될 수 있다.

그런데 노년기의 신체 및 정신 기능의 저하, 현대화에 따른 경제적 생산기술과 생산체계의 변화에 대한 적응능력의 부족 등으로 인해 노인은 노동시장에서 경쟁력을 유지하기가 쉽지 않다. 노동시장에서 탈락된 노인은 소득 감소나 상실로 인한 경제적 고통뿐만 아니라 역할상실, 지위하락, 생활만족도 저하 같은 심리사회적 어려움을 겪게 된다. 게다가 노인의 노동시장에서의 탈락은 노인부양 부담의 증가, 사회보장비용의 증가, 유휴인력의 미활용으로 인한 사회적 생산성의 저하 같은 현상을 초래하여 전체 사회의 부담 요인으로 작용한다.

노인의 경제활동은 소득창출과 사회참여를 통한 능력발휘라는 기능을 가진다. 노인들도 일이 필요하다고 말할 때 우리는 흔히 심리사회적 욕구를 전제로 의미를 둔다. 역할상실에 따른 좌절감 등을 줄이거나 막기 위해 노인도 적당한 일이 필요하다는 것이다.

높은 노인 빈곤율과 역설적이게도 우리나라 노인의 경제활동 참여 욕구는 매우 높다(남기철, 2012). 이는 노인의 높은 경제활동 참가율이 갖는 통계적 허수에 기인하는 것으로 생계형 노후 노동이 많기 때문이다. 우리나라 현세대 노인의 현실은 심리사회적 욕구가 아닌 일하지 않으면 당장 생계가 어렵기 때문에 일한다는 것이 현실적으로 절박한 노인경제활동의 주요 동기다. 노인의 빈곤문제는 경제적 이유 때문에 일을 할 수밖에 없는 상황을 만든다. 통계적 지표로 보면 우리나라 노인의 경제활동 참가율은 매우 높은 편이다. 우리나라의 65세 이상 남녀노인의 경제활동 참가율은 OECD의 고용선진국과 비교해 보면 2배 이상 높은 것으로 나타나는데 이에 대해 한국경제연구원은 소득취약 노인인구가 증가하면서 생계를 위해 일자리를 찾는 노인들이 늘어난 결과라고 분석하고 있다(한국경제연구원, 2014). 65세 이상 노인인구의 경제활동 참가율은 주요 선진국에 비해 남성과 여성 모두 매우 높고, OECD 평균 12.3%에 비교해 우리나라는 30.1%이다(윤성훈 외, 2011). 이와 같이 우리나라의 노동시장에서 은퇴 연령이 높은 것은 소득보장제도가 미비되어 있고, 높은 빈곤율로 인한 생계형 노후 노동이 많기 때문이다.

노인 빈곤율이 45.1%로 OECD 국가 가운데 가장 높고(류건식, 김대환, 2011), 사회보장제도가 아직 성숙하지 않았기 때문에 노인의 노동시장 참여욕구가 큰 것으로 추정된다. 노년기 소득보장제도가 미약한 우리나라의 경우 노인의 경제활동은 부족한 소득을 보충하는 중요한 수단이다. 경제협력개발기구(OECD)에 따르면 2007~2012년 한국 남성의 평균 실제 은퇴연령은 71.1세로 OECD 회원국 가운데 가장 높다(김진성, 2015). 다른 회원국들 대부분의 공식 퇴직연령이 65세 이상인 반면 한국의 공식 퇴직연령은 2016년부터 적용된 개정법에 근거하더라도 60세다. 한국 남성들은 정년을 다 채우고도 최소 11년 이상 노동시장을 떠나지 못하는 셈이다. 한국 여성 역시 실제 은퇴연령이 69.8세로 OECD 회원국 중 가장 높다.

김진성(2015)에 의하면 우리나라는 50~60대에 주 직장에서 퇴직한 후 새로운 일자리를 찾는 소위 '반퇴'가 매우 광범위하게 발생하고 있으며, 특히 외환위기 이후 60세 전후에 은퇴하는 가구가 감소하며 본격적인 은퇴 시기가 늦춰지는 추세다. 다른 나라에 비해 연금제도의 역사가 짧아 노년기 소득보장이 되지 않는 데다 갈수록 가족들의 부양의식이 약해진 것도 노인의 은퇴를 늦추는 요인으로 작용하는 것으로 분석되었다. 가구주 나이 69세 이하인 가구에서 은퇴가구주의 비중은 33.6%에 불과하다(김진성, 2015). 가구주가 74세에 이르러야 절반가량(52.8%)의 가구주가 은퇴하고, 80대 이상의 은퇴가구주 비중은 84.1%로 80대가 되면 대부분 은퇴하게 된다. 그러나 80세가 넘어도 일을 하는 가구주가 16%에 이른다. 이는 소득이 적어 노후 준비를 못하고 노후대책이 없으니 노동시장을 떠나지 못하는 악순환을 말해 준다.

다른 지표로 살펴보아도 노인인구의 경제활동 참가는 높은 편이다. 2017년 노인실태조사에서 노인의 30.9%가 현재 일을 하고 있다(정경희 외, 2017). 현재 일을 하고 있는 종사 직종은 임금수준이 낮은 단순노무직이 40.1%로 가장 많았고, 농림어업숙련 종사자가 32.9%였다. 종사상의 지위는 자영업자가 가장 많아 38.0%, 임시근로자 33.3%, 무급가족종사자 11.7%, 일용근로자가 9.2%이다. 일하는 노인 중 상용근로자는 5.6%로 소수에 불과한 실정이다. 통계청(2019d)의 경제활동 인구조사 결과도 비슷한데 일을 하는 노인인구의 24.0%가 농림어업 종사자이며, 35.4%는 단순노무직으로 일하고 있다.

노인실태조사(정경희 외, 2017)에서 노인이 일을 하는 이유로는 생활비 마련이 73%에 달하고 있으며, 다음이 용돈 마련 11.5%로 경제적인 이유로 일을 하고 있음을 확인할 수 있다. 종사상의 지위나 일의 내용이 좋지 않은 상황임에도 만족도는 높았는데 그만큼 일을 하는 것이 생활에 필수적이어서 일할 수 있다는 사실 자체에 대하여 만족하고 있기 때문으로 해석된다. 그러나 전체 노인의 66.4%는 앞으로 일을 하고 싶어 하지 않으며, 22.5%는 현재 하는 일을 계속하고 싶어 하고, 1.8%는 현재하는 일과 좀 다른 일을 하고 싶다고 응답하고 있어 생계형 일의 한계가 드러난다. 나머지 9.4%는 현재는 일을 하고 있지 않지만 앞으로는 경제활동에 참여하고자 하는 욕구가 있다. 향후 일을 계속 하고 싶은 노인 가운데 주 40시간 미만의 일자리 희망자가 전체의 약 69%에 이르며, 희망하는 월평균 근로소득으로는 50만 원 미만이 가장 높아 28.5%이며 다음이 50만 원 이상~100만 원 미만이 23.4%다. 구직활동 실태를 살펴보면 취업지원센터에 의뢰하는 경우가 67.7%로 절대 다수이며, 다음이 개인 인맥을 활용하는 것으로 27.8%로 나타났다. 이러한 노인 구직 실태에서 공공영역의 역할이 높은 비중을 차지하고 있으나, 여전히 사적인 네트워크 활용도도 높은 것을 알 수 있다.

한편 전체 노인의 6.7%는 현재 노인일자리사업에 참여 중이며, 4.6%는 과거에 노인일자리사업에 참여한 경험이 있으며, 3.5%는 신청했지만 참여하지 못했다고 응답하였다(정경희 외, 2017). 즉, 전체 노인의 14.8%는 노인일자리 사업 참여를 위한 적극적인 행동을 한 것으로 파악된다. 이들이 참여한 일자리는 공익형이 가장 많아 85.7%이며, 다음이 시장형 5.5%, 재능나눔형 3.5%, 기타(시니어인턴십, 고령자친화기업, 기업연계형 등) 사업 3.4%, 인력파견형 1.9% 순이다. 또한 노인의 16.2%가 향후 노인일자리사업에 참여하고 싶다는 욕구를 갖고 있었다.

노인 근로자에게 있어서 일의 의미에 대한 탐색을 목적으로 한 질적 연구(유영림, 2015)에서 노인의 일은 '경제적 생계수단으로서의 일', '건강을 위한 일', '고용경력을 위한 새로운 도전으로서의 일', '독립을 위한 일', '행복을 주는 일'로 범주화되었다. 경제적 생계수단으로서의 의미는 일을 해서 돈을 벌지 않으면 생계를 이어 나갈 수 없는 것을 말한다. 일은 노년기에 건강한 삶을 영위해 나갈 수 있도록 힘과 긍정적 에너지를 주는 것으로 여겨졌다. 일은 노인 근로자의 고용경력을 위한 새로운 도전이기도 한데 일을 통해 성취감을 맛보며 자아정체감을 구체화시키고 삶의 자원을 얻고 있었다. 또한 노인의 일은 경제적 자립을 통해 가족들로부터 독립적인 삶을 영위하는 것을 의미하였다. 노인 근로자는 일을 통해 행복하다고 했는데 가족으로부터, 사회로부터 인정받는 것 같아 행복하다는 의미다.

2. 노인일자리정책

현재 노인일자리정책은 「고용상 연령차별금지 및 고령자고용촉진에 관한 법률」에 의한 고용촉진사업과 일자리지원사업, 「노인복지법」에 근거해 실시되는 노인일자리정책이 있다.

1) 「고용상 연령차별금지 및 고령자고용촉진에 관한 법률」에 의한 노인일자리정책

(1) 고용촉진사업

고용노동부에서는 고령자고용촉진을 위해 300인 이상 사업장에 대한 고령자 기준 고용률을 제시하고 일정 비율 이상의 고령자를 채용하도록 권고하고 있다. 55세 이상 고령자 고용비율은 업종에 따라 다른 고용률이 적용되는데 제조업 2%, 부동산임대업과 운수업 6%, 그 외 업종 3% 등이다. 55세가 기준이므로 65세 이상 노인 고용은 드물 것으로 추정된다.

고령자고용촉진장려금제도는 고령자 고용연장지원금, 정년퇴직자 재고용지원금, 임금피크제 지원금, 고령자 고용환경개선자금융자 등이 실시되고 있다(고용노동부, 2015).

또한 고령자고용촉진정책의 일환으로 준고령자, 고령자 우선고용직종을 제시하고 있는데 〈표 7-1〉은 그 선정기준을 보여 준다.

표 7-1 준고령자 · 고령자 우선고용직종 선정 기준과 해당 직종

선정기준	정의	통계자료	해당 직종 (예시)
신체적 적합 직종	신체적 · 정신적 한계로 인해 다른 연령계층에 비해 생산성이 떨어지지 않거나 산업재해의 위험이 낮은 직종	한국고용정보원 네트워크(KNOW)상의 직업에 대한 업무수행능력 중에서 고령자 업무환경 영역을 기준	상점판매원, 매장계산원 및 요금정산원
고령 종사자 규모가 큰 직종	현재 노동시장에서 고령 취업자 규모가 큰 직종	한국고용정보원 2006년 「산업 · 직업별 고용구조조사」	환경미화원, 주방보조원, 운전원
빈 일자리 직종	다른 연령계층의 취업 기피나 회피 등으로 인하여, 다른 직종에 비해 고령자가 진입할 수 있는 빈 일자리가 많은 직종	노동부 2007년 「노동력수요동향조사보고서」의 직업별 부족인원	금형원, 용접원

일자리 증가 직종	미래 일자리 증가가 예상 되며, 일자리 증가에 있어 고령자가 진입할 여지가 큰 직종	한국고용정보원 2007년 「직업별 인력수급전망」 결과	사회복지사, 보 육교사
기능보유 직종	일정기간 훈련 이수 및 자 격취득을 통해 특정 기능 을 보유함으로써 고령자 가 취업 경쟁력을 확보할 수 있는 직종	해당 직업의 자격, 훈련과 정 존재 여부 확인	건축마감 관련 기능종사원, 산 업안전 및 위험 관리원
경력보존 직종	고도의 기술 및 지식에 대 한 노하우(Know-how)를 보유하여, 충분히 직업능 력을 발휘할 수 있는 직종	한국고용직업분류에서의 해당 직업의 숙련 정도	건축가 및 건축 공학기술자, 기 계공학 기술자 및 연구원
단순노무 직종	특정 지식이나 기술이 필 요하지 않아, 일자리만 있 다면 단기간 내에 취업이 가능한 직종	한국고용직업분류에서의 해당 직업의 숙련 정도	포장원 및 제조 관련 단순 종사 원, 농림어업관 련 단순 종사원

출처: 준고령자 · 고령자 우선고용직종 개정(노동부 고시 제2008-56호).

선정기준에 부합한다 하더라도 고령자 우선고용직종의 실효성과 제도적 취지를 고려하여 〈표 7-2〉와 같이 일부 조건의 직종들은 제외되었다.

표 7-2 준고령자 · 고령자 우선고용직종 제외 직종과 예외

제외 직종	사유	예외(사유)
관리 직종	고령자 종사자 비율이 매우 높으나, 공 석이 발생할 경우 대부분 내부 승진으 로 채워져 새로운 일자리 기회가 고령 자에게 충분히 제공되지 않음	환경 · 청소 및 경비 관 련 관리자(고령자 구인 많음)
사무원 직종	고령자가 경력직으로 충분히 활동 가 능한 직종이나, 청년층에서 진출이 활 발하여 고령자 채용을 권고하여도 기 업이 기피하는 직종	사회복지사, 상담전문 가(전문지식과 임상경 험 필요)

IT분야 직종	준고령자 이상 비율이 0.5%에 불과하고 새로운 기술 변화가 심하여 고령자들이 활동하기에 어렵고 젊은 층에 의해 노동생산성 향상이 이루어지는 분야임	통신공학기술자, IT 컨설턴트(경험과 경력 활용)
문화 및 예술 관련 직종	고령자들이 신체적 어려움 없이 활동 가능한 영역이나 창의성과 생산성에 있어서 고령자들에게 많은 일자리를 제공하기 어려운 직종임	사서 및 기록물관리사 (공공부문에 직종이 존재)
의사·한의사 등 전문 자격 관련 직종	정부의 정책적 배려가 없어도 노동시장에서 스스로 활동할 수 있는 직종임	–
교수, 교사, 행정공무원 관련 직종	정년이 보장되어 고령자의 신규 취업이 어렵고 고령자 우선고용제도 취지에 부합하지 않음	보건위생 및 환경 검사원 (공공부분 종사자 44.8%)
작업환경에 따른 위험 직종	신체적·정신적 강도가 매우 높거나 위험한 작업장에 근무하는 직종(광원, 채석원 및 석재가공원, 점화·발파 및 화약관리원 등)	금형원, 용접원(인력 부족 및 고령자 다수 종사)
기타	냉장기수리조작원, 수금원, 화물접수원, 버스전용차선단속원, 상표부착원 등 고령자에 대한 인력수요가 없었던 직종	–

출처: 준고령자·고령자 우선고용직종 개정(노동부 고시 제2008-56호).

　이와 같은 선정기준 및 제외 직종을 근거로 준고령자·고령자 우선고용직종으로 공공기관 적용 우선고용직종 47개 및 민간기업 적용 우선고용직종 83개가 제시되었다.

(2) 고령자일자리 지원사업

　고령자일자리 지원사업은 고용복지플러스센터를 통한 취업알선, 고령자인재은행의 취업알선, 사회공헌활동 지원 등이 있다(www.moel.go.kr).

고용복지플러스센터를 통한 취업알선은 고령 구직자에게 심층상담 및 직업진로 프로그램 운영 등을 통해 취업알선을 실시하는 것을 일컫는다.

고령자인재은행 운영은 고령자 무료직업소개사업을 하는 종합사회복지관, 여성발전센터, 여성인력개발센터, YWCA 등 민간단체를 고령자인재은행으로 지정하여 고령자 취업알선을 실시하는 것을 일컫는다. 고령자인재은행은 고령자 우선고용직종 위주의 취업알선 기능을 강화하여 고령자의 고용기회를 확대하고 고령인력의 효율적 활용을 도모하고 있다.

사회공헌활동 지원은 유급근로와 자원봉사를 결합한 모델로 비교적 생계걱정이 없는 퇴직자 등 유휴인력이 금전적 보상보다 사회공헌활동을 통해 자기만족도와 성취감을 높일 수 있는 봉사적 성격의 일자리를 의미한다. 사회공헌일자리 참여기관으로는 사회적 기업, 비영리단체, 공공·행정기관 등이 해당된다.

2)「노인복지법」에 의한 노인일자리정책

「노인복지법」 제23조와 제23조의 2에서는 노인의 사회참여지원과 노인인력개발기관, 노인일자리지원기관, 노인취업알선기관 등의 노인일자리전담기관을 설치·운영할 것을 명시하고 있다. 이에 기초해 보건복지부는 노인취업알선기관, 노인일자리지원기관 운영, 노인 일자리 및 사회활동 지원사업, 노인사회활동활성화대회, 노인인력개발기관 운영 등을 실시하고 있다.

노인취업알선기관으로는 대한노인회 시도연합회 및 시군구지회에 노인취업지원센터가 설치되어 있다. 노인일자리지원기관인 시니어클럽은 지역 특성에 맞는 시장형 일자리 사업에 집중하도록 규정되어 있고 국가 및 지방자치단체의 보조금, 사업수익금 등으로 운영된다.

노인일자리 및 사회활동 지원사업은 노인일자리사업으로 통용된다. 우리나라 노인의 경제활동 관련 정부정책에서 가장 대표적인 것이 노인일자리사업이라고 할 수 있는데 2004년부터 시작된 보건복지부의 정책으로 일자리

공급을 통해 노인에게 소득창출과 사회참여의 기회를 제공하는 것을 그 목적으로 한다. 2015년부터는 공식 명칭이 노인사회활동 지원사업으로 변경된 노인일자리사업은 「저출산·고령사회기본법」 제11조와 「노인복지법」 제23조에 의거해 추진되는 사업이다. 보건복지부, 한국노인인력개발원, 광역 및 기초자치단체, 사업수행기관이 역할분담을 한다. 노인일자리정책은 노인의 사회참여를 통해 소득보충, 건강증진, 사회적 관계 증진 등을 지원하는 노인복지사업으로서 성격이 강한 정책으로 고용정책에서 의미하는 일자리정책과 다소 다른 특성을 지닌다.

노인 사회활동 활성화 대회는 노인 사회활동 지원사업 수행 기관 등이 참여해 우수 사례 발표, 생산품 전시 및 체험, 구인구직 담당, 홍보 등이 이루어진다.

노인인력개발기관으로는 한국노인인력개발원이 해당되며 노인일자리사업을 총괄관리하는 이 기관은 노인일자리 개발 및 보급, 노인일자리 관련 연구, 교육·홍보 및 협력사업, 프로그램 인증 및 평가사업 등을 지원하는 역할을 한다.

(1) 노인 일자리 및 사회활동 지원사업의 참여 대상과 실태

가장 큰 비중을 차지하는 공익활동은 만 65세 이상의 노인으로 기초연금 수급자가 대상이고, 재능나눔활동은 만 65세 이상, 사회서비스형은 만 65세 이상 기초연금 수급자(시니어 컨설턴트, 치매 공공후견인 등 보건복지부가 인정하는 특정 유형은 60세 이상 가능)가 대상이며, 시장형사업단, 인력파견형사업단, 시니어인턴십, 고령자친화기업, 기업연계형은 만 60세 이상이 참여 대상이다. 노인 일자리 및 사회활동 지원사업은 매년 일자리 수를 늘리고 있는데 2019년의 참여 대상자 규모는 64만 명이다. 2022년까지 80만 개 일자리를 창출할 계획이다(보건복지부, 2019b).

노인일자리사업 참여 대상에서 제외되는 노인은 다음과 같다.

- 「국민기초생활보장법」에 의한 생계급여, 의료급여 수급자(시장형사업단은 의료급여 2종 수급자 신청 가능)
- 정부부처 및 지자체에서 추진하는 일자리사업에 2개 이상 참여하고 있는 자(노인 일자리 및 사회활동지원 사업 내 중복참여 불가)
- 국민건강보험 직장가입자(인력파견형사업단 제외)
- 장기요양보험 등급판정자(1~5등급, 인지지원 등급)

　선행연구를 통해 실태를 살펴보면, 노인 취업자 가운데 정부의 재정지원 일자리사업 참여자는 전체 노인의 7.7%이고, 노인일자리사업 참여자는 전체 노인의 4.3%, 노인 취업자 가운데 차지하는 비중은 15.5에 이른다(지은정, 금현섭, 이세윤, 2012). 하세윤과 이현미(2013)가 파악한 노인일자리사업의 실태를 살펴보면, 참여노인의 88%가 경제적 목적으로 참여하고 있는 것으로 나타났다. 생계비 마련이 60.4%, 용돈 마련이 27.6%로 경제적 참여 이유가 지배적인 반면 사회참여 수단은 3.8%, 건강유지 수단은 2.6%에 불과하였다. 주요 활동 내용은 환경개선 활동이 32%로 가장 큰 비중을 차지하였고, 공공기관·시설 지원 19.6%, 취약계층지원 11.9%, 복지·보육시설지원 11.4%, 교육활동 9.7%, 교통질서 확립 6.8%, 시장형 및 인력파견형 6.4% 순으로 나타났다. 참여노인의 평균 참여기간은 3.3년이었으며, 주당 근로시간은 평균 10.2시간이었고, 인력파견형이 평균 33.1시간으로 가장 길었고, 시장형은 15.9시간, 공익형 9.8시간, 복지형 9.6시간, 교육형 8.3시간이었다. 월 평균 급여는 21만 원이었고, 인력파견형이 평균 56만 원으로 가장 높았으며, 시장형이 평균 26만 원으로 사회공헌형에 비교해 높았다.

　노인일자리사업의 특성은 소득보장에 있어서 보충적 성격을 지닌 사회참여라는 점이다(정진경, 박화옥, 이창호, 2009). 이 사업은 실제 저소득 노인 중심으로 이루어진다. 노인일자리사업의 90%가 사회공헌형이며, 그중에서도 60% 정도가 공익형 사업이었다(박경하, 이현미, 2012). 사회공헌형 가운데 공익형 사업은 지역사회 환경개선보호사업이 54.5%, 교육형은 1~3세대 강사

파견사업이 47.0%, 복지형은 노노케어사업이 65.6%를 차지하고 있다(한국노인인력개발원, 2012).

노인일자리사업은 사업 유형의 다양화로 노인일자리 저변 확대를 지속적으로 추구하고 있지만 예산제약 및 낮은 급여수준이 갖는 한계로 아직까지 소득보충 역할에 그치고 있다. 근본적으로 노인일자리사업은 재정지원 일자리사업이기 때문에 예산 제약이 있다. 또한 노인의 신체기능 저하 등을 고려하여 근로시간을 크게 늘릴 수 없는 제약도 있다. 한편 노인 일자리 및 사회활동 지원사업의 성과를 평가한 연구들(보건복지부, 서울대학교 산학협력단, 2016; 강은나 외, 2017)에 의하면 소득보충으로 인한 빈곤 완화 외에도 건강증진 및 의료비 지출 감소, 우울수준 감소, 자아존중감과 삶의 만족도 향상, 사회적 지지 향상 및 고립감 완화 등 다양한 측면에서 참여노인들에게 긍정적 변화를 가져온 것으로 확인되었다.

(2) 노인일자리사업의 유형

노인일자리사업은 2004년 처음 실시된 이래 사업 유형의 분류에 여러 차례 변화가 있어 왔다. 2004년에는 공공참여형, 사회참여형(공익강사형, 인력파견형), 시장참여형으로 구분하였고, 2008년까지는 공익형, 교육형, 복지형, 인력파견형, 시장형(인큐베이터형: 시장형 I, 인큐베이터형: 시장형 II)으로 구분하였으며, 2009년부터 기존의 공익형, 교육형, 복지형은 공공 분야(사회참여형)로, 기존의 시장형과 인력파견형에다 창업 모델형을 신설해 민간 분야(시장참여형)로 구분하였다. 2014년은 사회공헌형(공익형, 교육형, 복지형)과 시장진입형(공동작업형/제조판매형, 인력파견형)으로 유형을 구분하였다. 2015년에는 공익활동(노노케어사업인 전국형과 지역형), 재능나눔활동, 창업활동(공동작업형, 제조판매형, 고령자 친화기업), 취업활동(인력파견형, 시니어 인턴십), 경력유지활동(시니어직능클럽)으로 유형이 재분류되었다.

2019년 현재는 사업 유형이 공익활동(노노케어, 취약계층 지원, 공공시설봉사, 경륜전수활동), 재능나눔활동(노인 안전예방 활동, 상담 안내 활동, 학습 지도

활동, 기타활동), 사회서비스형(아동시설 지원, 청소년시설 지원, 장애인시설 지원, 취약가정시설 지원, 노인시설 지원, 기타시설 지원), 시장형사업단(공동작업형, 제조판매형, 서비스제공형), 인력파견형사업단(관리사무종사자, 공공/전문직종사자, 서비스종사자, 판매종사자, 농림어업숙련종사자, 기능원 및 관련 기능종사자, 생산·제조단순노무직), 고령자친화기업(기업인증형, 모기업연계형, 시장형사업단발전형, 브릿지형, 시니어직능형), 시니어인턴십(일반형, 전략직종형, 장기취업유지형), 기업연계형으로 구분된다(https://kordi.or.kr). 공익활동은 활동기간이 9개월과 12개월이 있고 활동시간은 월 30시간 이상, 일 3시간 이내고 활동비는 월 27만 원이다. 재능나눔활동은 활동기간이 6개월이고 활동시간은 월 10시간, 1회 최대 3시간으로 월 4회 이상 활동을 해야 한다. 재능나눔활동 중 노인안전예방활동은 1회 최대 2시간으로 월 5회 이상 활동을 하게 되어 있다. 재능나눔활동의 활동비는 월 10만 원이다. 사회서비스형은 근무기간이 10개월이고 활동시간은 월 60~66시간 이상, 인건비는 시간당 9천 원을 적용하고 주휴수당 및 연차수당을 별도 지급한다. 시장형사업단은 사업단별 계약서에서 정한 시간 및 급여에 따른다. 인력파견형사업단의 근무시간 및 급여는 근로계약서상 정한 근무시간 및 급여에 따른다. 고령자친화기업 또한 근무시간 및 급여는 기업 및 기관별 근로계약서에 의한다. 시니어인턴십은 만 60세 이상 고령자를 인턴으로 고용하는 기업에 참여자 1인당 연 최대 240만 원의 인건비를 지원하는데 근무시간 및 활동비는 근로계약서상 정한 근무시간 및 급여에 따른다. 기업연계형도 기업이 노인일자리를 창출하고 유지하는 데 필요한 간접비 등을 지원해 노인고용 확대를 도모하는데 근무시간 및 활동비는 근로계약서상 정한 근무시간 및 급여에 따른다.

　노인일자리사업은 정책목표를 소득보충과 사회참여 두 가지로 설정하고 있다. 정책목표는 경제적 욕구가 높은 저소득층과 경제적 욕구가 적은 사람, 인적자본이 낮은 사람과 높은 사람 모두를 포괄하고 있는데 노인일자리사업의 성격은 다양한 정책 대상의 욕구를 충분히 충족시킬 수 없는 한계가 있다. 높은 노인 빈곤율과 경제적 욕구에 우선적으로 대응할 필요가 있어서 그

동안 노인일자리사업은 양적 확대에 치중해 왔으며 재정지원 일자리라는 특성으로 인해 저소득 노인을 중심으로 운영하고 있어 노인일자리사업은 복지사업으로 간주되는 경향이 있다. 노인일자리사업이 사회참여와 소득보충 두 가지를 목적으로 하고 있는 한 사업 효과성을 높이거나 목표달성을 하는 데 어려움이 있을 수밖에 없다. 이와 관련해 사회공헌형 일자리 사업을 자원봉사와 연계하고, 일자리사업을 민간의 일자리 창출에 초점을 두고 활성화하는 방안이 제안된 바 있다(최소연, 2009; 남기철, 2011). 정진경 등(2009)도 공공 분야 노인일자리사업의 국가유급노인봉사단으로의 전환과 함께 한국형 RSVP(Retired and Senior Volunteer Program) 도입을 제안하고 있다. 취약계층을 위한 정부의 재정지원 일자리사업은 현재 비중이 작은 시장진입형과 자립형 일자리를 확대하여, 소득보장 제도의 미비에 따른 노인의 경제적 욕구를 충족시키는 것이 적절할 것이다. 강은나 등(2017)은 기초연금 인상 등과 같은 노인빈곤 정책들이 화대되는 추세 속에서 노인일자리사업의 정체성을 빈곤정책으로 가져가기보다는 사회적 성과를 우선적 목표로 함으로써 참여 노인의 이미지를 제고하고 노인일자리사업이 공익성과 효과성을 증진하는 사업으로 전환하는 것을 제안하였다.

노인 일자리를 제공하는 기관들은 확대되고 있는데 복지관이나 노인회 등 비영리기관뿐 아니라 사회적 기업도 할 수 있다. 그밖에도 지역 및 일자리 유형별로 노인 일자리 정보를 확인할 수 있는 포털이 개설되어 있고 여기에 구인·구직 시스템도 구축되어 있다.

3. 노인일자리정책의 향후 과제

노인일자리정책과 관련 개선이 이루어져야 할 향후 과제를 정리해 보면 다음과 같다.

첫째, 노인 인력 활용 및 노인 일자리의 활성화가 노인복지 및 국가의 인력활용 측면에서 꼭 필요하다는 인식이 정책적으로 반영되어야 한다. 무엇보다도 노인 일자리가 확보되면 노인 개인뿐만 아니라 국가적 차원에서도 이점이 많다. 노인 당사자들에게는 경제활동을 통한 소득 확보와 함께 신체적·심리적·사회적 건강유지 측면에서 기여가 매우 클 것이다. 노인인구의 일을 통한 자원 확보는 노인인구의 다양한 욕구 해결에 직결된다. 노인일자리사업 활성화의 중요한 편익 중 하나는 활동을 통한 건강유지 및 회복, 의료비 절감이라고 할 수 있다. 노인의 소비지출을 보면 노후생활비와 의료비 비중이 큰데 노인 일자리 확대는 경제력 향상과 더불어 활동을 통한 건강유지와 이를 통한 의료비 지출의 절약이 가능하다. 또한 노인인력 활용은 노인인구의 증가추세와 이에 수반되는 사회보장비용의 증가 문제를 해결해야 하는 정부입장에서는 복지재정 문제를 완화시킬 수 있다.

둘째, 공공부문의 노인 일자리 확충과 더불어 민간부문과 협력하여 시장에서 지속 가능한 일자리의 마련에도 정책적 중점을 두어야 할 것이다. 현재 노인일자리사업은 고령자의 직업능력개발, 민간부문과의 연계에 의한 일자리 마련보다는 목표로 정한 일자리를 공공부문에서 임시적으로 마련하는 방식으로 주로 추진되고 있는 실정이다. 정부의 노인일자리사업과 같은 양적인 일자리 사업 외에 인적 자원을 개발하고 시장수요가 있는 지속적인 일자리를 공급하는 정책이 필요하다. 예를 들면, 시장에서 필요로 하는 노인인력 수요 발굴과 노인적합 직종 개발과 관련해 일상생활지원서비스, ICT 기술 활용, 기업 사회공헌사업 활용 방안을 제안할 수 있다(강은나 외, 2017).

셋째, 노인 적합 일자리 창출을 위한 관련법 개선이 필요하다. 무엇보다 노동시장에서 노인취업을 제도적으로 지원함으로써 노인의 소득확보·사회참여뿐만 아니라 공적연금제도의 재정적 건전성 확보에도 기여할 수 있도록 해야 한다. 노인취업은 생산적인 취업으로 노인복지의 증진수단이면서 사회적 부의 창조에 일조할 수 있는 노인고용에 초점을 두어야 할 것이다. 이를 위해 노인의 노동시장 참여를 적극 장려하는 노동시장 환경을 조성해 나갈 필요가 있다. 노동시장의 관련법을 개선하여 노인이 노동시장에서 경쟁력을 가질 수 있도록 임금체계의 재검토, 취업자의 연령에 관한 제도의 개선, 취업알선제도의 정비를 통해 노인의 소득보장과 사회참여의 기회가 확대되어야 한다.

넷째, 중앙정부 주도에 의한 양적인 노인일자리사업을 지양하고 지역사정과 수요에 적합한 사업을 수행할 필요가 있다. 수도권과 비수도권, 도시와 농촌 등에 따라 일반적인 거주 노인이나 노인일자리사업 참여노인의 특성이 상이하고, 수요처의 특성과 규모, 지역주민의 인식 등에 있어 지역적 격차가 큰 실정이다(강은나 외, 2017). 노인 고용의 큰 비중을 차지하고 있는 노인일자리사업의 문제점은 중앙 중심적인 접근법이다. 중앙정부 주도로 시행됨에 따라 자치단체와의 역할분담이 명확하지도 않고 지역사정에 적합하게 시행되지 않기 때문에 지속적인 지역일자리로 연결되지 못하고 있다.

제8장
노년기의 건강보장

　평균수명의 급증으로 길어진 노년기의 건강과 건강보호 문제는 개인의 행복한 노후생활뿐 아니라 가족과 사회 차원에서도 매우 중요한 문제다. 우리나라는 의료 선진국으로 자부할 만큼 의료체계 및 치료 수준이 높다. 그러나 최신기술, 급성질환, 대형병원 중심의 의료체계는 노인의 건강보장에 적합하지 않은 특성을 지닌다. 노인 질병의 특성을 감안할 때 노년기의 건강보장은 질병의 악화를 지연시키고, 신체·정신 기능을 유지할 수 있도록 관리하는 것이 매우 중요하다. 또한 노년기는 건강문제로 인한 높은 타인 의존성이 특징이기 때문에 의료서비스 단독이 아닌 의료, 생활, 복지를 통합한 서비스를 제공하는 접근을 적용해야 하는 비율이 높은 편이다.

　제8장에서는 노인의 질병과 장기요양 문제를 먼저 논의하고 우리나라의 노인 건강보장체계를 국민건강보험, 저소득 노인 대상의 의료급여, 노인장기요양보험제도, 민간의료보험, 노인건강지원서비스로 구분해 소개한다. 마지막으로, 노인 건강보장의 향후 과제를 논의한다.

1. 노인 질병과 장기요양 문제

현대 의학기술의 눈부신 발전으로 인한 고령화 사회의 심각한 노인문제 중 하나가 유병장수 노인이 급증하는 현상이다. 노화에 따라 일반적으로 급성질환은 줄어들고 만성질환이 증가하는데 대부분 노인이 만성질환을 앓고 있고 노인들은 복합적인 건강문제를 갖고 있다.

노인의 질병은 건강 상태의 변화나 증상의 진행과 악화에 특징이 있다. 노인병의 특성은 다음과 같다(조유향, 1995).

- 한 가지 병이 발생하면 각 장기에 연쇄반응으로 병이 발생되는 다장기 질환이기 쉽다.
- 체내 여러 장기의 기능부전이 잠재적으로 존재하고 있다.
- 질병의 증후가 비정형적일 때가 많다. 노인은 생체의 반응력이 감소되고 있어 중한 질병인데도 자각 증상이 경미하거나 없어 진단에 착오를 초래할 때가 있다. 질병에 특이한 증후가 아닌 다른 증후가 먼저 발생되는 경우도 있다.
- 생체방어력이 저하되어 있어 치료효과가 적을 때가 많고 만성병이 많으며 약제에 대한 반응이 젊은 사람보다 느리고 부작용도 호발한다.
- 노인병에서 호발하는 병태로는 탈수, 전해질이상, 혈관내응고증후군, 정신·의식장애 등이 있으며 노인병의 특이한 양상을 나타낸다.

노인의 질병 양상의 특성을 유승흠과 이윤환(2007)은 다음과 같이 여섯 가지로 제시하였는데 비의학적 요인과의 연관성을 포함시킨 것이 특징이다.

- 각종 만성질환 이환, 질환 등의 누적으로 여러 가지 질병을 동시에 가지며 다약제 복용의 위험이 높다.

- 각 장기의 예비능력 저하와 여러 질병들의 공존, 항상성 유지 손상 등에 따라 질병의 발현 양상이 비전형적이며 기능이상 현상이 나타난다.
- 만성퇴행성 질환 및 난치성이다.
- 장기의 기능 저하와 면역기능 저하, 회복력의 부족 등에 따라 치료 및 약물투여에 따른 부작용이 증가한다.
- 기능 저하 발생의 위험성, 즉 유병 상태에 따른 일상생활 활동기능의 저하로 보살핌과 재활의 욕구가 늘어난다.
- 노인의 4중고－질병, 빈곤, 소외, 역할상실－의 연계성이 높아 의료외적인 사회경제적 요인들이 건강 상태에 큰 영향을 미치므로 비의학적 요인들과 높은 연관성이 있다.

평균수명이 급증하였지만 오래 사는 것과 건강하게 사는 것은 별개의 사안이다. 의학이 발달하지 못한 시대에는 발병에서 사망까지의 기간이 짧았던 데 비해 현대 노인들의 만성질환은 장기적인 점이 특징이다. 다시 말해, 현대의학은 인간수명을 크게 연장시키는 데 기여했지만 이 때문에 이전에는 급성으로 발병해 짧게 앓다가 삶을 마감할 수 있던 시대였다면 이제는 오랫동안 기능이 약화되면서 서서히 죽어 가도록 바뀐 것이다(윤종률, 유은실 역, 2014).

우리나라의 의료체계와 치료 수준은 선진국에 비교해 뒤떨어지지 않는 높은 수준이나 최신기술, 급성질환 중심의 의료체계로는 노인 건강보장 문제와 관련해서는 한계가 있다. 노인을 주 대상으로 하는 병원으로는 요양병원이 있는데 요양병원은 「의료법」 제3조에서 '장기입원이 필요한 환자를 대상으로 의료행위를 하기 위해 30개 이상의 요양병상을 설치한 병원'을 말한다. 요양병원은 장기입원을 목적으로 운영되는 병원으로 입원료 체감제와 입원료 등을 일반병원과 달리하여 장기입원이 용이하게 운영되는 의료기관이다. 요양병원은 2019년 현재 1,586개소가 있다(http://www.hira.or.kr).

요양병원과 관련해 사회적 입원으로 일컬어지는 이슈는 의료서비스가 필요하지 않은 상당수 노인이 요양병원에 입원하고 있는 현상이다. 장기요양

등급인정을 받았으나 노인 본인과 가족이 요양시설을 꺼리는 인식으로 인해 장기적으로 요양병원 입원을 선택하는 경우와 노인장기요양보험 등급외자로 시설에 들어갈 수 없는 상황에서 독거노인이거나 가족 모두 경제활동을 하고 있어 가정에서의 장기요양이 불가능해 요양병원 입원을 선택하게 된다.

만성질환이 바로 장애로 전환되는 것은 물론 아니다. 고혈압이라고 해도 약과 운동으로 잘 통제될 수 있다. 그러나 많은 경우 노인 질병은 시간이 지나면 장기요양 문제를 동반한다. 단순히 질병을 앓는 것을 넘어 신체적 장애나 정신심리적 장애로 진전되기 때문이다. 이러한 노인인구의 건강문제와 기능장애는 일상생활의 장애를 초래하고 일상생활을 영위하는 데 타인에게 의존하게 만든다. 돌봄 필요성은 커지는 반면 핵가족화로 인한 가족규모 축소, 독거노인 급증, 여성의 사회경제활동 참여 확대 등으로 가족의 돌봄 기능은 급격하게 약화되고 있다.

노인장기요양보험의 도입으로 우리나라는 노인성질병으로 일상생활 기능이 제한된 노인을 돌보는 데 가족 돌봄과 사회적 돌봄의 선택이 가능해졌다. 가족 돌봄과 같은 사적 돌봄 혹은 비공식적 돌봄과 재가복지서비스와 같은 공식적 돌봄서비스의 관계는 대체모형, 위계적 보상모형, 분업모형, 보충모형/보완모형으로 설명된다(차흥봉, 1998). 대체모형은 공식적 돌봄서비스가 비공식적 돌봄을 대체하는 기능을 수행한다고 간주하는 모형이다. 대체모형은 공식적 돌봄서비스가 발달하면 비공식적 돌봄이 감소하고 공식적 돌봄서비스 이용이 증가하는 결과를 초래하도록 공급이 수요를 창출할 것으로 예상한다. 로건과 스피츠는 공식적 돌봄서비스와 비공식적 돌봄은 대체관계라는 것을 배우자와 동거하고 있는 노인과 자녀의 도움을 받는 노인이 재가서비스를 덜 이용하고 있는 것을 근거로 제시했다(Logan & Spitze, 1994).

위계적 보상모형은 누가 노인을 돌보아야 하는가에 대한 사회적 규범이 존재하며, 그 규범에 따라 돌봄 양식의 선호에 대한 위계가 존재한다고 가정한다. 이 경우 개인이 선호하는 돌봄 양식, 즉 가족, 친척, 이웃, 공식적 돌봄서비스의 순서는 그 사회의 문화적 가치에 의해 규범적으로 정의된다는 것이다. 캔터(Cantor, 1979)는 위계적 보상모형에서 공식적 돌봄은 비공식적 돌봄의 존재 여부와 그 양에 따라 결정된다고 보았는데 가족의 돌봄과 공식적 돌봄 관계가 위계적 선택 관계를 형성하는 것으로 설명하고 있다. 노인이 서비스를 필요로 할 때 제일 먼저 배우자를 선택하고 그다음 자녀 도움을 받고자 하며, 자녀의 도움이 어려울 때 친척, 친구, 이웃, 그리고 공식적 서비스를 위계적으로 선호한다는 것이다.

분업모형은 공식적 돌봄과 비공식적 돌봄을 서로 보완적 관계로 보는데 공식적 돌봄서비스가 전문적이고 훈련과 시설을 필요로 하는 과업을 맡고 비공식적 돌봄은 비전문적인 과업을 맡는 식으로 역할 분담을 하는 것을 의미한다. 즉, 분업모형은 돌봄 과업의 특성과 종류에 따라 돌봄의 출처가 결정되는 것으로 본다. 이 모형에서는 노인들이 가족의 특성과 구조에 따라 서로 보완적인 공식적 서비스와 비공식적 서비스를 제공받는데 가족 돌봄 제공자는 일상생활 돌봄을 제공하는 것이 적합한 반면 공식적 돌봄 제공자는 보다 전문적이고 기술적인 과업을 수행하는 것이 바람직하다고 본다. 정서적 돌봄은 가족에게 받는 것이 바람직하고, 기술적·과업적 역할과 관련된 돌봄은 공식적 돌봄서비스로부터 제공받는 것이 바람직하다는 것이다.

보충모형은 대체모형과 달리 비공식적 돌봄의 일차적 역할을 중요시하며 공식적 돌봄의 보충성을 강조한다. 즉, 공식적 돌봄서비스가 가족 돌봄을 보충하는 것으로 가정한다. 보충모형과 유사한 개념인 보완모형은 공식적 돌봄서비스와 비공식적 돌봄의 관계를 상호 보완적인 것으로 간주하는데 비공식적 돌봄에 대한 공식적 돌봄의 보충성을 의미하는 보충모형과 다르게 한쪽에 중점을 두지 않고 양자가 상호 보완적 관계라고 가정한다. 노엘커와 배스는 가족 돌봄 제공자가 주 돌봄 제공자의 역할을 하고 돌봄 제공자가 휴식이 필요하거나 돌봄이 불가능한 경우에 한하여 부가적으로 공적 돌봄서비스를 활용하는 것을 보완모형으로 명명하였다(Noelker & Bass, 1989).

이윤경(2009)의 연구에서는 우리나라 노인보호에 있어 비공식 서비스와 공식 서비스의 관계는 가족에 의한 서비스가 가능할 경우 우선적으로 가족에 의해 보호가 이루어지고 있는 것으로 나타났고, 가족에 의한 전적인 보호가 어려울 경우 재가보호를 통해 노인을 보호하고 있어 공식적 서비스와 비공식적 서비스 간 관계는 캔터(Cantor, 1979)의 위계적 보상모형을 따르고 있는 것으로 해석하였다. 이와 같이 노인장기요양보험제도의 도입 초기에 이루어진 연구에서는 노인의 장기요양 욕구 충족이 위계적 보상모형을 따르는 것으로 나타났으나, 제도가 정착한 현재의 상황은 크게 달라졌을 가능성이 높다.

2. 노인 건강보장제도

건강보장은 질병, 부상, 분만, 사망 등의 요인으로 인한 생활상의 불안을 예방하거나, 이미 발생한 질병을 치료하여 국민이 신체 및 정신적으로 건강한 생활을 유지할 수 있도록 국가가 개입하여 보장해 주는 제도다. 그런데 노년기의 건강보장에서는 질병의 악화를 지연시키고 기능을 유지할 수 있도록 관리하는 것이 매우 중요하다. 노년기는 건강문제로 인한 높은 타인 의존성이 특징이기 때문에 의료서비스 단독이 아니라 의료, 생활, 복지를 통합해 서비스를 제공해야 효과적인 사례가 많다는 점도 고려되어야 한다.

우리나라의 노인 건강보장체계는 건강보험, 저소득 노인을 대상으로 하는 의료급여, 노인장기요양보험제도, 민간 의료보험, 노인건강지원서비스로 살펴볼 수 있다. 우리나라의 노인 건강보장체계는 장기요양을 질병과 구분해 별도의 급여를 제공하는 제도를 운영하고 있다. 질병 및 장기요양에 대한 건강보장은 빈곤층이 아닌 노인에 대해서는 사회보험방식을 근간으로, 빈곤노인의 경우는 공적부조방식으로 운영하고 있다.

국민건강보험과 의료급여는 질환의 진단, 입원 및 외래 치료, 재활 등을 목적으로 주로 병·의원 및 약국에서 제공하는 서비스가 급여 대상이다. 노인장기요양보험은 고령이나 노인성질병 등으로 인하여 혼자의 힘으로 일상생활을 영위하기 어려운 대상자에게 요양시설이나 재가급여 제공기관을 통해 신체활동지원, 가사활동지원 등의 서비스를 제공한다. 제도운영의 효율성을 도모하기 위하여 국민건강보험공단에서 건강보험과 장기요양보험제도를 모두 관리한다.

1) 국민건강보험

국민건강보험제도는 생활상의 질병·부상에 대한 예방·진단·치료·재활과 출산·사망 및 건강증진에 대하여 보험급여를 실시하여 국민보건을 향상시키고 사회보장을 증진함으로써 보험의 원리를 이용하여 의료비의 지출부담을 국민건강보험 가입자 모두에게 분산시켜 국민생활의 안정을 도모하기 위한 사회보험으로서 특성을 갖는다.

보수나 수입이 있는 노인은 국민건강보험의 가입자로, 보수나 수입이 없는 경우는 국민건강보험 가입자인 배우자나 자녀의 피부양자로 건강보험의 적용을 받을 수 있다.

국민건강보험의 급여 형태는 의료 그 자체를 보장하는 현물급여와 의료비의 상환제도인 현금급여 두 가지 형태가 있다. 우리나라는 현물급여를 원칙으로 하되 현금급여를 병행한다. 현물급여는 가입자 및 피부양자의 질병·부상·출산 등에 대한 요양급여 및 건강검진을 포함한다. 현금급여는 요양비, 장애인보장구 급여비, 본인부담상한액 환급, 임신·출산 진료비 지원, 장제비 등을 포함한다.

가입자 또는 피부양자가 요양급여를 받는 때에는 그 진료비용의 일부를 본인이 부담하는데 입원의 경우 진료비 총액의 20%(식대는 50%), 외래의 경우에는 〈표 8-1〉에 나타난 것처럼 요양기관 종별에 따라 10~60%를 차등 적용하여 부담하게 되어 있다. 요양급여에서 입원의 경우 65세 이상 노인은 특별한 혜택이 없으며 외래의 경우 비용이 낮은 경우만 의원급 의료기관 진료비와 처방전의 약국조제에 할인 혜택이 있다.

표 8-1 외래 진료비용 부담

상급종합병원	진찰료 총액+나머지 요양급여비용 총액의 60%
종합병원	요양급여비용 총액의 50%
병원	요양급여비용 총액의 40%
의원	• 65세 미만 요양급여비용 총액의 30% • 65세 이상 – 15,000원 이하: 1,500원 – 15,000원 초과, 25,000원 이하: 요양급여비용 총액의 10% – 25,000원 초과, 30,000원 이하: 요양급여비용 총액의 20% – 30,000원 초과: 요양급여비용 총액의 30%
약국조제료 (처방조제)	• 65세 미만 – 요양급여비용 총액의 30% • 65세 이상 – 10,000원 이하: 1,000원 – 10,000원 초과, 12,000원 이하: 요양급여비용 총액의 20% – 12,000원 초과: 요양급여비용 총액의 30%

출처: 건강보험심사평가원(http://www.hira.or.kr)

질병을 앓으면서 보내는 노년기가 길어진 만큼 노인 의료비는 급증하고 있다. 건강보험심사평가원의 통계지표는 이를 명확하게 나타내고 있다. 노인 진료비는 현재 건강보험에서 지불하는 전체 의료비의 약 40%를 차지하는데 건강보험 이용 현황을 보면 [그림 8-1]과 같이 65세 이상 노인의료비는 계속 증가추세를 보인다. 2018년 건강보험의 65세 이상 노인진료비는 31조 1,173억 원으로 전체 진료비 77조 9,141억 원의 39.9%를 차지할 정도다(통계청, 2019b).

이와 같이 65세 이상 노인인구가 인구수에 비해 매우 높은 진료비와 급여비 수혜를 받고 있다는 것은 다른 연령층보다 건강보험제도의 혜택을 상대적으로 많이 받고 있음을 의미한다.

건강보험급여와 관련된 주요 쟁점 중 한 가지는 보장률이다. 건강보험 보

그림 8-1 진료비 통계지표

출처: 건강보험심사평가원, 「진료비통계지표」.

장률은 62.6%이고 65세 이상 노인의 의료비 보장률은 68.2%로 전체 보장률
보다 5.6% 높다(김동겸, 조용운, 2013). 노인의 의료비 보장률이 전체 보장률
보다 다소 높다고 하지만 비급여를 포함한 건강보험이 보장하지 않는 본인
부담 의료비 지출이 급증하고 있어 소득이 줄어든 노년층의 의료비 부담 증
가는 의료비 빈곤노인을 양산할 수 있다. 이러한 추세에 근거해 베이비붐 세
대가 노년기로 진입하는 시점부터 노인 의료비는 노인과 그 가족뿐 아니라
장기적으로는 국가재정의 재앙이 될 수 있을 거라는 예측도 나오고 있다. 비
급여 항목에는 비급여치료재료비, 비급여검사가 있고 입원 시 간병료 또한
별도다. 건강보험에서 간병급여를 보장하고 있지 않기 때문에 질병치료와
장기요양서비스가 동시에 필요한 노인은 건강보험급여와 장기요양급여를
동시에 수급할 수 없는 문제가 있게 된다. 예를 들면, 병원에 입원하고 있는
기능손상 노인은 간병급여를 건강보험에서 제공하지 않으므로 가족 간병을
하거나 사적으로 전문 간병인을 고용해야 한다.

2) 의료급여

의료급여 수급권자는 부양의무자가 없거나, 있어도 부양능력이 없거나 부양을 받을 수 없는 사람으로 2015년 7월 이후부터 가구당 소득인정액 중위소득 40% 이하까지 확대되었다. 의료급여 수급권자는 1종과 2종으로 구분된다. 1종 수급권자는 18세 미만 아동과 65세 이상 노인, 중증 장애인 등 근로무능력자로 구성된 세대다. 근로능력이 있는 세대원으로 인해 1종 수급권자에 해당하지 않는 노인은 2종 대상자다.

1종 수급권자는 입원진료의 경우 본인 부담 없이 전액을 의료급여 기금에서 부담한다. 외래진료는 진료기관에 따라 1,000~2,000원, 일부 검사에 대해 검사비의 5%, 약가는 500원으로 책정되어 있다. 외래진료 의료비 중 본인부담금을 충당하도록 매월 6,000원의 건강생활유지비를 지원한다. 2종 수급권자의 경우 외래진료의 본인부담금은 1차 의료기관 1,000원, 2차와 3차 의료기관 15%, 검사비 15%, 약국 500원이며, 입원의 경우 진료비와 검사비의 10%를 본인부담금으로 부담하여야 한다. 비급여 항목에 대해서는 의료급여 수급권자도 전액 본인이 비용을 부담해야 한다.

저소득 노인이 이용하는 의료급여도 건강보험 이용과 유사한 패턴을 보인다. 노인인구 가운데 상당수는 저소득 빈곤층으로 건강보험이 아닌 의료급여의 혜택을 받고 있는데 따라서 의료급여 노인진료비도 빠르게 증가하고 있다.

3) 노인장기요양보험

(1) 목적과 기능

노인장기요양보험은 고령이나 노인성 질병 등으로 일상생활을 혼자서 수행하기 어려운 이들에게 신체활동 및 일상생활 지원 등의 서비스를 제공하여 노후생활의 안정과 가족의 부담을 덜어 주기 위해 사회보험 방식으로 운영되는 제도다.

　노인장기요양보험의 제도화 배경에는 이 제도를 통해 노인의 삶의 질 향상, 가족의 부양 부담 경감, 가정 내 여성 등 비공식적 돌봄 제공자의 사회경제적 활동 활성화, 사회서비스 일자리 확대, 노인의료 및 요양의 전달체계 효율화 및 노인 의료비 절감효과가 가능할 것이라는 기대가 있었다. 노인장기요양보험제도의 핵심 목표는 장기요양 대상 노인의 삶의 질 향상과 간병과 수발로 인해 높아진 가족의 돌봄 부담 감소다. 이용자 만족도 및 사회적 성과 분석결과를 보면 노인장기요양보험제도는 85% 이상 전반적 서비스 수준에 만족하는 것으로 양호한 평가를 받고 있고 가족 부양자의 90%가 돌봄 시간 감소로 경제활동이나 여가활동 등 다른 사회활동 시간이 증가하고 있어 목표 달성을 한 것으로 평가된다(김찬우, 2013).

　노인장기요양보험제도는 건강보험과는 별개의 제도지만 관리운영기관을 국민건강보험공단으로 일원화하고 있다. 이 제도는 사회보험 방식을 근간으로 하며 의료급여 수급권자 노인에 대해서는 공적부조 방식을 적용해 운영하고 있다. 노인장기요양보험 적용을 살펴보면 건강보험 가입자는 장기요양보험의 가입자가 된다. 건강보험의 적용에서와 같이 법률상 가입이 강제되어 있다. 공공부조의 영역에 속하는 의료급여 수급권자의 경우는 국가 및 지방자치단체의 부담으로 장기요양보험의 적용대상으로 포함하고 있다.

　재원조달 방식을 살펴보면 2019년 현재 장기요양보험료는 건강보험료액의 8.51%이고 2020년은 10.25%다. 장기요양보험료는 건강보험료와 함께 통합징수한다. 장기요양보험료율은 보건복지부장관 소속 장기요양위원회의 심의를 거쳐 대통령령으로 명시된다. 국가지원은 장기요양보험료 예상 수입액의 20%를 국고에서 부담하고 있다. 의료급여수급권자의 장기요양급여비용, 의사소견서발급비용, 방문간호지시서 발급비용 중 공단이 부담하여야 할 비용 및 관리운영비의 전액을 국가와 지방자치단체가 분담한다. 노인장기요양보험제도는 대상자 수 증가추세를 감안할 때 향후 재정압박이 더욱 커질 것으로 예상된다.

본인부담분은 시설급여인 경우 20%와 비급여(식재료비, 이미용료 등)를 포함하고, 재가급여는 15%를 본인이 부담한다. 건강보험료 순위 25% 미만인 자의 본인부담분 경감률은 60%이고, 건강보험료 순위 25~50% 이하인 자의 본인부담분 경감률은 40%가 적용된다. 국민기초생활보장수급권자는 무료다.

노인장기요양보험의 급여 내용을 살펴보면 현물급여가 원칙이며 예외적으로 현금급여가 지급된다. 시설급여는 요양시설에 입소하여 신체활동 지원 등을 제공받는 것을 말한다. 재가급여는 가정을 방문하여 신체활동 및 가사활동 등 지원, 목욕, 간호 등 제공, 주간보호센터 이용, 복지용구 구입 또는 대여를 포함한다. 특별현금급여는 장기요양인프라가 부족한 지역, 전염병 질환자 등 특수한 경우 가족요양비를 지급하는 것을 일컫는다.

노인장기요양보험제도의 도입 전에 시행되었던 「노인복지법」상의 노인장기요양은 주로 국민기초생활보장수급권자 등 특정 저소득층 노인을 대상으로 국가나 지방자치단체가 공적부조 방식으로 제공하는 서비스 위주로 운영되어 왔으나, 노인장기요양보험의 급여는 소득에 관계없이 심신 기능 상태를 고려한 요양필요도에 따라 장기요양인정을 받은 노인에게 급여가 제공되는 보편적인 서비스다.

(2) 적용 대상 및 장기요양 인정 절차와 표준 서비스

노인장기요양보험제도의 신청 대상은 소득수준과 상관없이 노인장기요양보험 가입자(국민건강보험 가입자와 동일)와 그 피부양자 혹은 의료급여수급권자로서 65세 이상 노인과 65세 미만의 치매·뇌혈관성 질환 등 노인성 질병이 있는 자다. 6개월 이상 동안 혼자서 일상생활을 수행하기 어렵다고 인정되면 수급 대상자가 된다.

장기요양보험 가입자 및 그 피부양자, 의료급여수급권자 누구나 장기요양급여를 받을 수 있는 것은 아니다. 일정한 절차에 따라 장기요양급여를 받을 수 있는 권리(수급권)가 부여되는데 이를 장기요양인정이라고 한다. 장기요양인정 절차는 먼저 공단에 장기요양인정 신청을 하는 것에서 시작되어 공단직원의 방문에 의한 인정조사와 등급판정위원회의 등급판정 그리고 장기요양인정서와 표준장기요양이용계획서의 작성 및 송부로 이루어진다.

장기요양인정 및 서비스 이용절차는 다음과 같다.

① (공단 각 지사별 장기요양센터) 신청 → ② (공단직원) 방문조사 → ③ (등급판정위원회) 장기요양 인정 및 등급판정 → ④ (장기요양센터) 장기요양인정서 및 표준장기요양 이용계획서 통보 → ⑤ (장기요양기관) 서비스 이용

장기요양 신청부터 급여제공 과정은 [그림 8-2]와 같다.

장기요양인정 신청 및 방문조사 〉	등급판정 〉	장기요양인정서, 표준장기요양 이용계획서 통지 〉	장기요양급여 이용 계약 급여 제공
[국민건강보험공단]	[장기요양 등급판정위원회]	[국민건강보험공단]	[재가, 요양시설]

그림 8-2 장기요양 신청, 수급자격 결정, 급여 제공의 과정
출처: 노인장기요양보험(http://www.longtermcare.or.kr).

장기요양인정을 받기 위해서는 건강보험공단에 장기요양신청서 및 의사·한의사가 발급하는 소견서를 첨부해 제출하면 되는데 거동이 불편하거나 도서벽지에 거주해 의료기관을 방문하기 어려운 사람은 의사소견서를 제출하지 않아도 된다. 장기요양 신청은 당사자 혹은 가족이나 친척, 이해관계인, 당사자나 가족의 동의를 받은 사회복지전담공무원이 대리로 신청할 수 있다.

장기요양인정 신청을 하게 되면 간호사, 사회복지사 등으로 구성된 공단 소속 장기요양 직원이 직접 방문하여 장기요양인정조사를 한다. 인정조사항목은 총 90개 항목이지만 등급판정을 위해 활용하는 항목 수는 〈표 8-2〉에

제시된 52개로 신체 기능, 인지 기능, 행동 변화, 간호처치, 재활 등에 대한 내용을 포함한다.

장기요양인정 점수산정을 위해서는 신청인의 심신 상태를 나타내는 〈표 8-2〉에 소개된 52개 항목의 조사 결과를 입력하여 장기요양인정점수를 산정한다.

등급판정위원회는 방문조사 결과, 의사소견서, 특기 사항을 기초로 신청인의 기능 상태 및 장기요양이 필요한 정도 등을 등급판정 기준에 따라 다음과 같이 심의 및 판정한다.

- 요양필요 상태에 해당하는지 여부를 심의한다.
- 요양필요 상태인 경우 등급판정 기준에 따라 등급을 판정한다.
- 필요에 따라서 등급판정위원회의 의견을 첨부할 수 있다.

표 8-2   장기요양인정조사표

영역	항목	비고
신체 기능 (12항목)	• 옷 벗고 입기 • 식사하기 • 일어나 앉기 • 화장실 사용하기 • 세수하기 • 양치질하기 • 목욕하기 • 소변 조절하기 • 대변 조절하기 • 옮겨 앉기 • 체위 변경하기 • 방 밖으로 나오기	완전 자립 부분 도움 완전 도움
인지 기능 (7항목)	• 단기 기억장애 • 날짜 불인지 • 장소 불인지 • 나이 · 생년월일 불인지	

인지 기능 (7항목)	• 지시 불인지 • 상황 판단력 감퇴 • 의사소통 · 전달장애		예 아니요
행동 변화 (14항목)	• 망상 • 환각, 환청 • 슬픈 상태, 울기도 함 • 불규칙 수면, 주야 혼돈 • 도움에 저항 • 서성거림, 안절부절못함 • 길을 잃음 • 폭언, 위협행동 • 밖으로 나가려 함 • 의미 없거나 부적절한 행동 • 물건 망가트리기 • 돈/물건 감추기 • 부적절한 옷 입기 • 대/소변 불결행위		예 아니요
간호처치 (9항목)	• 기관지 절개관 간호 • 흡인 • 산소요법 • 경관 영양 • 욕창 간호 • 암성 통증 간호 • 도뇨 관리 • 장루 간호 • 투석 간호		예 아니요
재활 (10항목)	운동장애(4항목) • 우측상지 • 좌측상지 • 우측하지 • 좌측하지	관절 제한(6항목) • 어깨관절 • 고관절 • 팔꿈치관절 • 무릎관절 • 손목 및 수지관절 • 발목관절	운동장애 없음 부분 운동장애 완전 운동장애 관절 제한 없음 한쪽 관절 제한 양쪽 관절 제한

출처: 노인장기요양보험(http://www.longtermcare.or.kr).

등급판정위원회의 심의 및 판정은 [그림 8-3]과 같다.

심의자료 검토	요양필요 상태 심의	등급판정 기준에 따른 등급 결정	등급판정 위원회의견 첨부
심의판정 자료	**요양필요 상태 심의**	**등급판정 기준**	**등급판정 기준**
• 인정조사 결과 • 의사소견서 • 특기사항	• 항목별 가중치 점수 • 일상생활 자립도 • 등급별 상태 등	• 1등급: 95점 이상 • 2등급: 75점 이상 95점 미만 • 3등급: 60점 이상 75점 미만 • 4등급: 51점 이상 60점 미만 • 5등급: 45점 이상 51점 미만 & 치매 • 인지지원 등급: 45점 미만 & 치매	• 인정 유효기간 변경 • 급여 이용에 대한 의견 제시 등

그림 8-3 등급판정위원회의 심의 및 판정 내용

출처: 노인장기요양보험(http://www.longtermcare.or.kr).

요약해 보면 등급판정 절차는 [그림 8-4]와 같이 이루어진다.

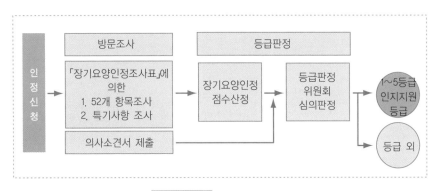

그림 8-4 등급판정 절차

출처: 노인장기요양보험(http://www.longtermcare.or.kr).

　　장기요양기관은 시설급여 제공기관(「노인복지법」상 노인요양시설 및 노인요양공동생활가정), 재가급여 제공기관(「노인복지법」상 재가노인복지시설 및 노인장기요양보험법상 재가장기요양기관)으로 구분되며 「노인장기요양법」에 의해 소재지를 관할구역으로 하는 시장·군수·구청장의 지정 또는 설치신고로 장기요양 급여를 제공할 수 있다. 장기요양요원은 요양보호사, 간호사, 사회복지사 등을 포함한다.

　　노인장기요양보험의 관리운영체계는 [그림 8-5]와 같다.

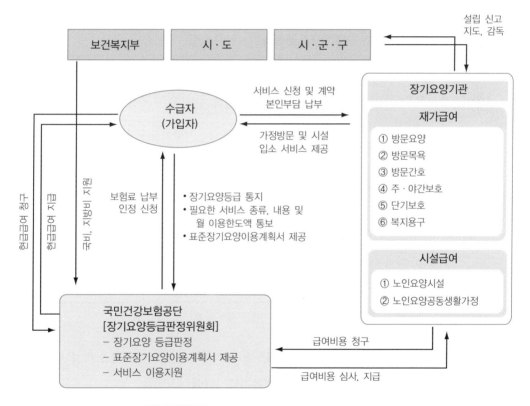

그림 8-5　노인장기요양보험의 관리운영체계

출처: 보건복지부(2015). 노인보건복지사업 안내.

노인장기요양보험의 급여 대상은 65세 이상 노인 또는 치매, 중풍, 파킨슨병 등 노인성 질병을 앓고 있는 65세 미만인 자 중 6개월 이상의 기간 동안 혼자서 일상생활을 수행하기 어려워 장기요양서비스가 필요하다고 인정받은 자다.

등급판정은 "심신의 기능 상태에 따라 일상생활에서 도움(장기요양)이 얼마나 필요한가"를 지표화한 장기요양인정점수를 기준으로 한다. 등급은 1등급, 2등급, 3등급, 4등급, 5등급, 인지지원 등급으로 구분되며 등급판정 기준은 〈표 8-3〉과 같다.

표 8-3 장기요양 등급과 판정기준

등급구분	판정기준
장기요양 1등급	일상생활에서 전적으로 다른 사람의 도움이 필요한 자로서 장기요양인정점수가 95점 이상인 자
장기요양 2등급	일상생활에서 상당 부분 다른 사람의 도움이 필요한 자로서 장기요양인정점수가 75점 이상 95점 미만인 자
장기요양 3등급	일상생활에서 부분적으로 다른 사람의 도움이 필요한 자로서 장기요양인정점수가 60점 이상 75점 미만인 자
장기요양 4등급	일상생활에서 일정 부분 다른 사람의 도움이 필요한 자로서 장기요양인정점수가 51점 이상 60점 미만인 자
장기요양 5등급	치매환자로서 장기요양인정점수가 45점 이상 51점 미만인 자
인지지원 등급	치매 진단을 받고 약물 복용 중이나 신체적 기능은 정상에 가까운 자

출처: 노인장기요양보험(http://www.longtermcare.or.kr).

2018년 12월 말 현재 장기요양등급인정자는 67만 810명으로 전체 노인인구 중 8.8%에 이르고 있다(보건복지부, 2019a).

장기요양등급이 판정되면 수급자에게 장기요양인정서, 표준장기요양이용계획서, 복지용구 급여확인서를 제공한다. 표준장기요양이용계획서에는 등급에 따라 이용할 수 있는 월 한도액, 본인부담률, 장기요양 문제 및 목표, 장기요양 필요 영역, 장기요양 필요 내용, 장기요양 급여비용 등이 기재되어 있다.

장기요양등급의 유효기간은 최소 1년이고 갱신 신청에서 직전 등급과 동일한 등급으로 판정된 경우 1등급은 4년, 2~4등급은 3년, 5등급 및 인지지원등급은 2년으로 유효기간이 연장된다.

노인장기요양보험서비스 표준은 노인장기요양보험제도에서 제공되는 최소한의 범위를 설정하여 서비스의 질적 수준 보장과 서비스를 제공받는 급여대상자의 기본권을 보장하기 위한 것이다. 65세 이상 노인 또는 65세 미만 노인성 질환자에게 제공되는 표준서비스의 분류 내용은 〈표 8-4〉와 같다.

표 8-4 표준서비스의 분류

구분	내용
신체활동지원서비스	① 세면 도움 ② 구강관리 ③ 몸 청결 ④ 머리 감기기 ⑤ 몸단장 ⑥ 옷 갈아입히기 ⑦ 목욕 도움 ⑧ 배설 도움 ⑨ 식사 도움 ⑩ 체위 변경 ⑪ 이동 도움 ⑫ 신체 기능의 유지 증진
가사활동지원서비스	① 취사 ② 청소 및 주변정돈 ③ 세탁
개인활동지원서비스	① 외출 동행 ② 일상 업무 대행
정서지원서비스	① 말벗, 격려 및 위로 ② 생활상담 ③ 의사소통 도움
방문목욕서비스	방문목욕
기능평가 및 훈련서비스	① 신체 기능의 훈련 ② 기본동작 훈련 ③ 일상생활동작 훈련 ④ 물리치료 ⑤ 언어치료 ⑥ 작업치료 ⑦ 인지정신 기능 훈련 ⑧ 기타 재활치료
치매관리지원서비스	행동 변화 대처
응급서비스	응급상황 대처
시설환경관리서비스	① 침구, 린넨 교환 및 정리 ② 환경관리 ③ 물품관리 ④ 세탁물 관리
간호처치서비스	① 관찰 및 측정 ② 투약 및 주사 ③ 호흡기 간호 ④ 피부간호 ⑤ 영양간호 ⑥ 통증간호 ⑦ 배설간호 ⑧ 검사 및 기타 처치 ⑨ 의사진료 보조

출처: 노인장기요양보험(http://www.longtermcare.or.kr).

(3) 장기요양급여의 종류와 내용

장기요양급여는 현물서비스 제공이 원칙이며 급여의 종류는 재가급여, 시설급여, 특별현금급여로 구분된다.

장기요양 재가급여는 정신적·신체적인 이유로 독립적인 일상생활을 수행하기 곤란한 노인과 노인부양가정에 필요한 각종 서비스를 제공함으로써, 노인이 가족 및 친지와 더불어 건강하고 안정된 노후생활을 영위할 수 있도록 함과 동시에 노인부양으로 인한 가족의 부담을 덜어 주기 위한 서비스를 말한다. 재가급여는 방문요양서비스, 인지활동형 방문요양서비스, 주야간보호서비스, 단기보호서비스, 방문목욕서비스, 방문간호서비스, 기타 재가급여(복지용구 급여)를 포함한다.

장기요양 재가급여는 월 한도액의 범위 내에서 제공된다. 복지용구 급여는 월 한도액의 적용을 받지 않는다. 2019년 재가급여 월 한도액은 다음과 같다.

- 1등급 1,456,400원
- 2등급 1,294,600원
- 3등급 1,240,700원
- 4등급 1,142,400원
- 5등급 980,800원
- 인지지원 등급 551,800원

수급자와 장기요양기관은 장기요양급여를 제공받거나 제공할 경우에 다음의 행위를 요구하거나 제공하지 못하도록 되어 있다.

- 수급자의 가족을 위한 행위
- 수급자 또는 그 가족의 생업을 지원하는 행위
- 그 밖에 수급자의 일상생활에 지장이 없는 행위

① 방문요양서비스

방문요양서비스의 목적은 가정에서 일상생활을 영위하고 있는 노인으로서 신체적·정신적 장애로 어려움을 겪고 있는 노인에게 지역사회 안에서 건전하고 안정된 노후를 영위하도록 장기요양요원(요양보호사)이 가정을 방문하여 신체활동 및 가사활동 등 필요한 각종 서비스를 제공하는 것이다.

방문요양서비스 내용은 다음과 같다.

- 신체활동지원서비스: 세면 도움, 구강관리, 몸 청결, 머리 감기기, 몸단장, 옷 갈아입히기, 목욕 도움, 배설 도움, 식사 도움, 체위 변경, 이동 도움, 신체 기능의 유지·증진 등
- 가사활동지원서비스: 취사, 생활필수품 구매, 청소·세탁·주변정돈 등
- 개인활동지원서비스: 외출 시 동행·부축, 일상 업무 대행 등
- 정서지원서비스: 말벗, 격려 및 위로, 생활상담, 의사소통 도움 등

② 인지활동형 방문요양서비스

인지활동형 방문요양서비스는 장기요양 1~5등급 치매수급자에게 인지자극활동 및 잔존 기능의 유지, 향상을 위한 훈련을 제공한다. 잔존 기능의 유지, 향상을 위해 수급자와 함께 옷 개기, 요리하기, 빨래, 식사 준비, 개인 위생활동 등을 함께 수행한다. 장기요양 5등급(치매특별등급)은 월 한도액 내에서 인지활동형 방문요양을 주 3회 또는 월 12회 이상 이용할 수 있다. 월 한도액 내에서 인지활동형 방문요양 외에 주·야간보호, 방문간호, 방문목욕, 단기보호를 이용할 수도 있다.

③ 주·야간보호서비스

주·야간보호서비스의 목적은 부득이한 사유로 가족의 보호를 받을 수 없는 심신이 허약한 노인과 장애노인을 주간 또는 야간 동안 보호시설에 입소시켜 필요한 각종 편의를 제공하여 이들의 생활안정과 심신 기능의 유

지·향상을 도모하고, 그 가족의 신체적·정신적 부담을 경감하는 것이다.
주·야간보호서비스 내용은 다음과 같다.

- 일상생활지원 및 일상동작훈련 등 심신의 기능 회복을 위한 서비스
  - 일상생활지원: 취미·오락, 운동 등 여가생활서비스
  - 일상동작훈련: 이동, 체위 변경, 기능훈련(물리치료적 훈련, 작업치료적 훈련, 언어치료적 훈련) 등
- 신체활동지원서비스(몸 청결, 머리 감기, 얼굴 씻기, 손 씻기, 구강관리, 몸단장, 옷 갈아입히기, 배설, 식사 도움)
- 이동서비스
- 노인 가족에 대한 교육 및 상담

④ 단기보호서비스

단기보호서비스의 목적은 부득이한 사유로 가족의 보호를 받을 수 없어 일시적으로 보호가 필요한 심신이 허약한 노인이나 장애노인을 보호시설에 단기간 입소시켜 보호함으로써 노인 및 노인가정의 복지증진을 도모하기 위한 서비스를 제공하는 것이다. 단기보호서비스의 보호 기간은 월 9일 이내다.

단기보호서비스 내용은 다음과 같다.

- 신체활동지원, 기능 회복 훈련, 그 밖의 일상생활에 필요한 편의를 제공하는 서비스
- 그 밖에 노인요양시설 또는 노인요양공동생활가정의 사업에 준하는 서비스

치매가족휴가지원서비스로 단기보호서비스를 활용할 수 있는데 장기요양수급자가 치매인 경우 연간 6일 단기보호서비스 추가 이용으로 최대 21일까

지 이용 가능하다.

⑤ 방문목욕서비스

장기요양요원이 목욕설비를 갖춘 장비를 이용해 수급자를 방문해 목욕서비스를 제공하는 것이다.

방문목욕서비스 내용은 다음과 같다.

- 목욕 준비, 입욕 시 이동보조, 몸 씻기, 머리 말리기, 옷 갈아입히기 등이며, 목욕 후 주변정리까지 포함한다.

⑥ 방문간호서비스

방문간호서비스는 장기요양요원인 간호사, 간호조무사, 치과위생사 등이 의사, 한의사, 치과의사의 방문간호 지시에 따라 수급자 가정을 방문하여 간호, 진료의 보조, 요양에 관한 상담이나 교육, 구강위생서비스를 제공하는 것이다.

방문간호 서비스의 내용은 다음과 같다.

- 기본 간호, 치료적 간호, 투약관리 지도 등
- 구강위생, 잇몸 상처 관리 등

⑦ 복지용구

수급자의 일상생활이나 신체활동 지원에 필요한 용구를 구입하거나 대여할 수 있다. 복지용구 구입 또는 대여의 연 한도액은 1인당 160만 원이다.

표 8-5   복지용구 급여품목

구입품목(10종)		대여품목(7종)		구입 또는 대여품목(1종)	
품목 명	내구연한	품목 명	내구연한	품목 명	내구연한
이동변기	5년				
목욕의자	5년				
성인보행기	5년	수동휠체어	5년		
안전손잡이	없음	전동침대	10년		
미끄럼방지용품	없음	수동침대	10년		
간이변기	없음	이동욕조	5년	욕창예방	3년
지팡이	2년	목욕리프트	3년	매트리스	
욕창예방방석	3년	경사로	8년		
자세변환용구	없음	배회감지기	5년		
요실금팬티	1년에 4개				

(4) 시설급여

장기요양 노인이 이용할 수 있는 시설급여는 장기요양 지정 노인의료복지시설인 노인요양시설(입소정원 10명 이상)과 노인요양공동생활가정(입소정원 5명 이상 9명 이하)이다.

시설입소 대상은 장기요양 1~2등급과 장기요양 3~5등급자 중 불가피한 사유, 치매 등으로 등급판정위원회에서 시설급여 대상자로 판정받아야 한다.

2019년 현재 시설급여 월 급여비용(등급별 해당 금액 × 월간 일수)은 다음과 같다.

- 1등급 69,150원 × 월간 일수
- 2등급 64,170원 × 월간 일수
- 3등급 59,170원 × 월간 일수
- 4등급 59,170원 × 월간 일수
- 5등급 59,170원 × 월간 일수

노인장기요양보험제도상 본인부담금에는 급여항목 외에 식재료비, 이·미용료, 1인 또는 2인 상급침실 이용료 등의 비급여항목이 포함되는데, 이 비용은 본인이나 가족이 전적으로 부담해야 한다. 본인부담금이 높으면 서비스 이용의 접근성이 낮아지고 소득수준이 낮은 수급자의 이용을 감소시키기 때문에 사회보험이라는 본래 취지에 어긋나는 형평성의 문제가 발생하기 쉽다.

장기요양급여의 범위에서 제외되는 비급여 대상은 다음과 같다.

- 식사재료비
- 상급침실 이용에 따른 추가 비용: 노인요양시설 또는 노인요양공동생활가정에서 본인이 원하여 1인실 또는 2인실을 이용하는 경우 추가되는 비용
- 이·미용비
- 그 외 일상생활에 통상 필요한 것과 관련된 비용으로 수급자에게 부담시키는 것이 적당하다고 보건복지부장관이 정하여 고시한 비용

(5) 특별현금급여

가족요양비는 도서벽지 거주, 천재지변 등으로 장기요양급여 서비스를 이용하기 어렵다고 인정되는 수급자에게 지급한다.

4) 민간 의료보험

우리나라의 민간 의료보험은 국민건강보험의 보충형의 형태로서 가입자가 보험회사에서 정한 일정액의 보험료를 부담하면 건강보험의 급여 및 비급여와 무관하게 정해진 금액을 가입자에게 지급하는 방식이다(윤태호, 황인경, 손혜숙, 고광욱, 정백근, 2005). 그러나 민간 의료보험은 65세 이상 노년층의 경우 국민건강보험의 보충 역할을 충분히 하지 못하고 있다. 이현복과 현

경래(2011)에 의하면 30, 40, 50대 모두 70% 이상의 가입 상태를 보이고 있지만 60대는 46.2%, 70대 이상의 경우 10.7%만 민간 의료보험을 보유하고 있어 매우 낮은 가입 상태를 나타내고 있다. 2017년 노인실태조사에서는 의료비를 보상받을 수 있는 민간 건강보험에 가입했거나 보장받고 있는 65세 이상 노인이 30.3%로 나타났는데 연령별로 가입률의 차이가 컸다(정경희 외, 2017). 65~69세 연령군은 54.8%, 70~74세 연령군은 34.1%인 반면 후기노년기에 해당되는 75~79세 연령군은 14.8%, 80~84세 연령군은 3.2%, 85세 이상은 1.8%에 불과했다.

5) 노인건강지원서비스

(1) 치매검진 서비스

치매검진 서비스는 치매의 위험이 높은 만 60세 이상 고령자를 대상으로 치매 조기검진을 실시해 치매환자를 조기에 발견·관리하여 치매환자 및 가족의 삶의 질을 제고하는 데 그 목적이 있다. 일반 조기검진은 지역사회 거주 노인을 대상으로 치매 조기검진을 실시함으로써 치매 및 고위험 노인을 조기에 발견·관리함으로써 치매를 예방하고 치매환자 및 그 가족들의 삶의 질을 제고하고자 한다. 고위험군 집중검진은 치매 조기검진사업을 통해 등록된 노인 및 지역사회의 치매 고위험군을 대상으로 집중검진을 실시하고 치매를 조기 발견하는 데 그 목적이 있다. 경도인지장애로 판정되었거나 치매 고위험군에 해당되는 독거노인, 75세 이상 고령 노인을 치매로 진행되지 않도록 치매예방 교육 및 상담 등 집중 검사 및 관리가 필요한 대상자로 간주한다.

치매검진 서비스의 사업주체는 시·군·구의 보건소 치매안심센터다. 선별검사 대상은 치매안심센터 주소지 관할 거주 만 60세 이상으로 치매로 진단 받지 않은 모든 주민 혹은 만 60세 미만으로 인지능력이 현저히 저하되어 조기검진이 필요하다고 판단되는 경우가 해당된다. 선별검사 도구는 치

매 선별용 한국어판 간이정신상태검사지(MMSE-DS)를 사용한다. 진단검사
는 치매안심센터 주소지 관할 거주 만 60세 이상으로 선별검사 결과 '인지저
하'로 판정된 자, 치매 의심 증상이 뚜렷한 자 혹은 만 60세 미만으로 치매 의
심 증상이 뚜렷하여 진단검사가 필요하다고 판단되는 경우가 해당된다. 진
단검사는 전문의 진찰, 치매척도 검사, 치매신경인지검사(CERAD-K 제2판,
SNSB II, LICA 중 한 가지), 노인우울척도검사(GDS-K), 일상생활척도 등으로
이루어진다. 감별검사는 치매 진단검사 결과 치매의 원인에 대한 감별검사
가 필요한 경우 협력병원에 의뢰하여 이루어진다. 감별검사 도구는 치매 원
인규명을 위한 혈액검사, 뇌 영상 촬영(CT 두부 MRI) 등이다. 만 60세 이상이
고 중위소득 120% 이하인 경우 감별검사 비용에 대한 실비 지원을 받을 수
있다.

(2) 치매치료관리비 지원

치매치료관리비 지원은 치료비 지원을 통해 치매를 조기에 치료함으로써
효과적으로 치매 증상을 호전시키거나 중증화를 방지하여 궁극적으로 노후
삶의 질을 제고하는 데 목적이 있다.

지원신청에 대한 접수는 시·군·구의 관할 보건소이며 지원 대상은 만
60세 이상이고 중위소득 120% 이하로 치매 진단을 받고 치매치료약을 복용
하는 경우 치매치료관리비로 보험급여분에 대한 본인부담금(치매약제비+약
처방 당일의 진료비)에 대해 지원한다. 지원금액은 월 3만 원(연간 36만 원) 상
한으로 지원되며 의료급여 수급 노인도 월 3만 원(연간 36만 원) 한도 내에서
지원된다.

(3) 노인실명예방관리

노인실명예방관리는 노인 안검진 및 개안수술, 저시력 노인을 위한 재활
사업 등을 포함한다. 노인실명예방관리의 지원 근거는 「노인복지법」 제1조
(목적), 제27조(건강진단 등)이다.

노화로 인한 안과 질환은 자각증상이 없기 때문에 정기적 검진을 통한 개안수술이 중요한 치료방법이다. 노인 안질환은 방치 시 실명에 이를 수 있으므로 조기발견 및 수술 지원 등이 필요하다. 무료 안검진은 60세 이상 모든 노인이 대상자이며 개안수술은 60세 이상 백내장, 망막질환, 녹내장 등 기타 안질환자 중 수술이 필요한 노인으로 전국 가구 평균소득 50% 이하인 경우 대상자가 된다. 2018년 노인실명예방관리 사업 실적은 무료 안검진 10,411명, 개안수술은 7,718안으로 망막증 수술 991안과 백내장, 녹내장 등 6,727안, 저시력예방교육 7,255명에 이른다(보건복지부, 2019a).

| 알아두기 |

「노인복지법」의 건강보장 관련 조항
제1조: 이 법은 노인의 질환을 사전에 예방 또는 조기발견하고 질환 상태에 따른 적절한 치료 · 요양으로 심신의 건강을 유지하고, 노후의 생활안전을 위하여 필요한 조치를 강구함으로써 노인의 보건복지 증진에 기여함을 목적으로 한다.
제27조: 국가 또는 지방자치단체는 대통령령이 정하는 바에 의하여 65세 이상의 자에 대하여 건강진단과 보건교육을 실시할 수 있다.

3. 노인 건강보장의 향후 과제

노인 건강보장제도를 개선하기 위한 향후 과제를 정리해 보면 다음과 같다.

첫째, 노인의료비 감소를 위해 노년기 진입 이전부터 질병 예방 및 건강 유지를 촉구할 수 있도록 예방적 접근을 강화한 건강보장제도로 개선될 필요가 있다. 노년층의 의료비 부담 증가와 국민건강보험에서 노인의료비가 차지하는 높은 비중은 의료비로 인한 빈곤노인 양산과 노인의료비가 앞으로 국가재정의 재앙이 될 수 있을 거라는 예측이 나올 정도로 문제가 심각하다. 노인의료비 문제는 노인인구의 급증에 따른 노인질병 및 의료 이용 관련 특성 외에 건강보험 수가체계, 고비용의 진단검사 및 치료의 확대 등과 같은 여러 요인들이 작용하고 있다. 최성재와 장인협(2010)은 의료비 지출과 관련해 노인 질병의 특성을 고려하여 노인에게 적용되는 부담 한도액 설정, 노인 질병의 특성과 효율적인 진료를 위한 노인병 전문 병원의 활성화, 기동력 문제나 다른 이유로 의료시설을 방문하기 어려운 노인을 대상으로 보건소 의사나 공중보건의 등을 활용한 의사 왕진 서비스 강화, 농어촌 지역 노인의 의료시설 접근성 향상 등을 제안하고 있다.

둘째, 노인장기요양보험제도가 해결해야 하는 문제점으로 지속적으로 지적되는 사항들은 대상의 적극적 확대, 대인수발의 직접적 기능을 담당하는 장기요양 인력의 서비스 질과 이들의 근로환경 및 조건 악화 문제, 사각지대에 처해 있는 본인부담금 부담능력이 없는 등급인정자 문제 등을 포함한다.

셋째, 노인장기요양보험 시설급여의 질적 향상 과제다. 이와 관련해 최재성(2015)은 크게 두 가지를 제시하고 있다. 한 가지 과제는 노인장기요양보험제도의 초점이 '노인 수발에 대한 가족의 부담을 감소시키는 데 있는가' 또는 '노인의 삶의 질을 향상시키는 데 있는가'에 대한 분명한 방향 설정이 필요하다는 것이다. 현재의 제도 설계는 수발 부담의 감소에 초점이 맞춰진 것으로 평가된다. 즉, 현재 장기요양기관에서 제공하는 장기요양서비스는 거주 노인이 가진 개성과 고유한 특성을 존중하고 노인의 지속적인 성장을 유도하는 접근이 아닌 건강이 불편한 노인을 둔 가족의 부양 부담을 감소시키기 위해 노인들을 사회적으로 분리하여 수용 및 보호하는 성격이 강하다는 것이다. 노인장기요양보험제도는 도입 이후 일각에서는 공식적인 사회적 돌봄을 통해 가족의 부양 부담을 경감하였다(최혜지, 2009)는 긍정적 평가가 이루어진 반면, 현재의 제도가 수발 부담 경감에만 초점이 맞춰져 있어 정작 생애 마지막 시기의 노인의 삶의 질에 대한 고려가 부족하다는 우려가 제기된다(김찬우, 2009). 다른 한 가지 과제는 노인요양시설의 기본적 운영 모델 설정에 대한 논의가 필요하다는 것이다. 현재 노인요양시설의 운영은 의료 · 간호서비스 중심의 의료 모델 중심이다. 기본적으로 노인요양시설은 거주 노인들의 식사와 수면 그리고 여가활동까지 일상생활을 하는 공간이라는 점에서 거주시설의 특성이 크게 반영되어야 한다. 즉, 노인요양시설에 거주하는 노인의 실질적 문제들인 외로움, 무기력함, 무료함 등을 해결할 수 있는 심리사회적 모델로의 전환이 요구된다.

넷째, 장기요양 재가급여 종류의 다양화와 전문성 향상 과제다. 노인장기요양보험제도 실행 이후 대상자 기준에서는 과거 저소득층 중심에서 탈피하고 있으나, 재가급여 내용과 질은 기존 서비스를 크게 벗어나지 못해 노인복지 욕구의 다양성에 전문적으로 대처하기에는 미흡하다고 볼 수 있다. 방문요양급여의 가사수발 중심의 서비스 제공을 탈피하기 위한 신체수발 영역과 가사수발 영역의 구분으로 세분화할 필요가 있고 식사배달 등의 영양 영역, 외출지원 등의 이동 영역, 주택개조서비스 등의 주거 영역 등 새로운 영역으로 급여를 확대할 필요가 있다. 복지용구의 영역 및 범위도 일상생활과 이동지원, 신체기능 회복 및 재활 등에 첨단 기술을 적용하는 시도가 필요하다.

다섯째, 건강보험급여와 장기요양급여의 연계 과제로 노인장기요양시설에서의 의료서비스 연계와 의료기관에서의 간병문제를 해결할 필요가 있다. 건강보험급여와 장기요양급여가 분리되고 단절되어 있어 비효율 및 낭비가 발생하는 것이 문제인데, 건강보험급여와 장기요양급여의 현행과 같은 분리를 지속하려면 노인환자의 경제적 부담 경감 차원에서 건강보험에서 간병비를 지원하거나 포괄간호서비스를 전면 확대하는 방안이 필요하다.

제9장

노년기의 주거보장

　은퇴하여 대부분의 시간을 집에서 보내게 되는 노인에게 주택은 생의 어느 시기보다 중요한 비중을 차지한다. 우리나라는 아직까지 노인의 주거문제를 노인 개인이나 가족이 해결해야 할 문제로 간주한다. 이제는 인구 고령화에 따른 노인 주거문제를 해결하고 활력 있는 노후생활을 지원하기 위해 지역사회 내에서의 노인주거정책이 필요한 시점이다. 그동안 우리나라의 노인 주거보장정책은 일상생활기능 저하로 돌봄을 받아야 하는 노인을 대상으로 노인복지시설을 공급하는 데 주력해 왔다. 보호와 치료서비스를 제공하는 차원에서 노인주거 문제에 접근해 온 것이다. 평균수명이 길어지고 노인가구가 급증하면서 주택에 대한 욕구가 변화하고 있다. 노인 주거보장정책은 노인에게 편리하고 신체적 독립성을 확보하는 것을 목표로 해야 하고 지역사회서비스 접근성과 사회참여 및 통합의 증진을 목표로 해야 한다.

　제9장에서는 먼저 주거보장의 개념과 노년기 주거보장의 중요성을 살펴보고 이어서 우리나라의 노인 주거보장정책을 소개한다. 마지막으로, 노인 주거보장의 향후 과제에 대해 논의한다.

1. 주거보장의 개념과 노년기 주거보장의 중요성

주택보장과 주거보장 개념의 차이를 살펴보면 주택보장은 개인 자신의 독립성을 유지하면서 안전하고 안락한 일상생활의 공간을 확보하고 유지할 수 있도록 주택의 건설과 공급, 그리고 이에 관련된 서비스를 통하여 지원하는 제반 사회적 노력을 의미하고, 주거보장은 주택보장을 전제로 그 주택에서 생활하는 노인에게 적합한 주거환경을 조성하기 위한 지원노력을 의미한다 (권중돈, 2019).

노인을 위한 주거보장은 계속 거주의 보장, 주거공간의 최저기준 확보, 거주 기회의 평등 보장, 정상화의 실현을 목적으로 한다(김기태 외, 2009; 이경락, 2003; 정상양, 김옥희, 엄기욱, 이경남, 박차상, 2012). 계속 거주의 보장은 가능한 한 생활해 왔던 지역사회와 주택에서 노후를 보낼 수 있도록 주거의 연속성을 보장하는 것을 말한다. 주거공간의 최저기준 확보는 인간으로서 자립과 존엄성을 지키기 위한 인권보장을 위한 것이다. 거주 기회의 평등 보장은 노후의 안정된 생활을 위해 거주하고 싶은 지역에 거주할 수 있는 거주권을 의미한다. 정상화는 인간으로서 존엄성을 갖고 생활할 수 있는 권리를 행사할 수 있는 사회를 추구하는 것을 일컫는데 주거환경 개선을 통해 노인의 자립적 일상생활을 추구하는 것을 의미한다.

외국의 경우 노인과 장애인에게 편리한 도시구조를 만들자는 Universal Design City와 노인들이 살기 편리한 생애주택 등을 정책적으로 추진하고 있다.[1] 유니버설(Universal)은 사용하기 쉬운(usable), 차별화가 아닌 정상화를 도모하는(normalizing), 다양성을 포용하는(inclusive), 다용도의(versatile), 가

---

1) 노인에게 편리한 도시는 사회복지비를 줄이고 노인의 생산적 활동을 촉진시킬 수 있는 효율적인 선행투자다. 유럽과 일본식의 다세대 공생형 주택(collective house)은 한 지붕 아래 노인과 청년 등 다양한 연령대가 독립된 공간에 살면서 식당, 거실 등을 함께 쓰는 주택이다(조선일보. 2008년 4월 13일자).

능성을 진작시키는(enabling), 존중감을 느끼게 하는(respectable), 활동을 지원하는(supportive), 접근에 용이한(accessible), 이해하기 명료한(legible)이라는 아홉 가지 건축 원리를 의미한다(이연숙, 2005).

노인 관련 유니버설 디자인은 단순하게 말하면 장애물이 없는 집을 일컫는다. 노인의 안전사고 비율이 가장 높은 장소는 주택 내부다. 한국소비자원이 노인의 안전사고를 조사한 결과 전체 사고의 57.2%가 주택에서 발생하였다(아시아경제신문, 2007년 9월 13일자). 안전을 고려하지 않은 욕실이나 문지방에 넘어져 사고를 당하는 것이다. 무장애 디자인이 노인이 살고 있는 주택에 적용되어야 할 필요성이 여기에 있다. 무장애 디자인은 장애인과 노인을 고려하여 자유롭게 활동할 수 있도록 배려한 설계기준을 일컫는다. 예를 들면, 계단을 없애거나 그 주변에 경사로를 설치하는 것, 문턱과 같은 단차를 없애는 것, 통로와 문의 적정 폭을 유지하는 것, 공간과 제품의 이용성을 높이기 위해 공간의 유효크기와 치수, 손잡이 설치 등의 배려를 하는 것 등이다(박동준, 2005). 그 밖에도 미끄러지지 않는 바닥재 시공이라든지 외부와 연락 가능한 비상 스위치 설치 등이 있다.

일본의 경우 살던 곳에서의 고령화(aging in place)를 노인주거정책의 기본 원칙으로 하고 있어 개호보험에 소규모 주택개조 비용지급이 포함되어 주택구조의 장애로 인해 부득이하게 장기입원을 해야 하는 사람, 지역사회에 계속 살기를 원하는 고령자를 대상으로 보건, 복지, 건축 등의 전문가들이 연계하여 주택개조를 지원하는 시스템을 구축하고 있다.

노년기의 주거환경이 갖는 의미를 살펴보면 다음과 같다(이연숙, 2000). 첫째, 주된 생활영역이 가정환경으로 축소되는 경향이 있으므로 노년기의 주택은 삶의 터전이며 노후생활 안정의 가장 중요한 요소가 된다. 둘째, 안정적 경제생활을 할 수 있다. 셋째, 동일주택에서 지속적으로 거주할 경우 사회적 관계망을 유지할 수 있다. 넷째, 사생활의 자유를 공간적으로 확보할 수 있게 된다. 다섯째, 동일주택에서 지속적으로 거주할 경우 추억과 경험의 연속성을 유지할 수 있게 된다. 여섯째, 노인들의 생활에 적합하도록 계획된 주거공간을 확보함으로써 신체기능 및 일상생활 기능저하를 보완하고, 수용하며, 안전생활을 보장하는 물리적 환경의 확보가 가능하다.

노인 주거보장의 중요성이 강조되는 배경에는 신체적 노화, 급속한 인구 고령화, 핵가족화, 노인인구의 빈곤화와 같은 요인들이 작용하고 있다(최성재 편, 2012).

일반적으로 노화는 신체 기능의 약화를 초래하고 외부 활동이나 이동시간을 축소시키는 경향이 있기 때문에 고령화될수록 집에 거주하는 시간이 많아진다. 따라서 노화 자체가 주택의 중요성을 증가시킨다고 할 수 있다. 생활영역의 축소, 환경에 대한 적응능력의 약화로 인해 노년기는 어느 연령대보다도 주거환경이 중요하다. 노인은 환경통제력이 약해 환경에의 의존성이 다른 연령층보다 훨씬 높다. 주거환경은 행동반경이 제한되는 노인들에게 생활 전반이 펼쳐지는 장으로서 필요한 제반 사항을 지원해 줄 수 있도록 계획되어야 한다.

노인인구의 비율이 높아지면 그 인구가 집단적으로 또는 사회적으로 필요로 하는 특정 측면에 대한 욕구수준이 높아진다. 이런 수요에 대해 국가는 구체적이고 종합적인 대처방법을 강구하는 노력을 하게 된다. 인구 고령화라는 세계적인 추세는 노인주택에 대한 사회적 중요성을 높이는 요인이 되고 있다.

우리나라는 자녀세대와 동거가 급격히 감소하고 노인부부 또는 독거세대가 크게 증가하는 현상이 나타나고 있는데 이런 경향으로 인해 노인 부부세대 또는 노인독거세대에 맞는 주택이 필요하게 되고 필요한 주택도 노인의 건강과 신체적 능력에 적합한 다양한 특징들을 갖추어야 한다. 노인가구를 위한 주거 공간 계획 시 고려해야 하는 측면은 충분한 화장실 수, 부엌과 거실의 적절한 공간 규모, 방음시설, 효율적이고 체계적인 붙박이장이나 수납시설 설치, 난방 및 습도조절 장치, 프라이버시 침해를 막기 위한 실내 공간 배치, 문턱으로 인한 위험성 제거 등이다. 신체적·정신적·사회적으로 취약해진 노인에게 주택은 신체적인 결함을 보완해 주며 정신적 안정감과 경제적 안정감을 유지시켜 주는 역할을 한다.

　　노인가구의 소득은 은퇴 이후에 현저히 낮아지게 되어 노인 빈곤가구가 많아질 위험이 있는데 우리나라 노인의 빈곤율은 전체 노인의 절반에 가깝다. 노인 빈곤세대의 경우 주택을 구매하거나 임대할 경제력이 낮아 국가에 의한 주거지원이 필요하게 된다.

2. 노인 주거보장정책

　　주거보장 방법은 재가 목적 주거보장과 시설보호 목적 주거보장으로 구분된다. 우리나라의 재가 목적 주거보장 관련 정책은 노부모와의 동거를 장려하는 정책으로 부모와 자녀가 하나의 주택으로 합치는 경우 처분한 주택에 대한 양도소득세 면제, 노인 부양 세대주의 전월세 보증금 대출금리 인하, 주택 신축 혹은 구입자금에 대한 지원 등이 있다. 시설보호 목적의 주거보장은 「노인복지법」상의 노인주거복지시설과 노인의료복지시설 설립과 운영 지원이 포함된다. 시설을 노인 주거보장정책에 포함시키는 것과 관련해 논쟁의 여지가 있지만 노인복지주택이 그동안 증가하였고 노인장기요양보험제도 도입으로 의료복지시설이 급증하였는데 노인복지주택에 입주한 노인은 물론 요양시설에 입소한 노인에게 시설은 주거지인 것이다. 따라서 노인복지시설도 포함해서 이 책에서는 노인의 주거보장을 살펴볼 것이다.

　　우리나라는 법적으로 「노인복지법」 제8조에 "국가 또는 지방자치단체는 노인의 주거에 적합한 기능 및 설비를 갖춘 주거용 시설의 공급을 조장하여야 하며, 그 주거용 시설의 공급자에 대하여 적절한 지원을 할 수 있다."고 규정하고 있어 형식적으로는 노인의 특성을 고려한 주택건설에 대한 정책적 관심을 표명하고 있으나 이 규정은 형식적이고 선언적인 의미에 그치고 있다.

　　현재 우리나라는 노인을 위한 주거보장으로 저소득 무주택 재가노인을 위한 제한된 주거보장정책만을 추진하고 있을 뿐이다. 자녀에 의한 동거부양

촉진 목적으로 실시되는 주택분양우선권 부여제도 등이 있으나 노인 주거보장정책으로 간주하기에는 실질적 성과가 확인이 되지 않는다. 노인복지주택은 민간에 의해 공급되고 있는데 실적도 낮고 이용료가 비싸 대부분 고소득층이 이용하고 있고 고령자임대주택은 공공부문이 저소득 서민층을 대상으로 공급하고 있는 고령자주택이나 아직까지는 물량 공급에만 초점을 두고 있다(김혜승, 강미나, 2008). 노인의 생애 단계나 연령, 건강 상태 등에 따라 원하는 주택의 형태, 규모, 편의시설이 다를 수 있는데 노인인구의 다양한 주거 욕구를 충족시켜 주는 주거보장정책은 미비한 실정이다.

1) 지역사회 노인 주거지원

지역사회 노인 주거지원으로는 저소득층 노인을 위한 영구임대아파트 및 노인공동생활가정이 운영되고 있으나 여기에 입주해 주거 지원을 받은 노인들이 얼마나 되는지에 관한 전국적 현황은 정확한 파악이 안 되어 있는 실정이다.

최근에 확대되고 있는 고령자복지주택은 독거노인 등 어르신들이 주거지 내에서 편리하게 복지서비스를 이용할 수 있도록 주택과 복지시설을 복합건설하는 공공임대주택이다. 2015년부터 정부재정과 민간 사회공헌기금을 활용하여 고령자용 영구임대주택인 공공실버주택사업이 추진되기 시작했고, 2017년 「주거복지 로드맵」에 따르면 고령자복지주택의 공급 확대를 위해 정부가 사회복지시설 건설비용의 일부(정부 50%, 지자체 및 사업시행자 50%)를 지원하여 추진하며, 지자체 등이 희망하는 경우 고령자용 영구임대주택과 함께 국민임대 · 행복주택도 함께 공급할 수 있다. 공공실버주택사업은 영구임대주택의 저층부에 복지관을 설치하여 주거와 복지서비스를 함께 제공하는 공공임대주택으로, 무장애 디자인을 적용하여 주택 내부의 문턱 제거, 높낮이 조절 세면대 등 고령자 편의 설계를 도입한 주택을 일컫는다. 입주하여 운영 중인 성남 위례 공공실버주택에는 노인의 편의성을 고려한 높낮이 조절 세면대, 복도와 욕실의 안전손잡이, 비상안전유도등 등이 설치되어 있고, 복지관에 노인들이 이용할 수 있는 물리치료실, 경로식당, 탁구장 등의 운동시설, 소공연장, 프로그램 실, 옥상 텃밭 등이 있으며 다양한 복지서비스를 제공하고 있다.

일부 지방자치단체는 농촌 및 도시형 노인 주거복지의 일환으로 공동주택 혹은 공동거주공간을 운영하고 있으며, 이러한 주거지원에 대한 긍정적 평가가 이루어지면서 노인 공동생활 주거정책은 확대될 것으로 전망한다. 2013년 하반기 기준으로 전국 총 684곳에서 독거노인 공동주거생활이 이루어지고 있다(박중신, 박헌춘, 김승근, 2014). 대표적인 노인 공동주택 및 공동거주공간을 소개하면 다음과 같다.

농촌형 주거복지로 간주할 수 있는 영암군의 '달뜨는 집'은 홀로 사는 노인과 소년 소녀 가장, 다문화가정, 장애인가정, 한부모가정 등 저소득 가족을 대상으로 하는 무료 공동주택이다(동아일보, 2013년 9월 16일자). 73세의 기초생활수급자인 김 할머니는 이곳에 오기 전 사글세 집을 전전했다. 장애수당과 기초노령연금 등으로 어렵게 생활하다 달뜨는 집으로 옮기며 난생 처음 자신의 이름을 문 앞에 내건 보금자리를 얻었다. 다리가 불편해 전동휠체어를 타고 다니는 그는 "의지할 사람이 있고 자원봉사자도 자주 찾아주니 외롭지 않다"고 한다.

도시형 노인 주거복지라 할 수 있는 서울 금천구의 독거노인 맞춤형 공동주택은 금천구와 서울시의 주거환경 개선 공동협력사업으로 이루어졌다(노순규, 2015). 금천구가 서울시에 제안해 진행된 이 공동협력사업은 지하 혹은 반지하 거주 저소득층 독거노인의 열악한 주거환경을 개선하기 위해 독산2동에 독거노인 맞춤형 공공원룸주택을 보급하는 사업이다. 맞춤형 공공원룸주택은 16가구가 살 수 있고 각 가구의 주거공간, 공용공간 2실, 엘리베이터, 옥상 텃밭 등으로 이루어져 있다.

전남 순천시에는 독거노인 공동거주공간인 9988쉼터가 있다. 순천시는 지역 경로당이나 마을회관, 빈집 등을 개보수하고 주방기구, 이부자리, 난방

비를 지원해 독거노인들의 공동거주공간을 마련해 주었는데 5~10명의 노인들이 공동으로 숙식을 하면서 외로움 해소와 고독사 예방, 새로운 공동체를 형성하도록 지자체가 돌보게 된 것이다(노순규, 2015). 순천시는 2020년까지 9988쉼터를 100곳으로 확대 운영할 계획을 갖고 있다.

대전광역시는 노인공동생활 가정조례를 제정하였다(노순규, 2015). 노인공동생활 가정조례는 독거노인들의 고독사, 치매, 우울증 등을 예방하고 생활비와 관리비를 줄여 빈곤노인들의 생활을 안정시키기 위한 조례다. 이 조례에 근거해 경로당이나 마을회관에 시설 개보수비와 운영비, 물품구입비 등을 지원해 5~7인의 독거노인이 공동생활을 할 수 있는 주거공간을 마련해 시범운영을 하고 점차 확대할 계획이다.

2012년 「장애인 · 고령자 등 주거약자 지원에 관한 법률」의 제정으로 노인의 주거환경 개선을 위한 법적 근거가 만들어졌다. 그 내용을 살펴보면, 주거약자의 주거 안정과 안전한 주거생활을 위하여 최저 주거기준(제8조)과 안전기준 및 편의시설 설치기준을 설정하고(제9조), 주거약자 등이 주택을 주거약자용 주택으로 개조할 경우 융자지원할 수 있도록 하는 것(제15조)이 포함되어 있다. 일상생활 기능이 저하된 노인의 주택은 기본적으로 안전을 보장하고 가능한 한 다른 사람의 도움 없이 움직일 수 있는 무장애 공간으로 개조되어야만 한다. 주택 개조가 이루어지면 살던 주택에서 노후를 보내고 싶어 하는 노인의 주거 욕구를 만족시킬 수 있고, 노인이 독립적 일상생활을 영위하게 되면 가족의 부담도 경감된다. 그러나 법률 개정으로 주거약자인 노인의 주거환경 개선을 위한 법적 토대는 마련되었지만 주택개조를 실질적으로 하게 할 수 있는 지원정책은 뚜렷하게 없는 실정이다.

독거노인인 경우 주거환경 개선에 대한 정부의 지원이 있다. 보건복지부는 독거노인들의 주거환경 개선을 위해 시군구 단위의 '노인주거개선사업단'을 구성하여 서비스를 제공하고 있다. 지역자활센터, 노인일자리사업과 연계한 노인주거개선사업단을 활용하여 도배, 장판, 수도, 보일러, 전기, 가스, 가전제품 수거 등 노인주거 개선을 지원하는 것이다. 수선 내용은 형광

등 교체, 창문 보온 등 비교적 간단한 조치로 주거 개선이 가능한 부문, 수
도·보일러 수리, 도배, 장판 수리 등 비교적 전문적 기술을 요하는 부분까
지로 되어 있으나, 지원 범위는 간단한 집수리로 주거환경 개선이 가능한
분야를 중심으로 하고 있다. 그 밖에 독거노인가구 등을 대상으로 한 지방
자치단체의 독자적인 개량사업이 있다. 그러나 정부의 주거환경 개선 관련
성과는 2011년 제공된 주거현물급여의 내용을 보면 가구규모별로 월 7천
원~3만 4천 원에 불과하여 개선효과는 크지 않은 것으로 나타났다(신용주,
2012).

2) 노인주거복지시설

「노인복지법」에 유일하게 포함된 노인주거와 관련된 제도인 노인주거복
지시설은 제32조에서 양로시설, 노인공동생활가정, 노인복지주택으로 규정
되어 있다. 주거복지 기능이 있는 노인시설을 종류별로 보면 2018년 12월 말
기준 양로시설은 238개와 입소정원 12,510명, 노인공동생활가정 117개와 입
소정원 998명, 노인복지주택 35개소와 6,389세대다(보건복지부, 2019d).

| 알아두기 |

「노인복지법」 제32조(노인주거복지시설)
① 노인주거복지시설은 다음 각 호의 시설로 한다.
1. 양로시설: 노인을 입소시켜 급식과 그 밖에 일상생활에 필요한 편의를 제공
   함을 목적으로 하는 시설
2. 노인공동생활가정: 노인들에게 가정과 같은 주거여건과 급식, 그 밖에 일상
   생활에 필요한 편의를 제공함을 목적으로 하는 시설
3. 노인복지주택: 노인에게 주거시설을 임대하여 주거의 편의·생활지도·상
   담 및 안전관리 등 일상생활에 필요한 편의를 제공함을 목적으로 하는 시설

「노인복지법 시행규칙」 14조의 입소 대상자의 자격을 살펴보면 양로시설·노인공동생활가정은 65세 이상으로 생계급여 수급자, 부양의무자로부터 부양받지 못하는 자, 실비보호 대상자 중 일상생활에 지장이 없는 자로 되어 있고, 정부 지원을 받지 않고 입소자가 비용을 전액 부담하는 경우에는 60세 이상으로 규정되어 있다. 노인복지주택은 60세 이상으로 단독취사 등 독립된 주거생활을 하는 데 지장이 없는 자로 규정하고 있다.

│ **알아두기** │

「노인복지법 시행규칙」 제14조(노인주거복지시설의 입소 대상자)

① 「노인복지법」 제32조에 따른 노인주거복지시설의 입소 대상자는 다음 각 호와 같다.

1. 양로시설·노인공동생활가정: 다음 각 목의 어느 하나에 해당하는 자로서 일상생활에 지장이 없는 자

   가. 「국민기초생활 보장법」 제7조 제1항 제1호에 따른 생계급여 수급자 또는 같은 항 제3호에 따른 의료급여 수급자로서 65세 이상의 자

   나. 부양의무자로부터 적절한 부양을 받지 못하는 65세 이상의 자

   다. 본인 및 본인과 생계를 같이 하고 있는 부양의무자의 월소득을 합산한 금액을 가구원 수로 나누어 얻은 1인당 월평균 소득액이 통계청장이 「통계법」 제17조 제3항에 따라 고시하는 전년도(본인 등에 대한 소득조사일이 속하는 해의 전년도를 말한다)의 도시 근로자가구 월평균 소득을 전년도의 평균 가구원 수로 나누어 얻은 1인당 월평균 소득액 이하인 자로서 65세 이상의 자(이하 '실비보호대상자'라 한다)

   라. 입소자로부터 입소비용의 전부를 수납하여 운영하는 양로시설 또는 노인공동생활가정의 경우는 60세 이상의 자

2. 노인복지주택: 단독취사 등 독립된 주거생활을 하는 데 지장이 없는 60세 이상의 자

② 제1항 제1호에 따른 입소 대상자의 65세 미만인 배우자(제1항 제1호 라목의 경우에는 60세 미만인 배우자)는 해당 입소 대상자와 함께 양로시

설 · 노인공동생활가정에 입소할 수 있다.

③ 제1항 제2호에 따른 입소대상자의 60세 미만인 배우자 및 제1항 제2호에 따른 입소 대상자가 부양을 책임지고 있는 19세 미만의 자녀 · 손자녀는 해당 입소 대상자와 함께 노인복지주택에 입소할 수 있다.

생활지원 주택은 우리나라는 이제 시작되는 단계이며 외국의 경우는 보다 다양하다. 미국에서는 요양원의 횡행에 대한 반응으로 정부가 1978년에 「집합주택 서비스 법」을 제정해 집합주택(congregate housing)에서 제공되는 각종 서비스 비용에 대해 주택 · 도시개발부에서 직접 보조하는 주택정책으로서 집합주택의 제도화를 시도하기 시작했다. 집합주택은 주택이 집합되어 있을 뿐 아니라 욕구에 따라 식당에서 식사도 제공하고 의료, 간호, 신체적 수발, 가사 서비스 등도 제공된다. 집합주택, 요양원, 병원의 비용을 비교한 자료에 의하면 요양원이나 병원의 서비스 비용이 집합주택의 서비스 비용보다 적게는 5배에서 크게는 30배에 달하고 있다(송대현 역, 1992).

분양형 노인복지주택은 당초 단독취사 등 독립된 주거생활을 하는 데 지장이 없는 60세 이상의 노인들에게 주거의 편의, 생활지도상담 및 안전관리 등 일상생활에 필요한 편의를 제공하기 위한 것이었다. 분양형은 입주자가 주거시설 소유권을 취득하고 서비스는 별도로 계약하는 형태를 말하는 것이다. 분양형의 분양가는 아파트 건축비의 120% 정도이고, 분양 가격은 시설의 위치 등 지역 여건에 따라 상이하고 임대형은 보증금을 미리 선납하고 매월 이용료를 납부하는 것으로서 보증금은 1,300만 원~2억 원, 매월 이용료는 30~110만 원까지 다양한 형태가 존재하고 있다(이희성, 2012). 노인복지주택은 「노인복지법」의 노인복지시설로 분류되어 다양한 지원과 혜택을 받아 왔다. 예를 들어 보면 아파트 등 공동주택이 들어설 수 없는 용도 지역 및 사회복지시설부지에 건축될 수 있고, 아파트 등 일반 공동주택에 설치하도록 규정한 놀이터, 경로당, 주차장 등의 설치를 면제 · 완화함으로써 사업자는 건축비를 절감할 수 있다. 또한 노인의 주거안정 지원과 일상생활의 편의를 제공하기 위한 노인전용주거시설인 노인복지주택은 「건축법」상 노유자시설로서 건축부지 취득에 관한 조세를 감면받고 일반 공동주택에 비하여 완화된 시설 설치기준을 적용받는 등 각종 보조와 혜택이 주어지고 있다.

30세대 이상인 노인복지주택의 경우 노인복지시설을 설치·운영하는 자에게 당해 시설 또는 사업에 관하여 필요한 보고를 하도록 하고 허위보고 시 사업을 정지·폐지할 수 있는 규정을 두고 있다(「노인복지법」 제42조, 제43조). 그러나 그 내용이 구체적이지 못하고 형식적으로 규정되어 있어 관리감독의 실효성이 제한된 실정이다. 노인복지시설은 설치규정에 따라 시장·군수·구청장에게 신고하면 누구든지 설치할 수 있도록 되어 있고, 사후의 관리에 관한 법제가 없기 때문이다. 「노인복지법」상 설치에 관한 사항을 규정하고 있어도 노인복지주택은 부지 매입부터 건축물의 건축에 이르기까지 많은 개별 법률의 적용을 받고 있다. 시설설치에 관한 사항은 「노인복지법」, 입지에 관한 사항은 「국토의 계획 및 이용에 관한 법률」, 건축에 관련된 사항은 「건축법」과 「주택법」, 「노인복지법 시행규칙」, 그리고 복지시설에 관한 내용은 「사회복지사업법」이 적용된다. 이처럼 노인복지주택 개발 시 「노인복지법」이 우선적인 기본법이 되지 못하고 각종 개별법의 적용을 받고 있어서 복잡한 절차의 문제점을 본질적으로 갖고 있다.

그동안 노인복지주택과 관련해 여러 문제점이 발생하였다. 한 예로 노인복지주택이 노인가구의 주거복지를 증진시키기 위한 정책수단임에도 불구하고 노인복지주택에 노인이 아닌 자가 다수 거주하는 사례가 발생하였다(장경석, 원시연, 2012). 또한 입소자 노인을 부양하는 자녀도 입주할 수 없는 엄격한 입주자격과 분양형의 경우 입소자 사망 후 자녀에게 상속되더라도 자녀는 입소할 수 없는 문제가 있었다. 이러한 문제를 해결하기 위하여 보건복지부는 「노인복지법」을 개정하여 벌칙을 강화하는 한편 2008년 8월 이전에 사업계획이 승인된 노인복지주택은 입소 자격과 양도에 관한 특례를 인정하였다.[2] 이에 따라 2008년 8월 이전에 신고된 노인복지주택은 60세 미만인 경우에도 입주 혹은 매매가 가능하다.

3) 노인요양시설

주거복지 기능을 갖는 노인복지시설은 노인주거복지시설(양로시설, 노인공동생활가정, 노인복지주택) 외에 노인요양시설도 포함한다. 노인장기요양보험제도가 정착되면서 요양원이 노인이 삶을 종료하기 전 거치게 되는 거주 형태 가운데 하나가 된 것이다. 노인요양시설에 대한 인식은 일반적으로 부정적이다. 죽음을 위한 전 단계 과정으로서의 이미지와 인생의 종착역이라는 부정적 이미지가 노인 당사자뿐만 아니라 일반 시민에게도 확산되어 있다(Vladeck, 2003). 특히, 우리나라 경우는 가족부양의 오랜 전통으로 아직도 노인의 시설 입소에 대해 강한 저항이 있다. 그러나 노년기에는 일반적으로 신체적 기능이 저하되기 마련이라 어느 시점에 가서는 건강 상태가 악화되어 독립적으로 일상생활을 하기 어렵게 된다. 따라서 가족의 부양능력으로 신체적 수발을 담당하기 어렵거나 가족이 없는 노인인 경우에는 시설보호가 불가피하게 된다.

평균수명의 연장, 가족구조의 변화, 가족의 노부모 부양 기능 약화를 감안할 때 앞으로 시설보호 수요는 급증하리라고 예측된다. 서구사회는 주요 정책적 추세가 탈시설화, 가족돌봄의 증진, 지역사회보호체계의 강화로 나아가고 있으나 노인장기요양보험제도 도입으로 우리나라는 최근 노인요양시설이 양적으로 급격하게 증가하였다. 그 규모는 노인요양시설 3천 390개와

---

2) 1993년 12월 27일 개정된 「노인복지법」에 따라 종전 사회복지법인 외에 민간기업체나 개인에게도 노인복지시설을 설치·운영할 수 있도록 완화하여 유료노인복지주택(임대형)이 도입되고, 1997년 8월 유료노인복지주택 분양이 허용되었다. 2007년 8월 3일 분양·매매·임대 시 60세 이상의 자로 명확히 하고, 위법하게 분양·매매·임대한 자에 대한 처벌 규정을 신설하였으며, 2011년에는 2008년 8월 4일 전에 건축허가 또는 사업계획 승인을 받은 노인복지주택에 대하여는 입소·양도·임대의 제한 규정을 적용받지 않도록 특례 규정을 마련하였다.

입소정원 16만 594명, 노인요양공동생활가정 1천 897개와 입소정원 1만 6천 724명이다(보건복지부, 2019d).

| 알아두기 |

Meadowlark Hills는 미국 캔자스주 맨해튼시에 위치한 노인요양시설로 '병원 같은 시설에서 내 집과 같은 시설'로의 변화를 기본 가치로 한다. 이 요양시설은 60개의 병상을 가진 하나의 큰 시설을 13명에서 22명이 거주하는 3개의 분리된 개별 시설로 재구조화하였다. 개별 가구는 구조적으로 각기 다른 입구, 현관과 초인종을 가진 형태로 구분되어 있으며 케어 직원조차 출입 시 초인종을 누르고 들어가는 방식으로 최대한 일반가정과 동일한 형태의 시설 구조를 갖추기 위해 노력하였다.

Meadowlark Hills 거주자들은 자신들의 일과를 스스로 결정할 수 있으며 가능하다면 옷 입기, 식사하기, 정원 가꾸기, 목욕하기 등 하고 싶은 것들을 혼자 할 수 있다. 그리고 각 활동을 언제 할지와 어떻게 할지, 예를 들면 언제 목욕을 하며 어떤 방법으로 할지에 대해 스스로 결정할 수 있다.

출처: 최재성(2015). 노인요양원과 문화 변화-거주노인중심 장기요양시설. 경기: 집문당.

---

3. 노인 주거보장의 향후 과제

노인 주거보장을 위한 정책의 향후 과제를 정리해 보면 다음과 같다.

첫째, 인구 고령화에 따른 노인주거 문제를 해결하고 노인의 활력 있는 노후생활을 위해 재가목적 노인 주거보장정책이 필요하다. 현재 노인의 주거 문제는 노인 자신이나 가족이 해결해야 할 문제로만 인식되는 것이 현실이다. 이미 고령화를 경험한 선진국에서는 그동안 노인을 보호하는 시설 중심의 정책에서 벗어나, 지역사회 내에서 노인이 살던 장소에서 계속 거주할 수

있는 주거환경(aging in place) 조성을 위한 주거정책에 중점을 두고 있다(이
희성, 2012). 선진국들은 시행착오에서 비롯된 대안적 정책 방향으로 살던 곳
에서 계속 생활하는 것을 지향하고 있는데 우리나라는 노인장기요양보험제
도의 시행 이후 시설보호가 크게 증가하고 있어 재가목적 노인 주거보장정
책이 시급하다. 많은 노인들이 자가 주택을 가지고 있고 주거 이동을 원하지
않는 경향을 감안하여 노인주택 개조를 적극적으로 지원하는 정책이 필요하
다. 공동주거나 집합주택 등 다른 나라들에서 이미 시도되고 있는 주거 형태
는 혼자서는 해결할 수 없는 일상생활 속의 역할들을 이웃과 분담하고, 상부
상조하는 지역공동체 활동을 통해 이웃 역할을 실천할 수 있는 장점이 있는
데 지역사회 중심의 재가목적 노인 주거보장정책이 수립된다면 이러한 주거
형태가 보급되고 확대될 수 있을 것이다.

둘째, 노화과정의 특성을 고려해 무장애설계를 기본으로 하는 노인주택을
공공부문과 민간부문에서 다양한 형태와 구조로 공급할 수 있도록 금융지원
과 행정적 지원을 해야 할 것이다. 현재 노인의 가구 형태를 보면 독거 혹은
노인부부만으로 이루어진 노인가구가 대부분으로 노인에게 편리한 구조와
기능을 가진 주택에 대한 욕구와 필요성이 매우 높다. 무장애설계에 기초한
노인주택에서 생활할 수 있게 되면 시설보호를 예방하거나 지연시킬 수 있
는 이점도 있게 된다.

셋째, 신체적으로 쇠약한 노인의 삶의 질 향상을 위해서 요양과 주거가 결
합된 공동주거시설을 발전시켜야 한다. 다양한 특성을 가진 노인들의 주거
욕구를 충족하려면 생활지원서비스가 제공될 수 있는 주거시설의 공급이
활성화되어야 한다. 지역사회 내 노인 돌봄의 일반적인 모델로 삼을 수 있
는 유형의 예로는 미국의 'Continuing Care Retirement Community(CCRC)'
를 들 수 있는데 CCRC의 운영의 특징은 기본적으로 세 가지 unit의 공동운
영으로 관리되는 지역사회(마을공동체)로 볼 수 있다. 이러한 unit은 크게
① Independent Living Unit(ILU): 독립적인 생활이 가능한 노인이 입소하
여 필요한 생활지원 및 건강관리(예방차원) 서비스를 받으며 은퇴 후 생활을

유지하는 단지 ② Assisted Living Unit(ALU): 독립생활 유지에 경미한 제한이 있어 다양한 재가수발 및 의료 서비스가 필요한 노인들이 거주하는 단지 ③ Skilled Nursing Care Unit: 건강 및 기능상의 제약으로 독립생활이 불가능한 노인에 대해 사망 전까지 또는 일시적인 집중적 요양이 필요한 노인에 대해 입소수발이 가능한 단지로 구분할 수 있다.

넷째, 노인 주거보장과 관련해 주거정책 관련 법규 개정과 정부부처 간 유기적 협력체계 구축이 필요하다. 주거정책 관련 법규 문제는 우선 「노인복지법」의 노인주거시설 조항과 「효행 장려 및 지원에 관한 법률」에 선언적으로 규정된 노인주택 관련 규정이 구체화되어야 한다. 또한 종종 문제가 불거지고 있는 노인복지주택은 「노인복지법」에 노인복지시설로 분류된 노인복지주택을 「주택법」에서 규정하는 공동주택의 한 유형으로 포함시키는 법 개정을 검토해 볼 수 있다. 그 밖에 「주택건설촉진법」에 노인주택 건설에 대한 규정을 삽입하고, 「주택건설기준 등에 관한 규정」에서 노인전용주택시설 기준을 마련하며, 「주택공급에 관한 규칙」에 노인세대의 입주를 우선순위를 높이도록 개정할 필요가 있다. 한편 노인주거 관련 정책은 주무부서인 보건복지부에서 주관해야 하나 주거 관련 업무는 국토교통부에서 거의 전담하고 있는 실정이다. 현재 노인 주거보장정책과 관련해서 국토교통부가 고령자를 위한 주택개조 기준의 제정과 고령자 국민임대주택을 맡고 있고, 기획재정부는 관련된 정책의 재정을 담당하는 등 여러 부처가 관련되어 있는 실정이다. 따라서 노인주거정책의 수립과 집행이 원활하려면 우선적으로 정부부처 간의 유기적 협조체계 구축이 마련되어야 할 것이다.

노인복지서비스

노인복지서비스는 노인과 노인 가족의 사회적 기능을 향상시키기 위한 신체·심리·사회적인 여러 측면의 서비스를 일컫는데 노인의 심리사회적 적응, 자아발달을 위한 욕구 충족, 일상생활의 당면문제 해결 등을 위한 모든 비화폐적 서비스를 포괄한다. 노인 독거나 노인부부로 이루어지는 노인가구의 급증은 노인복지서비스 욕구 확대의 주요인이 되고 있다.

제10장에서는 먼저 노인복지서비스의 개념과 현황에 대해 살펴본 후 다음으로 노인복지서비스에 해당되는 서비스 유형으로 노인돌봄서비스, 여가서비스, 노인권익보호서비스와 고령친화산업을 소개한다. 마지막으로, 노인복지서비스의 향후 과제에 대해 고찰해 본다.

1. 노인복지서비스의 개념과 현황

노인에 대한 사회서비스는 일상생활에서 문제를 겪고 있는 노인들과 그 가족의 사회적 기능을 향상시키기 위한 신체 · 심리 · 사회적인 여러 측면의 서비스를 포함하는데 노인의 심리사회적 적응, 자아발달을 위한 욕구 충족, 그리고 일상생활의 당면문제 해결 등을 위한 비화폐적 서비스를 노인복지서비스라고 부른다(권중돈, 2019). 노인복지서비스는 노인의 개별적 욕구에 대응해야 하는 개별성, 일상생활의 곤란을 겪는 노인의 의존 상태로의 전락을 방지하는 예방성, 노인의 선택 가능성과 서비스 이용에 필요한 접근 정도를 증진시켜야 하는 접근성, 장소 · 기간 · 기능 측면에서 포괄적이어야 하는 다양성이라는 특성을 지닌다(권중돈, 2019).

2018년 12월 31일 기준 노인복지서비스 기관 현황은 노인복지관 385개, 경로당 6만 6천 286개, 노인교실 1천 342개, 방문요양서비스 제공기관 1천 51개, 주 · 야간보호서비스 제공기관 1천 312개, 단기보호서비스 제공기관 73개, 방문목욕서비스 제공기관 650개, 재가지원서비스 제공 기관 387개, 노인보호전문기관이 33개 등이다(보건복지부, 2019d).

노인복지서비스는 상담, 정보제공과 서비스 의뢰, 주 · 야간보호서비스, 가정방문서비스, 건강보호서비스, 사회적 지지를 제공하는 다양한 서비스 등을 포함한다. 우리나라에서는 노인복지서비스를 일반적으로 장소적 측면을 중심으로 한 재가노인복지사업을 주요 서비스로 여기고 내용 측면에서는 상담, 여가서비스, 교육, 봉사 등 심리사회적 지지 제공과 사회참여 활동 지원을 주로 의미하는 것으로 여긴다. 재가노인복지사업은 장기요양보험제도 실시 후부터는 방문요양서비스, 주 · 야간보호서비스, 단기보호서비스, 방문목욕서비스, 방문간호서비스 등과 중첩되고 있는데 장기요양서비스들은 건강보장의 급여로 분류하는 것이 보다 타당하다. 장기요양보험제도와 관련된 재가급여에 해당되는 노인복지서비스는 제8장에서 상세하게 소개되므로 여기서는 제외하고자 한다.

2017년 노인실태조사에서 노인복지서비스기관 이용 실태를 살펴보면 다음과 같다(정경희 외, 2017). 노인의 23%가 경로당을 이용하고 있으며, 향후 이용을 희망하는 비율은 36.8%다. 경로당의 높은 이용 및 이용 희망 비율은 경로당에 여가서비스의 거점 역할을 기대하는 근거가 될 수 있다. 노인복지관은 이용률이 9.3%로 낮은 편이나 향후 이용을 희망하는 노인이 27.5%에 달하고 있어 노인복지관에 대한 욕구가 높은 편이다. 이용 만족도는 경로당에 비교해 노인복지관이 높은 편으로, 각각 81%와 88.4%다. 노인이 경로당을 이용하는 주된 이유는 친목도모로 91.4%이며, 노인복지관의 경우는 여가 프로그램 이용이 49.6%로 가장 높다.

2. 노인복지서비스의 유형

1) 노인돌봄서비스

노인돌봄서비스는 "개인의 기능적 제약으로 인해 스스로의 노력으로는 자신을 돌볼 수 없거나, 기대되는 정상적인 사회 참여와 삶의 질을 보장할 수 없는 노인에게 제공되는 개별화된 사회서비스"로 정의된다(김찬우, 2014). 노인돌봄서비스는 독거노인 돌봄기본서비스(이전의 독거노인 생활관리사 파견 사업), 독거노인 응급안전돌보미서비스(안전확인과 응급상황 시 구조 및 구급활동), 독거노인 사랑잇기서비스(민간자원봉사자의 안부전화, 말벗서비스), 노인돌봄종합서비스를 포함한다. 그 밖에 재가지원서비스도 여기에 포함될 수 있다.

노인돌봄서비스는 2020년부터 관련 서비스들을 통합·개편한 노인 맞춤 돌봄서비스로 전환된다. 노인 맞춤 돌봄서비스의 대상자는 기초생활수급자 노인, 기초연금수급자 중 독거노인, 조손가정 노인, 돌봄이 필요한 고령부부 등으로 기존 돌봄서비스 이용 노인은 맞춤 돌봄서비스로 자동 전환된다. 노인 맞춤 돌봄서비스의 체계적 관리를 위해서 권역별로 선정된 노인 맞춤 돌봄서비스 책임 수행기관(노인종합복지관, 재가노인지원센터, 주·야간보호센터 등)이 서비스를 제공한다.

노인돌봄서비스로 노인 맞춤 돌봄서비스에 통합되는 주요 서비스인 돌봄기본서비스, 응급안전돌보미서비스와 사랑잇기서비스, 돌봄종합서비스, 재가노인지원서비스를 중심으로 살펴보고자 한다.

(1) 돌봄기본서비스

돌봄기본서비스는 독거노인 대상으로 생활실태와 복지욕구를 파악하고 정기적 안전 확인, 보건복지서비스 연계 및 조정, 생활교육 등을 통해 종합적인 사회안전망 구축을 하는 데 목적이 있다. 65세 이상 요양서비스가 불필요한 독거노인 가운데 소득, 건강, 주거, 사회적 접촉 등을 평가하여 서비스 욕구가 높은 순으로 대상자를 선정한다. 독거노인생활관리사가 주 1회 직접 방문하고, 주 2회 전화 통화를 통해 안전을 확인하고 노인 스스로 해결하지 못하는 일상생활과 관련된 크고 작은 문제들을 지역사회의 민·관 자원을 동원하여 서비스를 연계해 제공한다.

이민홍, 강은나, 이재정(2013)에 의하면 노인돌봄기본서비스를 이용하고 있는 독거노인과 이용하지 않은 독거노인을 대상으로 조사한 연구결과, 노인돌봄기본서비스가 독거노인의 자기방임 예방과 사회적 관계망 확대에 의미 있는 효과가 있는 것으로 나타났으나 노인우울에는 유의한 효과가 없었다.

(2) 응급안전돌보미서비스와 사랑잇기서비스

응급안전돌보미서비스는 독거노인의 위기 상황에 신속하게 대응하기 위해 응급의료기금으로 실시하고 있는 서비스다. 대상자는 65세 이상 독거노인 중 보호가 필요한 치매 또는 치매 고위험자, 노인장기요양 재가급여 이용자, 방문보건서비스 이용자 등 취약계층 노인이다. 독거노인 가정에 화재,

가스, 활동 감지 센서를 설치해 안전을 확인하고 응급상황 발생 시 구조 및 구급활동을 전개하며 24시간 모니터링하는 예방서비스다. 독거노인 생활관리사, 노인돌보미 등이 자원 연계로 안전 및 사회적 고립 예방을 위한 서비스를 제공한다.

사랑잇기서비스는 민관이 협력체계를 구축하여 실시하고 있는 서비스다. 사랑 잇기는 독거노인에게 결연을 맺은 자원봉사자가 안부 확인과 말벗서비스를 제공하고 후원금 및 후원물품을 전달하는 자원봉사활동이다.

(3) 돌봄종합서비스

돌봄종합서비스는 등급 외자로 지칭되는 노인장기요양보험제도에서 제외된 노인에 대한 사회서비스로 실행된다. 돌봄종합서비스는 혼자 힘으로 일상생활을 영위하기 어려운 노인에게 욕구에 따라 가사·활동지원, 주간보호서비스를 제공하여 안정된 노후생활 보장 및 가족의 사회경제적 활동 기반을 조성하는 것을 목적으로 한다.

방문서비스와 주간보호서비스 대상은 거동이 불편한 65세 이상, 전국 가구 평균소득 160% 이하 가구의 노인이다. 서비스를 필요로 하는 65세 이상 노인의 요양점수 판정기구는 건강보험공단 노인장기요양 등급판정위원회다. 등급판정위원회의 판정결과 등급을 받으면 노인장기요양보험에 의해 요양급여를 받고, 등급 외 A, B 판정을 받은 노인은 돌봄종합서비스를 신청할 수 있다. 건강보험공단은 등급 외 판정을 받은 신청자의 명단을 해당 지방자치단체 담당 부서로 보내고 노인복지 담당자는 등급판정 결과와 함께 돌봄종합서비스에 대한 안내문을 보낸다.

단기가사서비스 대상은 최근 2개월 이내 골절 진단 또는 중증질환 수술로 인해 돌봄이 필요한 65세 이상의 독거노인 또는 부부 모두 75세 이상의 부부 노인가구로 가구 소득이 전국 가구 평균 소득의 160% 이하여야 한다.

돌봄종합서비스에 대한 신청과정을 거쳐 바우처 카드가 발급되면 이용자는 이용시간 및 소득수준에 따른 본인부담금을 납부하고 서비스 제공기관을 선택하여 계약을 체결할 수 있다. 바우처 지원액 및 본인부담금은 소득수준 및 월 서비스 이용시간에 따라 차등화되어 있다.

돌봄종합서비스에서 제공되는 서비스는 크게 방문서비스, 주간보호서비스, 단기가사서비스로 이루어지며, 의료, 간호 등 의료서비스 제공은 이루어지지 않는다. 사회서비스 이용 및 이용권 관리에 관한 법률에 따라 시·군·구에 등록한 제공기관에서 서비스가 제공된다. 돌봄종합서비스의 주요 서비스 내용은 〈표 10-1〉과 같다(보건복지부, 2019a).

표 10-1 돌봄종합서비스 서비스 내용

유형	서비스 내용	비고
방문서비스	식사, 세면 도움, 옷 갈아입히기, 신체 기능의 유지·증진, 화장실 이용 도움, 외출 동행, 생활필수품 구매, 청소, 세탁 등	목욕보조서비스는 보호자가 동의하는 경우에만 가능 의료인이 행하는 의료·조산·간호 등의 의료서비스 제공은 불가
주간보호서비스	심신기능회복서비스(여가, 물리치료·작업치료·언어치료 등의 기능 훈련), 급식 및 목욕, 노인가족에 대한 교육 및 상담 등	
단기가사서비스	식사 도움, 옷 갈아입히기, 외출 동행, 취사, 생활필수품 구매, 청소, 세탁 등	

돌봄종합서비스의 서비스 제공인력 자격은 노인요양보호사 2급 이상 자격증 소지자다. 서비스 제공기관에서는 서비스 제공인력의 자질 향상을 위한 보수교육을 자체적으로 실시하도록 되어 있다.

(4) 재가노인지원서비스

재가노인지원서비스는 장기요양보험제도의 재가급여와 구별되는 지방자치단체의 재정 지원으로 운영되는 재가서비스다. 장기요양보험 수급자가 아

닌 기초생활보장수급자 및 부양의무자로부터 적절한 부양을 받지 못하는 일
상생활에 제약이 있는 노인을 대상으로 하는 예방적 사업, 사회안전망 사업,
긴급지원사업으로 구성된다(보건복지부, 2019e). 예방적 사업에는 일상생활
지원(무료급식 및 밑반찬서비스, 차량이송서비스 등), 정서지원, 주거환경개선
지원, 여가활동지원, 상담지원, 후원·결연서비스 등의 지역사회자원개발이
포함된다. 사회안전망사업에는 연계지원(안전확인서비스, 생활교육서비스, 노
노케어서비스, 개안수술서비스, 노인돌봄기본서비스, 노인돌봄종합서비스 등), 교
육지원(임종교육, 응급처치교육, 낙상예방, 치매예방, 자살예방 등), 지역사회 네
트워크지원(지역재가협의체구성, 사례관리 등)이 포함된다. 긴급지원사업에는
위기지원서비스, 무선페이징서비스, 응급호출서비스 등이 포함된다. 재가노
인지원서비스 제공을 위해 재가노인지원센터가 설치되어 운영되고 있다.

2) 여가서비스

여가서비스를 제공하는 대표적 기관은 노인복지관[1]이다. 「노인복지법」상
노인복지관은 여가시설로 구분되어 있지만, 예방·보호·통합 기능을 중심
으로 지역사회 노인들의 다양한 복지욕구에 대응하여 체계적이고 통합적인
노인종합복지서비스를 제공하고 있어서 운영 목적 측면에서 볼 때 노인복지
관은 노인들을 위한 종합적인 복지서비스를 제공하는 시설이다. 노인복지관
에서 실시하고 있는 프로그램은 노인상담, 노인사회 참여에 대한 정보 제공,
재가복지사업, 경로당활성화사업, 노인사회활동 지원사업, 독거노인지원사
업, 기타 부대사업 등 다양하고 전문적인 서비스를 제공하고 있어서 노인에
초점을 둔 중추적인 종합복지센터로서 역할을 맡고 있다. 노인복지관에서
제공되는 여가서비스는 평생교육 영역에서 한글교육, 외국어교육, 교양교
육, 정보화교육, 전통문화교육 등과 취미여가 영역에서 음악, 미술, 원예, 다

---

[1] 「노인복지법」상 노인복지관이 노인여가복지시설로 규정되어 있기 때문에 여가서비스에서 다
룬다.

도, 레크리에이션, 운동, 바둑, 장기 등을 프로그램으로 제공한다. 그러나 노인복지관의 여가서비스에 대한 평가는 긍정적인 것만은 아니다. 노인복지관의 여가 프로그램은 양적으로는 사업실적이 풍부하나 질적 측면에서는 민간과 경쟁에서 경쟁력이 떨어지는 것으로 평가되는 한편 복지관의 운영 실적을 위해 관행적으로 지속하고 있는 사업으로 분석되었다(원시연, 2015).

사회복지관은 노인을 포함한 다양한 연령층을 대상으로 서비스를 제공한다. 현재 사회복지관 주 이용자 중 노인의 비중이 높은 상황이므로 노인복지관이 부족한 지역에 있는 일부 사회복지관을 노인 특화 사회복지관으로 전환해 부가 사업을 추진하는 방안이 제안되기도 한다(원시연, 2015). 사회복지관에서는 한글교실, 노인교실, 노인상담, 자원봉사활동 조직과 같은 서비스를 노인들에게 제공한다.

경로당은 지역사회 노인들이 친목도모, 취미활동, 공동작업장 운영, 각종 정보교환과 기타 여가활동을 할 수 있도록 장소 제공을 목적으로 하는 시설이다. 오랫동안 노인여가의 중요한 축으로 기능해 온 경로당은 실제로는 여가서비스 제공기관으로서의 독립적·주체적·전문적 활동이 거의 이루어지지 않기 때문에 단순한 친목도모를 위해서 이용하는 경우가 많고, 체계적이고 지속적인 프로그램이 진행되기보다는 공간만 제공되는 경우가 많다. 여가서비스와 관련해 경로당의 활성화는 농어촌과 도시 지역의 차이가 있을 수 있다. 농어촌의 경우는 경로당을 거점으로 여러 여가문화사업을 실시할 가능성이 높다고 할 수 있으나, 도시 지역의 경우는 다양한 노인 거점 장소들을 활용하여 여가문화사업이 증진되어야 한다(김찬우, 2015). 경로당을 활성화하기 위해 시·도에 경로당 광역지원센터가 설치되어 이용자 맞춤형 프로그램 발굴과 보급 등의 경로당 지원을 하고 있다(보건복지부, 2019a). 또한 보건복지부는 노인 대상으로 체계적이고 정기적인 운동 습관을 형성할 수 있도록 노인운동사업을 실시하여 노인 건강 프로그램을 제공하고 있는데 이러한 서비스는 지역사회 노인의 예방적 건강관리에 초점을 두고 있다. 그밖에도 문화체육관광부에서는 문화복지사업의 일환으로 찾아가는 순회서

비스사업으로 소외 지역 경로당을 방문하여 문화예술 프로그램을 제공하고
있다.

　노인교실은 「노인복지법」에 의하면 노인을 대상으로 사회활동 참여욕구
를 충족시키기 위하여 건전한 취미생활·노인건강 유지·소득보장 기타 일
상생활과 관련한 학습 프로그램을 제공함을 목적으로 하는 시설을 의미한
다. 일반 프로그램의 경우 취미학습인 노래교실, 음악감상, 서예, 사진 등이
있으며, 노인건강 유지 프로그램으로는 요가, 생활체조, 노인건강관리 특강,
수지침 등이 있다.

　그 밖에도 노인 여가지원서비스는 문화체육관광부의 어르신 문화 프로그
램 사업을 통해서도 수행되고 있다. 이 사업은 60세 이상 노인의 여가기회
및 사회참여활동을 확대하고 세대 간 소통강화 등 문화향유 증진 및 삶의 질
향상에 목적을 둔다. 2019년 사업은 4개 단위사업으로 총 313개 프로그램이
다(www.mcst.go.kr). 단위사업은 어르신문화예술교육 지원, 어르신문화예
술동아리 지원, 찾아가는 문화로 청춘, 어르신&협력 프로젝트를 포함한다.
어르신 문화 프로그램은 문화·여가활동 참여율이 저조한 노인을 대상으로
다양한 문화체험 프로그램을 실시하여 문화적 욕구를 충족시키고, 지역적
특성을 반영해 문화향유 증진 기회를 확대시키며, 오랫동안 한 지역에서 거
주한 노인들이 지역 고유의 풍물, 노래, 무용 등의 전통을 후속 세대에게 전
수할 수 있도록 하여 세대 간 문화교류를 활성화하고 있으며, 일자리 창출과
자원봉사활동 기회를 제공하고 있다.

3) 노인권익보호서비스

　노인권익보호서비스는 노인보호전문기관에서 제공하는 노인학대 신고와
위기상담, 사례관리서비스, 쉼터 운영, 긴급보호서비스, 학대예방교육사업
등을 포함한다.

　「노인복지법」 제1조의 2 제4호에서는 노인학대의 정의를 "노인에 대하여

신체적 · 정신적 · 정서적 · 성적 폭력 및 경제적 착취 또는 가혹행위를 하거
나 유기 또는 방임하는 것"으로 정의하고 있다. 이에 따라 우리나라에서는
노인학대의 유형을 신체적 학대, 정서적 학대, 성적 학대, 경제적 학대, 방임,
자기방임, 유기로 구분하고 있다.

노인학대의 유형별 정의는 〈표 10-2〉와 같다.

표 10-2 노인학대의 유형과 정의

유형	정의
신체적 학대	물리적 힘 또는 도구를 이용하여 노인에게 신체적 혹은 정신적 손상, 고통, 장애 등을 유발시키는 행위
정서적 학대	비난, 모욕, 위협 등의 언어 및 비언어적 행위를 통하여 노인에게 정서적으로 고통을 유발시키는 행위
성적 학대	성적 수치심 유발행위 및 성폭력(성희롱, 성추행, 강간) 등의 노인의 의사에 반하여 강제적으로 행하는 모든 성적 행위
경제적 학대 (착취)	노인의 의사에 반하여 노인으로부터 재산 또는 권리를 빼앗는 경제적 착취, 노인 재산에 관한 법률 권리 위반 등 경제적 권리와 관련된 의사결정에서 통제하는 행위
방임	부양의무자로서의 책임이나 의무를 거부, 불이행 혹은 포기하여 노인의 의식주 및 의료를 적절하게 제공하지 않는 행위(필요한 생활비, 병원비 및 치료, 의식주를 제공하지 않는 행위)
자기방임	노인 스스로 의식주 제공 및 의료 처치 등의 최소한의 자기보호 관련 행위를 의도적으로 포기 또는 비의도적으로 관리하지 않아 심신이 위험한 상황이나 사망에 이르게 하는 행위
유기	보호자 또는 부양의무자가 노인을 버리는 행위

출처: 중앙노인보호전문기관(http://noinboho.or.kr).

노인학대 관련 문제는 지역 노인보호전문기관에서 도움을 받을 수 있는데
노인보호전문기관에 기대할 수 있는 도움은 다음과 같다.

• 노인학대 신고 접수

- 노인학대 의심 사례에 대한 현장조사
- 학대피해 노인 및 학대 행위자에 대한 상담
- 학대피해 노인 사후관리
- 노인학대 피해자 지원을 위한 자원개발 및 연계
- 노인학대 행위자를 대상으로 한 재발방지 교육
- 피해노인 일시보호
- 피해노인의 의료기관 치료 의뢰 및 노인복지시설 입소 의뢰

학대피해 노인은 쉼터에서 일정기간 보호조치 및 심신 치유 프로그램 제공을 통한 보호를 받을 수 있는데 쉼터에서 제공되는 서비스 내용은 다음과 같다.

- 숙식 및 쉼터 생활지원
- 심신 치유 및 학대 상황 개선을 위한 지원(낮은 자존감, 우울증 등 불안한 심리 상태 개선을 위한 상담 및 심리치유 서비스 제공, 학대로 인한 심신치료 및 건강관리를 위한 의료비 지원, 법률서비스 등 복지서비스 연계 및 지원, 사회적응을 위한 문화여가 활동 지원)
- 학대 재발 방지를 위한 지원(부양자 교육 및 가족상담 프로그램 제공, 퇴소 후 사후 모니터링, 쉼터 퇴소 후 안전한 생활을 영위할 수 있도록 원가족 복귀 또는 타 자녀와의 동거, 시설입소 등을 지원)

쉼터 입소 대상은 만 60세 이상의 학대피해 노인으로 노인보호전문기관 관장이 쉼터의 보호가 필요하다고 인정하는 자로 다음에 해당되어야 한다.

- 본인이 입소를 희망하거나 동의하는 경우
- 단, 치매 등으로 인해 의사능력이 불완전한 경우에는 학대 행위자가 아닌 보호자 또는 관계 공무원이 입소에 동의하는 경우

중앙 및 지역노인보호전문기관 현황은 〈표 10-3〉과 같다.

표 10-3 중앙 및 지역노인보호전문기관 현황(34개소)

구분	주소 및 홈페이지	전화번호
중앙	서울특별시 영등포구 여의도동 국회대로 76가길 14 4층(한국가정법률상담소) www.noinboho.org	02) 3667-1389
서울 남부	서울특별시 서초구 남부순환로 2124 www.seoul1389.or.kr	02) 3472-1389
서울 북부	서울특별시 강북구 노해로 69 대성빌딩 2층(수유 3동) www.sn1389.or.kr	02) 921-1389
서울 서부	서울특별시 은평구 역말로 10길 30-1 www.sw1389.or.kr	02) 3157-6389
부산 동부	부산광역시 동구 중앙대로 338 연합뉴스빌딩 5층 www.bs1389.or.kr	051) 468-8850
부산 서부	(47600) 부산광역시 연제구 연제로 8번길 46, 제이에스빌 5층 1389.bulgukto.or.kr	051) 867-9119
대구 남부	대구광역시 남구 이천로 128, 3층 www.dg1389.or.kr	053) 472-1389
대구 북부	대구광역시 서구 달서로 284 www.dgn1389.or.kr	053) 357-1389
인천	인천광역시 남동구 용천로 208 인천시사회복지관 204호 www.ic1389.or.kr	032) 426-8792~4
광주	광주광역시 남구 사직안길 18 www.gjw.or.kr/kj1389	062) 655-4155~7
대전	대전광역시 서구 문정로 170번길 103 www.dj1389.or.kr	042) 472-1389
울산	울산광역시 중구 오산 2길 28-2, 1층 www.us1389.or.kr	052) 265-1389 052) 265-1380

경기도	경기도 수원시 장안구 경수대로 1150 3층 http://gepa.co.kr	031) 268-1389
경기 남부	경기도 성남시 수정구 수정남로 268번길 28 수정노 인종합복지관 2층 www.kg1389.or.kr	031) 736-1389
경기 북부	경기도 의정부시 가능로 136번길 7 www.gnnoin.kr	031) 821-1461
경기 서부	경기도 부천시 심중로 68 2층(심곡동 335-19) www.ggw1389.or.kr	032) 683-1389
강원도	강원도 춘천시 동면 소양강로 110번지 2층 www.1389.or.kr	033) 253-1389
강원 동부	강원도 강릉시 율곡로 2954, 3층 www.gd1389.or.kr	033) 655-1389
강원 남부	강원도 원주시 일산로 29 평화빌딩 2층 www.gwn1389.or.kr	033) 744-1389
충북	충청북도 청주시 흥덕구 1순환로 438번길 39-17 (충북재활의원 3층) www.cb1389.or.kr	043) 259-8120~2
충북 북부	충청북도 충주시 예성로 76 www.cbb1389.or.kr	043) 846-1380~2
충남	충청남도 아산시 번영로 206번길 42 www.cn1389.or.kr	041) 534-1389
충남 남부	충청남도 논산시 시민로 210번길 9-8 2층 www.cnn1389.or.kr	041) 734-1389 041) 734-1398
전북	전라북도 전주시 덕진구 팔달로 357-23 www.jb1389.or.kr	063) 273-1389
전북 서부	전라북도 군산시 진포로 151번지 광동빌딩 3층 www.jbw1389.or.kr	063) 443-1389
전남 동부	전라남도 순천시 저전길 84 www.jn1389.or.kr	061) 753-1389
전남 서부	전라남도 무안군 삼향읍 오룡 5길 전라남도노인회 관 4층 www.j1389.or.kr	061) 281-2391

경북	경상북도 포항시 북구 삼흥로 411 기쁨의 복지관 B102 www.noin1389.or.kr	054) 248-1389
경북 서북부	경상북도 예천군 예천읍 충효로 424-21 www.gbnw1389.or.kr	054) 655-1389 054) 436-1390
경북 서남부	경북 김천시 아포읍 아포대로 981-8 www.gbwn1389.or.kr	054) 436-1390
경남	경상남도 창원시 마산합포구문화북 4길(평화동) 금강 노인복지관 C동 2층 www.gn1389.or.kr	055) 222-1389
경남 서부	경상남도 진주시 문산읍 월아산로 1098 2층 www.gnw1389.co.kr	055) 754-1389
제주	제주특별자치도 제주시 관덕로 7길 3 www.jejunoin.org	064) 757-3400
제주 서귀포시	제주특별자치도 서귀포시 일주동로 8660 2층 www.sgpnoin.org	064) 763-1999

4) 고령친화산업

노인과 노인 가족의 사회적 기능을 향상시키기 위한 신체, 심리, 사회적인 서비스를 노인복지서비스로 정의하고 있으므로 노후생활에 적합한 상품이나 서비스를 생산하고 공급하는 고령친화산업은 노인복지서비스와 직접적으로 관련되는 것으로 볼 수 있다.

「고령친화산업 진흥법」에서는 고령친화산업을 "노인요양서비스 등과 같은 고령친화 제품 등을 연구, 개발, 제조, 건축, 제공, 유통 또는 판매하는 산업"으로 규정하고 있다. 이 규정에서 유추할 수 있는 것은 고령친화산업에서 서비스 대상은 노인 혹은 고령자이고 공급주체는 민간 기업이며 서비스 원칙은 시장경제 원리에 기반할 것이라는 점이다.

「고령친화산업 진흥법」의 제정 이유를 살펴보면 급속한 고령화로 노인이 주요 수요계층으로 등장하면서 고령친화산업을 국가의 새로운 성장동력 산업으로 육성할 필요성이 증가한 것을 주목해 볼 수 있다. 노인인구의 급격한 증가와 함께 노인의 경제력 향상과 노인부양의 탈가족화 현상에 따라 고령친화산업 관련 각종 시책을 종합적으로 수립·추진하고, 고령친화산업의 기반조성과 고령친화 제품과 서비스의 품질 향상 등 고령친화산업을 체계적으로 육성할 수 있는 법적 기반 마련이 필요해진 것이다.

고령친화사업에 대한 법적 규정에서는 서비스 원칙이 시장경제 원리에 기반하는 것으로 추정되나, 현실적으로는 다른 기대가 부여된다. 고령친화산업에 의해 생산된 상품이나 서비스는 이윤을 중시하는 경제시장 원리의 지배를 받는 순수 민간재도, 공익을 중시하는 사회시장 원리의 지배를 받는 순수 공공재도 아닌 혼합재의 성격을 지니고 있는 것으로 볼 수 있다(권중돈, 2019). 이러한 특성을 근거로 하여 볼 때 고령친화산업이란 "현재 노인계층과 중·장년층을 대상으로 하여 그들에게 필요한 상품이나 서비스를 시장경제의 원칙에 입각하여 생산·공급하되, 공익 증진에도 기여하는 산업"이라고 정의할 수 있다(권중돈, 2019).

고령친화산업에 속하는 복지기업에 의해 제공되는 노인복지서비스의 유형은 가사일서비스, 주간보호센터, 양로원 및 요양원보호, 의료서비스, 수발서비스가 제공되는 주거서비스, 노인을 대상으로 하는 관광, 취미·오락 프로그램, 노인식품·노인의복·노인용 생활용품 판매 등이다. 넓게 보면 노인소유의 주택 등 부동산을 담보로 사망하기까지 생계비와 의료비를 지급해 주는 금융상품(주택연금, 농지연금)도 고령친화산업의 영역으로 볼 수 있다.

3. 노인복지서비스의 향후 과제

노인복지서비스 관련 향후 과제를 정리해 보면 다음과 같다.

첫째, 노인돌봄서비스에 대한 보완정책으로 급증하고 있는 독거노인에 대한 지원이 강화되어야 한다. 노인돌봄기본서비스를 비롯해 여러 가지 서비스들이 실시되고 있는데 독거노인의 다양한 문제예방과 해결을 위한 공적 서비스가 확대되어야 하지만 공적 서비스의 확대만으로 독거노인의 안전을 확보하고 생활문제를 모두 해결하고, 복지욕구를 충족시킨다는 것은 불가능하다. 독거노인의 생활문제 예방과 복지욕구 충족을 위해서는 무엇보다도 가족공동체와 지역공동체의 회복이 필수적이다(노재철, 고준기, 2013b). 예를 들어, 성인 자녀들을 대상으로 '효도전화걸기' 운동과 같은 가족의 노인부양 기능을 회복하기 위한 사회운동, 세대 간의 이해와 결속을 촉진하기 위한 노인-성인 자녀-손자녀가 공동으로 참여하는 세대통합 프로그램 실시, 사회적 보호가 필요한 노인의 이웃이 노인의 안전과 생활 점검, 지원서비스를 전개하는 예전의 이웃사촌 전통을 회복하는 '이웃사촌 회복 운동'을 전개하는 것이다. 노인돌봄종합서비스도 역할과 기능 관련해서 재검토가 필요하다. 중앙정부 중심의 노인장기요양보험이 도입되었지만 이 제도에서 제외된 대상은 지방정부 중심의 노인돌봄종합서비스를 받는 돌봄서비스 관리의 이원적 구조인데 경중 노인에 대한 돌봄종합서비스 연계 및 조정이 필요하다. 중앙정부와 지방정부 간의 전달체계 분절화 및 비효율성이 핵심 문제로 서비스 관리 및 실행 주체가 서비스 유형별로 차이가 많아 소비자 입장에서는 서비스 이용 시 재등록, 재사정 등의 절차상 번거로움이 많다(김찬우, 2015). 2020년부터 시행되는 맞춤형 돌봄서비스를 통해 그동안 거론되었던 돌봄서비스 관련 문제점들이 해소되기를 기대한다.

둘째, 새로운 유형의 서비스 개발이 활발하지 못하다는 평가를 받고 있는 노인복지서비스를 보다 다양화해야 한다. 노인인구는 경제적 사정에 관계없이 다양한 욕구와 문제가 있기 때문에 서비스 대상을 저소득층에 한정하는 것에서 벗어나 서비스 범위를 확대하는 것이 바람직하다(최성재, 장인협, 2010). 노인들의 재산문제, 결혼·이혼문제, 상속, 소비자 주권문제 등을 다루기 위해 권익옹호서비스로 법률구조 서비스가 공적 서비스로 제공될 필요가 있다. 노인복지관의 여가 프로그램으로 시민인성교육, 건강증진, 노후설

게 교육, 성상담, 성년후견제도 관련 강좌, 웰다잉교육, 가족 간 유대강화 프
로그램 등 전문강사의 수준 높은 교양교육이 추가될 수 있어야 한다(원시연,
2015).

셋째, 다양한 노인복지서비스를 제공하고 있는 노인복지관이 명실상부하
게 종합적 노인복지서비스 전담기구로서 역할을 할 수 있도록 법적 · 행정
적 · 정책적 개선이 이루어져야 한다. 현재 노인복지관은 법적 근거로는 노
인여가복지시설로 되어 있으나 「노인복지법」상 운영목적을 보면 노인의 교
양 · 취미생활 및 사회참여활동 등에 대한 각종 정보와 서비스를 제공하고,
건강증진 및 질병예방과 소득보장, 재가복지, 그 밖에 노인의 복지증진에 필
요한 서비스를 제공함을 목적으로 하는 시설로 되어 있어 시설 분류와 운영
목적이 일치하지 않는다. 노인여가복지시설이 아닌 노인들을 위한 종합적인
복지서비스를 제공하는 시설로 법적 규정이 변경되어야 할 것이다.

넷째, 여가 관련 서비스 제공 기관의 적절한 역할 분담이 요구된다. 이와
관련해 노인복지관과 경로당의 역할을 구분하여 생애발달 단계에 따라 인프
라를 이용하는 방안이 있다(원시연, 2015). 예를 들어, 건강한 노인은 노인복
지관을 이용하고, 연로하고 건강이 양호하지 못한 노인은 집 가까운 곳에 위
치한 소규모의 특화된 사회복지관을 이용하며, 거동이 불편한 노인은 인근
의 경로당을 이용하는 방식이다.

다섯째, 노인여가복지시설에서 노인의 복지를 위하여 노인이 충분한 권리
를 누리기 위해서는 시설을 관리, 감독해야 하는 인력이 확충되어야 하며 이
를 법제화하여야 한다. 노인여가복지시설의 프로그램을 담당하는 인력이 프
로그램의 효과성을 좌우하는 중요한 역할을 하는데 이를 배치하는 규정이
미비한 것이다. 예를 들어, 경로당은 현재 노인여가복지시설의 직원배치 기
준조차 마련되어 있지 않은 실정이다. 노인이 가장 많이 사용하는 노인여가
복지시설인 경로당의 경우 직원배치 기준이 마련되어야 하며, 노인이 이용
하는 시설인 만큼 안전과 응급사항을 고려하여 최소 인력이라도 배치되어야
한다.

여섯째, 노인복지서비스 이용의 본인 부담과 관련해 노인들의 경제적 사정을 반영한 다양한 부담방식으로 개선되어야 한다. 원시연(2015)은 노인복지서비스의 전문화를 위한 개선과제로 기초생활보장 수급자와 같은 저소득 취약노인층에게는 무료로 서비스를 이용할 수 있게 해야 하지만 일반 노인들의 경우에는 실비 수준에서 유료 프로그램에 참여하도록 유료 프로그램을 확대해야 한다고 제안하고 있다. 사회서비스는 무료, 일부 유료, 실비 및 이윤을 추구하는 유료로 제공될 수 있는데 재정방법을 다양화시킬 필요가 있다(최성재, 장인협, 2010).

일곱째, 고령친화산업과 관련해 노인복지 영역에서 점차 증가하고 있는 영리부문에서 공급하고 있는 서비스에 대한 적절한 규제는 반드시 필요하다. 요양원, 가정건강보호, 노인을 대상으로 하는 각종 금융상품, 은퇴촌 등과 같이 노인들을 대상으로 영리를 목적으로 하는 개인이나 기업이 이윤을 극대화시키기 위해 노인들에 대한 착취나 저질의 서비스 제공, 인권 및 안전에 대한 위협을 하지 못하도록 적절한 규제가 반드시 필요하다. 고령친화산업은 사적 경제시장의 전달체계에 속하지만 그 성격상 사회시장의 요소도 지니고 있기 때문에 정부의 적절한 감독이 반드시 필요하다(최성재, 장인협, 2010).

노인복지실천은 개인, 집단, 조직 및 지역사회 수준에서 원조와 서비스를 제공하여 노인의 사회적 기능을 향상시키는 통합적인 노인복지 접근방법이다. 노인인구의 급격한 증가와 더불어 급증하는 노인 문제와 욕구에 대처하기 위한 필요성으로 노인복지 분야는 사회복지실천 분야 중 가장 빠르게 성장하는 영역 중 하나로 등장하게 되었다.

다차원적 노화 개념에 근거해 노인 관련 문제 혹은 욕구는 생물학적 · 심리적 · 사회적 측면에서 포괄적으로 사정하고 개입할 방법을 모색해야 한다. 노인 및 노화 관련해서는 생물학적 노화와 직접적으로 관련된 심리적 · 사회적 요소가 다양하게 존재하고 심리적, 사회적 요소도 신체적 요소에 큰 영향을 미치기 때문에 노인복지실천에서는 심리사회적 요소뿐 아니라 생물학적 측면이나 신체적 측면을 중요한 핵심 요소로 포함해야만 한다.

제11장에서는 노인복지실천의 개념을 논의하고 다음으로 노인복지실천의 목적과 원칙, 사정, 개입수준에 관해 살펴본다. 마지막으로, 노인복지실천에서 사회복지사의 역할을 소개한다.

1. 노인복지실천의 개념

노인복지실천은 개인, 집단, 조직 및 지역사회 수준에서 원조와 서비스를 제공하여 노인의 사회적 기능을 향상시키는 통합적인 노인복지 접근방법이다. 노인을 대상으로 하는 사회복지실천도 다른 실천 분야와 유사한 속성을 갖는데 개인과 환경에 대한 양 측면의 강조와 상담서비스와 유형적 서비스의 혼합인 점이 그 유사성이다. 노인인구의 급격한 증가와 더불어 급증하는 노인 문제와 욕구에 대처하기 위한 필요성으로 노인복지 분야는 사회복지실천 분야 중 가장 빠르게 성장하는 영역 중 하나로 등장하게 되었다.

노인복지실천을 임상적 실천으로 한정한다면 일상생활에서 독립적 행동과 판단 유지, 심리사회적 문제해결 및 예방능력 향상, 사회적 통합 증진, 성장 욕구 충족을 노인복지실천의 주요 목적으로 볼 수 있다.

우리나라에서 노인복지실천의 현장을 구분해 보면 「노인복지법」과 「노인장기요양보험법」, 「사회복지사업법」 등에 의해 설립된 시설과 기관이다. 기관의 규모는 작게는 직원 1~2명의 규모에서 크게는 50명 이상에 이르는 등 다양하며 노인주거복지시설, 노인의료복지시설, 재가복지시설에는 사회복지사가 소수에 불과하고 노인종합복지관 등에는 많은 편이다. 인구 고령화 속도가 가속화되면서 노인복지실천 현장은 다양화와 더불어 시설과 기관의 수도 빠르게 증가하고 있다.

노화는 생물학적·심리적·사회적 차원의 노화과정으로 서로 연계되어 있으므로 노화 및 노인에 관련된 문제나 욕구는 생물학적·심리적·사회적 측면에서 포괄적으로 사정하고 개입방법을 모색해야 할 것이다. 일반적으로 사회복지사는 생물학적 측면이나 신체적 측면의 요소에 초점을 둔 지식이나 기술을 활용하고 있지 않지만 노화 및 노인 관련해서는 생물학적 노화와 직접적으로 관련된 심리적·사회적 요소가 다양하게 존재하고 심리적·사회적 요소도 신체적 요소에 큰 영향을 미치기 때문에 노인복지실천에서는 생물학적 측면이나 신체적 측면을 중요한 핵심 요소로 포함해야 한다. 이와 같은 맥락에서 노인복지실천의 기본적 접근방법은 생물심리사회적 접근으로 규정될 수 있다(McInnis-Dittrich, 2009).

2. 노인복지실천의 목적과 원칙

미나한(Minahan, 1981)이 제시한 사회복지실천의 목적을 적용해 노인복지실천의 목적을 정리해 보면 다음과 같다.

- 노인 클라이언트의 자신감을 높여 주고 문제해결과 대처능력을 향상시키도록 돕는다.
  - 노인은 잠재력을 가진 개인으로 문제해결과 대처방식이 향상될 수 있는 가능성을 지녔음을 인정한다.
  - 이 과정에서 노인의 강점이 최대한 발휘될 수 있게 돕는다.
  - 변화 목표는 작더라도 변화 그 자체가 중요하다는 것을 인정하면서 노인 클라이언트의 능력을 현실적으로 반영하여야 한다.
- 노인 클라이언트가 필요로 하는 자원을 획득할 수 있도록 돕는다.
  - 노인 클라이언트가 긍지와 존엄을 유지하면서 서비스를 받도록 원조하기 위해 가능한 모든 일을 다해야 한다. 노인 클라이언트가 효과적이면서 효율적인 방식으로 필요한 서비스를 받도록 돕는 사례관리를 활용한다.
- 기관이 노인 클라이언트의 욕구에 적절하게 반응하는 조직이 되도록 한다.
  - 기관의 서비스가 노인 클라이언트의 상실감, 인지적·신체적 기능 저하 등 노인의 문제해결과 욕구 충족을 위해 계획되었다는 것을 분명히 해야 한다.

- 노인 클라이언트에게 일차적으로 서비스 선택권을 제공하여 선택의
  폭이 최대화되도록 한다.
- 노인 클라이언트와 주변 환경 및 기관과의 상호작용을 촉진시킨다.
  - 사회복지사는 노인 클라이언트가 가족을 비롯한 주변 환경 내 사람
    들과 지역사회 내 기관들과 상호작용을 하도록 촉진시켜야 한다.
  - 사회복지사는 클라이언트가 가능한 한 스스로 선택한 환경 속에서
    살 수 있도록 지지하는 서비스를 제공함으로써 돕는다.
- 관련된 기관과 기관 간 상호 관계가 긍정적 결과를 가져 오도록 노인 클
  라이언트의 복합적 서비스 욕구를 충족시키기 위해 조정 및 중재의 기
  능을 한다.
- 사회정책 및 환경정책에 영향을 미친다.
  - 사회복지사는 노인복지서비스가 대상 노인에게 적절하도록 지속적
    으로 평가해야 한다.
  - 노인복지정책 및 프로그램의 개발과 확대를 위해 사회복지사는 제안
    을 해야 한다.
  - 사회복지사는 노인의 욕구를 충족시키기 위한 정책에 대한 사회적
    관심을 높이는 데 노력해야 한다.

노인을 클라이언트로 하는 사회복지실천의 기본 원칙을 살펴보면 다음과
같다(Burack-Weiss & Brennan, 2009).

① 강점 찾기

감퇴되는 능력, 원조를 요청하도록 만드는 제한된 자원과 같은 노인이 상
실한 것을 찾기는 쉬운 반면 노인의 강점을 파악하는 것은 어렵다. 그렇지만
노인복지실천 과정에서 노인의 강점을 파악하는 것은 매우 중요하다. 사회
복지기관이나 재정지원을 하는 측에서는 서비스 제공을 정당화시키기 위해
클라이언트에게 문제가 있다는 것을 밝히는 것을 요구할 수 있으나 노인을

원조하는 사회복지사는 클라이언트의 강점을 찾아 그 강점을 발휘하도록 해야 한다. 이와 관련해 사회복지사는 노인이 갖고 있는 자질을 복원시키기 위해 노인이 과거에 자기 자신과 주위 환경의 다른 사람들의 자원을 어떻게 활용했는지 알아본다. 클라이언트의 강점은 종종 까다로운 행동 중에서 찾을 수 있다. 예를 들어, 요양원에 거주하는 노인이 요구가 많은 것은 과거의 경험 때문에 이를 방지하기 위한 의도적인 시도일 수 있다. 노인의 강점을 파악할 수 있고 이를 적절하게 사정할 수 있는 사회복지사는 노인들에게 가치 있는 서비스를 수행하게 된다. 강점을 찾기 위해서는 노인이 자기 자신을 위해 무엇을 시도해 왔는가와 그가 지금까지 어떻게 극복해 왔는가에 대한 파악이 매우 중요하다.

② 적정한 기능 추구

신체적이거나 정신적인 상실을 경험한 노인 클라이언트의 경우는 손상된 기능을 감안했을 때 가능한 가장 높은 기능 수준을 성취하고 유지하도록 원조되어야 한다. 이 원칙은 신체적·심리적·사회적·문화적 요소들이 노인의 삶을 지탱하고 향상시키는 활동의 수행에 어떻게 상호작용하는지 사정평가해서 개입하는 것을 의미한다. 이 원칙을 적용할 때 클라이언트에게만 초점을 두는 것으로는 충분하지 않으며 환경적 지원도 필요하다. 예를 들어, 장애로 인해 계단을 오르내릴 수 없는 노인이 승강기가 없는 아파트 3층에 산다면 시장 보기, 친지 방문 등의 활동이 제한된다. 그러나 환경지원을 통해 계단을 이용하지 않아도 되는 주거지로 이사하게 되면 노인의 기능은 크게 향상될 수 있다.

③ 최소 제약적 환경 촉진

최소 제약적 환경 개념은 자신이나 타인에게 위해를 가하지 않는 한 원하는 대로 살 개인의 권리가 있다는 것을 전제로 하는 원칙으로 자기 자신이나 다른 사람에게 위해의 우려가 있는 경우엔 개인의 권리가 제한된다. 최소 제약적 환경은 의료적 · 사회적 개입에 있어 최소화 원리와 밀접한 관련이 있다. 외래진료는 입원치료보다 선호되며 가정에서의 돌봄이 요양시설 입소에 앞서 고려된다. 그러나 위험 유무 및 위험 정도를 확인하는 것이 주관적이기 때문에 이 원칙의 적용이 명쾌하지만은 않다. 가족과 의료진이 노인 혼자 사는 위험에 동의하지 않더라도 정신적으로 정상인 노인은 혼자 사는 데 따르는 위험을 기꺼이 감수할 수 있다. 그러나 정신적으로 문제가 있는 노인이 혼자 살기를 원하는 경우는 자기결정권이 제한을 받을 수 있다.

④ 윤리적 실천 증진

자기결정, 비밀보장, 개인정보에 대한 권리는 노인복지실천에서 빈번하게 제기되는 윤리적 쟁점이다. 예를 들어, 치매노인을 가족들이 시설 입소를 시키려고 할 때 시설에서는 노인이 입소를 원하는지 여부를 거의 묻지 않는다. 간혹 노인의 의사를 묻는 경우도 노인이 입소 관련해 부정적 입장을 표명하면 이를 존중하기보다 노인이 판단능력이 없다고 여기거나 시설이 치매노인에게 더 안전하고 편한 주거지라고 설득을 하기 쉽다. 비밀보장도 자주 간과되는데 기능손상 노인은 비밀보장 원칙을 알지 못하거나 자신에 관한 정보가 공유되는 것을 상관하지 않을 것이라고 여기기 때문이다. 노인의 허락 없이 자녀에게 노인의 프라이버시를 침해하는 신상에 관한 이야기를 전하는 것도 윤리적 실천에 위배된다.

⑤ 클라이언트의 존엄성과 존중 준수

기능 손상 노인을 존엄과 존중으로 대하는 것은 신체 구속을 하지 않고 신체적 돌봄을 잘 제공하는 것 이상을 의미하는데 노인 클라이언트의 개성을 존중하는 것을 일컫는다. 방에 들어가기 전이나 닫힌 문을 열기 전에 노크하기, 선택이 가능할 때 선택할 수 있게 하기, 주변에서 이루어지는 모든 대화에 노인을 참여시키는 배려, 화장실 사용 및 목욕과 같은 내밀한 순간에 노인의 프라이버시 보호 등이 여기에 해당된다.

⑥ 문화적 역량 개발

"클라이언트가 있는 곳에서 시작한다."는 사회복지실천의 원칙은 특히 문화적 역량을 발달시키는 데 적용할 수 있다. 노인 클라이언트의 상황에 관해 잘 알지 못한다는 것을 인정하고 노인에 관해 알기 위해 관심을 갖는 것이 무엇보다 중요하다. 예를 들면, 노인들이 자신의 부모가 말년을 어떻게 살았고, 부모를 어떻게 돌보았으며, 부모에게 무엇을 기대했었는지 말하는 것에서 사회복지사는 노인 클라이언트의 신념에 관해 이해를 할 수 있다.

⑦ 적절한 목표 설정

사회복지사는 노인 클라이언트에 대해 종종 급격한 변화나 성장보다 현재의 기능 수준을 유지하거나 더 낮은 기능 수준에 적응하도록 목표를 설정해야 한다. 바람직한 실천은 삶을 지탱하고 향상시키는 개입을 촉구한다. 노인 클라이언트를 돕는 사회복지사는 클라이언트가 삶을 영위할 이유가 되는 개별화된 만족의 요소를 찾고 이를 증진시켜야 한다.

3. 노인복지실천의 사정과 개입

생물심리사회적 접근방법에서 사정은 포괄적이다. 생물심리사회적 사정의 목적은 네 가지로 정리된다(McInnis-Dittrich, 2009).

- 강점과 장애 요소를 평가한다.
- 잔존 기능을 지원하고 유지하기 위한 방법을 찾는다.
- 상실한 기능을 회복시킬 개입방법을 찾는다.
- 상실한 기능을 대체할 지원방안을 찾는다.

사정평가를 하고자 하는 노인의 특정한 기능 영역은 사정평가의 목적에 따라 결정된다. 신체적 문제는 전혀 없는데 심각한 우울 증상을 나타내는 노인에 대해 사회복지사는 정신건강 측면을 사정하며, 정서적 혹은 인지적 문제는 보이지 않으나 일상생활활동에 어려움이 있는 노인에 대해서는 일상생활기능 사정이 초점이 된다. 포괄적 사정평가는 여덟 가지 영역으로 신체건강, 심리적·정서적 안녕, 성, 사회적 기능, 영성, 일상생활활동능력, 재정적 자원, 환경적 안전으로 구분된다(McInnis-Dittrich, 2009). 각 영역에 포함된 요소들은 전체를 사용할 수도 있고 특정한 관심 영역에 중점을 두어 부분적으로 선택해 사용할 수도 있다.

- 기본적 인구학적 정보는 이름, 주소, 생년월일, 결혼 상태, 가족관계, 고용 상태, 군복무 경력, 교육수준, 취미, 특기 등을 포함한다.
- 신체건강은 보행, 자리에서 일어나기, 신체적 협응 관련 곤란 여부, 떨림이나 마비 유무, 신체적 질병, 청력 손상, 시력 손상, 후각 이상, 복용하고 있는 처방약과 일반의약품, 식습관 확인, 배변문제, 주관적 건강평가, 노인학대 관련 의심 증후 등을 포함한다.
- 심리적 기능은 성격, 지능, 기억력, 치매 유무, 섬망 등을 포함한다.
- 정서적 안녕은 우울, 자살사고, 불안과 걱정을 포함한다.
- 성기능 영역은 성적 관심과 욕구 등에 관한 사정으로 노인이 관련된 질문에 긍정적 관심을 나타내는 경우 다루는 것이 적절하다.
- 사회적 기능은 생활양식, 사회적 고립 여부, 도구적·정서적 지원을 포함한다.
- 영성 영역은 노인이 믿고 있는 종교 관련해서 혹은 인생철학과 같은 개인적 영성을 포함해 사정한다.
- 일상생활활동 능력은 신체적 일상생활활동, 수단적 일상생활활동을 포함한다.
- 재정자원은 수입과 지출, 공적부조 수급 여부 등을 포함하여 사정한다.
- 환경적 문제는 주거지의 수리 상태, 거주 공간의 위험 여부, 신체적 안

전, 경보장치 유무를 포함한다.

노인복지실천의 개입은 노인의 문제나 욕구의 심각한 정도에 따라 1차, 2차, 3차 개입으로 구분될 수 있다(Beaver & Miller, 1985; Kroft & Hutchison, 2000).

1차 개입은 부정적인 상태가 발생하는 것을 예방한다는 의미다. 1차 개입의 목표는 문제가 발생하는 것을 예방하고 발달적 욕구를 충족시키는 것이다. 사회복지사가 판단할 때 노인 클라이언트가 당면한 문제가 있는 것은 아니지만 삶의 질을 향상시키고 미래에 발생할 가능성이 있는 문제를 예방할 필요가 있거나 노인 클라이언트 본인이 발달적 차원에서 서비스를 통해 욕구를 충족하고자 하는 경우가 1차 개입에 해당된다. 건강을 유지하기 위한 좋은 식생활습관 수립과 정기적인 건강검진을 하도록 정보를 제공하고 노년기의 재정적 문제를 예방하기 위한 퇴직계획을 잘 준비하도록 도움을 주는 것을 생각해 볼 수 있다. 정보와 의뢰서비스는 문제를 예방하거나 문제가 발생한 초기에 노인이 도움을 받을 수 있도록 돕는다. 범죄예방은 노인들이 관심을 가지는 한 영역이다. 범죄예방 프로그램은 노인들에게 어떻게 방어할 수 있는지와 사기인지를 어떻게 알아챌 수 있는지를 가르친다. 교통편의 제공도 1차 개입에 속한다. 노인이 쉽게 이용할 수 있는 교통편은 특히 농촌지역에서 많이 부족하기 때문에 서비스 제공이 필요하다. 적절한 주택 또한 1차 개입에 속하는 항목이다. 샤워기와 욕조의 손잡이, 계단의 난간 같은 안전장치는 노인의 독립과 안전을 유지하는 데 중요하다. 사회복지사의 일차 개입 역할은 자문역, 교육자, 옹호자 역할이다. 사회복지사는 노인에게 직접적으로 교육과 자문을 제공하거나 노인 클라이언트를 더 잘 돕도록 서비스 제공자들에게 교육과 자문을 해 준다. 옹호자 역할의 예로 사회복지사는 경증 치매노인이 참여하고 있는 집단 프로그램에서 소외되지 않도록 옹호를 해 줄 수 있다.

2차 개입은 문제가 발생해서 개입이 없으면 사회적 기능 수행이 저하될 것을 우려하여 예방적 개입 혹은 현재 상태가 더 악화되는 것을 막는 치료적 개입과 같은 뜻이다. 2차 개입의 목표는 조기진단과 신속한 문제해결이다. 예를 들면, 배우자의 죽음은 일반적으로 애도과정이 뒤따르는데 사람에 따라서는 우울증으로 진전될 수 있으므로 사별 노인에게 정신건강서비스를 제공하는 것은 2차 개입이다. 빈곤, 건강 약화, 심리사회적 갈등, 고독, 자살사고 등의 문제에 대한 개입이 2차 개입이라 할 수 있다. 2차 개입으로는 물질적 원조 제공, 건강검진과 돌봄서비스 제공, 사회적 관계망 구축, 개인상담과 집단 프로그램 등의 개입방법을 활용한다. 사회복지사의 2차 개입 관련 역할은 임상실천가, 중개자, 옹호자, 조력자 등이다. 임상실천가는 노인 개인, 노인 가족, 노인집단들을 대상으로 주로 상담을 하거나 프로그램을 진행한다. 중개자로서 사회복지사는 노인 클라이언트가 필요로 하는 서비스에 연결시킨다. 중개자로서 역할을 하기 위해 사회복지사는 지역사회의 자원들에 대해 잘 알고 있어야 한다. 옹호자 역할은 노인의 권리가 침해되지 않고 그들의 욕구가 충족되도록 지원하는 것이다. 조력자 역할은 클라이언트가 필요한 서비스를 받거나 혹은 문제를 해결하도록 돕는 것이다. 조력자가 사용하는 방법은 옹호자가 사용하는 방법과 다르다. 조력자는 클라이언트 자신이 서비스를 얻도록 돕는 반면 옹호자는 클라이언트를 대신하여 서비스를 얻는다.

3차 개입은 재활적 개입이라 불린다. 노인 클라이언트의 상태가 악화되어 사회적 기능을 제대로 수행할 수 없는 상태일 때 3차 개입이 행해진다. 3차 개입의 목표는 역기능적 상태가 미치는 영향을 최소화하고 노인 클라이언트가 기능을 최대한 회복하도록 돕는 것이다. 빈곤으로 인한 영양실조, 열악한 주거 상태, 심각한 가족갈등, 치매, 심한 일상생활기능 저하 등의 노인문제에 대해 개별 접근 또는 집단 차원 접근의 실천방법을 적용한다. 3차 개입은 장애가 효과적 기능을 제한할 때 발생하는 욕구에 초점을 두어 돕는다. 또한 재활에 대한 욕구에 초점을 둔다. 사회복지사의 역할은 클라이언트 발굴자, 사례관리자, 자원동원가 등이다. 3차 개입 역할은 2차 개입 역할과 유사하며, 차이점은 3차 개입 역할이 더 심각한 문제에 적용된다는 점이다.

4. 사회복지사의 역할

노년학자 필레머(Pillemer)는 노인과 노화에 대한 이해력과 노년의 삶에 대한 상상력의 중요성을 다음과 같이 강조한 바 있다(박여진 역, 2012).

"나이를 먹는 것은 인간이 겪는 가장 낯선 경험이다. 아무도 벗어날 수 없다는 점에서 인류가 공유한 한 가지 공통점이라고도 말할 수 있다. 누구나 나이를 먹는다. 하지만 노인이 된 자신의 모습을 상상하기란 대단히 어렵다. 노인들은 젊은 사람들과 정신적으로 다르다고 구분되며 심지어 전혀 다른 종으로 취급받기도 한다. 그들이 마치 태어날 때부터 줄곧 노인이었던 것처럼 말이다. 그렇게 보면 인간에게는 노화가 하나의 과정이라는 사실을 이해하는 능력과 나이가 든 자신의 모습을 상상하는 능력이 부족한 것 같다."

노인복지 분야에 종사하는 젊은 사회복지사들은 자신이 직접 경험해 보지 못한 노년의 삶을 이해하고 돕기 위해서는 노인과 노화에 대한 지적 이해와 함께 창의적인 상상력 활용이 유용할 것이다.

노인들에 대한 사회복지사의 역할은 크게 구분하면 두 가지다. 한 가지는 노인 개인, 소집단, 가족에게 직접적 서비스를 제공하는 것이다. 노인과 노인가족의 경제적·신체적·정서적·환경적 욕구가 사회복지사가 관여하는 주요 영역이다. 노인들을 대상으로 일하는 사회복지사의 주요 목적 중 하나는 노인이 욕구뿐 아니라 개성과 가치를 가지고 있음을 명심하여 노인과 그 가족이 존엄성을 유지하게 원조하는 것이다. 다른 한 가지는 노인과 함께 하거나 노인을 대신하는 옹호 역할이다. 옹호 역할은 거시적 수준에서 이루어질 수 있다. 노인은 중요한 투표권 층이고 노인단체는 정치적으로 적극적인 활동을 도모할 수 있다. 또한 노인과 관련된 공공정책 안건에는 많은 쟁점들이 있는데 사회복지사는 노인들의 관심사를 정책에 반영하도록 제안하고 또 옹호해 줌으로써 노인을 도울 수 있다. 이를 위해 우선 사회복지사는 경제적 욕구, 건강 욕구, 열악한 주거, 교통편의의 결핍, 외로움, 기타 노인이 직면하는 모든 것을 규명하는 일을 한다. 그다음 단계는 이 충족되지 못한 욕구를 충족시키는 프로그램의 개발을 통해 변화를 낳도록 원조할 지역사회자원을 동원하는 것이다. 사회복지 전문가는 사회가 노인에 관해 갖는 태도변화를 목표로 사회적 변화를 촉진시키는 역할을 해야 한다.

한편 사회복지사는 노인이 가능한 한 효율적으로 그리고 효과적으로 필요로 하는 모든 서비스를 얻는지를 확인하는 서비스 담당자로 활동한다. 사회복지사는 노인이 가정에서 돌봄을 받아야 하는지 혹은 은퇴촌이나 요양원이나 기타 다른 시설에서 돌봄을 받아야 하는지 노인과 가족들이 결정하는 것을 돕는다. 이 같은 결정은 쉽지 않기 때문에 가족들은 대안들의 장단점을 가늠하는 데 사회복지사의 전문적 원조로부터 도움을 받을 수 있다.

노인을 대상으로 일하는 사회복지사는 이론적 지식과 기법만으로 충분하지 않으며 인생의 후반기에 대한 깊은 존중 의식을 지녀야 한다. 현대사회는 젊음을 지향하고 찬양하는 사회이므로 일종의 노년공포(gerontophobia)가 지배적이다. 이러한 공포가 노화에 관한 많은 고정관념을 낳는다. 노인과 일하는 사회복지사는 노인과 노화과정에 관한 자신의 태도에 대한 자아인식을 하기 위해 지속적으로 심도 있는 성찰을 할 수 있어야 한다.

제12장

노인상담과 사례관리

노인상담과 사례관리는 노인복지실천 현장에서 그 필요성과 유용성이 강조되는 핵심 요소다. 노인상담은 노인이 직면한 심리사회적 문제를 직접적으로 다루는 기능 외에 노인문제 해결을 위한 다른 서비스나 원조의 매개체로서의 기능으로 많이 활용된다. 노인상담은 노인의 욕구나 문제를 탐색해 이를 해결할 수 있도록 지원하고, 노후생활에 필요한 정보와 지지를 제공해 주며, 노인 가족에게 지지와 서비스를 제공하는 기능을 한다. 사례관리는 노인복지 분야에서 핵심적인 전문서비스로 부상하고 있다. 복합적 욕구를 갖고 있는 노인은 서비스에 대한 정보 제공, 서비스와 자원의 연계와 조정, 통합적 서비스 제공을 가능하게 해 주는 사례관리의 대상이 될 수 있다.

제12장은 노인상담 관련해서 노인상담의 개념과 상담 현장, 목적과 기본 원칙, 노인상담의 과정, 노인상담의 기술적 요소를 소개한다. 다음으로는 사례관리의 개념과 필요성, 목적과 적용, 사례관리의 구성 요소, 사례관리의 모델을 살펴본다.

1. 노인상담

1) 노인상담의 개념과 상담 현장

노인상담은 노인문제에 관한 전문적인 지식과 훈련을 받은 상담자가 노인들이 당면한 제반 문제를 의논하고 그 해결점을 찾을 수 있도록 도와주는 과정으로 노인문제 해결의 기초이자 노인문제 해결에 공통적으로 사용되는 매개적 방법으로 정의된다(서혜경, 정순둘, 최광현, 2006). 노인상담은 노인이 직면한 심리사회적 문제를 직접 해결하는 치료적 기능뿐만 아니라 노인문제 해결을 위한 다른 서비스나 원조의 매개체로서의 기능도 지니고 있다(McDonald & Haney, 1997). 즉, 노인에게 상담을 통해 개입한다는 것은 지역사회의 자원을 활용하는 것도 포함한다.

우리나라 경우 노인과 노인 가족에 대한 임상적 개입이라고 할 수 있는 노인상담은 다른 연령대를 대상으로 하는 상담과 비교해 보면 활성화되어 있지 못하며, 노인상담이라면 주로 다른 서비스를 제공하기 위한 접수면접 혹은 사정평가를 위한 면접이 대부분이다.

노인상담의 필요성은 노인집단의 특성에서 인정된다. 노인은 일, 건강, 배우자, 친구 등을 상실하기 쉬운 연령대에 속하므로 이러한 상실에 적응하는 과정에서 여러 가지 도움을 필요로 한다. 전형적인 노인 클라이언트는 노화와 관련된 스트레스 요인을 성공적으로 처리하지 못한 노인으로 볼 수 있다. 또한 많은 노인들이 부부문제, 재혼 및 이성교제 문제, 자녀들과의 갈등과 불화 등으로 어려움을 겪을 수 있다. 상담은 이러한 노인의 욕구나 문제를 탐색해 해결할 수 있도록 지원하고, 노후생활에 필요한 정보와 지지를 제공해 주며, 노인이 속한 가족에 대해서도 지지와 서비스를 제공해 줄 수 있다.

노인상담의 비활성화 이유를 권중돈(2019)은 다음과 같이 제시하고 있다.

- 체통을 중시하고 가족주의 의식이 강한 한국문화에서는 노인이 문제에 직면했을 때 외부의 도움을 요청하기보다는 감추려는 성향이 강하고, 상담을 받음으로써 자녀에게 폐가 될 수 있다는 점 때문에 기피하는 경향이 있다.
- 노인은 노인상담에 대한 정보가 제한되어 있고 노화로 인하여 상담기관에 대한 접근성이 낮기 때문에 전문상담을 받을 수 있는 기회를 갖기가 어렵다.
- 노년기에 다양한 심리사회적 문제를 경험할지라도 '늙으면 다 그렇다.' 또는 '죽을병도 아닌데, 뒤늦게 무슨…….'과 같은 방식으로 문제를 인식함으로써 상담의 필요성 자체를 느끼지 못하는 경우가 많다.
- 노인상담에 관한 이론과 기법의 개발이 미흡하고 노인이 이용할 수 있는 상담센터가 매우 제한되어 있으며, 노인상담 전문가의 부족과 같은 노인상담체계의 미성숙이 노인상담의 활성화를 제한한다.

노인상담을 제공할 수 있는 기관으로는 노인종합복지관, 노인보호전문기관, 광역치매센터, 치매안심센터, 노인의 전화, 노인종합상담센터, 노인상담소, 실종노인종합상담지원센터 등이 있다.

세부적 상담 영역은 기관에 따라 다르지만 대표적 노인 이용시설인 노인종합복지관은 상담사업의 대부분이 신규회원 가입상담 및 이용상담, 회원관리, 취업상담 등을, 노인보호전문기관에서는 노인학대 관련 상담을, 광역치매센터 및 치매상담센터에서는 치매문제 전문상담 등을 제공하고 있다. 노인의 전화는 취업문의, 시설문의, 가족관계 상담을, 노인종합상담센터 혹은 노인상담소는 여가취미활동, 자원봉사, 취업 및 일자리 등 사회참여 관련 상담, 가족문제, 심리적 문제, 건강문제 등을 주로 상담하고 있으며 실종노인종합상담지원센터는 실종노인 사례 접수, 등록 및 가족상담, 실종치매노인 가족지원을 제공한다.

2) 노인상담의 목적과 기본 원칙

노년기 발달과업에 기초한 노인상담의 목적은 다음과 같이 정리할 수 있다(Burlingame, 1995).

- 필요한 의료적 · 사회적 · 정서적 지원을 효과적으로 동원하고 이용하도록 원조하는 것
- 신체적 건강 약화에 적응하도록 원조하는 것
- 노년기의 신체적 · 재정적 변화와 관련하여 보호 및 주거시설에 대한 욕구가 충족되도록 원조하는 것
- 지역사회에서 새로운 역할을 가질 수 있도록 원조하는 것
- 자녀, 친척 및 지역사회와의 관계를 조정하도록 돕는 것
- 배우자나 친구 등 중요한 사람들의 상실에 적응하도록 원조하는 것
- 은퇴와 재정적인 변화에 대처하도록 원조하는 것
- 노인이 자신의 삶에서 주도권을 갖고 중요한 결정을 할 수 있도록 원조하는 것

노인상담의 목적에 포함되어 있듯이 노인상담은 노인의 당면 문제를 직접적으로 해결하는 기능도 있고 문제예방과 노후생활을 원기왕성하게 지낼 수 있게 돕는 기능도 있다. 노인상담의 목적에는 노인뿐 아니라 노인을 부양하는 가족의 노인들에 대한 이해를 돕고 서로 더불어 잘 지낼 수 있는 정서적 지지와 정보를 제공하는 기능도 있다.

현외성 등(2002)은 노인상담의 기본 원칙을 다음과 같이 제시한다.

- 노인 및 가족의 개별적 상황에 따라 상담서비스를 개별화한다. 노인의 문제는 개별적 차이가 크다. 즉, 노인 자신의 성격, 환경에 따라 문제 양상이 다양하고 복합적이므로 개별적 사정평가가 필요하다. 노인이 호

소하는 특유한 문제가 노인의 성격적인 것에서 발생하는 것인지, 가족
관계의 상호작용에 기인하는 것인지, 여러 기능의 상실로 인한 부적응
에 있는지, 문제의 정도가 단순한 혹은 복합적인 것인지, 노인 스스로가
어느 정도 문제점을 이해하고 있는지, 문제해결의 활용자원은 어떤 것
이 있는지, 도움의 효과를 어느 정도 기대할 수 있는지 등에 대한 정확
한 진단이 필요하다.

• 노인들은 본인의 감정, 내면적 갈등, 가족 간의 갈등에 대해 말하는 것
을 불편해하므로 상담자는 노인이 자신의 감정을 터놓고 이야기할 수
있는 환경을 조성해 주어야 한다.

• 상담시간은 시간적으로나 정신적으로나 여유 있게 잡는 것이 좋다. 즉,
충분한 시간적 · 심리적 여유를 가지고 노인의 이야기를 들을 준비가
되어 있어야 한다. 노인의 상황에 대해서 허용적인 태도를 갖는 것이
바람직하며 노인의 되풀이되는 호소에 대해 상담의 목적을 의식하면서
경청해야 한다.

• 노인에 대한 고정관념 및 세대차에 대한 편견을 버리고 긍정적 라포를
형성한다. 상담자는 세대차에 대한 편견 없이 오히려 세대 간의 차이에
서 오는 감정의 차이와 인식의 차이에 대한 수용의 폭을 넓혀야 한다.
또한 노인의 긍정적 · 부정적 감정을 있는 그대로 받아들임으로써 긍정
적인 라포를 형성하는 것이 중요하다.

• 노인 스스로 문제해결에 참여하여 자신이 원하는 것을 획득하는 능동적
경험을 갖도록 도와준다. 즉, 노인 스스로 자신의 문제에 대해 객관적
으로 인식하고 볼 수 있는 시각을 갖도록 도와주고 자신의 상황을 창의
적으로 개선시키는 데 주도적 역할을 하도록 격려한다. 그러나 스스로
자원이나 능력이 부족한 노인에 대해서는 사회적 자원을 충분히 활용
할 수 있도록 도움을 제공한다.

• 죽음에 대한 불안에 대해 대처하고 인생의 황혼기를 바람직하게 보낼
수 있도록 돕는다. 자신의 삶에 대한 긍정적 회고와 자아통합의 시간을

통하여 자신의 삶과 죽음을 수용하는 자세를 갖도록 유도한다.

3) 노인상담의 과정

사회복지사의 노인상담은 대화를 통한 상담뿐 아니라 필요한 경우 각종 유형의 복지서비스 제공을 활용할 수 있기 때문에 심리상담사, 정신의료 전문가 등이 제공하는 노인상담과 구분되는 특성을 지닌다.

대부분의 상담자는 노인 클라이언트보다 젊기 때문에 안내자로서 자신의 경험을 사용할 수 없다는 제약이 있다. 이러한 한계를 극복하기 위해서 노인 클라이언트를 상담하는 사회복지사는 노화 관련 전문지식을 가져야 한다. 또한 노화에 대한 일반적 지식뿐 아니라 특정 노인세대에 대한 지식이 있어야 한다. 그러한 지식은 노인세대의 인생경험과 사건에 대해 배우는 것을 통해 축적된다.

노인상담을 접수 및 신뢰관계 형성, 문제 혹은 욕구 사정, 개입, 종결로 구분해 살펴보자.

(1) 접수 및 신뢰관계 형성

첫 상담에서는 접수 및 신뢰관계를 잘 형성하기 위한 기반을 마련하는 것이 중요하다. 접수와 관련해서는 클라이언트의 문제 확인이 핵심이 된다. 노인의 문제를 확인하기 위해서는 "오늘 어떻게 오셨습니까?" 혹은 "어떤 점을 도와드리면 좋겠습니까?"와 같은 질문으로 시작할 수 있다.

상담의 구조화는 신뢰관계를 형성하는 데 중요한 요소다. 노인 클라이언트는 흔히 상담에 대한 불확실하거나 부정확한 이해를 갖고 있기 쉽다. 사회복지사는 어떻게 노인 클라이언트를 도울 것이며, 노인 클라이언트는 사회복지사로부터 무엇을 기대할 수 있고, 사회복지사는 노인 클라이언트에 대해 상담과정에서 무엇을 기대하는지를 분명하게 이해시킴으로써 시작하는 것이 중요하다. 즉, 상담의 구조화는 상담과정에 대한 일반적 정보를 제공하

는 것을 의미한다. 사회복지사와 노인 클라이언트의 역할, 상담기간, 상담효
과에 대한 정보 등을 알려 주는 것이다.

상담의 구조화의 예를 들어 보면 다음과 같다.

"우리는 정기적으로 주 1회 상담을 하게 되고, 상담시간은 1시간입니다. 상담
시간에 어르신과 저는 어르신이 해결하고 싶은 문제에 대해 이야기하게 됩니다.
우리는 상담에서 의논했던 것을 실행하는 방법에 대해 말할 수도 있습니다. 어르
신께서 말씀을 많이 하실 것이고 저는 주로 듣습니다. 우리는 문제를 해결하는 방
법을 함께 찾아볼 겁니다."

비밀보장의 한계에 대해서도 명확하게 전달해야 하는데 이를 설명하는 예
는 다음과 같다(김영경 역, 2008).

"시작하기 전에 제가 어르신께 비밀보장에 대한 말씀을 드리고 싶습니다. 여기
서 우리가 하는 이야기는 우리만 압니다. 저는 다른 사람들에게 우리의 대화를 말
하지 않습니다. 이것을 비밀보장이라고 합니다. 그러나 비밀보장에는 한계가 있
습니다. 만약 어르신이 자신이나 다른 누군가에게 위험하다고 생각된다면 저는
우리의 비밀을 깨고 위험에 처한 사람이 누구든 그 사람을 보호하기 위해 행동해
야 합니다."

신뢰관계 형성에 필요한 상담자의 자세와 태도는 노인을 이해하려는 진
지한 자세, 클라이언트 중심 태도, 수용하고 존중하는 허용적 자세, 가식 없
는 진솔한 태도, 노인을 도와주고자 하는 인간적 자세 등을 포함한다(권중돈,
2019).

(2) 문제 혹은 욕구 사정

노인 클라이언트의 문제 혹은 욕구 사정을 하기 위해서는 신체적·심리

적·사회적 기능을 포괄적으로 파악해야 한다.

상담자는 노인 클라이언트의 신체적 기능에 관해 클라이언트와 그 가족들로부터 정보를 얻는 것으로 시작할 수 있다. 신체적 기능은 전반적인 건강상태와 일상생활동작능력에 초점을 둔다. 일상생활동작은 보행, 식사, 옷 갈아입기, 목욕, 배설억제 능력과 같은 기본적인 활동능력을 말한다. 이 과업들을 혼자 할 수 있는지 혹은 누군가의 도움을 필요로 하는지가 고려되어야 한다. 또한 그 활동에 걸리는 속도도 고려해야 한다. 독립된 생활능력을 일컫는 도구적 또는 수단적 일상생활활동은 음식 만들기, 청소, 전화 사용, 차편 이용, 금전관리 등을 일컫는다.

일반적으로 일상생활동작능력으로 신체적 의존성을 사정하는 데 전반적인 의존성을 살펴보기 위해서는 확장적 일상생활활동까지 포함해 살펴보는 것이 필요하다. 어느 정도 계획을 세워야 할 수 있는 활동, 즉 확장적 일상생활활동(Advanced Activities of Daily Living: AADL)은 공동체의 일원으로 활발하게 참여하며 살아가기 위해서 스스로 할 수 있어야 하는 활동들을 말한다(윤종률, 유은실 역, 2014). 확장적 일상생활활동은 다음과 같다.

- 뜨개질, 합창, 봉사활동 등 집단의 일원으로 성공적으로 참여하는 것
- 교회나 모임에 출석하고 친구의 집을 방문하며 행사와 공연에 참석하는 등 사회적 활동을 위하여 집을 떠나는 것
- 대중교통을 이용하고, 운전하며, 여행하는 것
- 간단한 식료품 이상의 것을 쇼핑하는 일
- 집 밖에서의 규칙적인 운동을 즐기는 일
- 집이나 자동차를 유지하고 수리하는 일

일반적으로 노인의 기능적 능력은 과소평가되기 쉽고 가족이나 친척들도 도움을 요청할 때 노인 클라이언트의 기능적 능력을 낮추어서 말하는 경향이 있다. 이러한 경향은 노인의 삶에서 안전을 가장 중요시하기 때문에 가능

한 한 노인의 능력을 낮게 평가해 제한적이고 보호적인 조치를 하기 위해서이다. 그러나 노인의 가장 큰 관심사가 삶의 질이라고 보았을 때 노인은 살던 지역에서 자기 집을 유지하면서 자신의 삶에 통제력을 갖고 살고 싶어 한다. 클라이언트의 자기결정권을 존중하고, 클라이언트의 입장에서 문제를 이해하며, 클라이언트의 강점과 능력을 존중한다는 사회복지실천의 기본 원칙은 노인 클라이언트의 사정에 반드시 적용되어야 한다.

심리적 기능에 대해서는 인지 및 정서 기능에 초점을 두어 평가한다. 인지적 측면의 지적 손상과 기억손상은 진단적 측정도구를 사용하고 면접을 통해 손상이 시작된 상황 및 클라이언트의 사회적 기능 수준과 같은 사회력에 대한 정보를 갖고 사정평가를 한다. 사회복지사는 기질적 손상의 증상인 인지적 지각의 쇠퇴(기억력, 주의력, 문제해결 및 의사결정 등에서의 기능 저하), 단어 대치 등에 민감해야 한다. 보통 인지검사 도구인 MMSE로 지남력, 주의력, 회상 등 기본적인 인지 기능을 평가한다. MMSE에서 24점을 넘게 받은 노인은 인지 손상이 거의 없거나 전혀 없는 것으로 간주되는 반면 18~23점은 약간의 손상을 나타낸다. 17점 이하의 점수는 읽고 쓰는 능력이나 정규교육이 부족한 경우를 제외하고는 중요한 손상을 의미한다. 인지 기능을 판단할 수 있는 다른 정보는 도구적 또는 수단적 일상생활활동 능력에 대한 평가다. 돈을 직접 관리하고 교통수단을 사용하며 식사를 준비하는 활동을 수행하는 것에 관한 도구적 또는 수단적 일상생활활동 능력에 대한 질문으로 인지적 한계의 결과일 수 있는 손상에 대한 정보를 파악한다.

노인의 우울증이나 생활만족을 사정하는 데 표준화된 측정도구를 사용할 수 있다. 예를 들면, 자기보고 우울검사인 노인우울검사(Geriatric Depression Scale: GDS)는 '예, 아니요'로 간단하게 응답하게 되어 있어 노인에게 적합한 척도다. GDS는 30, 15, 10, 4문항 등 여러 형태가 있다. 가장 문항 수가 적은 GDS-4는 다음과 같다(Isella, Villa, & Appollonio, 2001).

• 기본적으로 자신의 인생에 만족하십니까?

- 자신의 인생이 공허하다고 느끼십니까?
- 뭔가 나쁜 일이 자신에게 일어날 것이라고 염려하십니까?
- 대부분의 시간을 행복하다고 느끼십니까?

식욕부진, 불면증, 성욕감퇴와 같은 우울증과 관련된 증상을 간과해서는 안 되는데 이러한 증상들이 노인에게는 정상적이라는 잘못된 생각 때문에 간과하기 쉽다. 수면장애는 젊은 사람의 우울을 진단하는 데 중요한 지표이지만 노인의 경우 수면장애는 상대적으로 덜 신뢰하는 우울지표다. 그렇다고 이 증상을 간과해서는 안 된다.

사회적 기능은 노인이 주고받는 사회적 지지, 사회활동 참여 정도, 주거환경에 초점을 둔다.

사회적 지지는 크게 정서적 지지와 도구적 지지로 구분된다. 정서적 지지는 애정, 좋아함, 존중과 존경의 직접적인 표현을 포함하고 도구적 지지는 아플 때 보살펴 주는 것, 집안일을 도와주는 것, 교통수단을 제공해 주는 것, 돈을 빌려 주거나 선물을 하는 것 등 직접적이고 물질적인 도움을 주는 것을 포함한다. 그러나 사회적 지지의 효과가 모든 사람과 모든 상황에 동일하지는 않다. 사회적 지지의 효과는 상황, 사람, 욕구에 따라 다르며 적합성이 가장 중요하다. 원치 않거나 필요 없는 지지는 오히려 부정적인 결과를 가져온다. 아동에게 지나친 도움을 주면 자립능력과 자아존중감 발달이 저해되는 것과 마찬가지로 노인에게도 동일한 결과가 초래될 수 있다. 필요 이상의 도움을 제공하는 것은 클라이언트의 기능에 부정적 영향을 미칠 뿐 아니라 클라이언트의 자신에 대한 자신감을 감소시켜 학습된 무기력 상태로 만들 수 있다.

노인 클라이언트는 자원 자체가 축소되어 있기 쉽다. 퇴직으로 소득이 제한되고, 신체적 능력이 감퇴하며, 심리적 노화로 정서적 지지가 필요해지는 등 사회적 지지 체계로 보충할 영역이 확대되는데, 이러한 자원과 지지체계에 관한 실태 파악이 사정에서 이루어져야 할 것이다. 무엇보다 중요한 것은 가족에 관한 정보다.

정서적 지지, 도구적 지지, 정보적 지지를 탐색하기 위한 질문의 예는 다음과 같다.

- 외로울 때 이야기할 수 있는 사람이 있습니까?
- 무엇인가 할 수 없을 때 도와 달라고 요청할 수 있는 사람이 있습니까?
- 좋은 조언을 기대할 수 있는 사람이 있습니까?

사회복지사는 노인 클라이언트가 지역사회 복지 관련 기관으로부터 받고 있는 서비스, 가족이나 친구에 의해 자발적으로 제공되는 서비스, 실제로 필요한 서비스, 가족이나 친구가 필요한 서비스를 제공하는 데 드는 시간, 서비스를 제공하는 가족과 친구 수, 가족과 친구가 원조를 계속할 수 있는 가능성 등을 파악한다.

사회적 접촉과 활동의 절대적 적정수준이란 없다. 그 적절성은 노인 클라이언트가 과거에 어떠했는지와 노인 클라이언트의 만족에 기여하는지에 근거해 평가한다.

환경은 환경평가를 하기 위해 만들어진 표준화된 방법이 없기 때문에 평가하기가 모호하지만 고려해야 하는 요소는 집에서의 안전과 상점, 병원, 사회적 활동이나 종교활동에 접근하기에 불편한 점이 없는지 등이다. 노인이 신체적 혹은 정서적 방임이나 신체적·정신적 학대의 피해자가 될 가능성 여부에 대해서도 살펴본다.

노인 클라이언트 본인이 무엇을 선호하는가는 사정에서 고려해야 하는 중요한 요소다. 노인 클라이언트를 돕는 과정에서 가족이나 전문가가 선호하는 선택이 클라이언트가 원하는 것보다 종종 우선시되는데 이렇게 되지 않도록 주의를 기울여야 한다. 노인상담에서 사회복지사의 책임은 가능한 한 클라이언트가 원하는 것을 충족시키기 위한 최적의 방법을 찾도록 돕는 것이다.

노인 클라이언트에 대한 사정은 대부분의 영역에서는 다른 클라이언트들의 사정과 유사하나 의료적 측면과 환경적 측면이 심리사회적 측면만큼 중요한 점이 다르다. 문제 혹은 욕구 사정을 토대로 상담의 목표와 개입계획이 수립된다. 상담 목표는 구체적이고 명확해야 하며 현실적으로 달성 가능해야 한다.

(3) 개입

노인의 특성에 대한 이해 없이 사회복지사가 상담 진행을 너무 빠르게 하거나 너무 많은 내용을 다루면 상담이 원활하지 못하게 된다. 노인 클라이언트는 반응하는 데 느리고 쉽게 피곤해하는 특성이 있다. 따라서 젊은 클라이언트에게서 보이는 빠른 이해와 변화를 기대하기 어렵다. 개입할 때 이러한 노인의 특성을 감안해 진행해야 할 것이다.

일반적으로 정신건강 문제가 없는 노인 클라이언트에게는 문제 중심 접근방법이 가장 효과적인 것으로 간주된다. 문제 중심 접근은 지지 제공과 교육적 접근을 의미한다. 예를 들어, 노인 클라이언트의 자기결정과 관련해 사회복지사는 선택적 대안을 생각할 수 있도록 도울 수 있다. 클라이언트의 자기결정으로서의 선택과 그 선택을 지지해 주는 개인적 자원, 가족성원들의 욕구와 자원, 지역사회자원, 사회복지사의 지지와 원조가 행동 선택에 영향을 미칠 수 있다.

말로 하는 상담 외에 노인상담에서는 점진적인 긴장완화를 위한 이완훈련, 생활양식의 변화에 초점을 두는 신체활동, 식이요법, 금연, 주량조절 등을 상담과정에서 활용할 수 있다.

(4) 종결

노인상담은 자주 만족스러운 해결로 종결되지 않는다. 예를 들어, 노인 클라이언트가 상담을 통해 해결하고자 하는 문제가 배우자나 친구의 상실로 인한 외로움인 경우 상담을 받는다고 해서 그 상실이 쉽게 보충될 수 없으며, 건강문제의 경우도 약화되는 신체적 건강에 적응하는 데 상담이 도움을 줄 수는 있으나 그렇다고 해서 건강이 완쾌되는 것이 아니다. 따라서 노인 클라이언트를 종결하는 데 있어서 사회복지사는 마치 유기하는 것 같은 죄책감과 불안을 경험할 수 있다. 그러나 노인은 상실에 대해 많은 경험을 하였고 이에 대처하는 연륜에 기반을 둔 지혜가 있다. 노인 클라이언트는 상담을 다시 필요로 할 가능성이 높기 때문에 종결은 유동적이라고 할 수 있으며 종결 이후 의뢰, 추수면접을 활용할 수 있다.

4) 노인상담의 기술

경청과 질문기법은 모든 상담의 기본 기술이다. 상담에서 클라이언트의 말을 경청하는 것은 사회복지사의 주요 활동 중 하나다. 경청은 말하는 사람이 사용하는 어휘, 억양, 신체언어 등을 함께 파악하는 것이다(최해경, 2017). 경청하는 상담자는 말하는 사람의 의도, 시선의 의미, 멈춤까지 파악하면서 맥락적 경청을 한다. 맥락적 경청은 말의 이면에 숨겨진 것, 실제 관점, 말하는 사람의 삶 속에 들어 있거나 삶을 배경으로 하여 나타난 사실들을 듣는 것이다. 경청의 가장 큰 의미는 클라이언트가 생활하고 활동하며 존재하는 맥락에 의해 영향을 받는 개인으로서 하는 말을 듣는 것이다. 상담과정에서 클라이언트의 말을 경청하고 있다는 것을 전달하려면 적절한 의견을 말하거나 질문을 하여 요점을 파악했다는 것을 표현하거나 놓치기 쉬운 중요한 일면에 대해 의견을 보태어 반응을 보인다. 사회복지사는 여러 경로로 경청하고 있음을 클라이언트에게 전달할 수 있다. 관심 어린 표정을 비롯해 고개의 끄덕임, '그랬군요.' 등의 음성반응 등을 통해 클라이언트는 사회복지사가 경청하고 있음을 느낄 수 있다.

상담에서는 주로 구체적으로 필요한 정보를 얻기 위해 질문을 한다. 상담은 질문을 하고 그 대답을 듣는 단순한 행위가 아닌 사람과 사람 사이의 상호작용이기 때문에 질문하는 태도나 어조가 질문의 내용을 전달하는 단어

보다 더 중요하다. 일반적으로 질문방식은 개방형과 폐쇄형으로 구분된다 (Hepworth, Rooney, Rooney, & Strom-Gottfried, 2017; Ivey & Ivey, 2003). 개방형 질문은 클라이언트가 선택해서 설명하고 대답하도록 하는 질문방식이다. 따라서 개방형 질문에서 클라이언트는 자신이 중요하다고 여기는 정보를 이야기하고 중요하게 생각하는 문제에 초점을 맞출 수 있다. 개방형 질문은 클라이언트가 자신의 생각과 감정을 탐색할 수 있게 해 준다. 폐쇄형 질문은 주로 사실적 정보를 얻기 위해 사용된다. 폐쇄형 질문은 클라이언트와 그 상황에 관해 정확한 사실을 알기 위해, 특히 상담의 초기 단계에서 유용하다. 폐쇄형 질문이 초기 단계에서 좀 더 많이 활용되는 것은 사실이나 구체적인 내용을 명료화하고 누락된 정보를 보충하기 위해 상담과정 전반에 걸쳐 사용될 수 있다. 일반적으로 개방형 질문이 폐쇄형 질문보다 더 많은 정보를 얻는 데 도움이 된다. 상황에 따라 개방형 질문과 폐쇄형 질문 중 어느 형태가 적절한지를 고려해야 한다.

노인상담에서 유용하게 활용할 수 있는 기법은 회상과 인정요법이다.

회상은 과거의 사건이나 경험을 기억해 내는 과정으로 과거를 돌아보고 지나온 생을 정리하는 특성이 있는 노인들에게 적용하기에 좋은 기법이다 (모선희 외, 2018). 노인의 여러 가지 심리적·인지적·신체적 특성을 고려한 방법으로 시도되는 회상요법은 노인들에게 과거를 돌이켜 보게 함으로써 시간의 흐름에 따른 개인의 발달과정을 이해하게 해 주어 자신의 독자성과 가치를 발견하도록 돕는 긍정적인 작용을 할 뿐만 아니라 대상자로부터 자연스럽게 발생되는 회상을 이용하기 때문에 특별한 훈련이 필요 없고 비용이 들지 않아서 접근성이 쉽다는 장점이 있다(이현림, 배강대, 2004). 회상을 통해 노인은 자신의 삶에 대해 의미를 부여할 수 있다. 에릭슨(Erikson, 1963)은 노년기에 이루어야 할 발달과업인 자아통합에 이르는 과정에서 일생에 대한 회상을 통해 지나온 삶에 잘못이 있다 하더라도 이를 긍정적인 태도로 수용하고, 달성하지 못한 일보다 그동안 이루어진 일과 행운에 대해 감사하는 자세를 가지며, 자신이 최선을 다해 인생을 살아왔다는 느낌을 갖게 되는 것을 자아통합의 달성이라고 보았다.

이현림과 배강대(2004)가 노인 대상으로 실시한 회상기법 집단상담을 연구한 결과 노인의 심리·정서적 문제해결에 있어서 회상기법은 노인 자신의 책임과 과업을 강조하는 개인적 차원의 노인문제 해결방안의 하나로서 상담현장에서 유용하게 활용될 수 있을 것으로 검증되었다. 분석결과 회상기법은 노인들의 우울감을 저하시키는 데 긍정적인 효과가 있는 것으로 밝혀졌다. 이 결과는 노인에게 있어서 지나온 생애주기를 회상해 보게 함으로써 왕성했던 시절의 경험과 자신의 모습들을 발견함으로써 자신감을 갖게 되었고, 자기 자신을 긍정적으로 바라보게 된 것이 노인들의 정서 반응에도 영향을 미친 것으로 해석되었다. 또한 회상기법은 노인들의 자아존중감을 향상시키는 데도 긍정적인 효과가 있는 것으로 나타났다. 노인에게 있어서 집단상담을 통해서 지나온 생애주기를 회상해 보게 한 것이 집단 내에서의 상호작용에 의해 서로 지지하게 되고 합리화를 이루면서 현재의 상실감을 극복하고 심리적 안녕을 이루게 한 것으로 해석되었다.

인정요법은 인지장애나 치매가 있는 노인과의 상담에서 노인의 욕구와 감정을 존중하고 인정하면서 의사소통을 하는 접근이다. 인정요법에서는 논리적·인지적·분석적 사고능력이 상실되고 지남력을 잃은 치매노인에게 현실을 직시하도록 하는 것이 도움이 되지 않는다고 여긴다. 인정요법의 원리는 비정상적인 행동일지라도 모든 행동 뒤에는 어떤 논리가 존재한다는 전제를 근거로 해 현실에 대한 인식이 목표가 아니라 개인행동의 배후에 있는 개인적 의미를 이해하는 것이 목표가 된다. 인정요법에서 사용하는 기술은 집중, 반복, 모방이다(김경애, 하양숙, 1998). 집중은 의심하거나 비난하는 노인 클라이언트와 상담할 때 상담자가 자신의 현재 감정을 인정하고 심호흡을 하면서 한곳을 집중하여 쳐다보는 등의 방법으로 문제가 되는 감정을 해결하는 기술이다. 반복은 목소리 톤, 말의 속도 등을 동일하게 해 클라이언트가 한 말을 반복하는 것을 말한다. 모방은 상동증이 있는 클라이언트의 동작을 똑같이 따라 함으로써 클라이언트의 신뢰를 얻는 것이다. 인정요법의 기대효과는 인지 기능이 저하된 노인의 불안 감소, 원활한 의사소통, 노인의 내면세계로의 칩거 방지, 과거의 해결되지 않은 갈등 해결, 가족이나 상담자의 소진 예방이다(권중돈, 2019).

2. 사례관리

1) 사례관리의 개념과 필요성

사례관리라는 용어는 임상적 개입의 의미가 강한 사례와 행정적 의미가 강한 관리가 합쳐진 용어다. 미국의 경우 사례관리가 정신장애인 대상으로 발전했고 영국에서는 노인 혹은 장애인 대상 대인서비스나 케어를 중심으로 발전했기 때문에 미국은 사례관리라는 용어를, 영국은 케어관리라는 용어를 사용하는 것으로 알려져 있다. 사례관리의 유사 개념을 살펴보면 다음과 같다(한국사례관리학회 편저, 2012; Frankel & Gelman, 2012).

- 보호관리(care management)는 주로 노인 대상의 사례관리에 초점을 맞추고 있는 것으로 재가 또는 시설 노인 또는 지적장애인 등 장기보호를 필요로 하는 대상을 중심으로 단순한 돌봄과 요양을 위한 보호 등이 중심이 되는 서비스를 의미한다.
- 보호조정(care coordination)은 보호가 필요한 대상에게 개별 원조 활동을 중심으로 집단적인 접근이나 지역활동 등 지역보호를 종합하여 조정하는 것을 말한다.
- 서비스관리(service management)는 미국 펜실베이니아주에서 각 지역 노인복지담당기관을 중심으로 고령자 개인과 그 가족에게 제공되는 모든 서비스를 연계하고 조정하였던 프로젝트에서 사용된 용어다.
- 서비스 조정(service coordination), 사례조정(case coordination)과 같은 용어가

사례관리의 새로운 대안으로 제시되었다. 서비스 조정, 사례조정은 클라이언트를 연계시키고 모니터링하는 사례관리 과정을 대변해 주는 용어로 간주된다.

• 관리보호(managed care)는 사례관리의 개념과 활동의 일부분을 포함하고는 있지만, 접근방법에서 다른 목적을 가지고 있다. 관리보호는 의료기관 간에 보호의 질과 가격을 통제하려는 목표를 가지고 있다.

우리나라 경우 사례관리가 보편적으로 사용되는 용어이기 때문에 이 책에서는 사례관리로 통일해 사용할 것이다.

1980년대부터 최근까지 국내외 주요 사례관리 관련 문헌에서 사례관리를 정의한 내용은 〈표 12-1〉과 같다.

표 12-1 사례관리의 다양한 정의

출처	사례관리의 정의
NASW(1984)	서비스 전달체계의 요소들을 연결하고 조정하여 클라이언트의 돌봄 욕구를 충족시킬 수 있는 포괄적 서비스를 제공할 수 있도록 하기 위한 기제
Moxley(1989)	복합적 욕구를 가진 사람들의 기능을 향상시키고 복지를 위해 공식적 · 비공식적 자원과 활동의 관계망을 조직, 조정, 유지하는 활동
Moore(1990)	임상적 기술과 지역사회전문가의 옹호기술이 요구되는 새로운 사회복지실천 분야로 클라이언트의 욕구를 충족시키기 위해 단편적인 서비스 전달체계를 통합하고 서비스를 기획하고 조정하며, 클라이언트와 1차 집단이 사회 환경을 효과적으로 사용할 수 있도록 촉진하는 데 초점을 두는 활동
Baker & Intagliata(1992)	통합적이고 효과적이며 효율적인 방식으로 필요한 서비스를 제공받도록 보장하기 위해 다양한 기관과 직원들이 제공하는 서비스를 계획하고 발견하며 점검하는 과정
Kumar(2000)	클라이언트 욕구의 사정, 계획, 조정, 전달과 모니터링을 통해 적절하고 책임 있는 서비스를 받게 함으로써 클라이언트 중심의 서비스 통합을 달성하기 위한 전문적 서비스 실천과정

설진화(2009)	지속적인 도움을 필요로 하는 클라이언트에게 지역사회자원인 사회적 서비스를 포괄적이고 체계적으로 연계하여 제공하는 실천방법
한국사례관리학회 (2012)	복합적이고 장기적인 욕구가 있는 클라이언트와 가족의 사회적 기능 회복을 위해 서비스 운영체계를 확립하고 이를 기반으로 체계적인 사정과 지역사회의 다양한 자원을 활용하여 지속적이고 효과적인 사회복지서비스를 제공하는 통합적인 실천방법
현외성 외(2012)	복합적이고 장기적인 욕구를 가진 사회복지 대상의 문제를 해결하고 예방하기 위하여 필요한 급여와 자원을 지속적이고 체계적으로 연계, 조정, 관리하는 사회복지실천방법
이기연, 유서구 (2012)	만성적이고 복합적인 문제를 가진 개인 및 가족과 함께 일하면서 이들과 자원제공자들의 기능을 향상시켜 환경 속에서 자신들에게 필요한 서비스와 자원을 스스로 획득하고 사회적 기능을 원활히 수행할 수 있도록 돕는 통합적인 접근방법
최은희, 황미영 (2013)	복합적인 욕구를 가진 대상자와 주변 체계의 욕구를 발견하고 사회적 기능을 향상시키기 위해 지역사회자원을 개발하고 연계하며 조정·관리하는 전문적 활동
권진숙, 박지영 (2015)	생태체계적 관점을 기반으로 만성적이고, 복합적인 문제를 가진 개인·가족과 함께 일하면서, 그들과 자원제공자들의 기능을 향상시키고 이를 통해 개인·가족이 환경 속에서 자신에게 필요한 서비스와 자원을 스스로 획득하여 사회적 기능을 원활하게 수행할 수 있도록 돕는 통합적인 접근

사례관리에 대한 다양한 정의들을 종합해 한국사례관리학회(2012)는 사례관리의 주요 특성을 다음과 같이 요약한다.

- 사례관리의 주 대상은 복합적이고 장기적인 욕구를 가진 취약계층의 개인과 가족이다.
- 사례관리의 궁극적인 목적은 클라이언트의 자립과 자활을 위한 사회기능의 회복과 역량 강화다.
- 사례관리에서는 생태체계적 사정을 하는 임상적 접근과 자원의 개발 및

연계라는 행정적 접근이 공통적으로 중시되는 방법이다.
- 사례관리는 개입의 효과성과 책임을 중시한다.
- 사례관리서비스 제공의 범위는 사례관리자가 속한 기관의 범주를 넘어서 타 기관과의 서비스 연계를 중시하고, 지역사회의 인적·물적 자원을 개발하고 활용한다.
- 서비스의 방법은 상담, 지원, 연계 등의 직접서비스 제공과 프로그램개발, 옹호, 자원개발 등 간접서비스가 통합적으로 제공된다.
- 사례관리는 체계화된 운영체계를 통해 다양한 전문체계에 의해 종합적으로 점검되고 관리되는 책임 있는 실천방법이다.

학자마다 정의에 약간의 차이가 있으나 사례관리의 개념은 "복합적 문제나 욕구를 가진 사람들의 기능과 복리를 최대화시키기 위하여 공식적 및 비공식적 지지망과의 활동들을 조직하고 서비스를 연결, 조정, 관리하는 서비스 전달방법"이라고 정의해 볼 수 있겠다.

사례관리는 노인복지 분야에서 핵심적 전문서비스로 간주된다. 의료, 소득, 교육 등의 기능별로 혹은 빈곤, 정신건강, 소외 등 문제 영역별로 분화된 노인복지제도 및 서비스에서 노인은 복합적 욕구를 충족하는 데 필요한 서비스를 받으려면 여러 기관을 찾아 다녀야만 한다. 노인의 특성상 서비스 접근도가 떨어지고 서비스에 대한 정보와 지식이 부족해서 서비스 이용이 어려운 경우가 흔하다. 이에 따라 존재하는 서비스에 대한 정보 제공, 공식적·비공식적 자원의 연계와 조정, 통합적 서비스 제공을 가능하게 해 주는 사례관리를 활용하는 현장이 많아질 수밖에 없다. 노인의 만성적인 욕구를 충족하고 이들의 삶의 질 향상을 돕기 위해 사례관리를 활용하는 사회복지사는 노인의 다중적이고 복합적인 문제를 효과적으로 대처할 수 있는 통합적인 서비스를 제공하고, 노인 스스로 접근하기 어려운 자원은 적절히 연계하고 지속함으로써 노인생활환경에서의 안전망을 구축할 수 있게 된다.

2) 사례관리의 목적과 적용

(1) 사례관리의 목적

사례관리의 목적을 살펴보면 다음과 같이 정리될 수 있다(설진화, 2009; 최은희, 황미영, 2013; 한국사례관리학회 편저, 2012; 현외성 외, 2012; Frankel & Gelman, 2012).

① 클라이언트의 역량강화

클라이언트의 역량강화는 클라이언트가 자신이 원하는 자원을 얻을 수 있는 힘을 갖추는 것으로 강점과 역량을 키우고, 사회적 관계를 회복하며, 클라이언트가 스스로 자신의 생활을 관리할 수 있는 힘을 키우는 것을 의미한다. 사례관리의 궁극적인 목적은 클라이언트가 사례관리자의 도움 없이도 자신이 원하는 삶을 살 수 있도록 하는 것이다.

우드사이드와 맥클램(Woodside & McClam, 2013)에 따르면 사례관리 과정에서 클라이언트를 역량강화 시키는 것은 클라이언트를 존중하고, 클라이언트의 강점과 관심사를 지지해 주며, 클라이언트에 관해 상세하게 알려고 하고, 클라이언트를 파트너로 대하며, 클라이언트가 자립하게 하는 것을 의미한다. 사례관리 과정에서 클라이언트를 역량강화 시키는 것은 클라이언트에게 기본적인 서비스 조정방법을 가르치고 자립능력을 키울 수 있도록 하는 것을 포함한다. 이를 통해 클라이언트는 서비스 전달체계에 의존하지 않고 자신의 생활을 영위할 수 있다. 클라이언트를 존중하는 또 다른 방법은 클라이언트를 소비자로 대하는 것이다(Woodside & McClam, 2013). 소비자로 대한다는 것은 클라이언트에게 그의 욕구가 무엇인지 묻고 그 욕구에 맞는 서비스를 제공하고, 클라이언트에게 자신이 받은 서비스에 대해 평가할 기회를 주며, 클라이언트의 평가를 토대로 서비스가 향상되어 변화하는 것을 일컫는다.

② 보호의 연속성

보호의 연속성은 클라이언트가 어떤 장소나 기간 동안 서비스를 받을 수 있는 보장을 의미한다. 실제 클라이언트는 다른 기관으로 의뢰되는 과정에서 접근성, 정보 부족 등의 이유로 서비스 이용을 포기하는 경우가 많으므로 보호의 연속성을 보장하는 것은 사례관리의 중요한 목적이 된다.

③ 서비스의 통합성

서비스 통합성은 복합적이고 변화하는 클라이언트의 욕구를 효율적으로 충족시키는 것이다. 많은 서비스들이 단편적이고 분산되어 있어서 서비스의 중복과 누락은 물론 자원의 낭비를 초래할 수 있다. 사례관리자는 분산된 서비스 체계들을 조직적으로 연계하여 효율적 방법으로 서비스와 자원을 전달해야 한다.

④ 서비스 접근성의 증진

정보 부족, 서비스 제공의 복잡성 등으로 인해 클라이언트가 서비스에 접근하는 데 장애가 되는 요소를 줄여 클라이언트가 필요로 하는 서비스를 쉽게 받을 수 있도록 지원한다. 욕구가 있는 클라이언트에게 인종, 종교, 성적 지향, 사회경제적 계층, 장애 여부 등과 상관없이 서비스에 접근할 수 있는 평등한 기회가 보장되어야 한다. 서비스 접근성을 높일 수 있는 방법으로 아웃리치 서비스, 정보 제공과 의뢰, 비용 면제, 교통편의 제공 등이 있다.

⑤ 서비스의 효과성과 효율성 증진

클라이언트의 욕구에 적합하고, 적당한 시기에 적절한 방식으로 서비스를 제공하는 효과성과 서비스가 중복되지 않도록 관리하는 효율성이 중요하다. 사례관리자는 클라이언트뿐 아니라 자신에게 주어진 시간, 에너지, 다양한 형태의 자원들을 효율적으로 활용해야 하고, 그 결과가 클라이언트에게 효과적으로 유지될 수 있도록 관리해야 한다. 사례관리의 효과성과 효율성을 확보하기 위해서는 사례관리자의 높은 전문성, 높은 수준의 보호, 지속적인 개선이 요구된다.

⑥ 성과관리와 평가

성과는 사례관리의 목적과 관련된 결과로 주로 대상의 변화, 목표의 성취 정도로 파악된다. 성과에 대한 평가는 사례관리의 과정 전반을 다루는데, 결과뿐 아니라 과정에 대한 평가와 과정의 질에 대한 평가가 중요시된다.

평가 내용은 적절한 서비스의 제공 여부, 클라이언트의 변화와 만족, 서비스의 통합, 서비스와 성과의 질 등을 포함한다.

(2) 사례관리의 적용

노인복지 분야에서 사례관리의 적용은 일차보호, 긴급보호, 지역사회 및 재가보호, 장기요양보호 영역에서 이루어지고 있다(한국사례관리학회 편저, 2012).

- 일차보호는 지역사회에서 노인의 기본적 생활 보장을 위해 사례관리를 적용하는 것이다.
  - 의식주 문제해결
  - 일상생활 유지를 위한 일차적인 치료 및 간병서비스 제공
  - 노년기 소외감, 불안, 우울 등을 예방할 수 있는 정서적 지원
  - 노인의 심리적 안녕을 위협할 수 있는 가족 등 일차적 정서적 지지 체계와의 갈등, 부양부담 해소
- 긴급보호는 긴급한 응급 상황 관련 문제에 효과적으로 대처하기 위해 사례관리를 적용하는 것이다.
  - 노인에게 예측되는 긴급 상황에 대한 점검
  - 유사시 지역사회 내 방문간호, 119, 주요 의료기관 응급실 등과 연계를 통한 긴급 상황 대처망 구축

- 긴급 대처 후 사후관리 제공
• 지역사회 및 재가보호 영역에서는 노인이 자신의 생활공간에서 독립적
  인 기능을 유지할 수 있도록 지원하기 위해 사례관리를 적용한다.
  - 가사 지원, 반찬 서비스 제공
  - 위생 및 안전을 위한 거주환경 개선 서비스
  - 이동 서비스
  - 생활자금 관리 서비스
  - 말벗서비스, 전문 상담
• 장기요양보호 영역에서는 만성적으로 취약한 노인들을 대상으로 사례
  관리를 적용한다.
  - 간병서비스 지원
  - 돌봄에 필요한 경제적 · 물질적 지원
  - 질병, 장애로 인한 심리적 문제해결을 위한 상담 등 정서적 지원
  - 가족, 주 보호자에 대한 심리사회적 지원

3) 사례관리의 구성 요소

사례관리의 구성요소는 클라이언트, 사례관리자, 공식적 · 비공식적 서비
스 자원, 사례관리 과정과 조직화된 운영체계로 이루어진다. 각각의 구성 요
소를 살펴보자.

(1) 클라이언트

사례관리에서 전형적인 클라이언트는 복합적 욕구를 가지고 있고, 다양한
서비스들을 필요로 하지만 그 서비스들을 어떻게 이용할 수 있는지를 알지
못해 어려움을 겪는 사람이다. 기능손상 노인을 비롯해 노인집단은 복합적
문제 혹은 욕구를 가진 전형적인 사례관리 대상이 되기 쉽다.

사례관리의 목표가 단순히 비용절감과 최소한의 변화 선택이라면 개입의

초점은 사례관리 과정에 클라이언트를 참여시키는 것이 아니라 개인들을 체계적으로 관리하고 다루는 방법이 된다(Frankel & Gelman, 2012). 클라이언트 중심의 사례관리 모델과 서비스 제공자 중심의 사례관리 모델은 여기에서 뚜렷한 차이점이 있는데, 전자는 능동적 클라이언트의 참여를 강조하고 있으며, 후자의 경우는 서류 작업에 집중하는 사무적이고 관료적인 특성을 보인다.

(2) 사례관리자

사례관리자는 클라이언트의 욕구를 파악하고 각종 서비스를 조정·확보하는 역할로 전문적인 지식을 가지고 서비스를 제공하면서 클라이언트 기능을 증진하고 삶의 질 향상을 추구한다. 사례관리자의 서비스 제공은 직접적 서비스와 간접적 서비스로 구분되는데 직접적 서비스 제공에는 의사소통을 위한 관계형성 기술, 욕구파악을 위한 정보 수집 및 기록 관련 기술이 사용되고 간접적 서비스 제공에는 지역사회자원과의 연계기술, 지역사회자원 개발 및 활용기술이 사용된다.

사례관리자의 역할은 직접적 개입과 간접적 개입으로도 나누어 볼 수 있다(권진숙 편저, 2008; 현외성 외, 2012). 사례관리자의 역할은 클라이언트의 욕구 충족을 위해 여러 서비스 공급 주체에 의한 사회자원을 활용하여 클라이언트와 서비스를 연결시켜 나가고 클라이언트의 능력을 향상시키면서 서비스 공급주체들의 능력 또한 발전시켜 나가는 데 있다. 사례관리자의 역할은 단순한 서비스 중개에서 시작하여 클라이언트에 대한 직접적·치료적 기능과 조정, 연결, 자문, 협의 등에 이르는 간접적인 기능을 수행한다.

서비스 접근과 조정을 목표로 하는 사례관리를 하려면 사례관리자가 서비스의 분절화와 혼란을 초래한 관료적 조직의 성향을 완화하거나 대응하려는 노력을 해야 한다(Frankel & Gelman, 2012). 사례관리자는 다음과 같은 역량을 가져야 한다.

- 정확한 사정과 지속적인 클라이언트의 욕구의 평가
- 클라이언트를 클라이언트의 욕구에 적합한 자원에 연결시키는 능력
- 적합하고 필요한 서비스들의 실제적 전달을 보장할 수 있는 힘
- 서비스가 이용되는 것을 살펴볼 능력
- 개입의 효과와 결과에 대한 평가

노인과 일하는 사례관리자는 노인을 대상으로 하는 복지제도, 즉 소득보장, 건강보장, 주거보장 등에 대한 지식을 갖고 있어야 하며 노인 클라이언트의 수급자격 획득과 유지를 위해 적극적 옹호활동도 해야 한다. 그 밖에도 지역사회 여가 및 평생교육 프로그램, 정신건강서비스, 중독 관련 서비스 등 관련 서비스 연결에 중개자 역할을 하며 가족들과의 중재도 해야 한다. 또한 노인이 친척이나 친구의 도움을 받고 있을 때 그들이 노인 클라이언트를 지속적으로 지원할 수 있도록 지지해야 한다.

(3) 서비스 자원

서비스 자원은 인적·물적 서비스를 제공하고 지원하는 다양한 차원의 공급 주체를 말한다. 클라이언트의 욕구를 충족하기 위해서는 클라이언트 개인과 가족의 자원, 그리고 지역사회자원 및 공식적 서비스 자원이 필요하다. 노인 개인과 가족의 자원을 파악할 때는 노인 클라이언트가 문제 혹은 욕구 관련해서 그동안 어떻게 충족해 왔는지, 그리고 앞으로는 어떻게 하기를 원하는지 알아보는 것이 필요하다. 지역사회자원은 이웃, 자원봉사자 등을 일컫는다. 사례관리는 다른 사회복지실천에서와 마찬가지로 지역사회자원과 비공식적 사회적 관계망의 적절한 동원이 필요하다. 사례관리에서 클라이언트의 지지를 위해 사회적 관계망을 활용하기 위해서는 먼저 사회적 관계망 실태, 사회적 관계망에 의해 충족되지 못한 욕구, 사회적 관계망의 장애 등을 상세하게 파악해야 한다. 공식적 서비스 자원은 사례관리기관 또는 조직을 의미한다. 자원의 동원, 연계, 옹호를 통한 사례관리의 효과성과 효율성

이 극대화되기 위해서 사례관리기관은 독립된 체계를 갖추어야 하며, 사례관리자는 권위와 책임을 가져야 한다.

(4) 사례관리 과정과 조직화된 운영체계

사례관리 과정은 사회복지 실천과정을 준용하여 보통 접수, 사정, 개입계획, 서비스의 제공, 조정과 점검, 재사정, 평가와 종결, 사후관리 등으로 이루어진다.

조직화된 운영체계는 사례관리의 각 요소들이 유기적으로 연결되어 일하는 구조를 말한다. 프랑켈과 겔만에 따르면 효과적인 사례관리를 위해서는 현실적이고, 시기적절한 틀 속에서 조직적이고 통합적인 서비스 이용이 가능해야 한다(Frankel & Gelman, 2012). 이러한 체계가 없으면 사례관리는 단순히 클라이언트가 서비스를 받도록 관리하는 행정적 도구에 그치게 된다.

4) 사례관리의 모델

사례관리는 사례관리 제공자, 서비스 제공기관의 형태, 사례관리의 목적, 사례관리의 포괄성, 사례관리의 기능과 조직과 같은 구조적 차원, 사례관리자의 역할 등에 따라 무수히 많은 모델이 존재한다. 모델에 따라 사례관리의 기능이 다소 다를 수 있지만 모든 모델이 공통적으로 지니는 핵심적 기능은 클라이언트와 서비스의 연결, 비공식 보호체계와 클라이언트 간의 상호작용의 촉진, 기관 간의 조정, 상담, 문제해결, 옹호다. 우드사이드와 맥클램은 〈표 12-2〉와 같이 사례관리자 역할에 기반한 모델로 일반 실천가, 중개자, 일반 치료자, 비용 절감 모델을 제시하였고, 조직에 기반한 모델로 포괄적 서비스센터, 다학제팀, 심리사회적 재활센터 모델을 포함하였으며, 책임에 기반한 모델로 가족, 지지적 보호, 자원봉사자, 클라이언트 모델을 제시하였다(Woodside & McClam, 2003).

표 12-2 우드사이드와 맥클램의 사례관리 모델 구분

	역할 기반 사례관리	조직 기반 사례관리	책임 기반 사례관리
목적	• 클라이언트 욕구를 충족시키기 위한 다양한 서비스 연결 • 치료적 보호 제공 • 서비스의 효과성 질 평가	• 단일 장소에서 복합적 욕구 충족을 위한 서비스 제공	• 사례관리자의 단·장기 참여 • 서비스의 조정 • 자원봉사자의 도움 • 클라이언트의 역량
책임성	• 사례관리의 전 과정	• 서비스 조정에서 서비스 제공을 위한 전문가 팀 운영까지 책임	• 조정, 서비스 평가 등과 문제 규명, 계획, 수행 등에 따라 다양
주요 역할	• 중개자, 협력자, 조정자, 상담자, 평가자, 촉진자, 계획수립자, 문제해결자 등	• 옹호자, 중개자, 협력자, 조정자, 평가자, 촉진자, 계획수립자, 문제해결자, 체계수정자	• 중개자, 협력자, 조정자, 평가자, 촉진자, 계획수립자, 문제해결자, 기록보관자, 체계수정자
개입 기간	• 단기, 장기	• 단기, 장기	• 단기: 위기 개입 • 장기: 신체적·정신적 질병, 장애 또는 노화문제
장점	• 서비스 제공자와 조정자로서 사례관리자의 다양한 역할, 클라이언트와의 강한 관계 형성	• 서비스는 입원, 외래환자 또는 주거 중심으로 제공 • 다방면의 사정이 이루어짐 • 계획이 개별화되어 평가하기 쉬움 • 사례관리자들은 공동의 목적과 계획을 가지고 팀으로 기능	• 사례관리가 가족, 이웃, 자원봉사자, 클라이언트 등 다양한 개인이나 집단에 의해 수행 • 서비스 접근이 어려운 클라이언트에게 용이 • 비용 효과성 • 지역의 독립적인 참여
단점	• 사례관리자의 과중한 사례량과 기관의 서비스 제공 제한에 따른 불충분한 서비스 제공	• 필요로 하는 서비스가 없을 때, 서비스 제공이 제한됨 • 서비스 통합은 분명한 조직구조와 위계질서에 의존 • 비공식적인 지지체계 접근이 가장 어려운 모델	• 사례관리자의 클라이언트에 대한 이해 부족 • 필요한 지식과 기술 부족 • 비효과적 서비스 평가

세부 모델	**•일반 실천가 모델** 사례 관리자는 클라이언트에게 모든 서비스를 제공하는 유일한 접촉 창구 역할을 하며, 책임성 있는 대처가 가능하고, 다양한 기능을 수행함과 동시에 자율성 보장 **•중개자 모델** 가장 단순한 모델로 체계가 갖추어지지 않은 환경에서 유용하게 활용됨. 사례관리자가 반드시 서비스 제공자는 아님. 서비스 제공자와 클라이언트 간의 연계를 위해 전문적인 훈련 요구 **•일반 치료자 모델** 한 사람의 사례관리자와 관계를 맺기 때문에 편리함과 편안함을 느낄 수 있는 장점이 있음. 반면 치료자들이 사례관리를 치료의 부수적인 업무로 여기는 문제점이 있음 **•비용 절감 모델** 사례관리자가 클라이언트에게 제공되는 서비스의 비용을 효과적으로 사용하려는 노력을 해야 함

•포괄적 서비스센터 모델 사회정서적 지지, 직업훈련, 거주 시설 또는 자립생활센터 거주 등을 포함한 포괄적 서비스 제공. 서비스가 서비스센터 내에서만 제공되는 한계가 있지만, 클라이언트가 독립생활기술과 방법을 습득할 수 있는 장점이 있음 **•다학제팀 모델** 전문가로 구성되어, 전 과정을 책임지는 독립적이면서 협력적인 관계 유지 **•심리사회적 재활센터 모델** 클라이언트의 목적과 욕구에 초점을 두며, 클라이언트의 약점을 파악하여 이를 극복할 수 있는 여러 가지 기술을 가르침

•가족 모델 가족이 신속하고 적절한 서비스를 제공할 수 있으며, 보호의 연속성을 가질 수 있음 **•지지적 보호 모델** 정신건강 영역에서 만성 정신장애인에 대한 심리적 지지를 제공하는 지역사회 역할의 중요성에 초점을 둠 **•자원봉사자 모델** 지역사회 자원봉사자가 일정 기간의 훈련을 거쳐 사례관리자로 활동하는 것으로 사례관리자와 자원봉사자의 공동 협력이 필요함 **•사례관리자로 기능하는 클라이언트 모델** 클라이언트로서 서비스를 받은 경험이 있는 사람들 중에서 선별하여, 철저한 훈련과 지도감독을 통해서 사례관리팀의 구성원으로서의 역할을 수행하게 하는 것임

노인복지 사례관리 모델로는 Evercare Model이 있는데 미국의 United Health Group이 의료, 간호, 장기요양 영역에서 활용하고 있는 만성적이고 장기적인 질병 혹은 장애가 있는 50세 이상 고령자의 의료 욕구를 충족하기 위해 의료적인 관리서비스를 제공하는 사례관리 모델이다(한국사례관리학회

편저, 2012). 이 모델이 적용되는 주 대상은 장기요양시설 입소자, Medicare 와 Medicaid를 동시에 받고 있는 자, 지역사회에 거주하면서 심각한 질병이나 장애를 갖고 있는 고령자다. 회원제로 운영되며 대상자가 사례관리자와 파트너십을 형성, 유지하고 사례관리 과정에 적극 참여하는 것이 필요하다. 사례관리자는 개별적인 보호계획을 수립해 사례관리 대상자를 중심으로 치료자, 서비스기관, 가족들 간의 의사소통을 촉진하고 이들에게 제공되어야 하는 다양한 서비스들을 조정하고 관리하는 기능을 수행한다.

제3부

노인복지 영역의 주요 이슈

제13장 은퇴와 여가

제14장 노인 정신건강: 치매, 우울증, 수면장애를 중심으로

제15장 노인학대

제16장 죽음 준비

제13장

은퇴와 여가

은퇴는 개인의 삶에서 중요한 분기점이라고 할 수 있는데 퇴직으로 사회적 역할에 큰 변화를 가져오는 전기를 맞게 되고 개인의 생활주기상으로도 중년기와 노년기를 가르기 때문이다. 노년기의 주요 발달과업 중 하나가 될 정도로 퇴직 후 생활 적응은 노년의 삶의 질을 좌우하는 핵심 요소다. 준비된 은퇴는 직업적 활동에서 물러나 자신이 원하는 활동을 하면서 자기성취를 추구하는 제3기 인생으로 진입하는 전환점이 될 수 있다. 은퇴 후 새로운 것을 배우거나 예술과 문화를 향유하거나 자신의 경험을 공유하는 활동을 통해 제3기 인생의 발달과업인 자기성취가 가능하기 때문이다.

노후를 준비한 노인이 많아지면서 노년을 즐겁고 원기왕성하게 보내는 노인들이 이전보다 크게 증가하고 있다. 자유로운 여가시간이 늘어나는 노년기에 새로운 사회적 역할을 수행하면서 건강하고 만족스러운 삶을 영위하게 되면 노년의 행복을 만끽하게 될 것이다.

제13장은 우선 은퇴에 관해 살펴보고 퇴직에 대한 적응을 단계별로 고찰해 본다. 그리고 여가의 개념과 노년기 여가활동 실태를 살펴보고 노년기 적응을 위해 필요성이 커지고 있는 노인교육에 관해 논의한다.

1. 노년기와 은퇴

현대사회에서 은퇴는 숨을 은(隱)과 물러갈 퇴(退)라는 한자 단어가 의미하는 것처럼 일에서 물러나 조용하게 지내는 소극적 삶이 아니라 지금까지 해 왔던 직업적 활동에서 물러나 자신이 원하는 활동을 적극적으로 실행에 옮기는 삶을 추구하는 것으로 바뀌고 있다.

은퇴는 한 개인의 일생에서 중요한 분기점으로 특히 직업지향적인 산업사회에서 큰 의미를 지닌다. 즉, 퇴직은 개인의 사회적 역할에 큰 변화를 가져오는 전환점이고 개인의 생활주기상 중년기와 노년기를 가르는 분기점이 된다. 노년기의 주요 발달과업 중 하나가 퇴직에 대한 적응일 정도로 퇴직 이후의 생활적응은 노년기의 삶의 질을 결정하는 중요한 요소다.

일반적으로 은퇴는 일의 개념보다 직업 개념과 관련시켜 정의된다. 보통 사망하기까지 일은 계속하지만 어느 시점에서 직업적 고용 상태에서는 물러난다. 따라서 은퇴의 개념을 이 책에서는 직업적 고용 상태에서 물러나는 퇴직으로 한정하여 논의한다.

퇴직의 개념은 사건, 과정, 역할, 생활 단계 등 각각 다른 의미로 쓰일 수 있다. 퇴직에 대한 정의는 주관적 퇴직, 객관적 퇴직, 노동시간을 근거로 해서 조작적 정의를 내리고 있는데 예를 들어, 지난 1년간 보수를 받는 고용상태에 있지 않은 자, 퇴직연금을 수급하고 있는 자, 연간 주 35시간 이상 상근으로 고용되어 있지 않은 자로 조작적 정의를 내린다(Atchley & Barusch, 2003).

은퇴의 개념이 형성된 것은 근대 전문 직업사회의 등장 이후이며 농경사회에서는 은퇴가 없었다. 신체적 쇠퇴로 농사가 힘에 부치는 노인은 경작 규모를 줄이고, 그것도 힘에 부치게 되면 집안에서 할 수 있는 일을 거들다 세상을 떠났었다. 퇴직은 산업화의 산물이라 할 수 있다. 산업화 이전의 사회에서는 신체적 능력이 있는 한 일을 계속하였기 때문에 일정한 연령을 기준으로 하는 퇴직이 없었다. 퇴직이 제도화된 데는 몇 가지 요인이 있다(최성재, 장인협, 2010). 첫째, 생산기술과 지식의 급속한 발전으로 노인의 지식과 기술의 유용성이 없어지거나 줄어들게 되었다. 둘째, 노동력 수요의 감소다. 기계화와 자동화가 이루어져 노동력 수요가 감소되었다. 셋째, 생산조직의 관료화로 개인적인 차이를 고려하지 않고 획일적인 규정으로 퇴직연령을 규정하게 되었다. 넷째, 노후 경제적 보장제도의 발전이다. 소득보장제도의 발전과 함께 퇴직이 제도화된 것이다.

퇴직은 직업적 역할수행을 중단하게 되는 것으로 경제적 변화 외에도 여러 가지 변화를 수반한다. 우선 근로소득의 중단을 의미하는 퇴직은 경제적 측면에서 큰 변화다. 또한 직업을 중심으로 이루어지는 사회활동과 대인관계가 많기 때문에 퇴직과 함께 사회활동이나 대인관계 범위가 줄어들면서 퇴직자는 사회적 소외를 경험할 수 있다. 심리적 정체감의 일부를 이루는 사회적 정체감은 개인이 사회에서 수행하는 역할로부터 오는 것이므로, 퇴직으로 인한 여러 가지 역할상실은 퇴직자의 심리적 건강에 부정적 영향을 가져 오기 쉽다. 퇴직에 따른 활동 중단은 신체건강에도 부정적 영향을 미칠 가능성이 있다. 한편 은퇴가 직업적 역할뿐 아니라 그에 수반되는 지위를 상실하는 것을 의미하기 때문에 노인의 삶의 질을 낮출 것이라는 가정은 적절한 수입이 있는 노인들에게 은퇴가 주는 삶의 여유를 간과하게 하는 오류를 낳을 수도 있다.

우리나라의 정년퇴직제도와 관련된 주요 문제점은 세 가지로 정리해 볼 수 있다(최성재, 장인협, 2010). 첫째, 정년연령이 매우 낮은 편이다. 정년제 도입 당시에 비해 평균수명이 급속도로 연장된 반면 정년퇴직 연령은 50대 중반이다. 둘째, 정년 연령이 정년 후 경제적 사정을 전혀 고려하지 않은 기준이다. 가계의 지출이 가장 많은 시기인 50대 중반에 퇴직하게 되는 것이다. 셋째, 평균 57세 정도의 낮은 정년은 연금수급 연령과의 괴리로 퇴직 후에 즉각적으로 연금 수급이 어렵다.

최성재와 장인협(2010)은 정년퇴직제도의 문제점을 개선하기 위한 방안도 제시하였다. 첫째, 정년연령[1]이 적어도 60세 이상으로 연장되어야 한다. 둘째, 직종별, 성별, 계급별로 차등을 두지 않는 일률 정년 제도를 실시해야 한다. 지금과 같은 연공가급 임금구조 속에서 일률 정년 제도를 전면적으로 실시하면 문제이지만 능률급제 임금체계하에서 일률 정년제의 확대를 실시하면 오히려 바람직한 결과를 가져올 수 있다. 셋째, 일정 연령까지 일률 정년제로 고용을 보장하고 그 후 연장기간 동안은 퇴직금에 대한 가산을 유예한다거나 봉급인상을 보류하는 방법으로 정년을 연장하는 방법을 쓸 수도 있다. 넷째, 임금피크 제도나 정년 후 재고용 제도를 도입하여 실제 고용기간을 연장하는 방안을 도입하는 것이 바람직하다. 다섯째, 정년퇴직 후 시간제 고용제도는 정년제도의 개선책과 보완책으로 유용한 대안이 될 것이다. 반일근무제, 격일근무제, 주 4일근무제 등으로 일하게 함으로써 정년퇴직으로 인한 충격을 줄이고 서서히 퇴직생활에 적응할 수 있을 것이다.

제안된 정년퇴직제도의 개선방안 가운데 일부는 법 개정으로 실행이 가능해졌다. 2013년 4월, 우리나라는 인구 고령화에 따라 정년이 60세로 연장되도록 법을 개정해서 300인 이상의 사업장은 2016년 1월 1일부터, 300인 미만은 2017년 1월 1일부터 정년 연령이 60세가 되었다.

2. 은퇴에 대한 적응

은퇴 후 생활에 적응하는 것은 노년의 행복한 삶을 영위하는 데 결정적으로 중요한 요소다. 은퇴 후 역할 변화를 적극적으로 받아들이고 가족관계와 사회적 관계에서 새로운 조화를 이루는 것은 노년기의 주요 발달과업이기도

---

1) 정년 연령에 대한 의견은 매우 다양하다. 정년 연장과 관련해 피터 드러커(Peter Drucker)는 미국 정부가 공적연금제도를 채택한 1936년 당시 연금수령 연령으로 잡은 65세를 당시의 평균연령과 현재의 평균연령을 비교하여 계산한 79세를 정년 시기로 정하자고 제안한 바 있다(이재규 역, 2007).

하다. 퇴직 후 생활에 적응하는 데 영향을 미치는 것으로 밝혀진 요인들은 퇴직 전에 가졌던 태도, 여가에 대한 예비 사회화, 교육수준, 퇴직 전 직업, 경제적 사정, 건강 상태, 퇴직의 형태 등이다(최성재, 장인협, 2010). 퇴직 전에 퇴직에 대해 긍정적 태도를 가질수록, 여가에 대한 사회화의 정도가 높을수록, 교육수준이 높을수록, 전문직이나 사무·관리직에 종사했던 경우, 경제적 사정이 좋을수록, 건강 상태가 좋을수록, 자발적 퇴직인 경우 퇴직생활에 더 잘 적응하는 것으로 가정된다.

퇴직자 역할에 대한 적응은 7단계로 구분되었는데(Atchley & Barusch, 2003), 퇴직 후 누구나 반드시 이 단계들을 순서대로 밟아 나가는 것은 아니다. 밀월 단계 없이 진행되거나 밀월 단계와 환멸 단계 없이 진행되거나 퇴직 전 단계에서 바로 일상화 단계로 진행되었다가 퇴직 생활의 종결에 이르기도 한다.

7단계를 간략하게 살펴보면, 첫째, 퇴직 전 단계로 퇴직이 가까워진 사람은 자신의 직업과 그 직업에 관련된 사회적 상황에서 자신을 분리시킬 준비를 한다. 퇴직이 가까워 오면 퇴직 예정자에게 나타나는 현상은 곧 그만둘 사람의 태도를 보이거나 퇴직 후 생활에 대한 상상을 하는 것이다. 현실적 상상은 퇴직으로의 전이를 용이하게 해 주나 비현실적 상상은 퇴직생활을 어렵게 하고 환멸을 초래하기 쉽다.

둘째, 밀월 단계로 퇴직 직후 얼마 동안은 하고 싶었으나 직장 때문에 할 수 없었던 일들을 하면서 행복을 느끼는 기간이다. 퇴직자는 하고 싶은 일을 실행에 옮길 경제적 자원이 결핍된 경우에는 이 단계를 건너뛰게 된다. 밀월 단계는 경제적 사정에 따라 수 주일부터 수년까지 지속될 수도 있으나 대부분 곧 다음 단계로 진입하게 된다.

셋째, 휴식과 긴장완화 단계로 활동을 줄이고 쉬는 시기이므로 감소된 활동이 특징이다. 밀월 단계를 거치지 않은 채 휴식과 긴장완화의 단계로 들어오는 사람들이 흔하다. 충분한 휴식과 긴장해소 후에 사전에 계획하였던 활동을 시작하게 된다.

넷째, 환멸 단계로 환상에서 깨어나는 단계로 생활이 침체되면서 환멸을 느끼거나 우울한 상태에 빠지게 된다. 이 시기에 일부 퇴직자는 퇴직에 대한 적응이 어렵다고 느낀다. 환멸 단계를 거치는 사람은 적은 편이다.

다섯째, 재지향 단계는 새로운 방향을 설정하는 단계로 퇴직 이후 생활에 대한 비현실적 꿈에서 깨어나 자신을 정비하는 단계다. 재정 상태 등을 검토해 상대적으로 정확하게 현실을 인식하게 된다. 이 단계에서 새로운 참여와 사회적 지지에 대한 모색이 이루어진다.

여섯째, 일상화 단계로 퇴직자는 어떤 변화든지 일상적으로 처리할 수 있는 기준을 갖게 되면서 안정된 퇴직 생활을 영위하게 된다. 퇴직 후 일상생활이 자리를 잡는 단계로 생활이 예측 가능해진다. 많은 사람들이 밀월단계를 어느 정도 거친 후 바로 이 단계로 들어온다.

마지막은 종결 단계로 재취업을 해서 퇴직자의 역할이 중단되거나 질병이나 장애로 더 이상 자기 스스로 돌볼 수 없게 되어 돌봄을 필요로 하는 역할로 들어가는 것이다.

3. 여가의 개념과 노년기의 여가활동 실태

서구사회에서 여가(leisure)라는 용어는 어원으로 보았을 때 그리스어로는 정지, 중지, 평화 및 평온을 의미하는 'scole'에서 유래하여 교양을 높이기 위한 적극적 행위를 의미하고, 로마어로는 아무것도 하지 않는 소극적인 상태를 의미하는 'otium'에서 유래하여 휴식이나 기분전환, 이완과 같은 소극적 행위를 의미한다(김광득, 1997). 이와 같이 어원으로 볼 때 여가는 소극적 활동과 적극적 활동이라는 두 가지 의미를 포함하는 용어다.

여가의 개념은 크게 세 가지로 구분할 수 있다(Parker, 1979). 첫째, 시간을 중심으로 한 정의로 여가는 하루 24시간 중에서 노동시간과 수면, 식사 등 신체적·생리적 기본 욕구 충족 시간을 제외한 나머지 시간을 의미한다. 둘째, 활동의 질을 중심으로 한 개념으로 여가는 주관적 판단에서 자유롭고 평화로움을 느끼는 활동을 의미한다. 셋째, 첫 번째와 두 번째 정의를 통합한 정의로 휴식, 기분전환, 사회적 성취 및 개인적 발전을 위해 사용하는 활동의 시간을 의미한다.

청장년층의 여가는 피로 회복과 재생산의 기능을 갖는데, 노년기는 여유로운 시간을 무료하지 않게 보내며 자신의 사회적 가치를 고양하며 삶의 만족감을 높이는 것이 중요하다(윤소영, 윤주, 박수정, 오세숙, 조아미, 지현진, 2009). 노인에게 풍부한 여가시간은 고통이 될 수도 있기 때문에 건강한 여가생활이 중요하다는 것이다(윤소영 외, 2009; 이중석, 1998). 이같이 자유로운 시간이 늘어난 노년기에 새로운 사회적 역할을 부여하고 건강하고 만족스러운 삶을 영위하는 것은 노년기의 주요 과업이다. 노년기 여가는 사회적으로 유용한 서비스를 제공하려는 욕구, 사회 구성원으로 기여하고 싶은 욕구, 만족스럽게 시간을 사용하고 싶은 욕구, 인간관계를 지속하려는 욕구, 자신의 감정과 성취감을 표현하려는 욕구, 건강을 유지하고 싶은 욕구를 실현하는 통로가 된다(이상엽, 2001; 이세원, 2004).

노년기 여가활동의 유형 구분은 활동 장소에 따라 가족 중심형 여가활동과 가족 외 활동 중심형으로(박재간, 1997), 관계 범위에 따라 단독충실형, 우인교류형, 가족충실형, 사회참여형으로(김태현, 김양호, 임선영, 2011), 활동목적에 따라 긴장해소활동, 기분전환활동, 발전적 활동, 창의적 활동, 감각쾌락활동(최성재, 장인협, 2010)으로 구분하거나 목적과 관계 범위를 복합적 기준으로 하여 소일형, 취미문화운동형, 우인교류형, 사회단체활동형으로 구분을 한다(모선희, 2004).

여가활동의 효과는 다음과 같이 정리해 볼 수 있다(나항진, 2003; 모선희, 2004; 서병숙, 1994; 원영희, 2000).

• 사회적 관계망을 보완하고 유지 또는 확대할 수 있는 기회를 갖게 되므로 고독과 소외감을 감소시킬 수 있다.

- 무위 상태에서 벗어나 자기유용감과 자아개념이 긍정적으로 변화한다.
- 자신의 잠재적 재능을 확인하고 이를 표현함으로써 자아실현의 기회를 가질 수 있다.
- 신체 및 정신건강을 유지 또는 향상시킬 수 있게 된다.
- 후세대에 삶의 지혜와 문화를 전수하고 나아가서 사회발전에 기여할 수 있는 기회를 갖게 된다.
- 삶의 활력을 되찾을 수 있으며 사기와 삶의 만족도가 높아진다.
- 여가활동에 참여하는 과정에서 자신의 삶을 자율적으로 결정할 수 있는 기술과 능력이 증진되어 삶에 대한 통제력이 높아지게 된다.

여가활동은 종류가 다양해 활동 유형에 따라 차이가 있지만 일반적으로 여가활동을 하게 되면 다음과 같은 신체적·생리적 측면의 유익성과 사회적·심리적·정서적 측면의 유익성이 있다(Leitner & Leitner, 2004).

- 신체적·생리적 측면의 유익성
  - 신진대사를 증진시킨다.
  - 호흡작용을 증진시킨다.
  - 신체적 유연성을 증대시킨다.
  - 신체적 힘을 증대시킨다.
  - 인내심을 키워 준다.
  - 에너지를 증대시킨다.
  - 혈압을 낮춰 준다.
  - 콜레스테롤을 낮춰 준다.
  - 이동성을 증대시킨다.
  - 신체적 독립성을 키워 준다.
  - 수명을 연장시킨다.
  - 건강을 증진시킨다.

- 골다공증으로 인한 골절 위험을 감소시킨다.
- 낙상의 위험을 감소시킨다.

• 사회적 · 심리적 · 정서적 측면의 유익성
  - 심리적 안녕감을 향상시킨다.
  - 삶의 질을 높인다.
  - 사기와 생활만족감을 향상시킨다.
  - 자존감, 자아상, 자기효능감을 향상시킨다.
  - 정신활동을 민첩하게 한다.
  - 성취감을 느끼게 한다.
  - 낙관적인 생각을 증대시킨다.
  - 다른 사람과의 상호작용을 증대시킨다.
  - 많이 웃을 수 있다.
  - 불안과 적대감을 감소시킨다.
  - 외로움과 우울감을 감소시킨다.
  - 건강이 증진되는 느낌을 갖는다.
  - 낙상의 두려움을 감소시킨다.

노년기에는 여가시간이 급증하나 자발적 여가생활이 아닌 무위무용 상태의 불가피형 여가를 보내는 경우도 많다(나항진, 2003; 원영희, 2000). 이는 현 세대 노인의 상당수가 여가의 향유에 대한 예비적 사회화가 충분히 되어 있지 않기 때문이다. 젊어서부터 여가를 건전하게 즐길 수 있는 경험과 지식을 쌓는 것이 노년기의 여가활동을 위한 사회화를 가능하게 할 수 있다. 이와 같이 노년기에 여가활동을 즐기기 위해서는 무엇보다도 여가에 대한 사회화가 매우 중요하다. 젊을 때부터 여가시간을 적극적이고 창의적으로 활용하는 경험을 갖는 것이 노년기에 여가활동을 유지하게 한다(Atchley & Barusch, 2003).

　　노년기의 여가활동이 변화를 보인다고 하지만 연령 자체가 여가활동의 범위나 종류, 참여도를 결정하는 주요인은 아니며 가족관계, 건강 상태, 일상생활동작능력, 경제 상태, 사회적 관계망의 축소 등이 여가활동의 중요한 제약요인이 된다(Kelly, 1996).

　　급격한 산업화와 경제개발 시대를 살아온 현세대 노인은 여가의 향유에 대한 인식이 낮은 세대로 2017년 노인실태조사에서 노인의 여가활동과 사회활동 관련 분석결과를 보면 다음과 같다(정경희 외, 2017). 여가문화활동으로 주된 활동은 취미 · 오락활동이 50.5%이고, 사회 및 기타 활동 49.1%, 휴식활동 43.5%로 나타났다. 여행 경험률은 33.8%이고 평생교육 참가율은 12.9% 수준에 머물고 있다. 사회단체활동 참여는 친목단체가 45.6%로 참여율이 가장 높고, 동호회는 4.4%, 정치사회단체는 0.4%에 불과하다. 지난 1개월간 타인을 돕는 행위를 한 노인은 9.5%고, 자원봉사활동의 평생 경험률은 현재 참여하고 있는 비율이 3.9%, 현재는 하고 있지 않지만 과거 경험이 있는 노인이 11.5%다. 향후 노후생활에서 자원봉사활동, 학습활동, 취미 · 여가활동, 종교활동, 정치사회 단체활동, 친목단체활동에 대한 노인의 참여 희망 정도를 살펴보면 참여하고자 하는 적극적 의사가 있는 비율('반드시 하고 싶음'과 '될 수 있으면 하고 싶음')이 각각 자원봉사 6.5%, 학습활동 11.8%, 취미 · 여가활동 66.4%, 종교활동 50.2%, 정치사회 단체활동 1.0%, 친목단체활동 45.2%이다. 이는 노인이 선호하는 활동이 취미여가활동, 종교활동, 친목단체활동의 순서임을 보여 주는 것이며, 정치사회 단체활동, 자원봉사, 학습활동에 대한 선호도가 낮은 상태임을 나타낸다.

| 알아두기 | 한국 중·장년 노후 준비 실태 보고서 …… 당신은
어떻습니까

광주광역시 박 모(58) 씨는 지난달 32년 다니던 직장에서 정년 퇴직했다. 퇴직 후 한 달여간 집 주변을 산책하는 게 그의 유일한 여가생활이다. 취미생활은 없다. 회사 다닐 때 평생 밤 9시 이전에 퇴근한 적이 없어 즐길 시간이 없었고 즐길 방법도 몰랐다. 운동을 별로 좋아하지 않았고 가끔 책을 보는 정도였다. 그는 "퇴직 전에 남는 시간에 술 마시고 담배 피우고 하던 게 취미였을까?" 라고 했다. 사회적 관계도 그렇다. 회사 동료나 친구 몇몇 말고는 딱히 다른 모임을 갖고 있지 않다. 은퇴하고 나니 만날 사람이 별로 없다고 한다.

박 씨의 노후를 위한 여가생활 준비 점수는 21점. 수·우·미·양·가로 따지면 '가'에 해당한다. 박 씨는 "평생 일만 하다 보니 은퇴 후 여가생활 같은 것은 생각도 못했다."고 말했다. 박 씨의 모습은 한국의 중년 남녀를 상징한다. 보건복지부·국민연금공단이 노후준비지표를 개발해 전국 성인 남녀 1,035명(35~64세)에게 적용해 보니 여가활동 준비 점수가 48.1점(만점은 100점)에 불과했다. 소득과 자산이 40.5점으로 가장 낮았고 사회적 관계 63.9점, 건강한 생활습관 68.2점이었다. 이번 조사에서 네 가지 분야 42개 지표를 따졌는데 평균 55.2점으로 전반적으로 노후 준비가 부실한 것으로 나타났다. 그동안 소득이나 건강 분야 준비 실태가 부실하다는 조사는 많았지만 여가나 사회적 관계를 따진 것은 처음이다.

여가생활 분야는 준비 현황과 의지 등 일곱 가지 세부 항목을 조사해 점수화했다. 응답자의 39.7%는 노후 취미나 여가생활을 생각해 본 적이 없거나 거의 없었다. 53.1%는 노후를 고려해 취미·여가생활을 시작한 적이 전혀 없었고, 46.8%는 지금도 별다른 취미·여가생활이 없다고 답했다. 일곱 가지 세부 항목을 종합하면 응답자의 64.1%가 노후 여가생활 인식과 준비에 관심이 적고 현재 여가생활에도 소극적인 유형에 속했다. 노후 여가 준비를 잘하고 지금도 적극적인 사람은 21.2%에 지나지 않았다.

출처: 중앙일보. 2012년 7월 16일자.

4. 노년기 여가활동의 핵심으로서 노인교육

현세대 노인의 특성 중 한 가지는 낮은 학력이다. 노인의 교육수준을 살펴보면 무학(글자모름) 6.6%, 무학(글자해독) 17.7%, 초등학교 34.1%, 중·고등학교 34.2%, 전문대학 이상 7.5%다(정경희 외, 2017). 그러나 노인인구의 점진적인 교육수준 향상 추이와 더불어 베이비붐 세대가 노년기에 진입하는 시점에서 우리나라의 고학력 노인인구 비율은 앞으로 상당히 높아질 전망이다.

인구 고령화 현상은 여가활동으로 평생교육 차원에서 노인교육의 중대성을 증대시키고 있다. 무엇보다도 연장된 노년기를 효과적으로 유익하게 지내기 위한 노년기에 대비한 교육의 필요성이 커졌다. 급변하는 사회 속에서 노인들이 효과적으로 적응하는 데 필요한 내용으로 자기계발 기회를 교육을 통해 제공해야 한다는 것이다.

노인이 교육을 통해 충족할 수 있는 욕구를 살펴보면 다음과 같다(최성재, 장인협, 2010).

- 대처능력 관련 욕구로 노화에 따른 쇠퇴로 일상생활에 곤란을 겪을 수 있기 때문에 사회적 기능을 유지하기 위해 교육을 받는다.
- 표현적 욕구로 서예, 미술, 도자기, 음악 등을 배우는 그 자체로부터 만족을 얻는다.
- 공헌적 욕구로 교육을 통해 자원봉사와 관련해 어떤 기관이나 활동에 참여할 것인지 정보를 얻고 활동에 필요한 기능 훈련을 받을 수 있다.
- 영향력 욕구로 교육을 통해 자신이 할 수 있는 사회적 역할, 활동을 위한 기술훈련, 사회적 지지, 활동에 대한 평가를 통해 사회에 영향을 준다.
- 초월적 욕구로 다가온 죽음을 실감하면서 교육을 통해 인생의 의미를

깨닫고 파악하고자 한다.

- 인지능력 유지 욕구로 교육을 통해 인지능력을 유지하고 노화에 따른 인지능력 저하를 지연시킬 수 있다.

평생교육은 고령자에게 여러 측면에서 유익하며 중요한 의미를 지니는데 구체적으로 정리해 보면 다음과 같다(Nordstrom & Merz, 2006).

- 실수를 줄이면서 타고난 능력을 충분히 발휘하도록 한다.
- 인생의 경이로움을 경험한다.
- 능력에 부합되게 사는 방법을 제공한다.
- 행복을 추구하면서 위험을 피하게 해 준다.
- 피상적 이해를 넘어 진실을 깨닫게 해 준다.
- 주변에 대한 관심을 자극한다.
- 제3기 인생 동안 지혜가 더 생기고 경험을 활용해 더 좋은 세상을 만드는 데 기여하게 한다.
- 불가피한 사회의 변화에 직면하여 대처하게 한다.

우리나라 노인의 여가문화의 대표적 활동은 지난 수십 년간 TV 시청이었으나 최근에는 인터넷, 여행, 운동, 학습활동 등으로 점차 확대되어 가는 경향을 볼 수 있다. 최근에는 노인교육 중 컴퓨터 활용 관련 비중이 큰 편으로 상당수의 노인들이 컴퓨터와 모바일 세계에서 새로운 삶을 살고 있다. 이들은 온라인에서 동아리 활동도 하고 노인 전용 카페를 만들어서 다양한 활동을 하기도 한다. 우체국 정보교육센터의 노인 컴퓨터 교육, 노인정보화지원사업의 일환으로 대학의 공간과 인력을 활용하고 정부가 예산을 지원하는 방식으로 실시하는 실버넷운동, 종합사회복지관 및 노인복지회관에서 운영하는 노인교실의 컴퓨터 교육을 통해 노인들은 컴퓨터 일반, 인터넷, 프로그래밍, 멀티미디어 등 다양하고 전문적인 컴퓨터 교육 프로그램에 참여할 수 있다.

우리나라의 노인교육기관의 종류는 한정란, 박성희, 원영희, 최일선(2008)에 의하면 노인복지관, 사회복지관, 노인교실, 대학 및 대학 부설 평생교육원, 종교기관의 노인대학, 평생학습관, 기타 시설(민간단체, 농촌 노인교실, 농협 등) 등이 있다. 노인교실은 노인학교, 노인대학, 경로대학 등 다양한 명칭으로 불린다. 운영 주체는 대한노인회, 종교기관, 사회복지 관련 기관, 학교, 민간단체, 개인 등이다. 종교기관의 노인학교연합회가 상대적으로 조직적인 활동을 하고 있다. 그 밖에도 지역의 문화센터, 여성발전센터의 교육 프로그램에 노인들도 참여할 수 있다.

미국에서 인기 있는 노인 대상의 평생교육 프로그램 중 하나는 엘더호스텔(Elderhostel)로 예술과 인문학에 중점을 두고 있다(Blazer, 1998). 노인들은 이 프로그램을 통해 그림, 도예, 영화, 사진, 춤 등의 다양한 예술활동에 참여하고 소설이나 시, 역사, 자서전 등을 쓰기도 한다. 예술과 인문학에 대한 엘더호스텔 프로그램은 노인들이 자신의 현재 삶과 지금까지 살아온 삶의 여정을 잘 통합하도록 도움을 주는 것으로 평가된다.

제14장

노인 정신건강:
치매, 우울증, 수면장애를 중심으로

노인이 흔히 경험하는 정신장애로는 기질적인 신경정신 질환인 치매, 그리고 우울증과 수면장애가 있다. 치매는 후천적인 다양한 원인으로 인해 기억, 언어, 판단력 등 여러 영역의 인지 기능이 저하되어서 일상생활에 상당한 지장이 나타나는 임상 증후군이다. 치매는 인지 기능의 장애뿐 아니라 망상, 환각, 성격 변화, 배회 등과 같은 정신행동 증상이나 보행 장애나 실금 등 신경학적 증상이 동반되는 경우가 많다. 우울증은 치매와 같은 질환과 병발하기 쉬운 정신질환으로 노인의 우울증은 엄밀한 의미의 주요우울장애라기보다는 다양한 심각도를 나타내는 우울증상인 경우가 많다. 수면은 사람들이 영위하는 삶의 기본적 활동으로 건강을 유지하고 재충전하는 기능을 하기 때문에 불면증을 비롯한 수면장애가 생기면 삶의 질이 큰 영향을 받는다. 수면 관련 문제를 가장 빈번하게 호소하는 연령층은 노년층이다.

제14장에서는 노인의 정신건강을 유병률이 높은 치매, 우울증, 수면장애를 중심으로 살펴본다. 먼저 치매의 정의와 실태, 원인을 논의하고, 치매 유형을 구분해 소개하며, 치매 증상과 경과를 살펴보고, 진단과 치료에 대해 알아본다. 우울증에 관해서는 정의와 실태를 알아보고, 우울증과 밀접한 관련이 있는 노인자살에 대해 논의하며, 우울증의 진단과 치료에 관해 간략하게 살펴본다. 수면장애에 관해서는 정의와 실태를 살펴보고, 수면장애의 유형, 진단 및 치료에 대해 알아본다.

1. 치매

1) 치매의 정의와 실태

치매(dementia)는 라틴어에서 유래된 말로서 "정신이 없어진 것"이라는 의미를 가지고 있다. 현대 노인들에게 있어서 세기의 질병이라 할 만큼 심각한 문제로 대두되고 있는 치매는 인간의 뇌가 성숙하여 정상적인 지적 수준에 도달한 이후 질병이나 외상 등과 같은 후천적 원인에 의해 뇌가 손상됨으로써 기억, 언어, 판단력 등의 여러 영역의 인지 기능이 떨어져서 고등정신기능에 장애가 나타나는 복합적인 임상 증후군이다. 인지 기능 장애뿐 아니라 망상, 환각, 성격 변화, 배회 등과 같은 정신행동 증상이나 보행 장애나 실금 등의 신경학적 증상이 동반되는 경우도 많아 일상생활에 상당한 지장이 나타나는 임상 증후군이다. 미국 정신의학회의 DSM-5(American Psychiatric Association, 2013)는 복합 주의력, 실행 기능, 학습 및 기억, 언어 능력, 지각-운동 기능/사회적 인지 중 한 가지 이상의 인지 영역이 심각하게 손상된 경우를 치매에 해당하는 주요 신경인지장애의 기준으로 제시하고 있다.

2020년 기준으로 우리나라의 치매 유병률은 10.39%, 치매환자 수는 84만 명에 이를 것으로 추정된다(보건복지부, 서울대학교병원, 2013). 뿐만 아니라, 고령화의 진전과 함께 2050년 치매환자 수는 271만 명, 유병률은 15.06%로 증가할 것으로 예상된다. 이에 정부는 치매 국가책임제를 선포하고 전국 256개 보건소에 치매안심센터를 확충하여 치매 예방부터 검진, 상담, 등록관리, 서비스 연계 및 가족지원 등을 제공하고 있으며 치매 환자 의료비 경감을 위해 중증치매질환자에 산정특례를 적용해 의료비 본인부담률을 최대 60% 수준에서 10%로 인하하였다(보건복지부, 2019a).

| 표 14-1 | 65세 이상 한국 노인의 치매 유병률 및 치매환자 수 추이 |

연도	2010	2011	2013	2015	2020	2030	2040	2050
유병률 (%)	8.74	8.96	9.39	9.79	10.39	10.03	11.90	15.06
환자 수 (명)	474,066	506,731	576,176	648,223	840,010	1,272,444	1,964,056	2,710,032

출처: 보건복지부, 서울대학교병원(2013). 65세 이상 한국 노인의 치매 유병률 및 치매환자 수 추이.

2) 치매의 원인

치매를 유발하는 원인질환은 50여 가지 이상(Katzman, 1981)으로 다양한데 뇌를 포함한 중추신경계에 구조적 혹은 기능적 이상을 초래하는 모든 질환이 치매를 유발할 수 있다.

치매는 크게 가역성 치매와 비가역성 치매로 나눌 수 있다. 가역성 치매란 원인 질환을 치유하면 다시 정상으로 되돌아올 수 있는 치매를 말하며, 우울증을 비롯하여 약물, 알코올 및 화학물질 중독에 의한 정신과적 질환 등이 원인이다. 가역성 치매는 전체 치매의 10%로 알려져 있다. 치매의 대부분은 비가역성 치매로 알츠하이머병, 픽병과 같은 퇴행성 치매, 혈관치매 등이 이에 속한다. 전체 치매 중 알츠하이머병이 가장 흔하다.

미국과 유럽 지역에서는 알츠하이머병이 전체 치매의 2/3 이상을 차지하지만 우리나라의 경우에는 전체 환자의 약 50%를 차지하는 것으로 알려져 있으며(정해관, 2007), 알츠하이머병과 혈관치매가 전체 치매의 약 90%를 차지하는 것으로 추정된다(강연욱, 2014b).

치매의 위험 요소와 관련해 노년기 치매는 인구학적 위험 요소와 유전적 위험 요소뿐 아니라 다양한 환경적 위험 요소와 신체ㆍ정신건강 상태 등이 치매 발병에 기여한다. 고령은 치매의 강력한 위험 요소다. 치매 환자는 80세 이상 초고령층이 가장 많다. 대부분 역학 연구에서 남성에 비해 여성이 알츠하이머병의 발병 위험성이 더 높다. 여성이 알츠하이머병에 더 잘 걸리는 이유로는 여성의 평균수명이 남성보다 길고 알츠하이머병의 방어 요소일 가능성이 있는 에스트로겐이 나이 든 여성에게서 크게 감소한다는 점 등이 제기된다(Youn, Lee, Kim, & Woo, 2005). 혈관치매의 위험성은 여성에 비해 남성이 오히려 더 높다는 연구들이 있는데 뇌졸중의 주요 위험 요소인 흡연이나 음주 등이 여성에 비해 남성에 많다는 점이 그 기전으로 제시된다(Tatemichi et al., 1994).

유전성 알츠하이머병은 주로 40~50대에 발병한다. 치매 가족력과 관련해서는 알츠하이머병 환자의 직계 가족은 그렇지 않은 사람에 비해 알츠하이머병에 걸릴 가능성이 2~4배 높고, 직계 가족 내에 2명 이상의 알츠하이머병 환자가 있을 경우 위험성은 현저하게 증가한다(Devi, Ottman, Tang, Marder, Stern, & Mayeux, 2000).

환경적 위험 요소와 관련해서 흡연은 19개의 치매 역학 연구에 대한 메타 분석에서 알츠하이머병의 위험성을 1.79배, 혈관치매의 위험성을 1.78배 높이는 것으로 분석되었다(Anstey, von Sanden, Salim, & O'Kearney, 2007).

미혼, 독거, 사회적으로 고립된 노인들은 그렇지 않은 노인들에 비해 알츠하이머병의 발병 위험성이 높았다(Helmer et al., 1999). 사회적인 활동이 활발하지 못하거나 여가활동을 즐기지 않는 노인의 경우도 알츠하이머병의 위험이 높은데 치매에 걸리지 않은 75세 이상 노인들을 5년 이상 추적한 결과, 여가활동, 독서, 보드게임, 악기 연주, 춤 등의 활동을 한 경우 치매 발생률이 감소되는 것을 확인하였다(Verghese et al., 2003).

심뇌혈관질환과 같은 혈관성 위험 요소는 혈관치매뿐 아니라 알츠하이머병에도 연관이 있는 것으로 알려지고 있다. 고혈압은 인지 기능 저하 및 혈관치매의 중요한 위험 인자다. 콜레스테롤도 알츠하이머병, 혈관치매 발병에 중요한 역할을 하는 것으로 간주된다. 우울증은 알츠하이머병의 발병 위험성을 2배 이상 증가시키는 것으로 알려져 있다.

3) 치매의 유형

(1) 알츠하이머병

알츠하이머병은 퇴행성 뇌질환으로 치매를 일으키는 원인 중 가장 흔하다. 알츠하이머병은 대뇌피질 세포가 점진적으로 소실되어 전반적인 인지장애가 생기고 행동심리증상이 수반되어 독립적인 생활이 어렵게 된다. 이 병은 서서히 발병하여 서서히 악화되는 특징적인 경과를 보인다.

알츠하이머병이 발병하여 죽음에 이르는 데까지 걸리는 기간은 약 8~12년이다(강연욱, 2014b). 초기에는 가벼운 기억장애, 길 찾기 장애 등 시공간 능력 장애, 물건 이름이나 말하고자 하는 단어를 찾지 못하는 언어장애가 주로 나타난다. 중기에는 기억장애가 더 심해지고, 문제해결능력과 판단력이 저하되며, 망상, 초조, 우울증 등과 같은 행동심리증상이 나타나며, 실행증, 실어증, 실인증 등이 동반된다. 말기가 되면 인지 기능이 전반적으로 심각하게 손상되고, 대소변을 가리지 못하게 되며, 활동이 제한된다.

(2) 혈관치매

혈관치매는 뇌출혈, 뇌경색 등 뇌혈관질환이 원인이다. 뇌혈관 중 큰 혈관이 막히게 되면 운동장애나 언어장애가 바로 나타나고 치매로 진행되지만 작은 혈관이 막히는 경우는 특별한 증상이 보이지 않다가 누적되면 다발성 경색 치매가 된다. 혈관치매의 위험 인자로는 고혈압, 당뇨병, 고지질증, 심장병, 흡연, 비만, 음주 등이 알려져 있다(O'Donnell et al., 2010).

혈관치매는 갑자기 시작되고 갑작스럽게 상태가 악화되는 경우가 많아 점진적인 경과를 보이는 알츠하이머병과 차이를 보인다. CT 또는 MRI 등 뇌영상 검사를 시행하면 혈관치매 환자의 경우 뇌경색 또는 뇌출혈 등 뇌혈관 질환의 흔적이 확인된다. 혈관치매는 초기부터 편마비, 구음장애, 안면마비, 연하곤란, 편측 시력 상실, 시야 장애, 보행 장애, 실금 등의 신경학적 증상을 동반하는 경우가 많다.

(3) 기타 치매

뇌의 퇴행성 변화로 발생하는 치매는 전두측두엽 치매, 레비소체 치매, 파킨슨병에 의한 치매가 있다. 전두측두엽 치매는 전두엽 혹은 측두엽을 침범하여 특징적인 성격 변화와 이상행동을 보이거나 초기부터 언어장애를 보이는 드문 형태의 치매다. 레비소체는 신경세포질 내에 존재하며 알파-시누클레인, 유비퀴틴 및 비정상적으로 인산화된 신경섬유 단백질로 구성되어 있고 뇌피질, 흑질, 변연 주변 영역 등에 분포한다(강연욱, 2014b). 레비소체 치매는 반복되는 환시, 파킨슨병 증상, 인지장애가 특징적으로 나타난다. 파킨슨병은 운동 기능에 영향을 주는 것으로 시작하여 떨림, 경직, 보행 장애, 근육조절 장애, 무표정, 언어장애로 나타난다. 파킨슨병은 뇌에서 레비소체가 발견되는 질환 중 하나다. 특발성 파킨슨병 환자의 약 40%는 질환의 후기 단계에서 치매가 발생한다.

그 밖에 가역성 치매에 해당되는 약 10% 정도는 원인 질환에 대한 치료를 통해 근본적인 치매 치료가 가능하다. 치료 가능한 대표적인 원인 질환으로는 우울증, 약물 및 알코올 중독, 갑상선 기능저하증 등 대사성 질환, 비타민 B12 또는 엽산결핍 등의 결핍성 질환, 정상압 뇌수두증, 경막하 혈종, 뇌종양 등이다.

4) 치매의 증상과 경과

먼저 치매의 특징적 증상을 살펴보자. 미국 알츠하이머협회에 따르면 알츠하이머병을 의심할 수 있는 10가지 적신호는 다음과 같다(홍선영 역, 2014).

- 기억상실
- 익숙한 행동을 수행하기 어려움
- 언어문제
- 시간, 장소에 대한 감각 퇴화

- 판단력 저하 또는 퇴화
- 추상적 사고의 어려움
- 물건을 엉뚱한 곳에 두고 못 찾음
- 감정, 행동의 변화
- 성격 변화
- 자주성 상실

　치매의 특징적 증상 가운데 주요 증상인 기억력 장애, 실행능력 장애, 언어장애, 시공간 능력 장애, 판단력 장애를 살펴보자.

　기억력 장애는 알츠하이머병뿐 아니라 모든 치매에서 공통적으로 나타날 수 있는 증상으로 초기에는 단기 기억력의 감퇴가 주로 나타나며 이로 인해 새로운 정보를 습득하는 능력이 떨어지게 된다. 시간이 지남에 따라 장기 기억력의 감퇴도 동반하게 된다. 보통 건망증이라고 불리는 기억력 감퇴는 정상적인 노화과정에 수반되어 나타나는 노년기에 흔한 현상이므로 초기 치매 환자들이 보이는 기억력 장애와 구별해야 한다. 우선 건망증의 경우에는 사건이나 경험의 내용 중 일부분을 잘 기억하지 못하는 반면, 치매 환자의 경우에는 그러한 사건이나 경험이 있었다는 사실 자체를 기억하지 못한다. 건망증의 경우에는 기억나지 않던 부분이 어느 순간 다시 떠오르는 경우가 많지만, 치매 환자는 그렇지 않다. 치매는 건망증과 다르게 진행성 장애이기 때문에 기억력 장애가 점점 심해져 업무 수행이나 가정생활에 영향을 주게 된다. 기억력 장애로 새로운 정보를 얻고 유지하는 능력이 약해지면 최근의 일을 주제로 한 대화에 낄 수 없게 되므로 대화를 피하는 것처럼 보일 수 있다.

　실행능력 장애는 감각 및 운동기관이 온전한데도 불구하고 어떤 의도적인 행동을 못하는 경우를 말한다. 초기에 환자는 순서를 밟아야 하는 일, 예를 들어 운동화 끈 매기 혹은 식탁 차리기 등에 어려움을 보인다. 치매가 진행됨에 따라 식사를 하거나 옷을 입는 단순한 일에서조차 장애가 나타난다.

　언어장애는 기억력 감퇴처럼 치매 초기부터 나타날 수 있는데 처음에는 변화를 눈치 채기가 어렵다. 명칭 실어증은 올바른 단어의 명칭을 찾는 것이 어려운 것으로 알츠하이머병의 특징적인 증상 가운데 하나다. 언어장애는 신경심리학적 검사를 통해 확인할 수 있다.

시공간 능력 장애는 익숙한 거리에서 길을 잃는 것과 같은 증상을 일컫는데 시공간 능력에 장애가 오면 자동차를 운전하는 경우에 목적지를 제대로 찾아갈 수 없게 된다. 심하게는 집안에서 방이나 화장실 등을 찾아가지 못하는 증상으로까지 발전할 수 있다.

치매 환자가 판단력 장애의 증상을 보이게 되면 가족과 주변 사람들에게 뚜렷한 이상이 있는 것이 알려지게 된다. 판단력 장애가 있으면 돈 관리를 제대로 못하고 때로 필요 없는 물건을 사기도 한다.

치매의 경과는 치매의 원인에 따라 매우 다양한 양상을 보인다. 알츠하이머병은 인지 기능의 장애가 서서히 진행되고 점진적으로 심해지며, 혈관치매는 갑작스러운 발병을 보이거나 계단식의 악화를 보이는 경우가 흔하다.

치매의 초기 단계는 증상이 가벼워 무심코 지나치기 쉬울 정도고 언어장애, 최근 기억의 상실, 시간 지남력 장애, 판단력 장애, 의욕 상실, 우울, 공격적 행동, 취미활동에 대한 흥미 상실을 보인다. 중간 단계는 금방 일어난 일이나 사람의 이름을 기억하지 못하며, 독립생활을 하지 못할 정도로 일상생활능력이 저하되고, 도구적 또는 수단적 일상생활 기능이 현저하게 쇠퇴하며, 기본 위생관리를 도움받아야 하고, 배회, 장소 지남력 장애 문제가 생기며, 일부는 환각을 경험한다. 말기 단계는 음식을 먹는 데 어려움을 겪고, 가족을 알아보지 못하며, 집 안에서도 방향을 모르고, 보행의 장애로 주로 침상에서 지내게 되며, 전신의 근육 경직이 나타나고, 요실금이나 변실금이 빈번해진다.

5) 치매의 진단과 치료

치매 진단은 환자가 치매 상태인지를 판단하고, 환자에게 치매 상태를 유발시킨 원인 질환을 찾아내는 과정이다. 치매 여부는 병력 채취를 하는 문진, 신경학적 검사, 신경심리학적 평가, 일상생활기능 평가, 행동심리증상 평가를 토대로 판단한다. 병력 채취는 첫 증상, 발병 및 진행 양상, 유병기간, 일상생활에서 관찰하거나 경험한 환자의 인지 능력, 정서, 성격 및 행동 변화 관련 정보를 수집하는 것이다. 신경학적 검사는 뇌신경(눈, 얼굴, 구강), 운동(근긴장도, 근력, 협조 기능, 불수의 운동), 감각, 반사, 보행, 경동맥 잡음 등을 검사해 신경계의 손상으로 나타나는 징후를 확인한다(강연욱, 2014b). 치매 의심 환자를 대상으로 하는 신경심리학적 평가는 치매 여부와 다양한 원인 질환의 변별 진단을 목적으로 표준화된 신경심리검사 도구를 사용해 실시하는데 다양한 인지 영역을 모두 포함하고 있는 검사 총집(battery)을 주로 사용한다.

현재 치매의 유일한 확진법은 뇌 조직검사뿐이나 진단을 위해 뇌 조직검사를 시행하는 경우는 없다. 임상에서는 병력 청취와 이학적 검사, 신경학적 검사 및 정신상태 검사, 신경심리학적 검사(신경인지기능 검사), 혈액 및 요검사와 심전도검사, 뇌 단층촬영(CT)과 뇌 자기공명촬영(MRI) 등을 포괄적으로 시행하고 그 결과를 종합 분석함으로써 치매를 진단한다.

치매 선별용 한국어판 간이정신상태검사(Korean version of MMSE for Dementia Screening: MMSE-DS) 도구는 다음과 같다.

1. 올해는 몇 년도입니까?	0	1
2. 지금은 무슨 계절입니까?	0	1
3. 오늘은 며칠입니까?	0	1
4. 오늘은 무슨 요일입니까?	0	1
5. 지금은 몇 월입니까?	0	1
6. 우리가 있는 이곳은 무슨 도/특별시/광역시입니까?	0	1
7. 여기는 무슨 시/군입니까?	0	1
8. 여기는 무슨 구/동/읍입니까?	0	1
9. 우리는 지금 이 건물의 몇 층에 있습니까?	0	1

10. 이 장소의 이름이 무엇입니까?	0	1
11. 제가 세 가지 물건의 이름을 말씀드리겠습니다. 끝까지 다 들으신 다음에 세 가지 물건의 이름을 모두 말씀해 보십시오. 그리고 몇 분 후에는 그 세 가지 물건의 이름 들을 다시 물어볼 것이니 들으신 물건의 이름을 잘 기억하고 계십시오. 나무　　자동차　　모자 이제 ○○○님께서 방금 들으신 세 가지 물건 이름을 모두 말씀해 보세요.		

	0	1
나무	0	1
자동차	0	1
모자	0	1

12. 100에서 7을 빼면 얼마가 됩니까?	0	1
거기에서 7을 빼면 얼마가 됩니까?	0	1
거기에서 7을 빼면 얼마가 됩니까?	0	1
거기에서 7을 빼면 얼마가 됩니까?	0	1
거기에서 7을 빼면 얼마가 됩니까?	0	1

13. 조금 전 제가 기억하라고 말씀드렸던 세 가지 물건의 이름이 무엇인지 말씀하여 주 십시오.		

	0	1
나무	0	1
자동차	0	1
모자	0	1

14. (실제 시계를 보여 주며) 이것을 무엇이라고 합니까?	0	1
(실제 연필을 보여 주며) 이것을 무엇이라고 합니까?	0	1

15. 제가 하는 말을 끝까지 듣고 따라 해 보십시오. 한 번만 말씀드릴 것이 니 잘 듣고 따라 하십시오. 간장공장공장장	0	1

16. 지금부터 제가 말씀드리는 대로 해 보십시오. 한 번만 말씀드릴 것이니 잘 들으시 고 그대로 해 보십시오. 제가 종이 한 장을 드릴 것입니다. 그러면 그 종이를 오른손으로 받아, 반으로 접은 다음, 무릎 위에 올려놓으십시오.		

오른손으로 받는다.		0	1
반으로 접는다.		0	1
무릎 위에 놓는다.		0	1
17. (겹친 오각형 그림을 가리키며) 여기에 오각형이 겹쳐져 있는 그림이 있습니다. 이 그림을 아래 빈 곳에 그대로 그려 보십시오.		0	1
18. 옷은 왜 빨아서 입습니까?		0	1
19. '티끌 모아 태산'은 무슨 뜻입니까?		0	1
총점			/30

출처: 한지원 외(2010). 치매 선별용 간이정신상태검사(Mini-Mental State Examination for Dementia Screening: MMSE-DS)와 단축형 MMSE-DS(SMMSE-DS)의 한국 노인 정상규준 연구. 노인정신의학, 14(1), 27-37.

　　치매로 진단되기 위해서는 인지 기능의 장애와 함께 이로 인한 일상생활 기능 장애가 수반되어야 한다. 일상생활 기능을 평가하기 위해서는 표준화된 검사도구를 사용하는데 가장 많이 사용하는 수정바델지수(Shah, Vanclay, & Cooper, 1989)는 〈표 14-2〉와 같다.

표 14-2　수정바델지수(Modified Barthel Index: MBI)

항목	수행 불가	상당한 도움 필요	중간 정도 도움 필요	최소한의 도움 필요	완전 독립
개인위생(몸단장)	0	1	3	4	5
목욕하기	0	1	3	4	5
식사하기	0	2	5	8	10
화장실 이동 · 사용	0	2	5	8	10

계단 이용	0	2	5	8	10
옷 입고 벗기	0	2	5	8	10
대변 조절	0	2	5	8	10
소변 조절	0	2	5	8	10
걷기	0	3	8	12	15
또는 휠체어 (보행 불가능으로 휠체어를 사용)	0	1	3	4	5
의자/침대 이동	0	3	8	12	15
합계	/100점				
점수 0~20 21~60 61~90 91~99 100	전적인 의존 심한 의존 중도 의존 경도 의존 독립				

　　수정바델지수로 측정된 점수에 의해 노인의 일상생활활동 기능을 독립, 경도 의존, 중도 의존, 심한 의존, 전적인 의존으로 구분할 수 있다.

　　치매환자의 행동심리증상은 공격적 행동, 배회, 부적절한 성적 행동, 욕하기, 불면증, 식습관의 변화, 반복적 행동 등의 행동증상과 우울, 불안, 초조, 무감동, 무관심 등의 심리증상으로 구분된다. 행동심리증상을 평가하는 도구로는 한국판 신경정신행동 검사(Korean Version of Neuropsychiatric Inventory: K-NPI)(Choi, Na, Kwon, Yoon, Jeong, & Ha, 2000)가 있다. K-NPI는 12개 항목(망상 혹은 편집증, 환각, 초조/공격성, 우울, 불안, 기분이 들뜸/다행감, 무감동/무관심, 탈억제, 화를 잘냄/불안정, 비정상적인 운동 행동, 수면 및 수면 중 행동, 식욕 혹은 식습관의 변화)으로 구성되며, 각 항목은 빈도(0~4점)와 심한 정도(0~3점)로 평가된다. 각 항목에서 빈도와 심한 정도를 곱한 값인 점수(0~12점)를 구하고, 12개 항목의 점수를 모두 합해 총 NPI(0~144점) 점수를 구한다.

1990년대까지는 사망 후 부검을 통해서만 치매 확진이 가능하였다. 현재는 살아 있는 환자를 대상으로 PET 스캔 같은 영상기술을 이용하여 신경섬유 엉킴과 치매 관련 플라크인 베타 아밀로이드가 생긴 부위를 밝혀낼 수 있다(Clark et al., 2011). 기억력, 계산력, 추리력, 집중력, 시공간지각력, 지남력 등 인지 기능을 부분별로 측정해 어떤 부분에 어느 정도 장애가 있는지 평가하는 신경심리검사와 함께 뇌척수액검사, 뇌파검사, CT, MRI, PET 등 영상의학의 발달로 치매 진단의 정확성은 크게 향상되었다.

노화에 따른 기능 감퇴에 대해 관용적인 태도를 가지는 우리나라에서는 과거에는 치매를 질병이 아닌 노화로 여기고 치매노인을 방치하게 만든다는 우려가 높았다. 그러나 노인과 가족의 치매에 대한 인식이 크게 바뀌면서 적극적으로 치료하는 환자가 크게 증가하는 추세다.

치매는 약물치료로 도움을 받을 수 있다. 약물치료는 인지 기능에 관한 약물인 아리셉트, 엑셀론 등의 약물과 정신증상이나 문제행동을 완화시키는 약물인 항정신성 약물, 항불안제, 항우울제, 수면제 등을 사용한다. 항정신성 약물은 흥분의 감소, 수면장애 개선, 식욕증진에 효과가 있으나 부작용이 동반될 수 있다. 할로페리돌, 할돌, 티오리다진, 멜라릴 등을 복용하는 경우 졸음, 불안, 떨림 등의 부작용이 종종 발생하고, 입이 건조해지고, 혈압이 낮아지며, 변비가 생기는 등의 부작용 증상이 발생한다(Blazer, 1998). 약물치료와 관련해서는 투약관리가 매우 중요하다.

치매환자는 인지 기능 장애가 진행되면서 자존감과 자아정체감에 타격을 받을 수 있다. 정신사회적 치료는 치매환자의 자존감 유지를 돕고, 방어기제를 건설적으로 사용하게 도우며, 인지 기능의 한계를 보완하는 방법을 찾도록 돕고, 가족들이 환자와 부정적인 관계를 형성하지 않게 돕는다. 행동지향적 치료는 문제행동의 유발 원인과 결과를 평가해 환자의 능력에 맞춘 조치를 취하거나 환경 조정을 한다. 감정지향적 치료는 지지적 정신치료, 회상치료, 조정치료, 감각통합치료 등을 포함한다. 인지지향적 치료는 현실지남력과 사회기술훈련, 보드게임 등으로 어휘력 증진이나 문제해결 기능을 향상시킨다. 자극 중심 치료는 오락치료, 예술치료 등을 포함한다. 현실감각 훈련법은 '지금 이곳에' 대한 감각을 갖게 하는 것으로 환자에게 자신이 지금 어디에 있는지, 아침으로는 무엇을 먹었고, 오늘은 몇 년, 몇 월, 며칠이고 무슨 요일인지, 대통령은 누구인지 아는가를 확인하는 것이다.

인지능력의 장애가 주 증상인 치매노인들은 주위 환경에 대해 민감하기 때문에 적절하게 자극을 유지시키는 것이 매우 중요하다. 자극이 너무 없는 환경에서는 대부분 정신운동의 저하 및 은둔 상태가 악화될 가능성이 높고 반면 너무 과도한 자극에 노출되면 정신적 불안정을 초래할 수 있다.

가활(habilitation)은 진행성 치매환자를 돌보는 방법으로 환자의 속마음을 파악하고 존엄성을 지켜 주고, 성취의 기회를 마련해 주고, 남아 있는 모든 기능을 사용할 수 있도록 돕는 것을 의미한다. 치매환자 가족치료사로 활동하고 있는 조앤 쾨니그 코스테는 가활의 기본 원칙을 다음과 같이 다섯 가지로 정리하였다(홍선영 역, 2014).

- 환경을 바꿔라: 환경을 간소화한다. 산만한 물건들을 정리해 환자의 상실된 지각능력에 환경을 맞춘다.
- 환자가 아직 의사소통이 가능함을 잊지 마라: 단어 자체보다는 사라진 언어능력 뒤에 숨어 있는 감정이 더 중요하다. 알츠하이머병으로 환자가 많은 것을 잃게 되지만 중요한 감정은 아직 표현할 수 있다.
- 환자에게 남아 있는 능력에 집중하라: 환자에게 남아 있는 능력이 무엇이고 사라진 기능이 무엇인지 지속적으로 파악해야 한다. 예를 들어, 오븐이 계속 켜져 있었는지, 주전자 바닥에 탄 자국이 남아 있지는 않은지, 냉장고에 상한 음식이 들어 있는지, 집안이 전보다 더 더러워졌는지 등을 점검한다. 환자에게 남아 있는 능력에 가치를 둔다. 환자가 자신이 잃어버린 능력에 신경 쓰게 하지 말고 그 빈자리를 채울 수 있도록 돕는다.
- 환자의 세계에 살라: 환자에게 묻지도 꾸짖지도 따지지도 않는다. 어디가

됐든 지금 이 순간 환자가 있는 장소나 시간에 함께 하고 그곳에서 같이 누릴 수 있는 기쁨을 찾는다.

• 환자의 삶을 풍요롭게 하라: 환자가 매 순간 성공할 기회를 만든다. 실패의 순간은 없애고 환자를 자주 진심으로 칭찬해 준다. 가능한 한 어디서나 유머를 잃지 않는다.

현실감각 훈련은 가활의 원칙과 충돌할 수 있다. 현실감각 훈련과 다르게 가활 원칙은 환자의 시간, 공간 감각을 고치려 하지 않는다. 즉, 논리적 판단력을 잃은 환자와 논리적으로 따지다 보면 혼란만 커진다는 사실을 받아들인다.

치매는 노인의 문제뿐 아니라 동시에 가족의 문제가 된다. 치매노인은 일상 기능이나 행동의 손상이 심각해서 24시간 보호를 요구하는 경우가 많다. 치매환자들의 부적절한 행동이나 정서반응으로 가족들은 당황하는 경우가 많고 때로는 분노와 적개심마저 느끼게 된다. 치매노인 가족에 정서적 도움을 주는 것은 가족에게 지지가 될 뿐 아니라 치매노인의 심리적 안정을 위해서도 중요하다.

치매 관련 기관이나 협회에서는 가족의 부양부담 경감을 위한 여러 가지 프로그램을 실시하고 있다. 광역치매센터, 치매안심센터, 재가장기요양기관, 노인종합복지관 등에서 치매교육 프로그램, 치매가족 지지 프로그램, 자조집단 운영, 가족상담, 휴식서비스 등을 제공하고 있다. 치매교육 프로그램은 치매에 대한 의학적 이해, 증상과 기능저하 대처방법, 환자와의 효과적 관계 형성 방법, 자기 돌봄 전략 등에 대한 교육과 정보를 제공한다. 치매가족 지지 프로그램 및 자조집단에서 가족들은 돌봄 부담을 공유하고 필요한 자원과 정보를 교환하며 서로 정서적 지지를 제공할 수 있다. 가족상담은 전화상담, 인터넷상담, 대면 상담을 포함한다. 치매간호법, 시설 입소, 돌봄을 둘러싼 가족갈등 등을 상담에서 다룰 수 있다. 휴식서비스는 가족 대상 문화기행 및 여가서비스를 제공하는 것이다.

2. 우울증

1) 우울증의 정의와 실태

우울증은 가장 흔한 정신장애 중 하나이며 임상적으로 활동증상, 인지증상, 충동조절장애, 행동증상과 신체증상 등 다양한 조합으로 이루어진 증후군이다(남윤영, 전우택, 2002). 미국 정신질환협회의 DSM-5(American Psychiatric Association, 2013)에 의하면 우울증은 '지속적인 우울한 기분', '흥미나 즐거움의 현저한 저하', '체중이나 식욕의 변화', '수면의 변화', '정신운동 항진이나 지체', '피로감/활력 상실', '무가치감과 죄책감', '사고력이나 집중력 감퇴', '죽음에 대한 사고'라는 아홉 가지 주요 증상 중에서 '지속적인 우울한 기분'과 '흥미나 즐거움의 현저한 저하'의 두 가지 중 한 가지 이상을 포함하여 최소한 다섯 가지 이상의 증상이 거의 매일 그리고 최소한 2주 이상 지속될 때 주요우울장애로 진단된다. 세계보건기구에서는 우울증을 "기분의 저하, 의욕이나 흥미의 상실, 죄의식, 수면장애, 식이장애, 집중력 저하를 보이며 일상생활이나 사회생활에 심각한 지장을 주는 상태"로 정의하고 있다(WHO, 2009).

일차적 우울 또는 내인성 우울은 개인 내부의 요인에 의해 야기되는 것으로 내부의 정신적·신체적 문제 때문에 생기는 우울증으로 개인의 생활에서 특정 스트레스 요인이나 불행한 사건이 없이도 생기는 우울증을 말한다. 이차적 우울 또는 외인성 우울은 스트레스를 주거나 불행한 외부의 스트레스 및 생활사건에 의해 야기되는 것으로 현재 슬픔을 겪거나 낙담을 겪는 중인 개인에게 생기는 병리적인 수준의 우울한 상태를 말한다.

우울증은 노년기에 흔한 정신질환 중 하나로 간주된다. 또 우울증은 치매와 같은 질환과 병발하기 쉽다. 그러나 노인은 엄밀한 의미의 주요우울장애라기보다는 다양한 심각도의 우울 증상을 나타내는 경우가 많다. 역학조사

에서 국외 연구들에서 보고된 지역사회 거주 65세 이상 노인의 주요우울장
애 유병률은 0.9~9.4%(Djernes, 2006)였고, 우리나라의 경우는 5.37%로 나
타났다(Park et al., 2010). 연령집단을 비교해 보면 주요우울장애의 유병률은
성인 초기와 중년기보다 노인에게서 유의미하게 낮다.

　이와 같이 주요우울장애의 유병률은 상대적으로 노인들에게 낮지만 우
울 증상을 비교해 보면 노인은 중년기보다 더 높은 우울 발생률을 보인다
(Kessler et al., 2004). 이러한 현상은 두 가지로 설명된다. 첫째는 우울증상이
노인의 신체적 질병 발생과 관련되어 있는 점이다. 우울증상과 연관된 신체
적 증상에는 수면과 식욕 관련 어려움이 포함되는데 노인은 우울보다 신체
적 문제를 주 증상으로 호소한다. 두 번째 설명은 심리적 불편감으로 삶에서
무언가 상실한 노인들에게 더 자주 나타난다는 것이다. 즉, 상실했기 때문에
우울증상이 나타나는 것으로 여겨 질병으로 보지 않는다는 것이다.

표 14-3 DSM-5에 기초한 우울증 진단(APA, 2013)

1. 거의 매일 혹은 하루 내내 우울한 기분
2. 흥미나 즐거움 상실
3. 식욕 변화 및 체중 변화
4. 불면 또는 과수면
5. 거의 매일 정신운동 흥분 또는 지체
6. 피로 또는 에너지 상실
7. 무가치감 또는 죄책감
8. 집중능력의 감소 또는 결정 곤란
9. 죽음에 대한 반복적인 생각, 자살충동 및 자살시도

　2017년 전국 노인실태조사에 따른 시도별 노인 우울증상을 살펴보면 전
국의 우울 증상 노인은 21.1%로 5명 중 1명이 우울군에 속한다(정경희 외,
2017). 노년기에는 신체기능 저하와 만성질환 등으로 무기력감, 절망감으로
부터 흔히 우울감을 경험하게 된다.

　노인 우울증의 위험 요인으로는 사회적 지지와 접촉의 부족, 부정적 생활

사건, 낮은 사회경제적 지위, 인지 기능 저하, 질병과 복용약물, 우울 병력, 가족력 등이 있다(Blazer & Hybels, 2005; Djernes, 2006). 남성노인보다 여성노인이, 배우자가 없거나 학력수준이 낮은 노인의 경우 그렇지 않은 경우보다 우울증상이 나타날 확률이 높다. 노화로 나타나는 신체, 정신, 사회, 심리적 변화는 노인의 수면패턴에도 영향을 미치게 되며 불면증으로 악화되는 경우 노인의 우울과 밀접한 관계를 갖는다. 또한 신체장애와 관련하여 뇌졸중은 뇌손상을 일으켜 우울증과 신체적인 기능 장애를 함께 유발시키기도 한다.

2) 노년기 우울증과 자살

우울증으로 인해 발생하는 최악의 결과는 자살이라고 할 수 있다. 빠른 고령화 속도와 맞물려 있는 불안한 노후로 우리나라 노인의 자살률은 노인 정신건강의 위험 정도를 잘 나타낸다. 2013년 현재 우리나라의 전체 자살률은 인구 10만 명당 28.5명이나 65세 이상의 자살률은 인구 10만 명당 64.2명으로 전체 자살률의 2.3배 이상(통계청, 2014b)으로 다른 연령대보다 노년인구의 자살률이 높다. 노년인구의 연령대가 높을수록 자살률이 높은데 〈표 14-4〉에서 보듯 80대 이상에서는 전체 자살률의 3.3배로 높아지는 것을 볼 수 있다.

2017년 노인실태조사 결과를 보면 노인의 6.7%가 자살을 생각해 본 적이 있고, 이 중 13.2%가 실제로 자살을 시도한 적이 있다(정경희 외, 2017). 노인 자살의 원인으로는 경제적 어려움(37.4%)과 질병(36.2%)의 비중이 가장 높고, 외로움·고독(11.7%), 가정불화(6.9%) 순으로 보고된다(김상우, 2015). 즉, 노인인구의 빈곤문제, 건강문제, 관계 측면에서의 어려움 등에 초점을 둔 노인자살 예방과 치료적 접근이 필요하다.

우리나라에서는 정책적으로 사회적 관계가 취약한 독거노인의 자살 예방을 위해 실시하고 있는 독거노인 사회관계 활성화사업(독거노인친구만들기사업)이 있다. 이 사업은 고위험군 독거노인을 은둔형 고독사위험군, 활동제한형 자살위험군, 우울형 자살위험군로 구분하여 사회복지서비스 제공, 자

표 14-4	연령대별 자살률		(단위: 인구 10만 명당)
연령	자살률	남성	여성
10~14세	1.3	1.4	1.2
15~19세	7.9	9.1	6.5
20~24세	14.5	17.4	11.2
25~29세	21.7	24.7	18.4
30~34세	27.8	34.6	20.8
35~39세	28.9	38.3	19.2
40~44세	32.0	44.2	19.4
45~49세	33.6	50.5	16.1
50~54세	37.9	56.5	19.0
55~59세	38.2	59.8	16.7
60~64세	39.5	62.9	17.1
65~69세	42.2	67.0	20.0
70~74세	59.5	96.5	30.4
75~79세	77.7	133.0	42.0
80세 이상	94.7	168.9	63.9
전체	28.5	39.8	17.3

출처: 통계청(2014b). 2013년 사망원인통계.

조집단 운영, 심리상담 및 치료 등을 통해 자살예방 및 정신건강 증진을 도모하고 있다.

　노인자살 및 자해 방지가 목적인 개입은 여러 수준에서 실행될 수 있다(Beeston, 2006). 개입에는 자살 및 자해방법에 대한 접근을 감소시키거나 고위험 개인과 집단을 찾아내는 것 등이 포함된다. 정신건강복지센터 등에서는 주로 고위험 노인에 대한 개별 혹은 집단 차원의 상담활동을 한다. 노인자살 문제에 대한 개입으로는 일반 노인을 대상으로 하는 일차 예방, 자해 혹은 자살 관련 문제의 초기 징후를 보이는 노인에 대한 조기 개입, 고위험 노인에 대한 집중 관리 등이 있으며 노인자살을 막기 위해서는 다양한 노인 집단과 노인 가족을 대상으로 지속적인 개입 노력이 필요하다.

3) 우울의 진단과 치료

노인의 우울증상의 심각성을 평가할 수 있는 다양한 평가 척도가 있으며, BDI(Beck Depression Inventory), CES-D(Center for Epidemiologic Studies Depression Scale), HDRS(Hamilton Depression Rating Scale), MADRS(Montgomery-Asberg Depression Rating Scale) 등이 사용된다(Blazer, 1998). 우리나라 경우 한국형 노인우울증 척도(K-GDS), 한국판 우울증 척도(K-BDI) 등이 많이 사용된다. 한국형 노인우울증 척도의 문항을 소개하면 〈표 14-5〉와 같다.

우울증에 대한 일반 시민들의 인식이 증진되었고 치료방법이 있는데도 노년기 우울증은 잘 탐지되지 않으며 치료가 잘되지 않는다(Djernes, 2006; Unützer, 2007). 노인의 우울증은 성인의 전형적인 우울 증상이 나타나지 않고 노화로 인한 것인지 구별이 어렵기 때문에 노인 우울증을 발견하고 치료하기가 쉽지 않다.

노인 우울증과 관련이 있을 수 있는 가족과 사회적 환경에 대한 평가는 임상적 면접을 통해 파악한다. 면접을 통해 수집하는 우울증 관련 가족력, 빈곤 등 가족이 겪고 있는 만성적 스트레스, 가족갈등, 사회적 지지 등은 우울의 원인 및 치료방법을 고려하는 데 있어 중요한 정보다.

우울증상은 노인이 일상생활을 하는 데 어려움을 초래하기 때문에 노인 우울증 치료는 우울 증상 완화뿐 아니라 신체적 · 사회적 기능을 증진시켜서 삶의 질을 향상시킬 수 있다. 노인 우울증은 심리적 요인 외에 신체적 · 사회적 요인들이 복합적으로 작용하는 문제이기 때문에 치료 역시 종합적인 개입이 효과적으로 알려져 있다.

표 14-5　한국형 노인우울 척도

문항	네	아니요
1. 쓸데없는 생각들이 자꾸 떠올라 괴롭다.		
2. 아무것도 할 수 없을 것처럼 무기력하게 느낀다.		
3. 안절부절못하고 초조할 때가 자주 있다.		
4. 밖에 나가기보다는 주로 집에 있으려 한다.		
5. 앞날에 대해 걱정할 때가 많다.		
6. 지금 내가 살아 있다는 것이 참 기쁘다.		
7. 인생은 즐거운 것이다.		
8. 아침에 기분 좋게 일어난다.		
9. 예전처럼 정신이 맑다.		
10. 건강에 대해서 걱정하는 일이 별로 없다.		
11. 내 판단력은 여전히 좋다.		
12. 내 나이의 다른 사람들 못지않게 건강하다.		
13. 사람들과 잘 어울린다.		
14. 정말 자신이 없다.		
15. 즐겁고 행복하다.		
16. 내 기억력은 괜찮은 것 같다.		
17. 미쳐 버리지나 않을까 걱정된다.		
18. 별일 없이 얼굴이 화끈거리고 진땀이 날 때가 있다.		
19. 농담을 들어도 재미가 없다.		
20. 예전에 좋아하던 일들을 여전히 즐긴다.		
21. 기분이 좋은 편이다.		
22. 앞날에 대해 희망적으로 느낀다.		
23. 사람들이 나를 싫어한다고 느낀다.		
24. 나의 잘못에 대하여 항상 나 자신을 탓한다.		
25. 전보다 화가 나고 짜증이 날 때가 많다.		
26. 전보다 내 모습(용모)이 추해졌다고 생각한다.		
27. 어떤 일을 시작하려면 예전보다 힘이 많이 든다.		
28. 무슨 일을 하든지 곧 피곤해진다.		
29. 요즈음 몸무게가 많이 줄었다.		
30. 이성에 대해 여전히 관심이 있다.		

출처: 정인과 외(1997). 노인우울 척도(Geriatric Depression Scale)의 신뢰도, 타당도 연구. 신경정신 의학, 36(1), 103-112.

　　노인 우울증의 치료는 약물치료, 심리치료 등을 포함한다. 주요우울장애를 치료하고 자살을 예방하기 위해서는 약물치료와 때로는 전기경련요법이 필요하다(McInnis-Dittrich, 2009). 항우울제는 복용하기에 큰 부담은 없으나 졸음을 유발하기 때문에 대개 밤에 복용하고 약 효과가 나타나기까지 2~4주가 걸린다(Blazer, 1998). 졸음 외에 입이 마르고, 변비가 생기며, 일시적으로 시야가 흐리고, 드물지만 혼란 상태나 기억장애 등의 부작용이 동반되기도 한다.

　　인지심리치료는 우울증에 대한 교육과 함께 우울증상을 악화시키는 노인의 태도를 변화시키는 개입으로 활동, 회상 등을 활용한다. 가벼운 우울증인 경우 항우울제 약물치료보다 개인-환경의 적합성이라는 접근과 일치되게 심리치료뿐 아니라 환경적 개입과 사회적 개입이 더 효과가 있다(McInnis-Dittrich, 2009).

3. 수면장애

1) 수면장애의 정의와 실태

　　수면장애는 충분한 수면을 취하지 못하는 상태, 충분한 수면을 취해도 낮 동안 각성을 유지하지 못하는 상태, 수면리듬이 흐트러져 자거나 깨어 있을 때 어려움을 겪는 상태 등 광범위한 개념으로 정의된다. 노화로 인한 여러 가지 변화 때문에 노인은 수면장애 위험이 높아진다. 노인의 수면 특징을 살펴보면 수면 단계가 연령이 증가하면서 변화하기 때문에 얕은 수면이 증가하고 깊은 수면이 감소한다. 즉, 나이가 들수록 숙면과 관련되는 서파 수면(slow wave sleep)이 감소하고 약간 깨어 있는 상태인 단계의 수면이 증가한다. 잠이 들기까지 시간이 오래 걸리고, 수면 중에 자주 깬다. 아침에 일찍 잠에서 깨며, 수면 중에 잠이 깨면 다시 잠들기 어려우므로 노인의 총 수면

시간과 수면효율성이 감소한다. 노인의 수면장애는 피로감, 집중력 저하, 기억력 저하, 일상생활활동수행 능력 감소, 낙상 위험 증가, 우울증, 삶의 질 저하 등을 초래한다.

　우리나라 노인의 수면 관련 실태를 살펴보기 위해서는 조사 문항에 수면 문항이 포함되었던 2011년 노인실태조사에서 파악된 수면 양상이 참고가 될 수 있다. 노인의 하루 평균 수면시간은 6.7시간으로 평균적으로는 적정수면 시간인 6~8시간에 해당되지만 전체 중 적정수면을 취하는 경우가 45.2%이고, 44.9%는 6시간 미만, 9.9%는 8시간을 초과한 수면시간으로 과반수 이상 노인이 적정수면을 취하지 못하는 것으로 나타났다(정경희 외, 2012). 성별로는 적정수면율이 여성노인은 42.7%로 남성노인 48.5%에 비해 낮았다. 여성노인이 남성노인보다 수면문제가 많은 이유는 부분적으로 성호르몬 변화로 설명되는데 에스트로겐 결핍과 관련이 있는 것으로 가정된다(Wolkove et al., 2007). 2011년 노인실태조사에서는 연령이 높을수록 적정수면율이 감소하는 경향을 보였는데 적정수면율이 65~69세 연령군에서는 48.7%이었으나, 85세 이상 연령군에서는 41.2%였다. 결혼 상태에 따라서는 무배우자의 적정수면율이 41.1%로 유배우자 47.2%에 비해 낮았다. 가구 형태별로는 노인독거가구의 적정수면율이 40.6%로 가장 낮았고, 노인부부가구는 48.6%로 가장 높았다. 저학력일수록 적정수면율이 낮은 경향을 보였는데 무학(글자 모름)의 경우 40.3%로 가장 낮았다. 취업 상태에 따라서는 미취업 노인의 적정수면율이 43.3%로 취업 노인 48.9%에 비해 낮았다. 가구소득별로는 적정수면율이 저소득 가구일수록 감소하는 경향으로 가구소득이 가장 낮은 범주 노인의 적정수면율이 42.6%로 가장 낮았다. 기능제한이 있는 경우 적정수면율은 제한이 없는 노인에 비해 낮았는데 기능제한을 지닌 노인의 경우 적정수면율이 41.7%, 기능제한이 없는 경우는 45.8%였다. 기능제한이 있는 경우 8시간을 초과해 수면을 취하는 경우가 17.1%로 제한이 없는 노인의 8.7%보다 상당히 높았다.

　노인의 수면장애 유병률이 얼마나 되는지는 조사마다 상이하다. 노인들에게 가장 흔한 불면증의 경우, 수면시작의 어려움이 주 3회 이상 있는 노인이 27.0%, 수면유지의 어려움이 주 3회 이상 있는 노인이 37.9%였고 둘 중 하나가 있는 경우를 불면증으로 정의하였을 때 전체 노인의 46.1%가 해당되는 것으로 보고한 연구(김정득 외, 2014)에 의하면 거의 절반에 가까운 노인이 수면문제를 겪고 있다. 그밖에도 노인의 불면증 해당 비율을 25~30%라고 보고한 연구(Ogundele et al., 2017), 60세 이상 조사 대상자 중 32.8%라고 보고한 연구(Kim et al., 2017) 등이 있으나 불면증 경험 비율과 임상기준에 따른 진단 비율이 다르다는 점을 감안해야 할 것이다.

2) 수면장애 유형

노년기에 경험하기 쉬운 수면장애 유형을 살펴보면 다음과 같다.

(1) 불면증

불면증은 수면장애 유형 중 노인이 가장 흔하게 경험하는 수면문제다. 불면증은 수면을 취할 수 있는 기회가 적절하게 주어졌는데 수면시간이 충분하지 못하거나 수면을 취해도 피곤하다고 주관적으로 지각하는 것 또는 이를 호소하는 것을 말한다(김은주, 김성정, 윤가현, 2017). 불면증 노인들은 자려고 누운 후 잠이 들기까지 시간이 오래 걸리고, 어렵게 잠이 들어도 자주 깨며, 자다 깨면 다시 잠들기가 어렵다고 호소한다.

일차적 불면증은 건강 상태나 건강문제와 직접 관련이 없다. 수면에 대해 생각하거나 자려고 하면 안절부절못하게 되고 근육이 긴장되며 혈관수축이 증가하는 등 신체적으로 긴장한다. 노인들은 다른 질환이나 약물복용으로 생기는 이차적 불면증이 흔하다. 예를 들면, 우울증으로 인한 이차적 수면장애인 불면증이 있다. 신체질환에 의한 이차적 불면증을 살펴보면 요통, 신경통 등 만성 통증 때문에 불면증이 생기거나 심혈관계질환, 호흡기질환 등 신체질환 때문에 불면증이 생긴다. 약물로 인해서도 불면증이 생길 수 있는데 카페인이 포함된 식음료나 이뇨제, 베타차단제, 기관지확장제, 파킨슨병 약, 교감신경계 항진 약 등이 불면증을 유발할 수 있다.

(2) 치매 등 인지 기능 저하에 의한 수면장애

수면장애와 인지 기능 간 관계는 여러 연구들에서 검증되었다(Ferrie et al., 2011; Tranah et al., 2011). 낮에 자고 밤에는 자주 깨거나 자지 않는 수면 형태의 변화는 치매노인에게 흔하다. 치매노인은 잠이 들기까지 시간이 오래 걸리며 자주 깨고 가장 깊은 수면 단계인 4단계 수면이 현저히 감소된다(Blazer, 1998). 치매에 동반되는 수면장애로 일몰증후군은 치매노인과 보호자에게 큰 어려움을 유발한다. 된다. 일몰증후군은 일시적인 섬망 상태로 주의력 저하, 초조와 불안, 지각장애, 정서의 불안정성, 편집증 등의 정신증상이나 행동을 말하는데 저녁 혹은 밤에 악화되고 낮에 호전된다.

(3) 수면 관련 호흡장애

수면 중의 호흡장애가 특징으로 중추신경계나 심장질환에 의해 호흡 노력이 감소되거나 소실되는 중추성 수면무호흡증과 지속적인 호흡 노력이 있음에도 불구하고 기도 폐쇄로 환기가 적절히 이루어지지 않는 폐쇄성 무호흡증이 있다(김정득 외, 2014). 수면무호흡증은 지속적인 반복적 호흡 정지가 특징으로 저산소증, 수면 중 짧게 반복해서 깨는 현상, 불면증, 낮 동안 졸음을 유발한다.

(4) 기타 수면장애

수면 관련 운동장애는 수면을 방해하는 상동적인 움직임이 특징인 질환으로 하지를 움직이고 싶은 충동이 저항할 수 없는 정도로 강하게 나타나는 하지불안증후군과 반복적이고 상동적인 하지의 움직임이 주기적으로 나타나는 주기성 사지운동장애가 대표적이다(김정득 외, 2014). 하지불안증후군은 자려고 누우면 다리에 벌레가 기어 다니는 것처럼 느껴지는 등의 불편감과 다리를 움직이지 않으면 도저히 안 될 것 같은 충동을 반복적으로 느끼거나 움직이고 싶은 느낌 때문에 잠을 이루지 못하는 것을 말하는데 노인 유병률이 높은 편이다. 주기성 사지운동장애는 자신도 모르게 다리를 주기적으로 움직이면서 수면이 방해를 받기 때문에 낮 동안 졸음, 피로감 등을 보이게 된다.

꿈꾸는 중에 꿈 내용을 행동으로 나타내는 렘수면행동장애가 노인에게 나타날 수도 있는데, 심한 잠꼬대 등으로 다른 사람의 수면을 방해하거나 꿈 내용을 행동으로 옮기는 과격한 행동으로 자신이나 다른 사람을 다칠 수도 있다. 렘수면 중에는 정상적으로 근력소실이 있는데 이 정상적인 근력소실이 나타나지 않을 때 난폭하고 위험한 팔다리의 움직임 등이 발생한다. 중년 이후 나이든 사람들에서 생기기 쉬우며 약물 등에 의해서도 유발된다.

3) 수면장애의 진단과 치료

수면장애에 대한 기초 평가는 개별 면접으로 이루어진다. 면접을 통해 하루 수면시간, 잠자리에 드는 시간, 수면 도중 깨는 횟수, 아침에 일어나는 시간 등과 같은 수면 패턴에 대한 파악과 복용하는 약물, 식사, 운동량 등 관련 요소들에 대한 면밀한 파악을 한다.

수면장애를 진단하기 위한 도구로는 수면다원검사(polysomnographic test)가 있다. 이는 수면과 관련하여 발생하는 여러 가지 신호를 기록하는 것으로 뇌파, 안전도, 근전도 등의 신경생리와 심전도, 산소포화도, 복부와 흉부의 호흡 운동, 호흡 기류, 코골이, 몸의 자세 등의 생리적 신호를 기록하는 검사를 말한다.

수면장애 치료의 목적은 수면장애의 관련 요인을 제거하거나 감소시켜 삶의 질을 높이는 것이다. 노인은 만성질환으로 인한 수면문제가 발생하는 비율이 매우 높다. 건강문제로 약물복용이 많기 때문에 노인의 수면문제 평가는 일차적으로 약물복용에 의한 것인지 파악해야 한다.

　수면장애의 치료는 약물요법과 인지행동요법이 있다. 약물치료와 비약물적 치료는 독립적으로 시행하는 것이 아니며 필요한 경우 같이 시행하는 것이 치료에 효과적이다.

　노인의 수면장애에 대한 약물치료는 신체적 문제나 주요우울장애와 같은 정신질환으로 수면장애가 생겼을 때 주로 실행된다. 수면유도제로 사용되는 널리 사용되는 약물은 벤조디아제핀 계열인데 불면증 치료에 효과적이다(Blazer, 1998). 신체적·심리적 의존성을 초래할 수 있기 때문에 부작용에 주의가 요구된다. 그 밖에 비벤조디아제핀 계열 수면제, 항우울제, 항히스타민제 등이 수면을 유도하는 데 사용된다.

　비약물적 치료에는 인지치료와 자극통제, 수면제한, 수면위생, 이완훈련 등과 같은 행동치료를 포함하는 인지행동요법이 있다. 노인들에게 인지행동요법은 젊은 사람들만큼 치료효과가 크지는 않았지만 위약효과 혹은 치료를 하지 않은 집단과 비교한 결과를 보면 효과가 적지 않다(김은주, 김성정, 윤가현, 2017). 인지치료는 수면에 대한 역기능적 믿음이나 태도, 비현실적 기대 등을 찾아내 그 인식을 변화시키고 현실적으로 적응할 수 있는 대안으로 변화시키는 것을 말한다. 잠자리에서 수면이 아닌 다른 행동을 하지 않도록 하는 자극통제, 수면 욕구를 높이기 위한 수면제한, 숙면에 방해가 되는 환경자극이나 개인적 습관을 조절하는 수면위생, 긴장된 근육을 이완시키는 이완훈련 등과 같은 행동치료 요소가 주로 활용된다.

　윤인영(2016)은 비약물치료란 생활습관 중 수면방해 요인을 찾아내 제거하고 수면에 대한 오해를 교정하는 것을 의미한다고 하면서 다음과 같이 제시하였다.

- 밤에 잠자리에 누워 있는 시간을 줄이고 아침에 일정 시간에 일어난다. 이는 수면 부족 상태를 유발해 효과적인 수면유도를 하고 수면-각성 리듬이 일어나는 시간에 의해 결정되는 점을 고려한 것이다.
- 잠자는 힘을 축적하기 위해 낮에 누워 있지 말아야 한다.

- 매일 규칙적인 운동을 하는데 교감신경을 자극해 수면을 방해하지 않도록 저녁 늦게는 운동을 하지 않는다. 잠자리에 들기 전 운동을 하면 육체와 정신이 모두 활성화되어 운동 후에 잠들기가 어렵다.
- 밤에는 카페인이 포함된 음료나 진통제를 피하고 수면유도 효과는 있으나 새벽에 깨서 수면에 방해가 될 수 있는 술과 같은 음식물을 주의한다.
- 침대에서 자는 행동 외에는 하지 않는다.
- 새벽에 깨면 시계를 보지 않는다.
- 자다가 깨서 잠이 오지 않으면 잠깐 잠자리에서 벗어난다.
- 잠자리에 들어 복식호흡을 한다. 쓸 데 없는 생각에서 벗어날 수 있고 이완을 통해 수면을 유도할 수 있다.

인지행동치료의 효과는 수면효율성 평가로 살펴볼 수 있다. 수면효율성은 실제 수면을 이룬 시간을 잠자리에 누운 시간으로 나누는 것으로 청년이 90~95%의 수면효율성을 보인 반면 노인의 수면효율성은 약 70% 정도다(Blazer, 1998). 수면효율성은 수면일기를 토대로 평가한다. 수면일기는 수면 관련 지수에 대한 자기보고식 반응으로 치료 시작 2주일 전부터 작성해 기저선을 측정하고 치료 시작 후 작성된 지수들과 측정치를 비교하여 호전 정도를 평가한다(Sivertsen et al., 2006).

제15장

노인학대

　우리나라 「노인복지법」에서는 노인학대를 "노인에 대하여 신체적 · 정신적 · 정서적 · 성적 폭력 및 경제적 착취 또는 가혹행위를 하거나 유기 또는 방임하는 것"으로 규정하고 있다. 노인학대는 가정 내 학대와 시설에서의 학대를 포함한다. 우리나라는 최근까지 주로 노인학대를 가정폭력의 일환으로 가정 내 학대문제에 보다 관심을 가져 왔는데 장기요양시설의 급증으로 시설 거주 노인이 증가함에 따라 최근에 와서는 시설에서의 노인학대 문제에 대한 사회적 관심이 높아지고 있다. 전통적인 효의식의 약화와 사회 내에서 노인차별주의가 확산되면서 노인학대 발생률은 점차 높아지고 있는 추세다.

　제15장에서는 노인학대의 개념과 유형을 논의한 후 노인학대의 현황과 위험 요인을 살펴보고, 마지막으로 노인학대 문제에 대한 대응방안에 관해 고찰하고자 한다.

1. 노인학대의 개념과 유형

1) 노인학대의 개념

노인을 규정짓는 사회적 개념은 상호 중첩된 세 가지 관점으로 설명될 수 있으며 이 관점들이 노인학대의 의미를 구성한다(우국희, 2002).

첫째, 노인을 보호가 필요한 존재로서 바라보는 온정주의적 관점이 있다. 노인은 취약하고 의존적이므로 사회의 보호가 필요한 존재라는 고정관념은 종종 동정적 노인차별주의(compassionate ageism)로 표현된다(김정석, 김영순 역, 2000). 노인학대와 관련해 신고의무제, 성인보호서비스, 후견인제도 등을 도입한 것은 이 관점에 근거하는데, 노인을 의존적 존재로 간주하고 약자인 노인에 대한 강제적 개입이 필요하다고 인정하는 것이다.

둘째, 노인을 사회의 부담으로 보는 정치경제적 관점이다. 감당하기 힘든 돌봄 부담으로 인해 노인학대가 발생할 수 있는 것으로 보는 것이다. 부양가족은 가해자라기보다 숨겨진 또 다른 피해자이기 때문에 서비스를 제공받아야 할 서비스 대상자로 간주된다. 노인학대 문제에 대한 사회적 대응으로 돌봄 가족의 부담을 감소시키는 재가서비스와 지역사회서비스 등을 도입하는 것은 이 관점에 근거한다.

셋째, 노인은 시민으로서 권리와 책임을 갖고 있다는 시민권적 관점이다. 이 관점은 노인의 기본 권리를 강조하고 노인이 자기결정을 통해 자기 삶에 대한 책임을 갖는다고 본다. 개인적 권리의 관점에서 볼 때, 노인학대는 권리의 침해로서 일종의 불법적 행동, 즉 범죄 행위로 규정된다. 대체로 신체적·성적·경제적 학대는 범죄로 인정되고 법으로 금지하고 있으며 법 적용을 통해 가해자 처벌이 이루어지고 있다. 우리나라의 노인학대 행위자에 대한 법적 처벌은 「노인복지법」, 「가정폭력범죄의 처벌 등에 관한 특례법」, 「형법」의 적용이 가능하다. 우리나라 경우 형법상 일반 형벌에 비해 존

속에 대한 범죄는 가중 처벌되고 있다.

우리나라의 「노인복지법」은 제1조의 2 제4호에서 노인학대를 "노인에 대하여 신체적·정신적·정서적·성적 폭력 및 경제적 착취 또는 가혹행위를 하거나 유기 또는 방임하는 것"으로 정의하고 있다. 김미혜(2001)는 노인학대를 "노인 자신, 노인의 가정이나 전문노인시설의 모든 관계에서 발생하는 노인에게 해가 되거나 장애를 일으킬 수 있는 일회성이거나 반복적 행동 또는 적절한 행동의 부족"으로 정의하였다.

미국 질병통제예방본부와 피해예방통제본부 폭력예방부에 의하면 노인학대는 돌봄 제공자 혹은 신뢰가 기대되는 관계의 사람에 의하여 행해지는 노인에게 위해를 가하는 위험을 발생시키는 의도적 행위나 태만으로 규정된다(Centers for Disease Control and Prevention·National Center for Injury Prevention and Control Division of Violence Prevention, 2016).

이 장에서는 노인학대의 개념을 "노인학대는 노인 자신, 돌봄 제공자, 신뢰가 기대되는 관계의 사람이 노인에게 위해나 고통을 야기하는 일회적이거나 반복적인 행동 또는 적절한 행동의 부족"으로 정의하고자 한다. 또한 노인학대 유형으로는 신체적 학대, 정서적 학대, 성적 학대, 경제적 학대 혹은 착취, 방임, 자기방임, 유기 등을 포함시킨다.

2) 노인학대의 유형

노인학대의 유형 구분은 발생공간에 따른 분류로는 가정학대, 시설학대, 기타의 범주로 구분된다. 가정학대는 노인과 동일 가구에서 생활하고 있는 노인의 가족구성원인 배우자, 성인 자녀뿐만 아니라 동일 가구가 아닌 부양의무자 또는 그 밖의 사람들에 의해 행해지는 학대를 의미한다. 시설학대는 노인에게 필요한 서비스 및 돌봄을 제공하는 노인복지시설에서 발생하는 학대를 말한다. 가정 및 시설 외의 공간에서 발생하는 학대는 기타 범주로 분류된다.

일반적으로 노인학대의 유형은 행태적 분류로 신체적 학대, 정서적 학대, 성적 학대, 경제적 학대, 방임, 유기로 구분된다. 이 장에서는 노인학대의 유형을 행태적 분류에 근거해 설명하고자 한다(보건복지부, 중앙노인보호전문기관, 2014).

(1) 신체적 학대

신체적 학대는 물리적 힘 또는 도구를 이용해 노인에게 신체적 혹은 정신적 손상, 고통, 장애 등을 유발시키는 행위를 말한다.

신체적 학대의 대표적 행위는 다음과 같다.
- 꼬집고 때리거나 이리저리 끌고 다니고 밀어서 넘어뜨린다.
- 제한된 공간에 감금하거나 거주지출입을 통제한다.
- 침대 등에 묶거나 신체를 구속하여 움직이지 못하게 한다.
- 물건을 던지거나 칼 등의 흉기로 위협한다.
- 기본 생존유지에 필요한 장치(가스, 난방, 전기, 수도) 및 물품(밥통, 냉장고), 식사, 음료 등으로부터 단절시킨다.
- 의사의 처방대로 약을 주지 않거나 처방이 없는 약물을 강제로 먹인다.
- 원치 않는 일(노동)을 강요한다.

신체적 학대의 예측 징후는 다음과 같다.
- 설명할 수 없거나 설명과 일치하지 않는 상처 및 부상
- 치료받지 못한 상처 및 부상
- 머리카락이 뽑힌 흔적 또는 머리 부분에 출혈한 흔적
- 영양 부족 상태 또는 질병과 관련 없는 탈수 상태
- 이상한 체중감소
- 바깥 출입이 거의 없거나 집 주변에서 배회함
- 묶인 흔적 또는 상처

- 위축감, 두려움 및 불안증세가 심함

(2) 정서적 학대

정서적 학대는 비난, 모욕, 위협, 협박 등의 언어 및 비언어적 행위를 통하여 노인에게 정서적으로 고통을 주는 행위를 말한다.

정서적 학대의 대표적 행위는 다음과 같다.
- 쳐다보지 않고 무시한다.
- 말을 걸지 않고 대화를 하지 않는다.
- 일상생활을 타 가구원과 별도로 한다.
- 친구, 친지들과 만나거나 연락하는 것을 방해하며 사회활동, 종교활동, 이성교제 등을 방해한다.
- '죽이겠다', '시설로 보낸다', '집에서 나가라' 등의 위협·협박을 한다.
- 고함을 지르거나 욕을 한다. 모욕적인 말 등으로 수치심을 느끼게 한다.
- 노인과 관련된 결정에서 소외시킨다.

정서적 학대의 예측 징후는 다음과 같다.
- 흥분 또는 화가 난 분노의 모습
- 눈물을 머금거나 우는 모습
- 잠을 못 자거나 안절부절못하는 불안한 모습
- 무반응 또는 무표정한 모습
- 극단적인 행동 또는 히스테리를 보임
- 걱정과 근심이 가득한 모습
- 말하기를 꺼리거나 주저함
- 가족 또는 보호자 등과 대화가 거의 없거나 눈치를 봄
- 사람을 만나거나, 외부 활동을 피하거나 꺼림
- 다툼, 욕설, 큰 소리가 자주 들림

(3) 성적 학대

성적 학대는 성적 수치심을 유발하는 행위나 성희롱, 성추행, 강간과 같은 성폭력 등 노인의 의사에 반하여 강제적으로 행하는 모든 성적 행위를 말한다.

성적 학대의 대표적 행위는 다음과 같다.
- 강제적으로 성관계를 갖거나 강요 또는 시도한다.
- 원치 않는 스킨십 및 신체 일부를 만진다.
- 신체를 빗대어 혐오감을 주는 언행을 한다.
- 사람들이 보고 있음에도 불구하고 노인의 성적 부위를 드러내고 옷 또는 기저귀를 교체한다. 또는 목욕을 시킨다.

성적 학대의 예측 징후는 다음과 같다.
- 걸을 때 혹은 앉을 때의 어려움
- 속옷이 찢어짐
- 외부 성기 부분이나 항문 부위의 타박상이나 하혈
- 신체의 주요 부분을 노출시킴
- 성병
- 분노 또는 수치심
- 특정 유형의 사람들에 대한 두려움

(4) 경제적 학대 또는 착취

노인의 의사에 반하여 노인으로부터 재산 또는 권리를 빼앗는 행위로서 경제적 착취, 재산에 관한 법률권리 위반, 경제적 권리와 관련된 의사결정에서의 통제 등을 하는 행위를 말한다.

경제적 학대의 대표적 행위는 다음과 같다.

- 노인의 허락 없이 임금, 연금, 재산, 주식 등을 가로채거나 임의로 사용한다.
- 국민기초생활보장 수급자 생계비 같은 공적부조 급여를 가로채거나 임의로 사용한다.
- 빌린 돈을 갚지 않거나 귀중한 물건을 돌려주지 않는다.
- 노동에 대한 대가를 정당하게 지급하지 않는다.
- 노인의 허락 없이 신용을 도용하여 이익을 취한다.
- 대리권을 악용한다.
- 부양을 전제로 재산 상속을 약속 또는 증여하였으나 부양의무를 이행하지 않는다.
- 노인 본인 돈을 마음대로 사용하지 못하게 한다.

경제적 학대의 예측 징후는 다음과 같다.
- 노인의 재산이 타인의 명의로 갑자기 전환됨
- 노인에게 강요하거나 노인의 허락 없이 재산 관련 서류를 처리함
- 노인이 빌려준 돈 또는 물건을 받지 못함
- 부양을 전제로 재산을 증여했으나 부양하지 않음
- 개인 귀중품이 없어짐
- 은행계좌의 현저한 혹은 부적절한 거래가 있음
- 체납된 공과금 및 고지서가 발견됨
- 노인의 임금이 체불됨
- 노인이 자신의 돈을 마음대로 사용하지 못함

(5) 방임

방임은 부양의무자로서의 책임이나 의무를 의도적·비의도적으로 거부, 불이행 혹은 포기하여 노인의 의식주 및 의료를 적절하게 제공하지 않는 행위로 노인 스스로가 최소한의 자기보호 관련 행위를 포기하여 심신의 위험

한 상황, 사망에 이르게 하는 자기방임을 포함한다.

방임의 대표적 행위는 다음과 같다.
- 스스로 식사, 배변처리, 청결유지가 어려운 노인을 방치한다.
- 치매 등 심각한 질환이 있는 노인을 홀로 거주하게 한다.
- 컨테이너 거주와 같이 안정된 주거공간을 제공하지 않는다.
- 경제적 능력이 없는 노인에게 경제적 지원을 하지 않는다.
- 의료적 처치가 필요한 노인에게 의료적 처치를 하지 않는다.
- 악취, 욕창, 염증 등이 발생하는 것과 같이 노인의 간병을 소홀히 한다.

자기방임에 해당하는 행위는 다음과 같다.
- 노인이 의료적 치료 행위를 거부한다.
- 노인 스스로 생존을 위해 필수적인 의식주 관련 행위를 거부하여 생명이 위협받는다.
- 노인이 돌봄을 거부하여 생명이 위협받는다.
- 알코올 남용 및 자살시도를 한다.

방임의 예측 징후는 다음과 같다.
- 대소변 냄새, 악취, 땀띠, 염증, 욕창 등이 방치된 상태
- 머리, 수염, 목욕, 손톱, 옷 입기 등의 신변처리가 안 된 상태
- 노인 주변 환경 건강이나 안전의 위험 증후
- 의복 및 이불 등의 빨래가 제대로 되어 있지 않는 주거환경
- 식사를 거르는 등의 영양실조나 탈수 상태
- 기본적 생활비 지원이 거의 없음

⑹ 유기

유기는 보호자 또는 부양의무자가 노인을 버리는 행위를 일컫는다.

유기의 대표적 행위는 다음과 같다.
- 노인과 연락을 두절하거나 왕래를 하지 않는다.
- 노인을 시설, 병원에 입소시키고 연락과 왕래를 두절한다.
- 노인을 낯선 장소에 버린다.
- 배회 노인에 대해 부양의무자가 부양의무 이행을 거부한다.

유기의 예측 징후는 다음과 같다.
- 노인이 낯선 장소에서 배회하고 있음
- 노인이 자신의 주거지 및 연락처를 알지 못하는데 버려져 있음
- 가족 및 보호자가 노인과 연락을 두절하거나 왕래를 하지 않음
- 노인을 시설, 병원 등에 입소시킨 후 연락두절

　동거부양을 전통으로 하는 우리나라의 경우 부양 거부나 유기가 우리사회의 독특한 학대 유형으로 간주될 수 있다. 「민법」은 자녀의 부모부양 의무를 규정하고 있다. 가족법상 부양은 구체적으로는 경제적인 부양을 말한다. 부양의무는 부양을 받을 사람이 자력 또는 근로에 의해 생계를 유지할 수 없는 경우 직계혈족 및 배우자에게 부여되며 부양의무자에게 부양능력이 있어야 한다. 동법에 의하면 노인이 스스로 생계를 유지하지 못하는 요부양 상태가 되면 부양의무자에 대해 부양을 청구할 수 있어 가정법원에 소송을 제기할 수 있다. 숫자는 많지 않지만 최근 수년 동안 노부모의 부양청구에 관한 문의 및 소송이 늘고 있는 추세다.

2. 노인학대의 현황과 위험 요인

일반적으로 노인학대는 아동학대나 부부폭력에 비해 발생률이 낮은 것으로 나타나고 있으나, 우리나라의 문화적 특성을 고려할 때 은폐 또는 잠재된 학대 사례를 감안하면 보다 심각한 실태일 수 있다(김혜경, 2012).

노인부양에 대한 가치관 변화 및 복지 환경 변화 등으로 인해 노인학대의 특성도 변화하고 있다(보건복지부, 중앙노인보호전문기관, 2015). 주목할 만한 변화는 자기방임 증가와 시설학대의 증가다. 독거노인이 증가하면서 스스로 돌보지 않는 자기방임의 비율이 증가하고 있으며, 노인장기요양보험제도가 도입되고 시설급여 이용이 증가하면서 요양시설에서의 학대 발생이 증가하고 있는 것이다.

2017년 노인실태조사에 의하면 9.8%가 학대를 당한 경험이 있고 가장 빈번한 학대는 정서적 학대로 7.4%이며, 다음은 가족이나 보호자가 찾아오지 않거나 생활비를 주지 않는 방임 2.3%, 가족이나 보호자가 돌봐 주지 않는 방임 1.7%, 신체적 학대 0.3% 순이다(정경희 외, 2017).

노인학대의 위험 요인은 노인의 인구사회학적 특성, 노인의 건강, 경제, 심리적 기능 요인, 가족상황적 요인, 사회관계망 요인, 사회문화적 요인 등으로 살펴볼 수 있다(권중돈, 2019). 인구사회학적 요인으로는 여성, 고연령, 낮은 교육수준, 무배우자인 경우 학대 피해의 위험이 높은 편이다. 노인의 건강, 경제, 심리적 기능 요인에 따른 노인학대 위험을 살펴보았을 때 나쁜 건강과 높은 신체 의존성, 낮은 경제수준, 학습된 무기력, 낮은 자아존중감을 가진 노인이 학대 피해의 위험이 높은 것으로 간주된다. 가족 상황과 관련해서는 자녀와 동거하는 경우, 부양자 성격이 병리적인 경우, 수발 부담이 큰 경우 학대 피해 위험이 높으며, 사회관계망 요인과 관련해서는 노인과 부양자가 사회적으로 고립된 경우 학대 발생률이 높을 것으로 예상된다. 사회문화적 차원에서는 사회적 지원체계가 확립되어 있지 않은 경우, 노인차별주의가 강할수록, 가족주의가 강할수록 노인학대가 유발될 수 있다.

| 알아두기 | 노·노 학대

  60~70대 자녀가 팔순·구순의 부모를 모시고 사는 '노·노(老老) 봉양' 가구가 늘고 있는 가운데, 일부에선 노인 질병·빈곤으로 인한 노·노 학대도 늘고 있어 문제가 되고 있다. 부산 수영구에 사는 박 모(78) 씨는 장모(93)를 6년째 모시고 산다. 처남들이 모두 사망해 큰사위인 그가 장모를 모시고 있다. 그는 "장모님이 원체 성격이 까다로워 함께 사는 게 너무 불편하고 힘들다. 나도 자식들에게 대우받으며 살아야 하는 나이인데 각자 이야기를 하다 보면 말다툼으로 변하기 일쑤다."고 했다. 장모는 온종일 방에만 누워 있고 나도 얼굴을 맞대기 싫어해 밥상도 함께하지 않는 상황이라고 했다. 상황이 이렇다 보니 노·노 학대도 크게 늘고 있다. 특히, 자녀와 며느리, 사위 등에 의한 학대가 70%를 차지하고 있다.

  치매에 걸린 B(82) 씨는 아들, 며느리와 함께 휴가를 가자며 남해로 떠났다. 아들 내외는 그를 휴가지에 혼자 놔두고 돌아와 버렸다. 길을 헤매던 B 씨는 경찰의 도움으로 집에 돌아왔으나, 아들은 "처음 본 사람"이라며 시치미를 뗐다. 결국 경찰은 관련 기관과 협의해 B씨를 요양시설로 보냈다. 경찰청 관계자는 "수사기관이 노·노 학대 조사에 나서도 존속폭행은 '반의사불벌죄'이기 때문에 피해자가 처벌을 원하지 않으면 처벌할 수가 없다."며 "피해 노인이 처벌 의지를 접는 경우가 많다."고 말했다.

  작년 말 서울의 한 노인보호전문기관에 온 박 모(92) 할머니는 울기만 했다. 할머니는 며느리(64)가 주먹으로 때려 한동안 숨을 제대로 쉬지도 못했다고 했다. 10년 전 남편과 사별한 그는 맏아들 집으로 왔으나, 아들 내외가 "재산은 동생에게 주고 빈껍데기로 왔다."며 폭언을 하고 옷 보따리를 집어던지거나 집 밖으로 내쫓기도 한다는 것이다. 노인보호전문기관 관계자는 "노인이 노인을 학대하는 경우가 늘어나는 것은 경제적 어려움으로 인한 다툼이 많아졌기 때문"이라고 지적했다.

출처: 조선일보. 2015년 2월 3일자.

3. 노인학대 문제에 대한 대응방안

우리나라 노인학대 관련 제도의 모델이 된 국가는 미국이라고 볼 수 있다. 미국의 노인학대 문제와 관련된 제도의 핵심은 의무신고제, 처벌이 아닌 사회서비스적 접근 강조, 학대 유형에 자기방임을 포함시킨 것 등이다.

의무신고제는 노인학대를 발견하는 즉시 신고하는 것을 의무화한 규정이다. 의무신고제 도입의 논리는 피해자 스스로 신고가 어렵다는 데서 출발한다. 노인들 스스로는 자녀로부터 학대를 당했다는 수치심, 보복당하거나 버려지지 않을까 하는 두려움, 가해 자녀의 신변 변화로 인한 가족해체 우려, 자녀에게 피해가 가지 않을까 하는 두려움, 치매와 같은 인지장애 등 여러 가지 이유로 신고를 하지 않는다. 심지어는 극단적인 위험 상황에서도 많은 노인들이 도움을 원치 않는다. 이 때문에 노인학대를 발견하는 즉시 누구나 신고할 수 있게 하였으며, 관련 전문가 및 공무원에게 신고를 의무화하고 있다.

처벌이 아닌 사회서비스적 접근 강조는 노인학대를 범죄로 간주하고 처벌하기보다 가해 가족과 피해 노인 모두 원조서비스가 필요하다는 관점이다. 노인학대를 야기하는 원인을 설명하는 데 있어서 돌봄 스트레스는 중요한 개념으로 간주된다. 신체적 혹은 인지적으로 기능손상된 노인에게 장기적인 보살핌을 제공하는 가족 부양자의 돌봄 스트레스가 노인학대의 고위험 요소라는 것이다. 돌봄 스트레스가 노인학대의 고위험 요소라는 관점은 서구사회의 경우 제도적으로도 반영되어 있는데 미국의 노인학대 관련 법에서는 신체적 혹은 정신적으로 다른 사람에게 의존해야 하는 취약한 노인을 주 보호 대상으로 하고 있다. 미국은 주마다 「성인보호서비스법(Adult Protective Services Legislation)」이 제정되어 있어 학대, 방임, 혹은 이용당할 위험이 높은 노인을 원조하고 있다. 우리나라 경우도 노인학대 사례에 형법을 적용하기도 하지만, 대체로 「노인복지법」에 근거해 노인학대를 다룸으로써 노인학대를 사회적 지원이 필요한 문제로 바라본다. 사회복지서비스 관점은 가해자나 피해자에 대한 사회적 낙인을 부여하지 않고, 개인적 문제가 아닌 사회구조적 차원의 문제로 간주한다. 그러나 이 접근은 다양한 복지서비스와 자원이 충분하다는 것을 전제로 하기 때문에 노인복지 인프라가 부족한 경우 적절한 대응이 못 된다.

자기방임 노인은 고령화가 진행될수록 그 수가 증가할 것으로 전망되는데, 독거노인 증가와 치매 등 인지장애를 갖기 쉬운 초고령노인 인구 증가는 자기 자신은 물론 주변 환경을 관리하지 못하는 자기방임 문제를 발생시킬 가능성을 높인다.

노인학대 문제에 대한 대응방안을 노인학대 신고의무제, 노인보호전문기관의 대응방안, 시설학대에 대한 대응방안으로 구분해 살펴본다.

1) 노인학대 신고의무제

「노인복지법」 제39조의 6 제2항에 의하면 신고의무자는 그 직무상 노인학대를 알게 된 때 즉시 노인보호전문기관 또는 수사기관에 신고하여야 한다.

노인학대 신고의무자는 다음과 같다.

- 의료기관에서 의료업을 행하는 의료인 및 의료기관의 장
- 「노인복지법」에 의한 노인복지시설의 장과 종사자
- 장애인복지시설에서 장애노인 관련 일에 종사하는 모든 직원
- 노인복지상담원 및 사회복지전담공무원
- 가정폭력 관련 상담소 및 가정폭력 피해자 보호시설의 장과 종사자
- 사회복지관, 부랑인 및 노숙인보호시설의 장과 종사자
- 장기요양기관 및 재가장기요양기관의 모든 직원
- 119구급대의 구급대원
- 건강가정지원센터의 장과 종사자

- 방문요양서비스나 안전확인 등의 서비스 종사자
- 다문화가족지원센터의 장과 종사자
- 성폭력피해상담 및 성폭력피해자 보호시설의 장과 종사자
- 응급구조사
- 의료기사
- 국민건강보험공단 소속 요양직 직원
- 지역보건의료기관의 장과 종사자
- 노인복지시설 설치 및 관리 업무 담당 공무원

관계 중앙행정기관의 장은 노인학대 신고의무자에게 자격취득 교육이나 보수교육을 하는 경우 노인학대 예방 및 신고의무와 관련된 내용을 포함하도록 해야 하고 그 결과를 보건복지부장관에게 제출하게 되어 있다. 또한 「노인복지법」 제61조의 2에 의하면 신고의무 조항을 위반하여 의료인, 노인복지시설의 장 및 그 종사자, 노인복지상담원 및 사회복지전담공무원 등이 직무 수행 중에 알게 된 노인학대를 신고하지 아니한 경우 500만 원 이하의 과태료를 부과하도록 되어 있다. 노인학대 행위자 등 노인학대 행위와 관련되어 있는 자는 노인학대 현장에 출동한 자에 대하여 현장조사를 거부하거나 업무를 방해해서는 안 되며, 이를 위반할 경우 과태료가 부과된다. 그리고 노인학대 신고의무자의 신분보호를 강화하기 위하여 신고인의 신분보호 및 신원노출 금지의무를 위반하는 자에 대하여 1년 이하의 징역 또는 1,000만 원 이하의 벌금에 처하도록 되어 있다.

2) 노인보호전문기관의 대응방안

노인보호전문기관에서의 대응을 살펴보면 신고접수 과정에서 〈표 15-1〉과 같은 노인학대 사례 스크리닝 점검표를 활용할 수 있는데 접수과정에서 파악된 정보에 기반해 신속하게 학대 유무 및 심각성을 평가하여 현장조사

표 15-1 노인학대 사례 스크리닝 점검표

영역	지표	없음	있음	비고
학대 피해 노인 특성	즉각적인 의료조치 또는 분리보호가 필요하다.			
	학대로 판정할 가능성이 크다.			
	학대로부터 피신 중이다.			
	노인이 신체적으로 취약하다.			
	노인이 정신적으로 취약하다.			
	노인이 학대 상황을 벗어나려는 의지가 없다.			
	노인의 모습이나 생활환경이 불결하다.			
학대 행위자 특성	행위자를 두려워한다.			
	행위자가 정신적으로 취약하다.			
	행위자가 폭력 성향을 가지고 있다.			
가족 특성	가족 갈등이 지속되어 왔다.			
	가족과 단절되어 있다.			
노인 학대 실태	노인이 정서적 폭력을 겪고 있다.			
	노인이 신체적 폭력을 겪고 있다.			
	노인이 성적 폭력을 겪고 있다.			
	노인이 경제적 폭력을 겪고 있다.			
	노인이 유기되어 있다.			
	노인이 방임상태에 있다.			
	노인 스스로 방임하고 있다.			
	합계	_____점		

사정결과	□ 응급(17점 이상) □ 비응급(8~16점) □ 잠재적(4~7점) □ 일반(3점 이하)			
학대 심각성	매우 심각하다	대체로 심각한 편이다	보통이다	별로 심각하지 않은 편이다	전혀 심각하지 않다
	□5	□4	□3	□2	□1
특이 사항					
접수 판정	□ 응급학대 □ 비응급학대 □ 잠재적 학대 □ 일반 사례				
상담원 소견					

실시 여부나 응급성을 판단하는 기준으로 사용한다(보건복지부, 중앙노인보호전문기관, 2014).

점검표에서 학대 심각성에 대해서는 상담원이 지각한 학대의 심각성 수준을 주관적으로 평가한다. 접수 판정은 사정결과에 해당되는 객관적 기준과 학대 심각성에 관한 상담원의 주관적 평가를 반영해 판단한다. 사정결과와 접수판정이 불일치하는 경우 상담원 소견 난에 이유를 기술한다.

응급 사례로 평가된 경우 12시간 내 현장조사를 실시하며, 12시간 내에 현장조사가 어려운 경우에는 응급성을 파악할 수 있도록 경찰관, 사회복지전담공무원, 119 구급대원 등의 자원을 활용해 학대피해 노인을 지원하고 가능한 빠른 시간 내 현장조사를 실시하고, 비응급 사례는 72시간 내에 현장조사를 실시한다.

현장조사 방법은 다음과 같다(보건복지부, 중앙노인보호전문기관, 2014). 상담자는 학대피해노인과 학대 행위자를 직접 대면하고 분리된 공간에서 상담을 진행한다. 신체적·물리적 증거 등 노인학대의 정황적 증거 및 증인 확보를 위한 노력을 해야 하고 사진 및 동영상 촬영 시에는 학대피해노인의 동의를 구한다. 현장조사 시 상담원은 반드시 2인 이상 동행하며, 노인학대 행위 조사원증을 제시하며 협조를 구한다. 경찰관 혹은 관련 행정기관 담당자와 동행한다.

노인보호전문기관의 현장조사 시 경찰 동행 의무는 개정된 「노인복지법」 제39조의 7(응급조치의무 등)에 따르면 "노인학대 신고를 접수한 노인보호전문기관의 직원이나 사법경찰관리는 지체 없이 노인학대의 현장에 출동하여야 한다. 이 경우 노인보호전문기관의 장이나 수사기관의 장은 서로 동행하여 줄 것을 요청할 수 있고, 그 요청을 받은 때에는 정당한 사유가 없으면 소속 직원이나 사법경찰관리를 현장에 동행하도록 하여야 한다."는 조항이 있다.

신고접수와 현장조사에서 포괄적으로 수집된 정보를 토대로 서비스 제공 계획을 수립하기 위한 사정을 한다. 사정에서는 학대 유형, 학대의 정도, 학대의 원인, 피해노인에 미치는 영향, 학대 행위자의 문제, 학대피해노인의 강점 및 자원 등을 포함해 포괄적으로 파악하며, 학대피해노인, 가족, 학대 행위자의 욕구를 파악하고, 노인보호전문기관의 지속적 개입 및 서비스 제공의 필요성을 판단한다.

사례판정 및 조치방법은 학대 여부를 판정하고 심각성 정도와 응급성 여부를 결정하는데 응급 사례, 비응급 사례, 잠재 사례, 일반 사례로 분류하며, 해당 사례에 대한 적절한 조치를 결정한다. 예를 들어, 응급 사례에서 학대 피해 노인을 학대 행위자로부터 분리시켜야 한다고 판단되는 경우 피해노인의 동의를 구해 분리해야 한다. 잠재 사례 관련 조치는 학대피해노인, 가족, 학대 행위자에게 필요한 정보 및 서비스를 제공하며 추후 연락하거나 다시 방문하는 등의 사후관리를 한다.

서비스 제공은 학대피해노인의 위험 제거와 안전 확보를 위한 공식적, 비공식적 자원을 연결해 서비스를 제공하는 것을 말한다.

그 밖에 노인학대의 대응방안으로는 노인의 자립능력 제고와 학대 인식 교육을 통해 적극적인 원조요청을 도모하게 하는 방법 등이 있다. 노인학대의 예방 및 적절한 대응을 위한 우선적 과제는 노인 당사자의 학대 관련 의식을 증진시키는 것이다. 이를 위해서는 노인권익 옹호 차원에서 노인의 인식 전환을 목표로 하는 교육과 홍보를 노인복지관을 비롯한 유관기관에서 실시할 수 있을 것이다. 또한 잠재적 학대피해 우려가 높은 독거노인, 치매노인, 와상노인 등의 고위험군 노인을 보호하고 노인학대 발생을 예방하기 위해서는 지역사회의 유관기관들과 연대를 통한 관리체계를 구축할 필요가 있다.

3) 시설학대에 대한 대응방안

요양시설에 거주하고 있는 노인들은 전체 노인인구 중 수적으로 적은 비율이라고 하지만 신체적·정서적 측면에서 가장 취약한 노인이다. 시설 내

노인의 인권보호와 관련하여 시설평가에 인권조항을 포함시킨 것, 시설종사자를 대상으로 인권교육을 시작한 것을 시작으로 정부 차원에서 관련법의 개정, 지침의 마련 등 시설 내 노인인권에 대한 노력이 이루어지고 있다.

「노인장기요양보험법」은 「노인복지법」에 근거하여 시설 내 종사자에 의한 학대문제를 다루고 있는데, 동법 제37조에 의하면 '장기요양기관의 종사자 등이 가. 수급자의 신체에 폭행을 가하거나 상해를 입히는 행위, 나. 수급자에게 성적 수치심을 주는 성폭행, 성희롱 등의 행위, 다. 자신의 보호·감독을 받는 수급자를 유기하거나 의식주를 포함한 기본적 보호 및 치료를 소홀히 하는 방임행위를 한 경우, 라. 수급자를 위하여 증여 또는 급여된 금품을 그 목적 외의 용도에 사용하는 행위, 마. 폭언, 협박, 위협 등으로 수급자의 정신건강에 해를 끼치는 정서적 확대 행위에 해당하는 행위를 어느 하나라도 한 경우에는 장기요양기관의 지정을 취소할 수 있다.'고 규정되어 있다.

2006년 5월 보건복지부는 「시설 생활노인의 인권보호지침」을 마련하여, 시설종사자, 가족, 지역사회 관계자 들이 취해야 하는 구체적인 행동강령을 제시하였다. 현행 「노인복지법」에 생활시설 노인의 인권보호에 관한 구체적인 조항들이 마련되어 있지 않은 점을 볼 때, 이 지침이 시설 내에서의 인권보호를 위한 최초의 지침이라고 볼 수 있다. 이 지침에는 11가지의 생활시설 노인의 권리와 43개 항목의 윤리강령이 제시되고 있다. 이외에도 민간수준에서 옴부즈맨 활동을 위한 프로그램들이 시도되고 있으며, 노인보호전문기관에서 노인지킴이단을 운영하고 있는 것 외에, 국가인권위원회에서는 노인인권 침해 및 차별에 대한 모니터링을 수행할 노인인권지킴이단을 발족시켰으며, 사회복지공동모금회도 노인권익 보호를 위한 옴부즈맨 사업에 대한 지원을 하였다.

제16장
죽음 준비

노년기 발달과업과 관련해 죽음은 중요한 이슈다. 죽음을 어떻게 받아들이고 대처하는가는 노년기 심리적 안녕의 핵심 요소라 할 수 있는데 당면한 문제이기 때문에 노인은 죽음에 대해 알 필요가 있고 준비를 해야 한다. 특히, 죽음과 관련된 불안은 죽음을 준비해야 하는 노인들이 해결해야 하는 중요한 문제다. 노년기에는 배우자, 친척, 친구 등과 사별로 애도과정을 경험하는 일이 흔하다. 사별에 대한 반응인 애도에 관한 이해는 매우 중요하다. 이러한 이슈들과 관련해서 죽음 준비 교육은 죽음을 바르게 이해하도록 함으로써 삶을 보다 의미 있게 살도록 하고 죽음을 한층 편안하게 맞이할 수 있도록 돕는 교육이다. 웰다잉이 부각되면서 임종과정에서 노인과 가족을 위한 사회복지사의 역할도 적극적으로 모색되어야 할 것이다.

제16장은 먼저 죽음의 개념과 단계를 논의하고, 이어서 노년기 발달과업으로서 죽음과 애도문제를 다룬다. 마지막으로, 죽음 준비 교육과 사회복지사의 역할에 대해 논의한다.

1. 노년기와 죽음

죽음은 살아 있는 상태의 종결을 의미하는 것으로, 죽어 가는 과정인 임종 과정이 끝나는 것을 의미한다. 죽음의 유형은 생물학적 죽음, 의학적 죽음, 사회적 죽음, 신학적 죽음, 법적 죽음으로 구분된다(Zastrow, 2007). 생물학적 죽음은 세포사로 모든 체세포의 기능상실로 생체가 기능하는 데 필요한 화학적·물리적 또는 전기·생리적 활동을 잃게 되어 인체의 세포가 불가역적인 상태로 변화한 것을 의미한다. 의학적 죽음은 호흡정지, 심장정지, 동공확대를 판단기준으로 한다. 사회적 죽음은 생명은 유지되고 있지만 인간으로서 기능을 전혀 할 수 없는 상태이며, 살아 있으면서도 사회적으로는 죽은 자로 취급되는 식물인간 상태를 말한다. 신학적 죽음은 생명체의 기능이 완전히 정지된 상태에서 인간의 생명이 신에게 귀의하는 것을 말한다. 법적 죽음은 의사가 죽음을 판정한 후 이를 기초로 죽음을 법적으로 인정한 경우를 말한다.

퀴블러 로스는 불치병 환자들을 대상으로 죽음에 대한 심층적인 연구를 하여 임종과정에 다섯 단계가 있음을 보고하였다(Kübler-Ross, 1969). 첫째, 부정과 고립의 단계다. 불치병에 걸렸다는 진단을 받게 되면 환자는 이를 인정하지 않으려 한다. 죽음에 대한 부정은 갑작스러운 충격에 대한 일종의 완충장치로 작용하며 죽음이라는 현실에 대한 고통을 덜 느끼게 하는 역할을 한다. 또한 죽음에 직면한 현실을 심리적으로 고립시켜 의식하지 않음으로써 심리적 안정을 유지하려고 노력한다. 둘째, 분노의 단계다. 병증세가 점점 뚜렷해지면서 이를 받아들이지 않을 수 없게 될 때 분노의 감정이 싹튼다. 즉, 건강한 사람이나 불치병에 걸리지 않은 사람들에 대해 부러워하며 분노와 원망을 느끼게 된다. "왜 하필 내가?"라는 생각에 집착해 주위 사람들에게 화를 내고 원망하게 된다. 셋째, 협상의 단계다. 분노의 시기를 거치면서 죽음이 불가피하다는 것을 인식한 환자는 자기에게 처리해야 할 과업과 일이 남았으므로 그 일이 끝날 때까지만 살 수 있게 해 달라는 협상을 하게 된다. 타협의 대상자는 신일 수도 의사일 수도 있다. 넷째, 우울증의 단계다. 병으로 인해 상실한 것에 대한 원통함, 수치심, 죄의식 등을 수반하는 반응적 우울증과 죽음을 인식하고 모든 세상에 대한 애착을 끊어야 하는 데 대한 슬픔을 미리 나타내는 예비적 우울증을 보인다. 다섯째, 수용의 단계다. 지치고 약해진 환자는 마침내 죽음을 수용하게 된다.

이 다섯 단계 이론에 대한 비판 가운데 하나는 죽어 가는 과정이 일정한 순서에 의한 단계가 아니라는 주장이다. 즉, 사람의 반응은 다섯 단계가 순서대로 일어나는 것이 아니며 사람에 따라서는 분노나 우울이 먼저 일어날 수도 있고 또 어떤 사람들은 끝까지 죽음을 수용하지 않은 채 죽을 수도 있다는 것이다. 이러한 비판을 퀴블러 로스도 받아들여 자기의 이론을 죽음의 단계라기보다 죽음에 대해 나타내는 다섯 가지 종류의 반응이라고 수정하였다. 칼리쉬는 비록 부정이 죽음의 초기 단계에서 더 일반적이고 수용이 마지막 단계에서 더 일반적일 수 있으나 사람의 죽음에 대한 태도에는 상당한 변동과 이동이 있을 수 있다고 보았다(Kalish, 1976).

죽음의 의미는 사람마다 다르게 받아들인다. 어떤 사람들은 죽음을 형벌과 같은 생명의 소멸로 여긴다. 다른 사람들은 죽음을 신의 뜻이나 혹은 새롭고 더 나은 삶의 유형으로의 아름답고 보상이 되는 이동으로 여긴다. 또 어떤 사람들은 죽음을 파멸로 보는 반면 다른 사람들은 죽음을 고마운 해방으로 여긴다. 즉, 어떤 사회문화에서나 죽음의 의미는 사회적 창조물인 것이다.

사실 죽음이 없다면 삶은 우리에게 그렇게 애절할 정도로 소중하게 느껴지지 않을 것이다. 인간은 삶의 유한성을 인식하지 못하면 그 힘을 발휘하지 못한다고 믿으면서 아우슈비츠에서 살아남은 빅터 프랭클은 다음과 같이 말하고 있다(이시형 역, 2005).

"우리는 언젠가 죽을 존재다. 우리의 인생은 유한하며 우리의 시간은 정해져 있다. 우리의 가능성은 제한적이다. 바로 그 때문에 우리는 무엇인가를 하려고 생각하거나 어떤 가능성을 살리거나 실현하거나 성취하거나 시간을 활용하거나 충실하게 보내는 의미가 있다고 생각할 수 있다. 죽음은 우리에게 그 일을 강제하는 존재다. …… 죽음은 살아가는 의미의 일부가 되었으며 고난과 죽음이야말로 인생을 의미 있는 것으로 만드는 것이다."

이는 사람은 자신이 죽는다는 사실을 인정하고 받아들임으로써 의미 있는 인생을 살아갈 수 있다는 것이다. 죽음을 성찰할 수 있는 능력은 인간에게 주어진 특권이다(노혜숙 역, 2012). 무엇보다도 삶이 유한하다는 것을 생각하면 남은 시간과 사랑하는 사람들을 더욱 소중하게 느끼게 된다는 점 때문에 특권으로 간주된다.

죽음에 대한 생각에 가장 빈번한 반응은 일반적으로 공포이다. 이와 관련해 인간이 죽음의 문제에 대처하는 심리를 설명하는 공포관리이론이 있다. 공포관리이론은 인간이 결국 죽게 된다는 사실을 알고 있기 때문에 피할 수 없는 공포에 직면했을 때 표출되는 정서적 반응에 대해 이론적으로 설명하는데, 우리의 행동과 믿음의 대부분이 죽음에 대한 공포에 의해 유발된다고 전제하고, 인간이 공유하는 문화가 이러한 공포로부터 우리를 방어해 준다고 주장한다. 공포관리이론 연구는 대부분 부정적 측면인 죽음 현저성 가설에 초점을 맞추고 있다. 죽음 현저성 가설에 따르면 사람이 죽음을 부정하게 되면 온갖 부정적 행동을 일삼게 된다. 죽음 현저성에 의해 야기된 부정적 효과를 감소시키려면 자아존중감을 향상시킬 수밖에 없는데 자아존중감이 높으면 죽음 현저성 효과를 감소시킬 수 있다는 것은 자아존중감이 높은 사람은 죽음과 직면해 부정적 행동을 덜하게 된다는 뜻이다.

한편 베일과 그 동료들은 「죽음이 삶에 유익할 때(When Death is Good for Life)」라는 논문에서 대다수 공포관리이론 연구 결과와 다르게 죽음을 생각한다고 해서 반드시 공포를 느끼거나 부정적 행동을 하는 것은 아니라고 주장했다(Vail, Juhl, Arndt, Vess, Routledge, & Rutjens, 2012). 이 연구에서는 죽음에 대해 숙고하면 오히려 공격적인 행동을 삼가게 되고, 운동을 열심히 하는 등 건강을 더 돌보게 되며, 남을 돕고 싶은 마음이 생길 뿐만 아니라 흡연율과 이혼율도 감소하는 것으로 나타났다.

이와 같이 공포관리이론에 관한 연구는 초기에는 죽음에 대한 공포가 이기적이고 부정적인 행동을 유발하는 측면을 부각시킨 반면에 최근에는 이타적이고 긍정적인 행동을 촉진하는 측면을 소개하고 있다. 죽음에 대한 생각이 우리의 행동에 때로는 해로운 영향을, 때로는 이로운 영향을 미치는 것으로 밝혀진 셈이다. 죽음 공포의 양면성에 어떻게 대처하는가에 따라 삶이 행복해질 수도 있고 불행해질 수도 있다는 것이다.

2. 노년기 발달과업으로서 죽음 준비

비슷한 연령의 동년배 노인의 죽음을 겪으면서 노인은 자기 차례도 멀지 않았다는 생각을 하게 된다. 노년기에는 발달과업 관련해 죽음의 문제가 중요한 이슈가 된다. 특히, 죽음과 관련한 불안은 중요한 발달과업으로 죽음을 준비해야 하는 노인들이 해결해야 하는 중요한 문제다. 선행연구 검토 결과 서혜경(2009)은 죽음 불안에 영향을 미치는 요인들이 연령, 성별, 교육수준, 종교, 건강상태, 심리특성 변인, 가족환경 변인, 사회적 지지라고 제시하였다. 그 내용을 살펴보면 연령이 높을수록 죽음에 대한 관심은 높으나 죽음에 대한 두려움은 낮았고, 여성이 남성보다 죽음에 대한 불안 정도가 낮았다. 여성의 경우는 죽음에 따르는 신체적 고통에 대한 불안 수준이 높고, 남성은 인생의 계획과 목표를 실행하지 못한 것에 대해 불안해하였다. 교육수준이 낮을수록 죽음 불안의 정도가 높으며, 종교가 있으면 죽음 불안의 수준이 낮은데 종교 유무보다 신앙심과 내세에 대한 믿음 정도가 더 중요한 요인으로 나타났다. 질병이 있고 건강평가가 부정적일수록 죽음 불안 수준이 높았다. 심리특성으로는 분노 · 불평 · 불안 수준이 높고 고독 수준이 높을수록 죽음 불안 수준이 높았고 자아존중감이 높을수록 죽음에 대한 공포가 낮았으며, 자아통합 수준이 낮고 부정적 자아개념을 가지고 있을수록 죽음 불안

수준이 높고, 삶의 만족도가 낮을수록 죽음에 대해 거부하는 태도를 보였다. 가족환경 요인으로는 독신노인의 죽음 불안 수준이 가장 높았고, 가족수입에 따른 죽음 불안 정도는 일관되지 않은 결과를 보이고 있다. 그리고 사회적 관계망이 위축되고 사회적 지지 수준이 낮을수록 죽음 불안 수준이 높은 것으로 확인되었다.

에릭슨은 생애 발달의 마지막 단계인 통합 대 절망의 단계에서 죽음에 대한 태도를 설명하였는데 자신의 인생이 허비되었다거나 무가치한 것이라고 생각한다면 죽음에 대한 높은 공포를 보이는 반면, 자신의 인생을 가치 있는 것이었다고 수용하고 자아통합을 이룬 사람은 죽음 공포가 낮다고 보았다 (김지현, 2014).

| 알아두기 | 죽음을 눈앞에 둔 사람의 일곱 가지 두려움

첫째, 고통에 대한 두려움이다. 죽음을 눈앞에 두고 곧 죽게 된다는 자각, 사랑하는 사람들과의 이별이 다가오고 있다는 정신적 고통, 사회로부터 고립되어 가고 있다는 사회적 고통, 사랑과 죽음 등 인생의 근원적 질문을 불러일으키는 영적 고통, 통증으로 인한 육체적 고통 등이다. 말기 환자나 곧 죽음을 맞이할 사람들에게는 다양한 고통을 총체적으로 완화시켜 주는 노력이 필요하다.

둘째, 고독에 대한 두려움이다. 숨을 거둘 때 홀로 외로이 죽음을 맞이할 것에 대한 두려움은 거의 모든 사람들이 가지고 있는 감정이다. 돌보는 사람이나 의료 관계자가 환자 곁을 결코 떠나지 않을 것이라는 신뢰를 준다면 두려움을 완화시키는 데 큰 도움이 된다.

셋째, 가족과 사회에 부담이 될 것에 대한 두려움이다. 특히, 다른 사람에게 폐를 끼치지 않는 것이 미덕이라고 생각하는 사람들과 고령자들에게는, 가족에게 부담이 될 것이 자살의 큰 원인을 차지하고 있다. 자신이 성가신 존재가 될 것이라는 두려움이다.

넷째, 알지 못하는 것을 눈앞에 두고 있는 불안이다. 죽어 가는 과정은 전혀 알지 못하는 세계로의 이행에 가깝다. 죽음 자체보다 죽기까지의 과정이 더 두렵다고 말하는 사람도 있다. 죽어 가는 과정이 지닌 불안을 이해하면 도움이 될 것이다.

다섯째, 인생을 불완전한 상태로 마칠 것에 대한 불안이다. 일생 동안 해 오던 일을 완성시키지 못한 채로 죽음을 맞아야 하는 경우, 죽음이 자신의 생의 완성을 가로막는 장벽으로 느끼게 된다. 자신의 과거와 그동안 해 온 일에 대해 재평가할 기회를 갖고, 죽어 가는 과정을 마지막 순간까지 성장하기 위한 도전으로 받아들인다면 고통과 공포 역시 인생의 완성을 위해 극복해야 할 건설적인 과제가 될 수 있다.

여섯째, 자기 소멸에 대한 불안이다. 죽음으로써 자기 존재가 완전히 소멸해 버릴 것에 대한 불안은 자기 보존본능에 기인한 자연스러운 반응이다.

일곱째, 사후의 심판과 벌에 대한 불안이다. 사후에 심판이 뒤따르고 선악에 따른 과보(果報)가 있다는 가르침 때문에 죽은 뒤 심판과 처벌을 받을 것에 대해 두려워하는 것이다. 사후의 심판을 상상하며 지나친 불안에 떠는 것보다 현재의 삶에 집중하며 어려움을 이기고 살아가는 삶의 방식을 강조함으로써 불안을 진정시키는 것이 중요하다.

출처: EBS 〈데스〉 제작팀(2014). 죽음-EBS 다큐프라임 생사탐구 대기획 'Death'. 서울: 책담.

노인은 다른 연령대의 사람들보다 죽음을 덜 두려워할 수 있다. 연구에 따르면 중년기 성인이 죽음에 대해 가장 강한 두려움을 보이고, 노인들이 최소한의 두려움을 보인다(De Raedt, Koster, & Ryckewaert, 2013). 노인은 생의 발달주기의 대부분을 살아온 관점에서 자신의 죽음으로 나아갈 수 있으며 성인들은 나이가 들면서 점진적으로 더 죽음에 친숙해진다(Hayslip & Peveto, 2005). 노인은 자신의 죽음에 관해 더 많이 생각하고, 더 낮은 죽음 불안을 경험하며, 더 나은 죽음 수용을 하고, 유언장 작성이나 장례준비와 같은 실제적인 죽음 준비를 더 많이 하는 경향을 보인다(Hayslip & Peveto, 2005).

일부 노인은 죽음을 두려워하기보다 오히려 죽음을 고대한다(Silverman & Klass, 1996). 오랜 병고에 시달리거나 배우자를 사별한 노인 중에는 삶의 질이 보장되지 않는 수명의 연장에 회의를 갖는다. 한편 우울하지도 아프지도 않은 노인 중에 "언제든 떠날 준비가 되었다."라는 느낌을 토로하는 노인들이 있는데 이들은 자신의 삶에 만족하고 있고, 사회활동에 여전히 적극적으로 참여하고 있으며, 심리적으로 죽음에 준비된 것이다(McInnis-Dittrich, 2009).

2017년 노인실태조사에 의하면 죽음과 관련한 준비 실태를 보면 묘지를 준비했다는 노인이 25.1%, 수의 준비가 8.3%이고, 상조회 가입률이 13.7%다(정경희 외, 2017). 이에 비하여 죽음 준비 교육수강(0.4%)이나 유서작성(0.5%)과 같은 적극적으로 자신의 죽음을 설계하려는 노력은 소수에 불과하다. 죽음 관련 태도를 살펴보면 희망하는 재산처리 방식은 자녀에게 균등하게 배분하는 것으로 59.5%이며, 다음으로는 자신(배우자)를 위해 사용한다가 17.3%이며, 장남에게 더 많이(9.0%), 장남에게만(2.0%)은 그리 많지 않았다. 연명치료에 대해서는 3.6%만이 찬성을 하고 있고, 절대다수인 91.8%가 반대하고 있다.

실태조사 결과에서 드러난 우리나라 노인들의 죽음에 대한 준비는 매우 부족한 것으로 평가된다.

3. 애도: 사별에 대한 반응

사별을 경험하는 노인은 다양한 정서적 반응을 보이는 애도의 과정을 거치게 된다. 애도는 정적인 현상이 아닌 진행되는 과정으로 3단계로 구분될 수 있다(Gallagher & Thompson, 1989). 첫 단계는 무감각, 공허, 혼돈, 충격과 불신 증상이다. 사별 후 며칠 동안은 불안이 심하며 심한 감정의 동요가 있다. 불면, 식욕감퇴, 건강이상 증상 등이 나타난다. 두 번째 단계는 무감각 상태가 줄고 우울 증상을 보이는 것이다. 보통 사별 이후 4~6주부터 시작되는 이 단계에서 지지체계로부터 관심이 감소하고 상실이 확실시되면서 애도자는 슬픔을 더 많이 느낀다. 수면장애, 무기력, 피로, 무관심 등이 나타난다. 고인에 대한 기억을 많이 떠올리는데, 그것은 해결 안 된 분노, 잘해 주지 못했던 것에 대한 후회, 죄책감 등이다. 이 단계는 일반적으로 1년 정도 지속된다. 세 번째는 수용, 정체성의 재정립과 재통합이 이루어지는 단계다. 정상적인 생활로 전환되는 수용 단계는 적어도 1년이 걸린다. 애도자는 불면증, 식욕감퇴, 무기력과 같은 신체적 증상이 없어지고 새로운 사회적 관계를 맺게 된다. 애도의 단계는 순차적으로 발생하는 것은 아니다. 초기에 나타나는 분노, 충격, 불신은 애도의 전 과정에서 반복될 수 있다.

애도의 과정에서 분노와 같은 부정적 감정을 경험하는 것은 지극히 정상적이다. 퀴블러 로스는 저서 『남겨진 사람들의 분노』에서 감정을 표출하라고 말하였다(김소향 역, 2007).

> "분노가 솟구치면 소리 내어 분노하라. 판단하지 말고, 의미조차 찾으려 하지 말고 오직 분노 그대로를 느끼라. 어차피 삶은 불공평하다. 죽음 역시도 불공평하다. 그러니 이토록 불공평하기 짝이 없는 상실 앞에서, 어찌 분노하지 않을 수 있으랴. 솔직하게 분노와 슬픔을 인정하지 않고 그것을 내 안에서 승화하지 않는다면 외면했던 감정들이 언젠가 곪아 터져 버릴 것이다."

배우자와의 사별 후 비통한 감정을 가지고 애도하는 기간은 개인마다 차이가 있는데 사망한 배우자의 와병기간과 상관관계가 있다. 배우자의 사망에 대한 슬픔은 반응성 우울증과 비슷해 신체적·정신적·지적 측면에서 여러 가지 반응이 나타난다. 신체적 증상으로는 숨이 차고, 가슴이 조여들며, 복부가 텅 빈 듯한 느낌을 갖고, 활력의 상실, 근육강도의 부족, 소화장애 등이 일어난다(Kalish, 1976). 정서적 반응은 분노, 죄의식, 비통함, 불안감, 사별한 배우자에 대한 상념에 사로잡히는 것 등 여러 가지가 있다(Parkes, 1972). 감정적 반응은 시간이 경과하면서 줄어들지만 신체적 반응에 영향을 준다. 지적 반응으로는 사별한 배우자에 대한 기억에 사로잡히는 경우가 많은데, 특히 부정적인 측면은 망각하고 긍정적인 기억만 남아 있게 되는 경우가 흔하다. 죽은 배우자를 이상적인 인물로 미화시킨 나머지 그 외의 살아 있는 사람은 누구도 죽은 배우자만큼 완벽할 수 없다고 본다.

배우자 사별에서 당면하는 가장 큰 고통은 고독감이다. 노부부가 서로 감정적으로 의존을 많이 했을수록 사망 후에 고독감을 더 많이 느끼게 된다. 또한 배우자 사별은 의지할 사람의 상실을 의미한다.

애도 중인 사람을 돕는 방법은 다음과 같다(Hooyman & Kiyak, 2011).

- 어떻게 생각하고, 어떻게 해야 한다고 조언하지 말고 죄책감, 분노, 불안을 포함한 애도자의 감정 표현을 경청하라.
- 애도 과정이 길어질 수 있다는 것과 그 과정에서 감정의 기복이 심할 수 있음을 알라.
- 애도자에게 계속 말을 하거나 "당신의 감정이 어떤 것인지 잘 알아.", "돌아간 사람은 더 행복할 거야.", "당신이 그 사람을 사랑한 것보다 하나님이 더 사랑했어.", "6개월 지나면 괜찮아질 거야." 등의 의례적인 말을 하지 않도록 하라.
- 자신의 경험을 이야기하는 것을 삼가라.
- 애도자가 말하는 것은 물론 말하지 않는 것까지도 모두 경청하라.
- 돌아가신 분의 아름다운 기억을 나누도록 격려하라.
- 때때로 가장 도움이 되는 것은 애도자의 옆에 그저 있어 주는 것이다.
- 시간이 약이 되지 않는다. 애도의 문제를 계속 다루어 나감으로써 해결될 수 있다.
- 애도자에게 울지 말라고 하거나 슬퍼하지 말라고 하지 말고, 울 수 있는 시간과 장소를 마련해 주어라. 때때로 안아 주거나 손을 잡아 주는 것이 울음을 그치게 할 수 있다.
- 애도자가 애도할 시간과 장소를 갖기 위해 식사 준비, 아이 돌봄, 집 안 청소 등 구체적으로 도와줄 일을 찾아 도와라.
- 성별과 문화적 차이를 잘 이해하라.
- 명상, 심호흡, 자기돌봄, 운동을 하도록 격려하라.

4. 죽음 준비와 사회복지사의 역할

노인복지 영역에서도 웰다잉(well-dying)이 부각되고 있다. 죽음을 어떻게 받아들이고 대처하는가는 노년기 심리적 안녕의 핵심 요소라 할 수 있다. 당면한 문제이기 때문에 노인에게 죽음은 알고 싶고 이야기하고 싶은 주제일 수 있다. 인간적인 죽음이나 장례 관련된 관심사에 대해 동년배들과 이야기를 나누거나 상담을 받는 것이 필요할 수 있다.

죽음 준비 교육은 죽음을 바르게 이해하도록 함으로써 노인이 삶을 보다 의미 있게 살도록 하고 죽음을 한층 편안하게 맞이할 수 있도록 돕는 교육이라 할 수 있다. 죽어 가는 과정 속에 어떤 두려움과 불안이 있는지 가르치고 이에 대응하는 자세를 알려 주는 죽음 관련 교육은 죽음의 공포를 완화시킬 수 있다. 더락(Durlak, 1994)은 죽음 준비 교육 프로그램의 주목표가 죽음 태도에 대한 자각의 증진, 죽음 태도의 수용과 공유를 촉진하는 것, 개인적 신념을 변화시키는 태도 변화에 있다고 제안하였다. 서혜경(2009)은 죽음 준비 교육의 목표를 다음과 같이 정리해 제시했다.

- 죽음의 여섯 가지 단계(부정, 분노, 타협, 우울, 수용, 기대와 희망)를 이해한다.
- 자기의 죽음을 인식하고 사색하며 인간의 존엄성을 성취한다.
- 타인의 죽음을 경험함으로써 슬픔과 괴로움의 과정을 이해한다.
- 이별의 슬픔을 지혜롭게 극복하고 인간적 성장을 이룩한다.
- 죽음에 대한 극단적 공포심을 제거한다.
- 죽음을 터부시하는 생각을 바꾼다.
- 자살을 예방한다.
- 환자의 알 권리를 인정하고 말기 암환자와 의사소통을 배운다.
- 안락사 등 죽음 과정에 관련된 윤리적 문제에 대한 인식을 촉구한다.

- 의학, 법률에 관한 여러 가지 문제를 이해하도록 돕는다.
- 장의(장례)의 역할에 대한 이해를 증진한다.
- 시간의 귀중함, 가치관의 재정립을 촉구한다.
- 죽음의 예술을 배워 제3기 인생을 풍요롭게 한다.
- 개인적인 죽음의 철학을 탐구한다.
- 종교에서 가르치는 죽음의 해석을 탐구한다.
- 사후의 생명의 가능성에 대해 적극적으로 탐구한다.
- 노년의 삶의 질을 높이고 풍성하게 만든다.

노인 관련 기관 및 단체에서 제공하는 죽음 준비 교육은 흔히 입관 체험, 자신의 사망 기사와 유언장 작성, 인생 회상 등을 통해 죽음에 대처하는 유능감을 증진시킨다.

이외에도 남겨질 가족을 위한 유언장 작성, 법률적 문제의 처리, 유족에 대한 경제적 배려, 애정을 구체적으로 표현하는 편지 쓰기, 장례식의 절차를 정리해 두는 것도 좋은 죽음 준비가 될 수 있다(EBS 〈데스〉 제작팀, 2014).

개인적 차원에서의 죽음 준비에는 사전의료의향서가 필요하다. 사전의료의향서는 생전유언으로 불리기도 한다. 보통 유언장은 사후에 공개되지만 사전의료의향서는 살아 있는 동안 공개하기 때문이다. 사전의료의향서는 아래와 같은 내용을 갖추는 것이 필요하다(노혜숙 역, 2012).

- 회복이 불가능한 말기 상태로 임종을 앞두고 있을 때 어떤 연명시술을 받을 것인지 선택한다.
- 본인이 결정할 수 없을 상황에 대비해서 결정해 줄 '의사결정 대리인'을 지정할 수 있다.
- 사후지시로 장기 기증이나 시신 기증, 시신의 처리, 장례 절차에 대한 입장을 밝힌다.
- 사전의료의향서에 작성한 내용이 효력을 지닐 수 있도록 본인이 서명을

하고 증인의 서명을 받는다.

임종과정에서 사회복지사의 역할은 정서적 지지 제공, 노인 및 가족을 대신한 옹호, 정보 제공이다(McInnis-Dittrich, 2009). 임종과정에서 노인과 가족을 위한 사회복지사의 가장 중요한 역할은 정서적 지지를 제공하는 것이다. 노인과 가족들은 죽음에 대해 서로 말할 기회를 가질 필요가 있다. 죽음에 대해 직접적으로 이야기를 나누는 것을 피하게 되면 살아 있는 동안 해소되어야 하는 중요한 정서적 차원의 해결을 할 수 없게 된다. 임종과정에서 노인과 가족들은 자신들의 권리를 주장하는 데 적극적인 역할을 못할 수 있으므로 사회복지사는 이러한 역할을 대신할 수 있다. 사회복지사는 노인과 가족들이 의료적 상태, 치료방법, 사전의료의향서, 호스피스 케어, 지지 서비스에 관한 정보를 얻을 수 있게 돕는다.

참고문헌

강연욱(2014a). '노년기 인지 기능 변화'. 유경, 유경호, 강연욱, 이주일, 김지현 공저. 노화와 심리(pp. 65-96). 서울: 학지사.

강연욱(2014b). '노년기 심리장애'. 유경, 유경호, 강연욱, 이주일, 김지현 공저. 노화와 심리(pp. 257-297). 서울: 학지사.

강유진, 한경혜(2006). 한국여성노인의 생애사 분석을 통한 노년기 삶의 이해. 한국가족관계학회지, 7(3), 99-126.

강은나, 백혜연, 김영선, 오인근, 배혜원(2017). 2017 노인일자리 정책효과 분석 연구. 서울: 한국보건사회연구원.

강인 외 역(2006). 노인복지: 문화, 건강 그리고 사회변화(*Aging: Culture, health, and social change*). Weisstub, D. N. et al. (Eds.). 서울: 교문사. (원저는 2001년도 발행).

고수현(2009). 노인복지 이론과 실제. 경기: 학현사.

고용노동부(2015). 고용노동백서.

공선희(2008). 한국 노인의 돌봄 자원과 돌봄 기대: 생애구술 분석을 중심으로. 서울대학교 대학원 박사학위논문.

국민연금연구원(2018). 2017 국민연금 생생통계.

국방부(2018a). 2018 국방통계연보.

국방부(2018b). 2017년도 군인연금 통계연보.

권오균, 허준수(2010). 노년기 부부의 결혼만족도에 관한 연구. 노인복지연구, 47, 7-30.

권중돈(2012). 치매환자와 가족복지. 서울: 학지사.

권중돈(2016). 노인복지론(6판). 서울: 학지사.

권중돈(2019). 노인복지론(7판). 서울: 학지사.

권진숙 편저(2008). 사례관리의 실제: 등촌 4 종합사회복지관 사례 중심으로. 경기: 공동체.

권진숙, 박지영(2015). 사례관리의 이론과 실제(3판). 서울: 학지사.

김경숙 역(2015). 서드 에이지, 마흔 이후 30년(*Third Age*). Sadler, W. A. 서울: 사이. (원저는 2001년도 발행).

김경신(1994). 노인부양의 문제와 대안: 가족구조의 변화를 중심으로. 한국노년학연구, 3, 57-76.

김경애, 하양숙(1998). 치매노인에 대한 인정요법의 효과. 정신간호학회지, 7(2), 384-397.

김광득(1997). 여가와 현대생활. 서울: 백산출판사.

김근식(2010). 공적 노후소득보장 체계의 확립과 제도 개선에 관한 연구. 서남대학교 대학원 박사학위논문.

김기태, 성명옥, 박봉길, 이은희, 최송식, 최희경, 박미진(2009). 노인복지론. 경기: 공동체.

김동겸, 조용운(2013). 노후의료비보장 강화방안. KiRi Weekly(이슈), 227, 1-7.

김동일(2000). 사회적 노화. 한국노년학회(편). 노년학의 이해(pp. 87-106). 서울: 대영문화사.

김두섭(2001). 변화하는 노인의 삶과 노인복지. 서울: 한양대학교 출판부.

김미혜(2001). 노인학대의 이해와 해결을 위한 첫걸음. 까리따스방배종합사회복지관. 노인학대세미나 자료집.

김상우(2015). 자살예방사업의 문제점 및 개선과제; 자살예방정책 우선순위 및 추진 방식의 효율화. 중앙자살예방센터. 2015년 광역자살예방사업 워크숍 자료집.

김성욱, 한신실(2014). 기초연금제도 축소의 '트로이 목마': 부유층 노인 수급제한조치에 대한 실증적 비판. 한국사회복지학, 66(3), 231-251.

김성희, 이연희, 오욱찬, 황주희, 오미애, 이민경, 이난희, 오다은, 강동욱, 권선진, 오혜경, 윤상용, 이선우(2017). 2017년 장애인실태조사. 서울: 한국보건사회연구원.

김소진(2009). 노인들의 집단문화에 대한 문화기술지 연구. 사회복지연구, 40(3), 349-375.

김소향 역(2007). 상실수업: 상실과 함께 살아가는 법(*On grief and grieving*). Kübler-Ross, E., & Kessler, D. 경기: 도서출판 이레. (원저는 2005년도 발행).

김연명(2011). 기초노령연금은 보편적 기초연금으로 발전해야 한다. 기초노령연금과 국민연금의 관계정립 방안 공청회 발표 자료집.

김연명(2013). 국민연금과의 관계에서 본 '인수위원회' 기초연금 도입(안)의 평가. 사회복지정책, 40(3), 375-403.

김영경 역(2008). 노인상담의 첫걸음(*The first session with seniors: a step-by-step guide*). Scogin, F. 서울: 시그마프레스. (원저는 1999년도 발행).

김욱(2002). 억압의 한 형태로서의 노인차별주의(Ageism): 사회복지적 대응과 함의. 사회복지정책, 14, 97-118.

김욱, 김정현, 박현식, 조성희(2012). 노인복지론. 경기: 양서원.

김은주, 김성정, 윤가현(2017). 노년기에 겪는 만성 불면증의 인지행동치료 효용성에 관한 소고. 한국노년학연구, 26(2), 183-199.

김은혜, 석민현, 윤정혜(2010). 성인장애자녀를 돌보는 저소득 노인부모의 보건복지 연구. 한국노년학, 30(4), 1213-1223.

김정득, 최해경, 김정란, 김현진, 이리나(2014). 대전광역시 노인 정신건강 연구. 대전복지재단.

김정석(2007). 고령화의 주요 사회이론과 담론. 한국노년학, 27(3), 667-690.

김정석, 김영순 역(2000). 노년 불평등과 복지정책(*Aging, Social Inequality, and Public Policy*). Pampel, F. C. 서울: 나눔의 집. (원저는 1998년도 발행).

김종일, 최혜지(2006). 쉽게 쓴 노인복지론. 서울: 청목출판사.

김지현(2014). '노화와 죽음에 대한 태도'. 유경, 유경호, 강연욱, 이주일, 김지현 공저. 노화와 심리(pp. 65-96). 서울: 학지사.

김진성(2015). 가계복지조사로 살펴본 국내 가구 은퇴시점과 은퇴준비. KB 금융지주경영연구소.

김찬우(2009). 노인장기요양제도 1년 평가와 서울시·경기도의 역할: 요양시설의 방향성 정립을 중심으로. 서울도시연구, 10(3), 37-51.

김찬우(2013). 노인장기요양보험제도의 사회적 성과에 대한 고찰. 한국사회복지조사연구, 34, 149-168.

김찬우(2014). 노인장기요양보험제도의 사각지대 규명과 해소 방안에 관한 고찰. 한국정책학회보, 23(2), 121-144.

김찬우(2015). 노인복지서비스 증진을 위한 지방정부의 역할정립에 관한 고찰. 노인복지연구, 67, 33-59.

김태성, 손병돈(2009). 빈곤과 사회복지정책. 서울: 청목출판사.

김태완 외(2008). 2008년 빈곤통계연보. 서울: 한국보건사회연구원.

김태은(2013). 노후소득보장제도의 현황과 정책과제. 보건복지포럼, 통권 제196호, 53-61.

김태현, 김양호, 임선영(2011). 노인복지론. 서울: 구상.

김한영 역(2014). 무엇이 가치 있는 삶인가: 소크라테스의 마지막 질문(*The examined life: Philosophical meditations*). Nozick, R. 서울: 김영사. (원저는 1990년도 발행).

김혜경(2012). 노인학대의 해석학적 순환구조: 실태, 배경, 그리고 과제. 여성노인안전포럼 자료집. 서울: 한국여성정책연구원.

김혜승, 강미나(2008). 주거수요 분석에 기초한 노인주거지원 정책과제 연구. 경기: 국토연구원.

김희연, 이외희, 이수진, 최석현(2013). 한국노인의 사중고, 원인과 대책. 이슈 & 진단, 제120호, 1-25.

나항진(2003). 서울지역 노인의 여가의식에 관한 연구. 노인복지연구, 22, 35-54.

남기철(2011). 100세 시대 고령자 사회참여와 자원봉사. 100세 시대 대비 노인사회참여활성화포럼: 일과 자원봉사를 통한 노년기 삶의 긍정적 변화. 서울: 한국노인인력개발원.

남기철(2012). 노인일자리사업의 성과와 쟁점. 노인일자리사업의 평가 및 향후 발전방향. 제19차 노인일자리 전문가 포럼 발표자료집.

남윤영, 전우택(2002). 우울증의 신경생물학적인 최신지견. 생화학뉴스, 22(2), 169-180.

노순규(2015). 노인의 고독 · 빈곤 · 질병 · 성. 서울: 한국기업경영연구원.

노재철, 고준기(2013a). 노인의 노후 소득보장의 현황과 법적 개선과제. 한국산학기술학회논문지, 14(1), 116-127.

노재철, 고준기(2013b). 독거노인에 대한 지원정책의 현황과 문제점과 법제도적 개선방안. 한국콘텐츠학회논문지, 13(1), 257-268.

노혜숙 역(2012). 내 삶을 완성하는 더 나은 죽음(*The better end*). Morhaim, D. 아니마. (원저는 2011년도 발행).

류건식, 김대환(2011). OECD 노후소득보장체계의 변화 특징과 정책적 시사점. 계간 보험동향, 58, 1-31.

류건식, 이상우(2015). 퇴직연금 도입 10년에 대한 종합평가와 정책과제. 고령화리뷰, 제5호, 1-24.

류순미, 송경원 공역(2015). 아들이 부모를 간병한다는 것(迫りくる息子介護の時代 28人の現場から) 平山. 서울: 어른의 시간. (원저는 2014년도 발행).

모선희(2004). 고령화사회와 노인여가활동. 대전보건대학 평생교육원. 2004년 노인복지사양성 교재(pp. 45-64).

모선희, 김형수, 유성호, 윤경아, 정윤경(2018). 현대 노인복지론(6판). 서울: 학지사.

박경숙(2019). 노인복지서비스. 한국복지연구원 편. 한국의 사회복지 2018-2019. 서울: 학지사.

박경하, 이현미(2012). 2012년 노인일자리사업 참여노인 실태조사. 서울: 한국노인인력개발원.

박동석, 김대환, 이연선(2003). 고령화쇼크. 서울: 굿인포메이션.

박동준(2005). 지역문화시설의 장애인 동선 계획에 관한 연구. 전남대학교 대학원 석사학위논문.

박여진 역(2012). 내가 알고 있는 걸 당신도 알게 된다면(*30 lessons for living*). Pillemer, K. 서울: 토네이도. (원저는 2011년도 발행).

박연정 역(2015). 선진국 한국의 우울(先進國.韓國の憂鬱). 大西 裕. 서울: 도서출판 예문. (원저는 2014년도 발행).

박재간(1997). 노년기 여가생활의 실태와 정책과제. 노인복지정책연구, 2(2), 7-51.

박재홍(1992). 한국세대의 세대문제: 질적 접근. 한국사회학 92년 사회학대회자료집(pp. 33-39).

박중신, 박헌춘, 김승근(2014). 농촌지역 독거노인 공동생활홈의 운영실태에 관한 조사연구. 한국농촌건축학회논문집, 16(4), 1-8.

백주희, Zarit, S. H. (2009). 미국 치매노인 부양자의 우울증에 영향을 미치는 요소: 배우자 부양자와 딸 부양자 비교 연구. 한국노년학, 29(4), 1591-1609.

백학영(2006). 저소득 독거노인의 빈곤 경험에 관한 질적 연구. 사회복지연구, 3, 15-39.

보건복지부(2013). 2012년 기초노령연금.

보건복지부(2015). 노인보건복지사업 안내.

보건복지부(2019a). 2018 보건복지백서.

보건복지부(2019b). 2019년도 보건복지부소관 예산 및 기금운용계획 개요.

보건복지부(2019c). 2018 국민기초생활보장 수급자 현황.

보건복지부(2019d). 2019 노인복지시설 현황(2018. 12. 31. 기준).

보건복지부(2019e). 2019 노인보건복지사업 안내.

보건복지부, 서울대학교 산학협력단(2016). 노인일자리 및 사회활동 성과 평가 연구.

보건복지부, 서울대학교병원(2013). 65세 이상 한국노인의 치매 유병률 및 치매 환자 수 추이.

보건복지부, 중앙노인보호전문기관(2014). 노인학대 사례관리 매뉴얼.

보건복지부, 중앙노인보호전문기관(2015). 2014 노인학대현황보고서.

사립학교교직원연금공단(2014). 연금수급자수 및 연금수급자 추계.

서병숙(1994). 노인연구(제3판). 서울: 교문사.

서혜경(2009). 노인죽음학개론. 서울: 도서출판 경춘사.

서혜경, 정순둘, 최광현(2006). 노인상담입문. 서울: 집문당.

석재은(2012). 한국의 연금개혁과 젠더레짐의 궤적: 젠더통합 전략을 통한 젠더평등
    을 위하여. 한국여성학, 28(3), 95-477.

석재은, 임정기(2007). 여성노인과 남성노인의 소득수준 격차 및 소득원 차이와 결정
    요인. 한국노년학, 27(1), 1-22.

설진화(2009). 사례관리론. 경기: 양서원.

송다영(2004). 부양의식을 통해 본 노인부양지원정책 방향성: 기혼여성의 부양경험
    을 중심으로. 사회복지정책, 19, 207-233.

송대현 역(1992). 정책시점의 노년학(政策視點의 老年學). 森幹郞. 서울: 성원사.

송현주(2014). 독거노인의 이전소득 추이 및 시사점. 연금포럼, 52권, 12-20.

신용주(2012). 노인 주거복지정책의 현황과 정책 제언. 주거환경, 10(3), 1-13.

안진(2003). 저소득층 여성 노인의 일상생활과 복지욕구. 한국노년학연구, 12(2), 95-
    110.

안진(2005). 생애사 연구를 통한 빈곤여성노인의 삶의 이해-목포 상동지역 영구임대
    아파트거주 여성노인들을 중심으로. 제8회 비판사회학대회(21세기 한국 사회
    의 전환과 발전, 우리는 어디로 나아가야 하는가) 자료집.

양영자(2009). 노인부양의 변화과정에 대한 생애사적 재구성: 농촌노인의 관점을 중
    심으로. 한국노년학, 29(1), 1-20.

양옥남, 김혜경, 김미숙, 정순둘(2009). 노인복지론. 경기: 공동체.

여유진, 김미곤, 권문일, 최옥금, 최준영(2012). 현세대 노인의 빈곤실태 및 소득보장방안
    연구. 서울: 한국보건사회연구원.

염지혜, 전미애(2016) 한국 노인의 주관적 건강상태 변화가 자녀로부터의 지원 제공
    변화에 미치는 영향. 한국노년학, 36(1), 151-172.

오근재(2014). 퇴적공간. 서울: 민음인.

우국희(2002). 노인학대의 의미와 사회적 개입에 대한 노인들의 인식 연구. 한국사회
    복지학, 50, 109-129.

원도연, 한창근(2016) 노부모의 자산이 자녀와의 관계만족에 미치는 영향. 한국노년
    학, 36(2), 475-492.

원석조(2010). 노인복지론. 경기: 공동체.

원시연(2015). 노인복지관의 운영실태와 개선과제. 국회입법조사처 현장조사보고서
    Vol. 37.

원영희(2000). 노인과 여가. 한국노년학회(편). 노년학의 이해(pp. 218-235). 서울: 대
　　영문화사.

유경(2007). 정서적 특성이 장노년기 주관적 안녕감 유지에 미치는 영향. 서울: 한국학술정
　　보(주).

유경(2014). '노년기 정서적 특성과 행복'. 유경, 유경호, 강연욱, 이주일, 김지현 공저.
　　노화와 심리(pp. 97-135). 서울: 학지사.

유경, 강연욱, 이주일, 박군석(2009). 노년기 정서 경험의 변화와 주관적 안녕감: 종단
　　연구 분석. 한국노년학, 29(2), 729-742.

유경, 민경환(2005). 연령 증가에 따른 정서최적화 특성의 변화: 정서 경험과 사회적
　　목표 중심으로. 한국노년학, 25(2), 211-227.

유경호(2014). '노년기 신체변화와 노년기 질환'. 유경, 유경호, 강연욱, 이주일, 김지
　　현 공저. 노화와 심리(pp. 39-63). 서울: 학지사.

유승흠, 이윤환(2007). 노인보건학. 서울: 계축문화사.

유영림(2015). 노인근로자들의 일의 의미에 대한 이해. 한국노년학, 35(4), 896-912.

윤석명(2013). 노인빈곤 및 소득분포실태와 소득지원 방향. 보건복지포럼, 통권 제206호,
　　7-17.

윤석명, 고경표, 김성근, 강미나, 이용하, 이정우(2017). 다양한 노인빈곤지표 산정에 관
　　한 연구(Ⅰ). 서울: 한국보건사회연구원.

윤성훈, 류건식, 오영수, 조용운, 진익, 유진아, 변혜원(2011). 저출산·고령화와 금융의
　　역할. 서울: 보험연구원.

윤소영, 윤주, 박수정, 오세숙, 조아미, 지현진(2009). 생애단계별 여가활동 모형개발. 서
　　울: 한국문화관광연구원.

윤인영(2016). 노년내과 심포지엄: 노인에서의 흔한 문제; 수면장애. 대한 내과학회
　　춘계학술발표자료집(pp. 295-301). 2016년 4월.

윤종률, 유은실 공역(2014). 나의 어머니, 당신의 어머니(*My mother, your mother*)
　　McCullough, D. 서울: 허원북스. (원저는 2007년도 발행).

윤진(1996). 성인·노인심리학. 서울: 중앙적성출판사.

윤태호, 황인경, 손혜숙, 고광욱, 정백근(2005). 민간의료보험의 선택에 영향미치는
　　요인: 민간의료보험 활성화에 대한 함의. 보건행정학회지, 15(4), 161-175.

이경락(2003). 고령사회에서의 노인주거문제 및 대응방안. 밝은 노후, 5, 8-23.

이기연, 유서구(2012). 사례관리 이해와 적용. 경기: 공동체.

이기옥(2011). 나는 내 나이가 좋다. 서울: 푸르메.

이민홍, 강은나, 이재정(2013). 노인돌봄기본서비스의 효과성 분석. 한국노년학, 33(4),

787-803.

이상엽(2001). 노인여가 복지시설의 활성화 방안: 의정부시 경로당 프로그램을 중심으로. 동국대학교 대학원 석사학위논문.

이세원(2004). 노인의 여가활동실태와 여가정책방향에 관한 연구. 숙명여자대학교 대학원 석사학위논문.

이소담 역(2015). 나 홀로 부모를 떠안다(ルポ介護獨身). 山村基毅. 서울: 코난북스. (원저는 2014년도 발행).

이시형 역(2005). 죽음의 수용소에서(*Man's search for meaning: An introduction to logotherapy*). Frankl, V. 서울: 청아출판사. (원저는 2000년도 발행).

이시형(2007). 에이징파워. 서울: 리더스북.

이연숙(2000). 노인과 주거생활. 한국노년학회 편. 노년학의 이해(pp. 183-196). 서울: 대영문화사.

이연숙(2005). 유니버설 디자인. 서울: 연세대학교 출판부.

이용하, 김원섭(2013). 인수위 기초연금 도입(안)에 대한 평가와 전망. 사회보장연구, 29(2), 1-25.

이위환, 권용신(2005). 가족친밀감과 노인인식이 노양부양의식에 미치는 영향. 아동교육, 14(2), 165-178.

이윤경(2009). 노인장기요양보험제도 현황 및 정책과제. 보건복지포럼, 156, 23-31.

이재규 역(2007). Next Society(*Managing in the next society*). Drucker, P. 서울: 한국경제신문. (원저는 2002년도 발행).

이정화, 한경혜(2008). 농촌 조손가족의 세대관계와 손자녀 양육 조모의 심리적 복지. 한국노년학, 28(1), 177-196.

이중석(1998). 서울시 저소득층 노인의 여가실태와 활성화 방안. 중앙대학교 대학원 석사학위논문.

이현림, 배강대(2004). 회상기법 집단상담이 노인의 우울과 자아존중감에 미치는 효과. 상담학연구, 5(2), 409-421.

이현복, 현경래(2011). 민간의료보험 가입자 특성과 가입요인에 관한 연구. 사회보장연구, 27(1), 217-240.

이호선(2010). 노인과 노화. 서울: 시그마프레스.

이효선(2006). 질적 연구에 의한 한국 노인들의 삶의 이해. 노인복지연구, 31, 73-93.

이희성(2012). 노인의 주거안정과 주거복지 증진을 위한 법제도적 개선방안. 노동법논총, 26집, 181-223.

임미숙(1985). 도시노인의 노인정 참여와 생활만족도에 관한 연구: 활동이론에 따른 생활만족도의 실증적 연구. 이화여자대학교 대학원 석사학위논문.

임완섭(2015). 최근 빈곤 및 불평등 추이와 시사점. 보건·복지 Issue & Focus, 271호, 1-8.

장경석, 원시연(2012). 노인복지주택정책의 현황과 쟁점. 이슈와 논점, 제406호. 국회 입법조사처.

장미혜, 문미경, 최인희, 석재은, 노혜진, 김혜원, 정지원, 양아름(2013). 여성노인의 노후빈곤 현황 및 대응정책. 서울: 한국여성정책개발원.

장미혜, 이미정, 윤덕경, 문미경, 이인선(2012). 여아와 여성이 안전한 지역사회환경 조성 방안(IV): 여성노인의 안전실태와 정책적 대응방안. 서울: 한국여성정책연구원.

장세길(2006). 경로당 노인의 일상과 사회문화적 관계: 전라북도 전주시의 아파트 경로당 사례. 지역사회연구, 14(4), 3-29.

장혜경(2013). 여성노인의 생활실태와 빈곤해소 방안. 서울: 한국여성정책연구원.

장혜경, 홍승아, 이상원, 김영란, 강은화, 김고은(2006). 가족 내 돌봄노동 실태조사. 서울: 한국여성개발원.

전경수(2008). 백 살의 문화인류학. 서울: 민속원.

전영택 역(2002). 인간은 얼마나 오래 살 수 있는가(*The quest for immortality*). Olshansky, S. J. & Carnes, B. A. 서울: 궁리출판사. (원저는 2002년도 발행).

전혜정, 김명용(2013). 아동기 사회경제적 위기요인과 노년기 우울. 한국노년학, 33(2), 439-460.

정경희, 오영희, 강은나, 김재호, 선우덕, 오미애, 이윤경, 황남희, 김경래, 오신휘, 박보미, 신현구, 이금룡(2017). 2017년도 노인실태조사. 서울: 한국보건사회연구원.

정경희, 이윤경, 박보미, 이소정, 이윤환(2012). 2011년도 노인실태조사 심층분석. 서울: 한국보건사회연구원.

정상양, 김옥희, 엄기욱, 이경남, 박차상(2012). 한국노인복지론. 서울: 학지사.

정인과, 곽동일, 신동균, 이민수, 이현수, 김진영(1997). 노인우울척도(Geriatric Depression Scale)의 신뢰도, 타당도 연구. 신경정신의학, 36(1), 103-112.

정진경, 김고은(2012). 노년기 부모-성인자녀 간 지원유형에 관한 연구. 한국노년학, 32(3), 895-912.

정진경, 박화옥, 이창호(2009). 노인자원봉사 실태조사 및 활성화방안 연구. (사)한국자원봉사포럼.

정진웅(2011). 정체성으로서의 몸짓: 종묘공원 노년남성들의 몸짓문화의 의미. 한국노년학, 31(1), 157-170.

정태연, 조은영(2005). 노년기 외로움 및 생활만족도와 관련된 변인 탐색. 한국노년학,

26(1), 55-70.

정해관(2007). 노인 정신건강증진을 위한 한국형 치매선별 및 정밀검사도구 평가. 서울: 한 국보건사회연구원.

조병은(1990). 한국여성노인문제에 대한 이론적 고찰. 여성연구, 8(3), 5-26.

조병은, 신화용(1992). 사회교환이론적 관점에서 본 맞벌이 가족의 성인딸/며느리와 노모의 관계. 한국노년학, 12(2), 83-98.

조유향(1995). 노인보건. 서울: 현문사.

중앙노인보호전문기관, 보건복지가족부(2011). 노인학대 현황보고서.

지은정, 금현섭, 이세윤(2012). 고령화사회 노인의 사회참여 활성화 방안: 노인일자리사업 과 자원봉사를 중심으로. 서울: 한국노인인력개발원.

진재문, 김수영, 문경주(2014). 노인가구의 빈곤 실태와 소득이전 효과에 관한 연구: 빈곤율, 빈곤갭, 소득이전을 중심으로. 사회복지정책, 41(3), 239-258.

차흥봉(1998). 재가노인복지사업의 이론모형과 실천모형. 한림대학교 사회복지대학 원 제14회 워크숍 자료집.

최경진(2015). 퇴직연금 급여지급 방법 다양화 방안. 2015 보험연합학술대회 자료집.

최성재 편(2012). 모든 세대가 함께하는 고령화사회: 선진국의 경험과 한국의 정책 방향. 서 울: 서울대학교 출판문화원.

최성재, 장인협(2010). 고령화사회의 노인복지학. 서울: 서울대학교 출판문화원.

최소연(2009). 시민자원 봉사활동을 통한 노인사회참여활성화 방안. 노인 사회참여 활성화 방안 포럼 자료집(노인 사회참여 활성화 방안-노인일자리, 자원봉사, 여가, 문화를 중심으로). 서울: 한국노인인력개발원.

최은희, 황미영(2013). 사례관리. 경기: 정민사.

최인희, 김영란, 염지혜(2012). 100세 시대 대비 여성노인의 가족돌봄과 지원방안 연구. 서 울: 한국여성정책연구원.

최재성(2015). 노인요양원과 문화 변화-거주노인중심 장기요양시설. 경기: 집문당.

최해경(2017). 사회복지실천론(2판). 서울: 학지사.

최혜지(2009). 노인장기요양보험 1년 성과와 한계. 복지동향, 130, 4-8.

최희경(2005). 빈곤 여성 노인의 생애와 빈곤형성 분석. 노인복지연구, 27, 147-174.

최희경(2011). 노인 돌봄과 노동의 양립을 위한 가족지원 정책 연구. 한국사회정책, 18(4), 271-298.

최희진, 한경혜(2017). 세대 간 지원교환의 장기적·단기적 호혜성. 한국노년학, 37(1), 83-102.

통계청(2001). 인구동태통계연보(2000년): 혼인·이혼편.

통계청(2011). 장래인구추계.

통계청(2014a). 2014 고령자 통계.

통계청(2014b). 2013년 사망원인통계.

통계청(2019a). 2018년 생명표.

통계청(2019b). 2019 고령자통계.

통계청(2019c). 장래인구특별추계.

통계청(2019d). 경제활동인구조사(고령층 부가조사 결과).

하세윤, 이현미(2013). 2013년 노인일자리사업 실태조사. 서울: 한국노인인력개발원.

한국경제연구원(2014). 고용 선진국과 한국의 노동시장 지표 및 유연안정성 비교보고서.

한국노인인력개발원(2012). 2011 노인일자리통계동향. 서울: 한국노인인력개발원.

한국보건사회연구원(2014). 한국보건복지통계연보.

한국사례관리학회 편저(2012). 사례관리론. 서울: 학지사.

한정란, 박성희, 원영희, 최일선(2008). 노인교육의 체계화 및 활성화 방안 연구. 서울: 보건복지부.

한지원, 김태희, 주진형, 박준혁, 김정란, 유승호, 문석우, 추일한, 이동우, 윤종철, 도연자, 이석범, 김문두, 김기웅(2010). 치매 선별용 간이정신상태검사(Mini-Mental State Examination for Dementia Screening: MMSE-DS)와 단축형 MMSE-DS(SMMSE-DS)의 한국 노인 정상규준 연구. 노인정신의학, 14(1), 27-37.

함기선, 신문균, 최흥식(1997). 신경생리학. 서울: 현문사.

허순봉 역(1995). 마음대로 하세요. 서울: 가나출판사.

현외성 외(2012). 사회복지 사례관리론. 경기: 공동체.

현외성, 조추용, 박차상, 김혜정, 김용환(2002). 노인상담의 이론과 실제. 서울: 유풍출판사.

홍선영 역(2014). 알츠하이머병 가족에게 다가가기(*Learning to speak Alzheimer's*). Joanne Koenig Coste. 서울: 부키. (원저는 2003년도 발행).

홍숙자(1992). 한국거주노인과 재미교포노인의 생활만족도 비교연구. 경희대학교 대학원 박사학위논문.

홍순혜(1984). 활동이론에 따른 한국노인의 생활만족도에 관한 실증적 연구. 서울대학교 대학원 석사학위논문.

EBS 〈데스〉 제작팀(2014). 죽음-EBS 다큐프라임 생사탐구 대기획 'Death'. 서울: 책담.

동아일보. 2013년 9월 16일자.

아시아경제신문. 2007년 9월 13일자.

조선일보. 2008년 4월 13일자.

조선일보. 2014년 1월 29일자.

조선일보. 2015년 2월 3일자.

중앙일보. 2012년 7월 16일자.

중앙일보. 2013년 1월 18일자.

중앙일보. 2015년 8월 16일자.

한국경제신문. 2011년 2월 8일자.

한국납세자연맹(2015a). 2015년 5월 28일자 보도자료.

한국납세자연맹(2015b). 2015년 5월 25일자 보도자료.

Aldwin, C. M., & Gilmer, D. F. (2004). *Health, illness, and optimal aging: Biological and psychosocial perspective*. Thousand Oaks, CA: Sage.

Almeida, O. P., Waterreus, A., Spry, N., et al. (2004). One-year follow-up study of the association between chemical castration, sex hormones, beta-amyloid, memory, and depression in men. *Psychoneuroendocrinology, 29*, 1071-1081.

Alvarez, J. A., & Emory, E. (2006). Executive function and the frontal lobes: A meta-analysis review. *Neuropsychological Review, 16*, 17-42.

American Psychiatric Association (2013). *Diagnostic and statistical manual of mental disorders(DSM-5)*. (5th ed.). Washington, DC: American Psychiatric Association.

Anstey, K. J., von Sanden, C., Salim, A., & O'Kearney, R. (2007). Smoking as a risk factor for dementia and cognitive decline: A meta-analysis of prospective studies. *American Journal of Epidemiology, 166*(4), 367-378.

Arking, R. (2006). *The biology of aging: Observations and principles* (3rd ed.). New York: Oxford University Press.

Atchley, R. C. (1971). Retirement and leisure participation: Continuity and crisis? *The Gerontologist, 11*(1), 13-17.

Atchley, R. C. (1989). A continuity theory of normal aging. *The Gerontologist, 29*(2), 183-190.

Atchley, R. C. (1994). *Social forces and aging: An introduction to social gerontology*. Belmont, CA: Wadsworth Publishing Co.

Atchley, R. C., & Barusch, A. S. (2003). *Social forces and aging: An introduction to social gerontology* (10th ed.). Belmont, CA: Wadsworth Tompson Learning.

Baker, F., & Intagliata, J. (1992). *Case management in social work: Developing the professional skills needed or work with multiproblem client.* Springfield, IL: Charles C. Thomas.

Baltes, M. M., & Carstensen, L. L. (1999). Social psychological theories and their applications to aging: From individual to collective. In V. Bengtson, & K. W. Schaie (Eds.), *Handbook of theories of aging* (pp. 209–226). New York, NY: Springer.

Baltes, M. M., et al. (1993). Everyday competence in old and very old age: An inter-disciplinary perspective. *Ageing and Society, 13*(4), 657–80.

Baltes, P. B., & Baltes, M. M. (1990). Psychological perspectives on successful aging: The model of selective optimization with compensation. In P. B. Baltes, & M. M. Baltes (Eds.), *Successful aging: Perspective from the behavioral sciences* (pp. 1–34). Cambridge, MA: Cambridge University Press.

Baltes, P. B., & Lindenberger, U. (1988). On the range of cognitive plasticity in old age as a function of experience: 15 years of intervention research. *Behavior Therapy, 19*, 283–300.

Beaver, M. L. (1983). *Human service practice with the elderly.* Englewood Cliffs, NJ: Prentice Hall.

Beaver, M. L., & Miller, D. (1985). *Clinical social work practice with elderly: Primary, secondary, and tertiary intervention.* Homewood, IL: Dorsey Press.

Becker, G. (1993). Continuity after a stroke: Implicationa of life-course disruption in old age. *The Gerontologist, 33*, 148–158.

Bee, H. L. (2000). *The journey of adulthood* (4th ed.). Englewood Cliffs, NJ: Prentice Hall.

Beeston, D. (2006). *Older people and suicide.* Birmingham/Stoke on Trent: Care Services Improvement Partnership and the National Institute for Mental Health Education/Staffordshire University.

Bengtson, V. L., Burgess, E. O., Parrott, T. M. (1997). Theory, explanation and third generation of theoretical development in social gerontology. *Journal of Gerontology, 52*B, S72–88.

Bengtson, V. L., Putney, N., & Johnson, M. (2005). The problems of theory in gerontology today. In M. Johnson (ed.), *The Cambridge handbook of age and ageing* (pp. 3–20). New York: Cambridge University Press.

Birren, J. E. (1959). Principles of research on aging. In J. E. Birren (Ed.), *Handbook of aging and the individual* (pp. 3–42). Chicago: University of Chicago Press.

Bjorklund, B. R. (2014). *The journey of adulthood* (8th ed.). Old Tappan, NJ: Pearson Education, Inc.

Blanchard-Fields, F. (2007). Everyday problem solving and emotion: An adult developmental perspective. *Current Directions in Psychological Science, 16*, 26–31.

Blazer, D. G. (1998). *Emotional problems in later life: Intervention strategies for professional caregivers* (2nd ed.). New York: Springer Publishing Company, Inc.

Blazer, D. G., & Hybels, C. F. (2005). Origins of depression in later life. *Psychological Medicine, 35*, 1–12.

Breen, L. B. (1960). The aging individual. In C. Tibbitts (Ed.), *Handbook of social gerontology* (pp. 145–162). Chicago: University of Chicago Press.

Breen, L. B. (1976). *Aging and the field of medicine.* New York: Wiley.

Burack-Weiss, A., & Brennan, F. C. (2009). *Gerontological supervision: A social work perspective in case management and direct care.* New York: Routledge.

Burlingame, V. S. (1995). *Gerocounseling elders and their families.* New York: Springer.

Campisi, J., & Vijg, J. (2009). Does damage to DNA and other macromolecules play a role in aging? *Journal of Gerontology: Biological Sciences, 64*A, 175–178.

Cantor, M. H. (1979). Neighbors and friends: An overlooked resource in the informal support system. *Research on Aging, 1*(4), 434–463.

Carstensen, L. L. (1991). Socioemotional selectivity theory: Social activity in life-span context. *Annual Review of Gerontology and Geriatrics, 11*, 195–217.

Castles, F. G. (2004). *The Future of the welfare state: Crisis myths and crisis realities*. New York: Oxford University Press.

Cavanaugh, J. C., & Blanchard-Fields, F. (2006). *Adult development and aging* (5th ed.). Belmont, CA: Thomson Higher Education.

Centers for Disease Control and Prevention · National Center for Injury Prevention and Control Division of Violence Prevention (2016). *Elder Abuse Surveillance: Uniform Definitions and Recommended Core Data Elements*.

Charles, S. T., Martha, M., & Carstensen, L. L. (2003). Aging and emotional memories: The forgettable nature of negative images for older adults. *Journal of Experimental Psychology, 132*, 310–324.

Choi, S., Na, D., Kwon, H., Yoon, S., Jeong, J., & Ha, C. (2000). The Korean version of the neuropsychiatric inventory: A scoring tool for neuropsychiatric disturbance in dementia patients. *Journal of Korean Medical Science, 15*, 609–615.

Choudhury, S. (1997). Life-cycle aspects of poverty among older women. *Social Security Bulletin, 60*(2), 17–36.

Clark, C. M., Schneider, J. A., Bedell, B. J., et al. (2011). Use of florbetapir-PET for imaging β-amyloid pathology. *Journal of the American Medical Association, 305*, 275–283.

Clark, M., & Anderson, B. (1967). *Culture and aging*. Springfield, IL: Charles C. Thomas.

Costa, P. T., & McCrae, R. R. (1989). Personality continuity and the change of adult life. In M. Storandt & G. R. VandenBos (Eds.), *The adult years: Continuity and change* (pp. 45–77). Washington, DC: American Psychological Assoociation.

Cowgill, D. O. (1974). Aging and modernization: A revision of theory. In J. F. Gubium (Ed.), *Late life: Communities and environmental policy* (pp. 123–146). Springfield, IL.: Charles C. Thomas.

Cumming, E., & Henry, W. E. (1961). *Growing old: The process of disengagement*. New York: Basic Books.

Dahlberg, L., Demack, S., & Bambra, C. (2007). Age and gender of informal carers: A population-based study in the UK. *Health & Social Care in the Community, 15*(5), 439–445.

Danese, A., Moffitt, T. E., Harrington, H., Milne, B. J., Polanczyk, G., Pariante, C. M., Poulton, R., & Caspi, A. (2009). Adverse childhood experiences and adult risk factors for age-related disease. *Archives of Prediatrics & Adolescent Medicine, 163*(12), 1135-1143.

De Raedt, R., Koster, E. H. W., & Ryckewaert, R. (2013). Aging and attentional bias for death-related and general threat-related information: Less avoidance in older as compared with middle-aged adults. *Journal of Gerontology: Psychological and Social Sciences, 68*, 41-48.

Devi, G., Ottman, R., Tang, M. X., Marder, K., Stern, Y., & Mayeux, R. (2000). Familial aggregation of Alzheimer disease among whites, African Americans, and Caribbean Hispanics in northern Manhattan. *Archives of Neurology, 57*(1), 72-77.

Dixon, R. A., & Baltes, P. B. (1986). Toward life-span research on the functions and pragmatics of intelligence. In R. J. Sternberg & R. K. Wagner (Eds.), *Practical intelligence: Nature and origins of competence in the everyday world* (pp. 203-234). New York: Cambridge University Press.

Djernes, J. K. (2006). Prevalence and predictors of depression in populations of elderly: A review. *Acta Psychiatrica Scandinavica, 113*, 372-387.

Donelan, K., Falik, M., & DesRoches, C. (2001). Caregiving: Challenges and implications for women's health. *Women's Health Issues, 11*, 185-200.

Durlak, J. A. (1994). Changing death attitudes through dealth education. In R. A. Neimeyer (Ed.), *Death anxiety handbook* (pp. 243-260). Washington, DC: Francis & Taylor.

Effros, R. B. (2001). Immunine system activity. In E. J. Masoro & S. N. Austad (Eds.), *Handbook of the biology of aging* (pp. 324-353). San Diego, CA: Academic Press.

Erikson, E. H. (1963). *Childhood and society* (2nd ed.). New York: Norton.

Erikson, E. H., Erikson, J., & Kivnick, H. (1986). *Vital involvement in old age.* London: Norton.

Estes, C. L. (2001). Political economy of aging: A theoretical framework. In C. L. Estes et al.(Eds.), *Social policy and aging*. Thousand Oaks, CA: Sage Publications.

Ferrie, J. E., Shipley, M. J., Akbaraly, T. N., Marmot, M. G., Kivimäki, M., &

Singh-Manoux, A. (2011). Change in sleep duration and cognitive function: Findings from the Whitehall II study. *Sleep, 34*(5), 565-573.

Florido, R., Tchkonia, T., & Kirkland, J. L. (2011). Aging and adipose tissue. In E. J. Masoro & S. N. Austad (Eds.), *Handbook of the biology of aging* (7th ed.) (pp. 119-139.). San Diego, CA: Academic Press.

Frankel, A. J., & Gelman, S. R. (2012). *Case management: An introduction to concepts and skills* (3rd ed.). Chicago, Ill: Lyceum Books, Inc.

Gallagher, D., & Thompson, L. W. (1989). Bereavement and adjustment disorders. In E. W. Busse & D. G. Blazer (Eds.), *Geriatric psychiatry* (pp. 459-473). Washington, DC: American Psychiatric Press.

George, L. K. (2007). Age structure, aging, and the life course. In J. M. Wilmoth & K. F. Ferraro (Eds.), *Gerontology: Perspectives and issues* (3rd ed.). New York: Springer.

Ghosh, S. (2010). *Caregiver adaptation to multiple caregiving roles: As a spouse and a parent.* University of Wisconsin-Madison Doctoral Dissertation (Unpublished).

Gilman, S. E., Kawachi, I., Fitzmaurice, G. M., & Buka, S. L. (2002). Socioeconomic status in childhood and the lifetime risk of major depression. *International Journal of Epidemiology, 31*, 359-367.

Hao, Y. (2008). Productive activities and psychological well-being among older adults. *Journal of Gerontology, 63*(2), S64-72.

Harris, J. R., Pedersen, N. L., McClearn, G. E., Plomin, R., Nesselroade, J. R. (1992). Age differences in genetic and environmental influences for health from the Swedish Adoption/Twin Study of Aging. *Journal of Gerontology, 47*(3), 213-220.

Havighurst, R. J. (1968). Personality and patterns of aging. *The Gerontologist, 38*, 20-23.

Havighurst, R. J. (1972). *Developmental tasks and education* (3rd ed.). New York: David McKay.

Havighurst, R. J., Neugarten, B. L., & Tobin, S. S. (1968). Disengagement pattern of aging. In B. L. Neugarten (Ed.), *Middle age and aging* (pp. 160-175). Chicago: University of Chicago Press.

Hayflick, L. (1994). *How and why we age.* New York: Ballantine Books.

Hayslip, B., & Peveto, C. A. (2005). *Cultural changes in attitudes toward death, dying and bereavement*. New York: Springer.

Helmer, C., Damon, D., Letenneur, L., et al. (1999). Marital status and risk of Alzheimer's disease: A French population-based cohort study. *Neurology, 53*(9), 1953-1958.

Hendricks, J. (1992). Generations and the generation of theory in social gerontology. *International Journal of Aging and Human Development, 35*(1), 31-47.

Hepworth, D. H., Rooney, R. H., Rooney, G. D., & Strom-Gottfried, K. (2017). *Direct social work practice: Theory and skills* (10th ed.). Belmont, CA: Brooks/Cole Publishing.

Holden, K. C., & Kuo, H. D. (1996). Complex marital histories and economic well-being: The continuing legacy of divorce and widowhood as the HRS cohort approaches retirement. *The Gerontologist, 36*(3), 383-401.

Hooyman, N. R., & Kiyak, H. A. (2011). *Social gerontology: A multidisciplinary perspective* (9th ed.). Boston, MA: Allyn and Bacon.

Isella, V., Villa, M. L., & Appollonio, I. M. (2001). Screening and quantification of depression in mild-to-moderate dementia through the GDS short forms. *Clinical Gerontologist, 24*(3/4), 115-125.

Ivey, A. E., & Ivey, M. B. (2003). *Intentional interviewing and counseling*. Pacific Grove, CA: Brooks/Cole.

Jarvis, P. (1990). Trends in education and gerontology. *Educational Gerontology, 16*(4), 401-409.

Jones, C. J., & Meredith, W. (2000). Developmental-mental paths of psychological health from early adolescence to later adulthood. *Psychology and Aging, 15*, 351-360.

Kalish, R. A. (1976). Dealth and dying in a social context. In R. H. Binstock & E. Shanas (Eds.), *Handbook of aging and the social sciences* (pp. 483-507). New York: D. Van Nostrand.

Katzman, R. (1981). Early detection of senile dementia. *Hospital Practice, 16*, 61-76.

Kelly, J. R. (1996). Leisure. In J. E. Birren et al. (Eds.), *Encyclopedia of gerontology* (vol. 2, pp. 19-30). New York: Academic Press.

Kessler, R. C., Mickelson, K. D., Walters, E. E., et al. (2004). Age and depression in the MIDUS Survey. In O. G. Brim, C. D. Riff, & R. C. Kessler (Eds.), *How healthy are we? A national study of well-being at midlife* (pp. 227-251). Chicago: University of Chicago Press.

Kim, J. S., & Lee, S. Y. (2010). *Extinction or evolution?: A study of the challenges and the future of social insurance in Korea.* ISSA 2010 International Conference, ISSA.

Kim, K., Kang, S., Yoon, I., Lee, S., Ju, G., Han, J., Kim, T., Lee, C., & Kim, T. (2017). Prevalence and clinical characteristics of insomnia and its subtypes in the korean elderly. *Archives of Gerontology and Geriatrics, 68,* 68-75.

Kogan, N. (1990). Personality and aging. In J. E. Birren & K. W. Schaie (Eds.), *Handbook of the psychology of aging* (3rd ed.) (pp.330-346). New York: Van Nostrand Reinhold.

Kroft, N. P., & Hutchison, E. D. (2000). Effective practice with elderly clients. In R. L. Schneider, N. P. Kroft, & A. J. Kisor (eds.), *Gerontological social work: Knowledge, service settings, and special populations* (2nd ed.) (pp. 3-25). Belmont, CA: Wadsworth/Thomson Learning.

Kübler-Ross, E. (1969). *On dealth and dying.* New York: Macmillan.

Kumar, S. (2000). *Multidisciplinary approach to rehabilitation.* Burlington, MA: Butterworth-Heinemann.

Kuypers, J. A., & Bengtson, V. L. (1973). Social breakdown and competence: A model of normal aging. *Human Development, 16,* 181-201.

Labouvie-Vief, G., & Medler, M. (2002). Affect optimization and affect complexity: Modes and styles of regulation in adulthood. *Psychology and Aging, 17*(4), 571-588.

Lang, F. R., & Carstensen, L. L. (1994). Close emotional relaitonships in late life: Further support for proactive aging in the social domain. *Psychology and Aging, 9,* 315-324.

Laslett, P. (1991). *A fresh map of life: The emergence of the third age.* Cambridge, MA: Harvard University Press.

Leitner, M. J., & Leitner, S. F. (2004). *Leisure in later life* (3rd ed.). New York: The Haworth Press.

Lemon, B. W., Bengtson, V. L., & Peterson, J. A. (1972). An exploration of the activity theory of aging: Activity types and life satisfaction among in-movers to a retirement community. *Journal of Gerontology, 27,* 511–523.

Litwak, E. (1985). *Helping the elderly: The complementary roles of informal networks and formal systems.* New York: Guilford Press.

Logan, J. R., & Spitze, G. (1994). Informal support and the use of formal services by older Americans. *Journal of Gerontology, 49*(1), S25–S34.

Lynott, R. J., & Lynott, P. P. (1996). Tracing course of theoretical development in the sociology of aging. *The Gerontologist, 36*(6), 749–760.

Maddox, G. (1965). Fact and artifact: Evidence bearing on disengagement theory from the Duke Geriatric Projects. *Human Development, 8,* 117–130.

McDonald, P. A., & Haney, M. (1997). *Counseling the older adult: A training manual in clinical gerontology* (2nd ed.). San Francisco, CA: Jossey–Bass.

McInnis–Dittrich, K. (2009). *Social work with older adults: A biopsychosocial approach to assessment and intervention* (3rd ed.). New York: Allyn & Bacon.

Miller, S. J. (1965). The social dilemma of the aging leisure participant. In A. M. Rose, & W. A. Peterson (Eds.), *Older people and their social world* (pp. 77–92). Philadelpia, PA: F. A. Davis.

Minahan, A. (1981). Purpose and objectives of social work revisited. *Social Work, 26*(1), 5–6.

Minkler, M., & Stone, R. (1985). The feminization of poverty and older women. *The Gerontologist, 25*(4), 351–357.

Moore, S. (1990). A social work practice model of case management: The case management grid. *Social Work, 35*(5), 444–448.

Motenko, A. K. (1989). The frustrations, gratifications, and well–being of dementia caregivers. *The Gerontologist, 29*(2), 166–172.

Moxley, D. P. (1989). *The practice of case management.* Thousand Oaks, CA: Sage Publications.

Myles, J. (2002). A new social contract for the elderly? In G. Esping–Andersen, A. Hemerijck, & J. Myles (Eds.), *Why we need a new welfare state* (pp. 130–172). New York: Oxford University Press.

National Association of Social Workers (1984). *NASW standards and guidelines for social work case management for the functionally impaired.* Silver Spring, MD: Author.

Neugarten, B. L. (1996). *The meaning of age: Selected papers of Bernice L. Neugarten*. Chicago: University of Chicago Press.

Neugarten, B. L., & Berkowitz, H., et al. (1994). *Personality in middle and late life*. New York: Atherton Press.

Newman, B. M., & Newman, P. R. (2006). *Development through life: A psychosocial approach* (9th ed.). Belmont, CA: Brooks/Cole Publishing Co.

Noelker, L. S., & Bass, D. M. (1989). Home care for elderly persons: Linkages between formal and informal caregivers. *Journal of Gerontology, 44*(2), S63-S70.

Nordstrom, N., & Merz, J. (2006). *Learning later, living greater: The secret for making the most of your after-50 years*. Boulder, CO: Sentient Publications.

O'Donnell, M. J., Xavier, D., Liu, L., Zhang, H., Chin, S. L., Rao-Melacini, P., et al. (2010). Risk factors for ischemic and intracerebral haemorrhagic stroke in 22 countries (the INTERSTROKE study): A case-control study. *Lancet, 376*, 112-123.

Ogundele, A., Ighoroje, M., & Abayomi, O. (2017). Insomnia and dysfunctional beliefs and attitudes about sleep among elderly persons in Abeokuta, Nigeria. *International Journal of Clinical Psychiatry, 5*(2), 25-31.

Park, J. H., Lee, J. J., Lee, S. B., Huh, Y., et al. (2010). Prevalence of major depressive disorder and minor depressive disorder in an elderly Korean population: Results from the Korean Longtudinal Study on Health and Aging(KLOSHA). *Journal of Affective Disorders, 125*, 234-240.

Parker, S. (1979). *The sociology of leisure*. London: George Allen & Unwin.

Parkes, C. M. (1972). *Bereavement*. New York: International University Press.

Passuth, P. M., Bengston, V. L. (1988). Sociological theory of aging: Current perspective and future directions. In J. E. Birren & V. L. Bengston (Eds.), *Emergent theories of aging* (pp. 333-355). New York: Springer Publishing Co.

Peck, R. C. (1968). Psychological developments in the second half of life. In B. L. Neugarten (Ed.), *Middle age and aging* (pp. 88-92). Chicago: University of Chicago Press.

Porter, R. S. (2009). *Home health handbook*. Hoboken, NJ: Wiley.

Quadagno, J. (2011). *Aging and the life course: An introduction to social gerontology* (5th ed.). New York: McGraw-Hill.

Reichard, S., Livson, F., & Peterson, P. G. (1962). *Aging and personality: A study of eighty seven older men.* New York: John Wiley.

Riley, M. W. (1971). Social gerontology and the age stratification of society. *American Sociological Review, 52,* 1-14.

Riley, M. W., & Riley, J. W. (1994). Age integration and the lives of older people. *The Gerontologist, 34*(1), 110-115.

Rose, A. M. (1965). The subculture of aging. In A. M. Rose & W. A. Peterson (Eds.), *Older people and their social world.* Philadelpia, PA: F. A. Davis.

Rosenfeld, I. (2005). *Breakthrough health.* Emmaus, PA: Rodale Press.

Rosow, I. (1974). *Socialization to old age.* Berkeley, CA: University of California Press.

Rosow, I. (1985). Status and role change through the life cycle. In R. H. Binstock et al. (Eds.), *Handbook of aging and the social sciences* (2nd ed.) (pp. 62-93). New York: D. Van Nostrand.

Rossi, A. S. (2004). The menopause transition and aging process. In O. G. Brim, C. D. Riff, & R. C. Kessler (Eds.), *How healthy are we? A national study of well-being at midlife* (pp. 153-201). Chicago: University of Chicago Press.

Rowe, J. W., & Kahn, R. L. (1998). *Successful aging.* New York: Pantheon Books.

Ruth, J. (1996). Personality. In J. E. Birren et al. (Eds.), *Encyclopedia of gerontology* (Vol. 2) (pp. 281-294). New York: Academic Press.

Salthouse, T. A. (1991). *Theoretical perspective on cognitive aging.* Hillsdale, NJ: Lawrence Erlbaum Associates.

Salthouse, T. A. (2004). What and when of cognitive aging. *Current Directions in Psychological Science, 13,* 140-144.

Schaie, C. D. (1990). Intellectual development in adulthood. In J. E. Birren & K. W. Schaie (Eds.). *Handbook of the psychology of aging* (3rd ed.) (pp. 291-310). New York: Academic Press.

Shah, S., Vanclay, F., & Cooper, B. (1989). Improving the sensitivity of the Barthel Index for stroke rehabilitation. *Journal of Clinical Epidemiology, 42*(8), 703-709.

Shock, N. W. (1977). Biological theory of aging. In J. E. Birren & K. W.

Schaie(Eds.). *Handbook of the psychology of aging* (pp. 103-115). New York: Van Nostrand Reinhold.

Silverman, P., & Klass, D. (1996). Introduction: What's the problem? In D. Klass, P. Silverman, & S. Nickman (Eds.), *Continung bonds: New understanding of grief* (pp. 3-27). Washington, DC: Taylor and Francis.

Silverstein, M., Conroy, S. J., Wang, H., Giarusso, R., & Bengtson, V. L. (2002). Reciprocity in parent-child relations over the life course. *Journal of Gerontology: Social Sciences, 57B*, S3-13.

Sivertsen, B., Omvik, S., Palllesen, S., Bjorvatn, B., Havik, O., Kvale, G., Nielsen, G., & Nordhus, I. (2006). Cognitive and behavioral therapy vs zopiclone for treatment of chronic primary insomnia in older adults: A randomized controlled trial. *Journal of the American Medcal Association, 295*(24), 2861-2858.

Smith, B. J., Lightfoot, S. A., Lerner, M. R., et al. (2009). Induction of cardiovascular pathology in a novel model of low-grade chronic inflammation. *Cardiovascular Pathology, 18*, 1-10.

Stearns, P. N. (Ed.) (1982). *Old age in preindustrial society*. New York: Holmes and Meier.

Streib, G., & Schneider, C. J. (1971). *Retirement in American society: Impact and process*. Ithaca, NY: Cornell University Press.

Tabloski, P. A. (2006). *Gerontological nursing*. Upper Saddle River, NJ: Prentice Hall.

Tatemichi, T. K., Paik, M., Bagiella, E., et al. (1994). Risk of dementia after stroke in a hospitalized cohort: Results of a longitudinal study. *Neurology, 44*(10), 1885-1891.

Thorson, J. A. (2000). *Aging in the changing society* (2nd ed.). Philadelpia, PA: Brunner/Mazel, Inc.

Tornstam, L. (1989). Gerotranscendence: A metatheoretical reformulation of the disengagement theory. *Ageing: Clinical and Experimental Research, 1*, 55-63.

Tornstam, L. (1997). Gerotranscendence: The contemplative dimension of aging. *Journal of Aging Studies, 11*(2), 143-154.

Tranah, G. J., Blackwell, T., Stone, K. L., Ancoli-Israel, S., Paudel, M. L., Ensrud,

K. E., Cauley, J. A., Redline, S., Hillier, T. A., Cummings, S. R., & Yaffeet, K. (2011). Circadian activity rhythms and risk of incident dementia and mild cognitive impairment in older women. *Annals of Neurology, 70*(5), 722–732.

United Nations(1956). *The aging of populations and its economic and social implications* (population studies, No. 26). New York: U.N.

United Nations(1991). *United Nations Principles for older persons.* New York: U.N.

United Nations(2002). *Report of the second world assembly on ageing.* Madrid, 8 ~12 April, 2002. New York: U.N.

Unützer, J. (2007). Later–life depression. *The New England Journal of Medicine, 357*, 2269–2276.

Vail, K. E., Juhl, J., Arndt, J., Vess, M., Routledge, C., & Rutjens, B. T. (2012). When death is good for life considering the positive trajectories of terror management. *Personality and Social Psychology Review, 16*(4), 303–329.

Verghese, J., Lipton, R. B., Katz, M. J., et al. (2003). Leisure activities and the risk of dementia in the elderly. *The New England Journal of Medicine, 348*(25), 2508–2516.

Vladeck, B. C. (2003). Unloving care revisited: The persistence of culture. In Audrey S. Weiner and Juah L. Ronch (Eds.), *Culture change in long–term care.* Binghamton, NY: Haworth Press.

Walker, A. (2006). Reexamining the political economy of aging: Understanding the structure/agency tension. In J. Baars, D. Dannefer, C. Phillipson, & A. Walker (Eds.), *Aging, globalization and inequality: The new critical gerontology* (pp. 59–80). Amityville, NY: Baywood Publishing Company, Inc.

Wechsler, D. (1958). *The measurement and appraisal of adult intelligence* (4th ed.). Baltimore, MA: Williams & Wilkins.

Williamson, J. B., Evans, L., & Powell, L. A. (1982). *The politics of aging.* Springfield, IL: Charles C. Thomas.

Wilson, D. L. (1974). The programmed theory of aging. In M. Rockstein, M. L. Sussman, & J. Chesky (Eds.), *Theoretical aspects of aging.* New York: Academic Press.

Wolkove, N., Elkholy, O., Baltzan, M., & Palayew, M. (2007). Sleep and aging: 1. Sleep disorders commonly found in older people. *Canadian Medical Association Journal*, *176*(9), 1299–1304.

Woodside, M., & McClam, T. (2003). *Generalist case management: A method of human service delivery* (2nd ed.). Belmont, CA: Brooks/Cole.

Woodside, M., & McClam, T. (2013). *Generalist care managemanet: A method of human service delivery* (4th ed.). Belmont, CA: Brooks/Cole.

World Health Organization (2009). *Pharmacological treatment of mental disorder in primary health care*. Geneva, Swiss.

Youn, J., Lee, D., Kim, K., & Woo, J. (2005). Epidemiology of Dementia. *Psychiatry Invest*, *2*(1), 28–39.

Zastrow, C. (2007). *Introduction to social work and social welfare* (9th ed.). Belmont, CA: Brooks/Cole.

Zettel, L. A., & Rook, K. S. (2004). Substitution and compensation in the social networks of older widowed women. *Psychology and Aging*, *19*(3), 433–443.

New York Times. 2013년 3월 18일자.

http://noinboho.or.kr
http://www.hira.or.kr
http://www.longtermcare.or.kr
http://www.mohw.go.kr
http://www.nhis.or.kr
http://www.nps.or.kr
http:/www.law.go.kr
https://kordi.or.kr
https://www.geps.or.kr
https://www.mcst.go.kr
https://www.moel.go.kr

찾아보기

[인명]

ㄱ

강미나 222
강연욱 60, 61, 64, 311, 313,
　　314, 317
강유진 116
강은나 182, 184, 185, 186,
　　236
강은화 123
강인 18
고광욱 211
고수현 128
고준기 159, 169, 248
공선희 124
권문일 114
권오균 84
권용신 100
권중돈 19, 22, 25, 42, 56,
　　64, 122, 218, 234, 247,
　　264, 269, 278, 346
권진숙 280, 286
금현섭 181

김경숙 32
김경신 100
김경애 277
김고은 96, 123
김광득 300
김근식 170
김기태 98, 101, 122, 218
김대환 18, 173
김동겸 195
김동일 100
김두섭 121
김명용 105
김미곤 114
김미숙 61
김미혜 339
김상우 326
김성욱 159
김성정 332, 335
김성희 123
김소진 101
김소향 363

김수영 169
김승근 223
김양호 301
김연명 158
김영경 269
김영란 123
김영순 338
김옥희 218
김욱 74, 84, 92, 122
김원섭 158
김은주 332, 335
김은혜 123
김정득 332, 333
김정석 95, 100, 103, 104,
　　338
김정현 74
김종일 63, 127, 150
김지현 360
김진성 173
김찬우 112, 216, 235, 240,
　　248

김태성 113
김태완 114, 115
김태은 167
김태현 301
김한영 73
김형수 22
김혜경 61, 121, 346
김혜승 222
김희연 122, 125

ㄴ

나항진 301, 303
남기철 172, 184
남윤영 324
노순규 223, 224
노재철 159, 169, 248
노혜숙 358, 366

ㄹ

류건식 167, 170, 173
류순미 123

ㅁ

모선희 22, 102, 107, 276,
    301
문경주 169
문미경 117
민경환 64

ㅂ

박경하 181
박군석 64
박동석 18
박동준 219

박성희 308
박수정 301
박여진 261
박연정 21
박재간 301
박재홍 104
박중신 223
박지영 280
박차상 218
박헌춘 223
박현식 74
박화옥 181
배강대 276, 277
백주희 124
백학영 116

ㅅ

서병숙 301
서혜경 264, 359, 365
석민현 123
석재은 116
설진화 280, 282
손병돈 113
손혜숙 211
송경원 123
송다영 100
송대현 227
송현주 168
신문균 57
신용주 225
신화용 96

ㅇ

안진 116

양영자 100
양옥남 61, 62, 105
엄기욱 218
여유진 114, 117
염지혜 96, 123
오근재 146
오세숙 301
우국희 338
원도연 96
원석조 122
원시연 228, 240, 249
원영희 301, 303, 308
유경 64
유경호 45
유서구 280
유성호 22
유승흠 188
유영림 175
유은실 189, 270
윤가현 332, 335
윤경아 22
윤덕경 117
윤석명 115, 117
윤성훈 173
윤소영 301
윤인영 335
윤정혜 123
윤종률 189, 270
윤주 301
윤진 65
윤태호 211
이경남 218
이경락 218
이기연 280

이기옥 17
이미정 117
이민홍 236
이상엽 301
이상우 167, 170
이상원 123
이세원 301
이세윤 181
이수진 122
이시형 73, 357
이연선 18
이연숙 219
이외희 122
이용하 158
이위환 100
이윤경 191
이윤환 188
이인선 117
이재규 16, 298
이재정 236
이정화 123
이주일 64
이중석 301
이창호 181
이현림 276, 277
이현미 181
이현복 211
이호선 25, 67
이효선 116
이희성 227, 231
임미숙 91
임선영 301
임완섭 114
임정기 116

ㅈ

장경석 228
장미혜 114, 116, 117, 121
장세길 101
장인협 16, 20, 25, 28, 29,
       30, 45, 46, 63, 65, 97,
       112, 120, 168, 215, 248,
       250, 297, 299, 301
장혜경 116, 123
전경수 34
전미애 96
전영택 43
전우택 324
전혜정 105
정경희 28, 30, 37, 38, 39,
       83, 85, 88, 118, 119,
       123, 148, 174, 175, 212,
       235, 304, 306, 325, 326,
       331, 346, 362
정백근 211
정상양 218
정순둘 61, 264
정윤경 22
정진경 96, 181, 184
정진웅 101
정해관 311
조병은 96, 106
조성희 74
조아미 301
조용운 195
조유향 188
지은정 181
지현진 301
진재문 169

ㅊ

차홍봉 190
최광현 264
최석현 122
최성재 16, 20, 25, 28, 29,
       30, 45, 46, 63, 65, 97,
       112, 120, 168, 169, 215,
       220, 248, 250, 297, 299,
       301, 306
최소연 184
최은희 280, 282
최인희 123
최일선 308
최재성 215
최준영 114
최해경 275
최혜지 63, 127, 150, 215
최홍식 57
최희경 116, 123
최희진 96

ㅎ

하세윤 181
하양숙 277
한경혜 96, 116, 123
한신실 159
한정란 308
한지원 319
한창근 96
함기선 57
허순봉 32
허준수 84
현경래 211
현외성 266, 280, 282, 286

홍선영 314, 322
홍숙자 92
홍순혜 91
홍승아 123
황미영 280, 282
황인경 211

A

Aldwin, C. M. 46, 58
Almeida, O. P. 47
Alvarez, J. A. 74
Anderson, B. 72
Anstey, K. J. 312
Appollonio, I. M. 271
Arking, R. 48, 53
Arndt, J. 358
Atchley, R. C. 22, 42, 53, 55, 56, 65, 76, 92, 93, 120, 296, 299, 303

B

Baker, F. 279
Baltes, M. M. 77, 78
Bambra, C. 123
Barusch, A. S. 42, 53, 55, 56, 65, 120, 296, 299, 303
Bass, D. M. 191
Beaver, M. L. 22, 259
Becker, G. 93
Bee, H. L. 23
Beeston, D. 327
Bengtson, V. L. 49, 91, 94, 95, 96, 104, 105, 107

Birren, J. E. 22
Bjorklund, B. R. 61
Blackburn, E. H. 52
Blanchard-Fields, F. 63, 65
Blazer, D. G. 64, 120, 308, 321, 326, 328, 330, 333, 335, 336
Breen, L. B. 24
Brennan, F. C. 254
Buka, S. L. 105
Burack-Weiss, A. 254
Burgess, E. O. 104, 105
Burlingame, V. S. 266

C

Campisi, J. 52
Cantor, M. H. 87, 191, 192
Carstensen, L. L. 64, 77, 79
Castles, F. G. 20
Cavanaugh, J. C. 65
Charles, S. T. 64
Choi, S. 320
Choudhury, S. 116
Clark, C. M. 321
Clark, M. 72
Conroy, S. J. 96
Cooper, B. 319
Costa, P. T. 65
Cowgill, D. O. 98
Cumming, E. 96, 97

D

Dahlberg, L. 123
Danese, A. 105

De Raedt, R. 361
Demack, S. 123
Devi, G. 312
Dixon, R. A. 78
Djernes, J. K. 325, 326, 328
Drucker, P. 16, 298
Durlak, J. A. 365

E

Effros, R. B. 53
Emory, E. 74
Erikson, E. H. 72, 276
Estes, C. L. 98, 106
Evans, L. 99

F

Ferrie, J. E. 333
Fitzmaurice, G. M. 105
Florido, R. 45
Frankel, A. J. 278, 282, 286, 288

G

Gallagher, D. 362
Gelman, S. R. 278, 282, 286, 288
Ghosh, S. 123, 124
Giarusso, R. 96
Gilman, S. E. 105
Gilmer, D. F. 46, 58
Greider, C. W. 52

H

Ha, C. 320

Haney, M. 264
Hao, Y. 91
Harris, J. R. 74
Havighurst, R. J. 70, 90, 91
Hayflick, L. 53, 58
Hayslip, B. 361
Helmer, C. 312
Hendricks, J. 99
Henry, W. E. 96, 97
Hepworth, D. H. 276
Holden, K. C. 116
Hooyman, N. R. 76, 82, 84,
        86, 93, 95, 98, 104, 105,
        364
Hutchison, E. D. 259
Hybels, C. F. 326

I

Intagliata, J. 279
Isella, V. 271
Ivey, A. E. 276

J

Jeong, J. 320
Johnson, M. 49
Jones, C. J. 65
Juhl, J. 358

K

Kahn, R. L. 42
Kalish, R. A. 357, 363
Katzman, R. 311
Kawachi, I. 105
Kelly, J. R. 304

Kessler, R. C. 325
Kim, J. S. 150, 312, 332
Kirkland, J. L. 45
Kivnick, H. 72
Kiyak, H. A. 76, 82, 84, 86,
        93, 95, 98, 104, 105, 364
Klass, D. 361
Kogan, N. 65
Koster, E. H. 361
Kroft, N. P. 259
Kübler-Ross, E. 356
Kumar, S. 279
Kuo, H. D. 116
Kuypers, J. A. 94, 95
Kwon, H. 320

L

Labouvie-Vief, G. 64
Lang, F. R. 79
Laslett, P. 26, 32
Lee, D. 312
Lee, S. Y. 150
Leitner, M. J. 302
Leitner, S. F. 302
Lemon, B. W. 91
Lindenberger, U. 78
Litwak, E. 87
Livson, F. 67, 68, 98
Logan, J. R. 190
Lynott, R. J. 95, 98

M

Maddox, G. 98
Marder, K. 312

Martha, M. 64
Mayeux, R. 312
McClam, T. 282, 288
McClearn, G. E. 74
McCrae, R. R. 65
McDonald, P. A. 264
McInnis-Dittrich, K. 44, 46,
        50, 51, 52, 53, 59, 73,
        82, 257, 258, 330, 362,
        367
Medler, M. 64
Meredith, M. 65
Merz, J. 307
Miller, S. J. 75, 259
Minahan, A. 253
Minkler, M. 106
Moore, S. 279
Motenko, A. K. 124
Moxley, D. P. 279
Myles, J. 20

N

Na, D. 320
Nesselroade, J. R. 74
Neugarten, B. L. 68, 89
Newman, B. M. 73
Noelker, L. S. 191
Nordstrom, N. 307

O

O'Donnell, M. J. 313
O'Kearney, R. 312
Ogundele, A. 332
Olshansky, S. J. 43

Ottman, R. 312

P

Park, J. H. 325
Parker, S. 300
Parkes, C. M. 363
Parrott, T. M. 104, 105
Passuth, P. M. 96, 107
Peck, R. C. 71
Pedersen, N. L. 74
Peterson 67, 68, 91, 98
Peveto, C. A. 361
Pillemer, K. 261
Plomin, R. 74
Porter, R. S. 57
Powell, L. A. 99
Putney, N. 49

Q

Quadagno, J. 27, 49

R

Reichard, S. 67, 68, 98
Riley, J. W. 103
Riley, M. W. 102, 103
Rook, K. S. 79
Rooney, G. D. 276
Rooney, R. H. 276
Rose, A. M. 100
Rosenfeld, I. 59
Rosow, I. 89, 90, 94

Rossi, A. S. 44
Routledge, C. 358
Rowe, J. W. 42
Ruth, J. 65
Rutjens, B. T. 358
Ryckewaert, R. 361

S

Salim, A. 312
Salthouse, T. A. 61, 74
Schneider, C. J. 98
Shah, S. 319
Shock, N. W. 51, 54
Silverman, P. 361
Silverstein, M. 96
Sivertsen, B. 336
Smith, B. J. 46
Spitze, G. 190
Stearns, P. N. 106
Stern, Y. 312
Stone, K. L. 106
Streib, G. 98
Strom-Gottfried, K. 276
Szostak, J. W. 52

T

Tabloski, P. A. 47, 59
Tang, M. X. 312
Tatemichi, T. K. 312
Tchkonia, T. 45
Thompson, L. W. 362

Thorson, J. A. 87
Tornstam, L. 76
Tranah, G. J. 333

V

Vail, K. E. 358
Vanclay, F. 319
Verghese, J. 312
Vess, M. 358
Vijg, J. 52
Villa, M. L. 271
Vladeck, B. C. 229
von Sanden, C. 312

W

Walker, A. 107
Wang, H. 96
Wechsler, D. 61
Williamson, J. B. 99
Wilson, D. L. 48
Wolkove, N. 331
Woo, J. 312
Woodside, M. 282, 288

Y

Yoon, S. 320, 312

Z

Zarit, S. H. 124
Zastrow, C. 356
Zettel, L. A. 79

[내용]

1차 개입 259
1차 집단 83
2차 개입 259, 260
2차 집단 83
3차 개입 260

Evercare Model 290
MMSE 271
MMSE-DS 118, 317

ㄱ

가역성 치매 311
가정학대 339
가족 모델 290
가활 322, 323
감각 저장고 62
감각수용기 57
감별검사 213
감정지향적 치료 321
개인연금 169
개인연금제도 168, 169
개인적 분리 97
결과 가설 66
결정성 지능 61, 62
경로당 광역지원센터 240
경제적 학대 242, 340, 343
계속형 68
고독사 121
고령사회 15, 16, 18, 145
고령인구사회 34
고령자 우선고용직종 176,

177
고령자고용촉진장려금제도
176
고령자인재은행 179
고령자임대주택 222
고령자친화기업 183
고령친화산업 233, 246, 247
고령화사회 16, 34
고유수용기 57
공공실버주택사업 222
공익활동 182, 183
공적이전소득 168
공포관리이론 358, 359
과업특성 모형 86, 87
관리보호 279
교차연결이론 48
교환이론 95, 96
구원요청형 69
구조적 지체 103, 104
기능적 연령 29, 30
기억력 장애 315
기업연계형 183
기준연금액 161, 162, 163
긴급보호 284
긴급복지지원제도 165

ㄴ

낙인이론 94
내수용기 57
내인성 우울 324
내적 지속성 92

노·노 학대 347
노·노부양 123, 124
노년공포 262
노년부양비 34, 35
노년인구국 16
노년초월이론 76, 77
노령화지수 34, 35
노인 맞춤 돌봄서비스 235,
236
노인 빈곤율 114, 115, 173,
183
노인권익보호서비스 233,
241
노인돌봄서비스 233, 235
노인보호전문기관 350, 352,
353
노인복지법 135, 136, 142,
143, 228, 232, 241, 249,
252, 339, 354
노인복지서비스 233, 234,
250
노인복지실천 251, 252
노인복지주택 222, 225, 226,
227, 228, 232
노인상담 263, 264, 265,
266, 268, 273, 274, 275,
276
노인성 난청 58
노인우울검사 271
노인일자리사업 174, 175,
179, 181, 182, 183, 184,

185, 186
노인자살 327
노인주거복지시설 225, 226
노인차별 122
노인차별주의 95
노인학대 337, 338, 339,
    346, 348, 349, 350, 352,
    353
노폐물 축적이론 48
뉴실버세대 26

ㄷ

다세대 공생형 주택 218
다층보장모델 150
다학제팀 288
다학제팀 모델 290
단기 저장고 62
단기보호서비스 208, 234
대체모형 190
독거노인 사회관계 활성화
    사업 326
동기 가설 65
등급판정 204

ㄹ

레비소체 치매 314
렘수면행동장애 334

ㅁ

맞춤형 돌봄서비스 248
면역반응이론 53
무감각형 69
무연사 122

무장형 67, 68
밀월 단계 299

ㅂ

발달과업이론 70
방문간호서비스 209, 234
방문목욕서비스 209, 234
방문요양서비스 207, 234
방어적 성격 68
방임 242, 340, 343
법적 죽음 356
병리적 노화 42
보상 78, 79
보상이 수반된 선택적 적정화
    이론 78, 79
보완모형 191
보장률 194
보충모형 191
보호관리 278
보호조정 278
복지용구 209, 210
본인부담금 211
부가연금액 162
부양의무자 164, 168
분노형 67, 68
분리이론 87, 96, 97, 98
분업모형 190, 191
불면증 332
비가역성 치매 311
비공식적 역할 89
비급여항목 211
비서술 기억 62
비용 절감 모델 288, 290

비통합적 성격 68, 69

ㅅ

사례관리 263, 278, 279,
    280, 281, 282, 283, 284,
    285, 286, 287
사례조정 278, 279
사용마모이론 48
사적이전소득 115, 169
사전의료의향서 366, 367
사회서비스형 183
사회적 노화 22, 23, 24, 56,
    81, 82, 83, 102
사회적 분리 97
사회적 와해 증후군 94
사회적 와해이론 94
사회적 입원 189
사회적 재구축 증후군 95
사회적 죽음 356
사회정서적 선택이론 77
상담의 구조화 268, 269
생물심리사회적 접근 253,
    257
생물학적 노화 22, 23, 24,
    41, 42, 43, 44, 47, 56,
    82, 251, 252
생물학적 죽음 356
생애과정이론 104, 105
생활지원 주택 227
서비스 조정 278, 279
서비스관리 278
서술 기억 62
선별검사 212

선택 78, 79
성년인구국 16
성숙형 67, 68
성인보호서비스 338
성적 학대 242, 340, 342
세계체제이론 107
소득인정액 158, 159, 163
소득평가액 160
소득환산액 160
수동-의존적 성격 68, 69
수면다원검사 334
수면무호흡증 333
수면위생 335
수면일기 336
수면장애 272, 309, 330, 331
수면제한 335
수면효율성 331, 336
수정바델지수 319, 320
시간 지남력 장애 316
시공간 능력 장애 316
시니어인턴십 183
시설급여 210, 206
시설학대 339, 346
시장형사업단 183
신경내분비 조절 이론 53
신경심리학적 평가 317
신경학적 검사 317
신경호르몬이론 53
신고의무제 338, 349
신중년 26, 27
신체몰두 71
신체적 학대 242, 340
신체초월 71

신학적 죽음 356
실버 데모크라시 146
실행능력 장애 315
심리사회적 발달이론 72
심리사회적 재활센터 모델 288, 290
심리적 노화 22, 23, 24, 55, 56, 82

ㅇ

알츠하이머병 311, 312, 313, 315, 316
애도 362, 363, 364
애매한 역할 89
어르신 문화 프로그램 사업 241
언어장애 315, 316
여가서비스 239, 240
여가활동 301, 302, 303, 304, 306
역할부재 89
역할이론 93
연령계층화이론 102, 103, 104
연령규범 81, 87, 88
연령분할사회 103
연령차별주의 88
연령통합적 사회 103
연소인구사회 34
예비적 사회화 90, 303
예정계획이론 50
오류 재해이론 51
와해형 69

외수용기 57
외인성 우울 324
외적 지속성 92
요양병원 189
우울증 309, 324, 325, 326, 328, 330
웰다잉 355, 365
위계적 보상모형 86, 190, 191, 192
위축형 68, 69
유기 242, 340, 345
유년부양비 35
유년인구국 16
유니버설 디자인 219
유동성 지능 61
유리형 68
유전자 변이이론 51, 52
유전자 손상이론 51
유전자 오류이론 51
유전자 조절이론 50
유전적 결정이론 50
유해산소이론 49
은둔형 67, 68
의료비 보장률 195
의무신고제 348
의학적 죽음 356
이완훈련 335
이차적 불면증 332
이차적 우울 324
인구 고령화 15, 16, 18, 20, 21, 220, 230, 306
인구절벽 19
인력파견형사업단 183

인정요법 276, 277
인지지원 등급 204
인지지향적 치료 321
인지활동형 방문요양서비스
  207
일몰증후군 333
일반 실천가 288
일반 실천가 모델 290
일반 치료자 288
일반 치료자 모델 290
일상화 단계 300
일차보호 284
일차적 불면증 332
일차적 우울 324

ㅈ

자각연령 30, 31
자극 중심 치료 322
자극통제 335
자기방임 242, 344, 346,
  348, 349
자동면역반응이론 53
자아몰두 71
자아분화 71
자아초월 71
자아통합 72, 73
자원감소이론 74
자원봉사자 모델 290
자학형 67, 68
장기 저장고 62
장기수용기 57
장기요양인정 198, 199
장기요양인정조사 199

장소법 78
재가급여 206, 234
재가노인지원서비스 238
재구성형 68
재능나눔활동 182
재지향 단계 300
적응발달과업이론 72
적정수면율 331
적정화 78, 79
전두엽 노화이론 74
전두측두엽 치매 314
절차 기억 62
정서적 학대 242, 340, 341
정신사회적 치료 321
정체감 위기이론 75, 76
정체감 유지이론 75, 76
정치경제이론 105
제1차 세계고령화총회 128
제2차 세계고령화총회 132,
  133
제3기 26, 32, 295
제도적 역할 89
종결 단계 300
주·야간보호서비스 207,
  234
주거보장 217, 218, 221,
  230, 232
주거약자 224
주관적 연령 30
주기성 사지운동장애 333,
  334
주요우울장애 325
주택보장 218

주택연금 165, 166
죽음 현저성 가설 358
중개자 288
중개자 모델 290
지속성이론 92, 93
지지적 보호 모델 290
지혜 73, 74
직업역할 몰두 71
직역연금 153, 163
진단검사 213
집합주택 227

ㅊ

초고령사회 16, 34
초점형 68
최소 제약적 환경 255
최적의 노화 42
치매 63, 309, 310, 311, 314,
  316, 317, 319, 321, 323
치매 유병률 118
치매가족휴가지원서비스
  208
치매검진 서비스 212
치매치료관리비 지원 213

ㅋ

클라이언트 모델 290

ㅌ

텔로머라제이론 52
텔로미어 52
통상적 노화 42
통합적 성격 68

퇴직 전 단계 299
퇴직금제도 166
퇴직급여 167, 169
퇴직연금제도 166, 167, 169
특별현금급여 206, 211

ㅍ
파킨슨병 314
판단력 장애 316
평생교육 306, 307
포괄간호서비스 216
포괄적 서비스센터 288
포괄적 서비스센터 모델 290

표준장기요양이용계획서 204
프로그램이론 50

ㅎ
하위문화이론 100, 102
하지불안증후군 333
한국노인인력개발원 180
한국판 신경정신행동 검사 320
행동심리증상 313, 317, 320
행동유전이론 74
행동지향적 치료 321

현대화이론 98, 99, 100
현실감각 훈련 323
혈관치매 311, 312, 313
혼합재 247
확신수준 가설 66
확장적 일상생활활동 270
환멸 단계 300
활동이론 87, 90
황화 현상 57
회상 276, 277
후견인제도 338
휴식과 긴장완화 단계 299

저자 소개

최해경(Choi Haekyung)
이화여자대학교 사회학과 졸업
서울대학교 대학원 사회복지학 석사
미국 미네소타 주립대학교 대학원 사회복지학 박사
현 충남대학교 사회복지학과 교수

〈주요 저서〉
인간행동과 사회환경(공저, 나남출판, 2007)
사회복지개론(2판, 공저, 양서원, 2015)
사회복지실천론(2판, 학지사, 2017)

〈논문〉
돌봄대상자의 기여요인이 가족돌봄 노인의 돌봄 부담감과 만족감에 미치는 영향
　　(2015)
중증장애인 자녀를 위한 평생계획과 주보호자의 연령과 사적 · 공적 지원이 미치는
　　영향(2016)
기능손상 노인을 돌보는 주보호자의 자기 돌봄 활동이 자신의 신체 · 정신건강에 미
　　치는 영향(2017)
지역사회 노인의 자신의 노화에 대한 태도와 개인자원, 사회적 지지, 사회참여가 미
　　치는 영향: 대전광역시 거주 노인을 중심으로(2018)

노인복지론(2판)

Social Welfare for Older Persons

2016년 5월 30일 1판 1쇄 발행
2019년 3월 21일 1판 2쇄 발행
2020년 1월 15일 2판 1쇄 발행

지은이 • 최해경
펴낸이 • 김진환
펴낸곳 • (주) **학지사**
　　　　04031 서울특별시 마포구 양화로 15길 20 마인드월드빌딩
대표전화 • 02)330-5114　　　팩스 • 02)324-2345
등록번호 • 제313-2006-000265호

홈페이지 • http://www.hakjisa.co.kr
페이스북 • https://www.facebook.com/hakjisa

ISBN 978-89-997-1995-0 93330

정가 20,000원

이 도서의 국립중앙도서관 출판시도서목록(CIP)은 서지정보유통지
원시스템 홈페이지(http://seoji.nl.go.kr)와 국가자료공동목록시스템
(http://www.nl.go.kr/kolisnet)에서 이용하실 수 있습니다.
(CIP 제어번호: CIP2019051911)

출판 · 교육 · 미디어기업 학지사

간호보건의학출판 **학지사메디컬** www.hakjisamd.co.kr
심리검사연구소 **인싸이트** www.inpsyt.co.kr
학술논문서비스 **뉴논문** www.newnonmun.com
원격교육연수원 **카운피아** www.counpia.com